엔씨소프트

적성검사

시대에듀

2025 최신판 시대에듀 엔씨소프트 적성검사
최신기출유형 + 모의고사 3회 + 무료엔씨소프트특강

Always **with you**

사람의 인연은 길에서 우연하게 만나거나 함께 살아가는 것만을 의미하지는 않습니다.
책을 펴내는 출판사와 그 책을 읽는 독자의 만남도 소중한 인연입니다.
시대에듀는 항상 독자의 마음을 헤아리기 위해 노력하고 있습니다. 늘 독자와 함께하겠습니다.

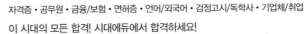

머리말 PREFACE

엔씨소프트는 즐거움의 미래를 열기 위해 새로운 세계를 상상하고 기술의 혁신을 거듭해 오직 엔씨만이 갈 수 있는 길에 집중하였다. 또한 콘텐츠 내에서 혐오와 차별을 없애고 문화적/표면적 다양성을 존중하고 포용하기 위해 노력하고 있다. 이를 통해 누구나 공감할 수 있는 콘텐츠를 제작하여, 물리적인 시공간의 제약을 넘어 모두가 즐거움으로 연결되는 무한한 가능성의 세계를 꿈꾸고 있다.

지난 2000년 미국 법인의 설립을 시작으로 북미, 유럽, 일본, 대만 등에 글로벌 네트워크를 구축하여 전 세계 60여 개국에 즐거움의 가치를 전하고 있으며, NC TEST를 시행해 젊음과 패기, 열정이 가득한 엔씨소프트와 함께 꿈을 이루어나갈 인재를 선발하고 있다.

이에 시대에듀에서는 엔씨소프트 적성검사를 준비하는 수험생들이 시험에 효과적으로 대비할 수 있도록 다음과 같은 특징을 가진 본서를 출간하게 되었다.

도서의 특징

❶ 2024~2022년 주요기업 기출복원문제를 수록하여 최근 출제경향을 한눈에 파악할 수 있도록 하였다.

❷ 적성검사 출제영역별 출제유형분석과 실전예제를 수록하여 체계적인 학습이 가능하도록 하였다.

❸ 최종점검 모의고사와 도서 동형 온라인 실전연습 서비스를 제공하여 실전과 같은 연습이 가능하도록 하였다.

❹ 엔씨소프트 실제 면접 기출 질문을 수록해 한 권으로 채용 전반에 대비할 수 있도록 하였다.

끝으로 본서를 통해 엔씨소프트 적성검사를 준비하는 여러분 모두에게 합격의 기쁨이 있기를 진심으로 기원한다.

SDC(Sidae Data Center) 씀

엔씨소프트 기업분석

◇ MISSION

PUSH, PLAY 뛰어넘다. 상상하다.

엔씨를 경험한다는 건 매일 새로워지는 즐거움을 느낀다는 것.
우리가 상상하지 못할 즐거움은 없다.

◇ VISION

PUSH FOR A BETTER FUTURE
PLAY FOR SUSTAINABILITY

엔씨는 세상 모두가 즐거움으로 연결되는 미래를 꿈꾼다.
그 미래를 향해 올바른 방향을 설정하고 진정성 있게 나아간다.

◇ CORE VALUE

INTEGRITY	퀄리티를 향한 진정성 끊임없이 고민하고 다듬는 과정이 퀄리티를 만든다. 사람들을 감동시킬 때까지 진지하게 임한다.
PASSION	새로운 시도를 멈추지 않는 열정 우리에게 실현 불가능한 세계는 없습니다. 창의를 향한 헌신과 열정으로 무한한 세계를 창조합니다.
NEVER-ENDING CHALLENGE	즐거운 세상을 만들기 위한 끊임없는 도전 미래는 새로운 생각에서 출발됩니다. 즐거움으로 연결된 세상을 만들기 위해 도전을 멈추지 않습니다.

◇ NC 연혁

확신의 도전 1997~2002	1997.03	(주)엔씨소프트 설립
	1998.09	리니지 출시
	2000.06	코스닥 등록/미국 법인 NC Interactive 설립
	2001.02	(주)엔씨아이티에스, 계열회사로 추가
	2001.09	일본 법인 NC Japan 설립
	2002.12	미국 게임회사 ArenaNet 인수
더 넓은 세계로 2003~2010	2003.05	유가증권시장 이전 상장
	2003.08	대만 법인 NC Taiwan 설립
	2003.10	리니지2 출시
	2005.04	길드워 출시
	2006.01	엑스틸 출시
	2008.04	삼성동 R&D센터 완공
	2008.11	아이온 출시
	2009.04	(주)엔씨소프트서비스, 계열회사로 추가
세상과의 연결 2011~2016	2011.02	프로야구단 NC 다이노스 창단
	2012.03	게임회사 (주)엔트리브소프트 인수
	2012.06	NC문화재단 설립/블레이드&소울 출시
	2012.08	길드워2 출시
	2012.12	미국 법인 NC West 설립
	2013.01	진 작룡문 출시
	2013.08	판교 R&D센터 완공
	2016.12	리니지 레드나이츠 출시
경계를 넘어서 2017~현재	2017.06	리니지M 출시
	2017.08	아라미 퍼즈벤처 출시
	2018.04	캐릭터 브랜드 스푼즈 출시/웹툰 · 웹소설 콘텐츠 플랫폼 버프툰 출시
	2019.01	아이온 레기온즈 오브 워 출시
	2019.11	리니지2M 출시/크로스 플레이 서비스 퍼플 출시
	2020.01	NC Vietnam Visual Studio 설립
	2020.11	FUSER 북미 · 유럽 출시/아이온 클래식 출시
	2021.01	캐릭터 브랜드 도구리 출시/케이팝 엔터 플랫폼 유니버스 출시
	2021.04	프로야구 H3 출시
	2021.05	트릭스터M 출시
	2021.08	블레이드&소울2 출시
	2021.11	리니지W 출시
	2023.09	퍼즈업 아미토이 출시
	2023.12	쓰론 앤 리버티 출시
	2024.06	배틀크러쉬 얼리액세스 버전 출시
	2024.08	호연 출시

2024년 기출분석 ANALYSIS

총평

NC TEST 적성검사는 온라인으로 진행되었으며 출제영역 및 유형은 전년도와 동일하였다. 전체적으로 평이한 수준이었지만 영역이 다양하고, 상당히 많은 문항 수에 비해 응시 시간이 짧아 수험생들이 어려움을 겪었으리라 본다. 따라서 평소 시간 안배 연습을 해두는 것이 중요하며 온라인 시험이 익숙지 않은 수험생들은 이에 대한 대비가 필요하다.

◇ 핵심전략

지각정확력은 8개 영역 중 가장 많이 출제되는 영역이다. 제시되었거나 제시되지 않은 문자 또는 기호를 찾는 문제가 출제되며 정답을 빠르게 골라내는 전략이 필요한 영역이다.

제시된 대응 관계를 파악하는 유형인 언어유추력 또한 이와 같은 전략이 필요한 영역이므로 문제를 많이 풀어보는 연습을 해두어야 시험 초반에 시간 절약이 가능하다.

언어추리력은 3~4개의 간단한 문장이 조건으로 제시되지만 뒤로 갈수록 난도가 높아지므로 제시된 조건을 꼼꼼히 읽는 습관을 길러두어야 한다. 공간지각력은 다양한 유형의 전개도 문제가 출제되기 때문에 반복적인 풀이 연습이 필수적이다.

판단력은 단기간의 학습으로 성적을 올리기가 쉽지 않기 때문에 평소에 많은 문제를 풀어보고 꾸준히 학습하는 것이 중요하다.

응용수리력과 수추리력은 난이도가 높지 않은 만큼 오답을 최소화하여야 한다. 숫자를 꼼꼼하게 확인하고 짧은 시간 안에 정확한 답을 도출해 내는 훈련이 필요하다.

창의력의 경우 정해진 답이 없기 때문에 단기간 학습으로 실력을 올릴 수 있는 영역 중 하나이다. 어떠한 문제가 출제되어도 응용하여 답변할 수 있는 모범답안을 미리 준비하고 시험에 응시하는 게 시간 절약에 있어 도움이 될 것이다.

◇ **영역별 출제비중**

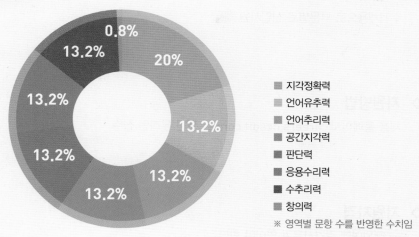

- 지각정확력
- 언어유추력
- 언어추리력
- 공간지각력
- 판단력
- 응용수리력
- 수추리력
- 창의력

※ 영역별 문항 수를 반영한 수치임

◇ **영역별 출제특징**

구분	영역	출제특징
적성 검사	지각정확력	• 제시된 문자 또는 기호와 같은 것의 개수를 구하는 문제 • 제시되지 않은 문자 또는 기호를 찾는 문제
	언어유추력	• 제시된 단어의 대응 관계를 보고 빈칸에 들어갈 단어를 찾는 문제
	언어추리력	• 제시된 지문을 읽고 참 · 거짓 · 알 수 없음 중 옳은 것을 고르는 문제
	공간지각력	• 제시된 전개도를 접었을 때 나타나는 입체도형을 찾는 문제
	판단력	• 추론하기, 일치/불일치, 문장 · 문단 나열 등의 독해 문제 • 제시된 자료의 그래프 또는 표를 해석하거나 계산하는 문제
	응용수리력	• 거리 · 속력 · 시간, 농도, 금액, 확률, 경우의 수 등을 구하는 문제
	수추리력	• 일정한 규칙으로 나열된 수를 보고 빈칸에 들어갈 수를 찾는 문제
	창의력	• 제시된 그림의 용도나 상황에 대한 자신의 생각을 작성하는 문제

신입사원 채용 안내 INFORMATION

◇ **모집시기**

수시채용으로 부문별로 신입사원 채용

◇ **지원방법**

채용 홈페이지(careers.ncsoft.com)를 통한 온라인 접수

◇ **지원자격**

❶ 해외여행 결격사유가 없어야 한다.

❷ 채용 규정에 어긋나지 않아야 한다.

❸ 지원서 내용 중 허위사실이 있는 경우에는 합격이 취소될 수 있다.

❹ 보훈 대상자 및 장애인 등 취업보호대상자는 관계 법령에 따라 우대한다.

◇ **참고사항**

❶ 모든 공고는 채용 상황에 따라 마감기간이 단축/연장될 수 있으며, 채용 완료 시 조기 마감될 수 있다.

❷ 배치부서는 전형 결과에 따라 조정될 수 있다.

❸ 전형일정 및 결과는 NC 채용 홈페이지를 통해 안내한다.

❹ NC의 채용 전형은 각 포지션에 적합한 인재를 선발하기 위해 다양한 방식으로 진행된다.

❺ 기존 전형 외에도 채용 과정 중 HR면접, 코딩테스트 등의 추가 전형이 진행될 수 있으며, 필요시 추가과제 및 포트폴리오 등을 요청할 수 있다.

❻ 전형 결과 정규직 전형 불합격자 중 필요시 후보자에게 동의를 받아 계약직 전형으로 검토될 수 있다.

◇ **채용절차**

서류전형   1차 면접   2차 면접+NC TEST   처우협의   입사

온라인 시험 Tip TEST TIP

◇ 필수 준비물

① 신분증 : 주민등록증, 여권, 운전면허증 중 하나
② 그 외 : 데스크톱 또는 노트북, 휴대폰, 삼각대 또는 휴대폰 거치대

◇ 유의사항

① 시험 전 모니토 앱을 설치하고, 테스트 서버에 미리 접속해 보아야 한다.
② 본인을 촬영할 휴대폰과 삼각대와 같은 휴대폰 거치대를 준비해야 한다.
③ 엔씨소프트 로고 배경이 있는 문제풀이 전용 용지를 출력하여 시험 시 사용해야 한다.
④ 모니터 화면에 책꽂이, 액자 등의 물품이 비칠 경우 부정행위로 간주되니, 사전에 담요나 천으로 덮어두어야 한다.

◇ 알아두면 좋은 Tip

① 원활한 시험 진행을 위해 책상 정리를 해야 한다.
② 직무능력검사에 대비하여 엔씨소프트 기업 정보와 연혁에 대해 숙지해 둔다.
③ 인터넷 및 PC 전원 공급 상태를 확인하고, 배터리 충전기는 미리 꽂아둔다.
④ 타인이 출입하거나 소음이 감지될 경우 부정행위로 간주될 수 있으니, 본인만 위치한 장소에서 응시해야 한다.

주요 대기업 적중 문제 TEST CHECK

삼성

03 다음은 S기업 영업 A ~ D팀의 분기별 매출액과 분기별 매출액에서 각 영업팀의 구성비를 나타낸 자료이다. A ~ D팀의 연간 매출액이 많은 순서와 1위 팀이 기록한 연간 매출액을 바르게 나열한 것은?

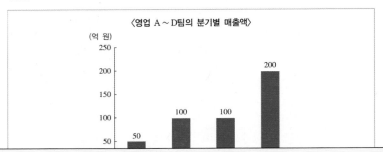

〈영업 A ~ D팀의 분기별 매출액〉

(억 원)

※ 다음 도식에서 기호들은 일정한 규칙에 따라 문자를 변화시킨다. 물음표에 들어갈 적절한 문자를 고르시오(단, 규칙은 가로와 세로 중 한 방향으로만 적용되며, 모음은 단모음 10개를 기준으로 한다). [1~4]

※ 다음 글의 내용이 참일 때 항상 거짓인 것을 고르시오. [24~26]

24 권리와 의무의 주체가 될 수 있는 자격을 권리 능력이라 한다. 사람은 태어나면서 저절로 권리 능력을 갖게 되고 생존하는 내내 보유한다. 그리하여 사람은 재산에 대한 소유권의 주체가 되며, 다른 사람에 대하여 채권을 누리기도 하고 채무를 지기도 한다. 사람들의 결합체인 단체도 일정한 요건을 갖추면 법으로써 부여되는 권리 능력인 법인격을 취득할 수 있다. 단체 중에는 사람들이 일정한 목적을 갖고 결합한 조직체로서 구성원과 구별되어 독자적 실체로서 존재하며, 운영 기구를 두어 구성원의 가입과 탈퇴에 관계없이 존속하는 단체가 있다. 이를 사단(社團)이라 하며, 사단이 갖춘 이러한 성질을 사단성이라 한다. 사단의 구성원은 사원이라 한다. 사단은 법인(法人)으로 등기되어야 법인격이 생기는데, 법인격을 가진 사단을 사단 법인이라 부른다. 반면에 사단성을 갖추고도 법인으로 등기하지 않은 사단은 '법인이 아닌 사단'이라 한다. 사람과 법인만이 권리 능력을 가지며, 사람

SK

언어이해 ▶ 사실적 독해

03 다음 글의 내용으로 적절하지 않은 것은?

생물 농약이란 농작물에 피해를 주는 병이나 해충, 잡초를 제거하기 위해 자연에 있는 생물로 만든 천연 농약을 뜻한다. 생물 농약을 개발한 것은 흙 속에 사는 병원균으로부터 식물을 보호할 목적에 서였다. 뿌리를 공격하는 병원균은 땅속에 살고 있으므로 병원균을 제거하기에 어려움이 있었다. 게다가 화학 농약의 경우 그 성분이 토양에 달라붙어 제 기능을 발휘하지 못했기 때문에 식물 성장을 돕고 항균 작용을 할 수 있는 미생물에 주목하기 시작한 것이다.

식물 성장을 돕고 항균 작용을 하는 미생물 집단을 '근권미생물'이라 하는데, 여러 종류의 근권미생물 중 농약으로 쓰기에 가장 좋은 것은 뿌리에 잘 달라붙는 것들이다. 근권미생물의 입장에서 뿌리 주변은 사막의 오아시스와 비슷한 조건이다. 뿌리 주변은 뿌리에서 공급되는 양분과 안락한 서식 환경을 제공받지만, 뿌리 주변에서 멀리 떨어진 곳은 황량한 지역이어서 먹을 것을 찾기가 어렵기 때문이다. 따라서 뿌리 주변에서는 좋은 위치를 선점하기 위해 미생물 간에 치열한 싸움이 벌어진

자료해석 ▶ 자료추론

Hard

15 다음은 우리나라 지역별 가구 수와 1인 가구 수에 대한 자료이다. 이에 대한 설명으로 옳은 것은?

〈지역별 가구 수 및 1인 가구 수〉

(단위 : 천 가구)

구분	전체 가구	1인 가구
서울특별시	3,675	1,012
부산광역시	1,316	367
대구광역시	924	241
인천광역시	1,036	254
광주광역시	567	161
대전광역시	596	178
울산광역시	407	97
경기도	4,396	1,045
강원도	616	202
충청북도	632	201
충청남도	866	279

언어추리 ▶ 진실게임

01 S사 직원들끼리 이번 달 성과급에 대해 이야기를 나누고 있다. 성과급은 반드시 늘거나 줄어들었고, 직원 중 1명만 거짓말을 하고 있을 때, 항상 참인 것은?

• 직원 A : 나는 이번에 성과급이 늘어났어. 그래도 B만큼은 오르지 않았네.
• 직원 B : 맞아 난 성과급이 좀 늘어났지. D보다 조금 더 늘었어.
• 직원 C : 좋겠다. 오~ E도 성과급이 늘어났네.
• 직원 D : 무슨 소리야! E는 C와 같이 성과급이 줄어들었는데.
• 직원 E : 그런 것보다 D가 A보다 성과급이 조금 올랐는데?

① 직원 A의 성과급이 오른 사람 중 가장 적다.
② 직원 B의 성과급이 가장 많이 올랐다.

주요 대기업 적중 문제 TEST CHECK

언어이해 ▶ 나열하기

※ 다음 문단을 논리적 순서대로 바르게 나열한 것을 고르시오. [3~4]

03

(가) 교정 중에는 치아뿐 아니라 교정장치를 부착하고 있기 때문에 교정장치까지 닦아주어야 하는 데요. 교정용 칫솔은 가운데 홈이 있어 장치와 치아를 닦을 수 있는 칫솔을 선택하게 되고, 가운데 파여진 곳을 교정장치에 위치시킨 후 옆으로 왔다 갔다 전체적으로 닦아줍니다. 그다음 칫솔을 비스듬히 하여 장치의 위아래를 꼼꼼하게 닦아줍니다.

(나) 치아를 가지런하게 하기 위해 교정하시는 분들 중에 간혹 교정 중에 칫솔질이 잘 되지 않아 충치가 생기고 잇몸이 내려가 버리는 경우를 종종 보곤 합니다. 그러므로 교정 중에는 더 신경 써서 칫솔질을 해야 하죠.

(다) 마지막으로 칫솔질을 할 때 잊지 말아야 할 것은 우리 입안에 치아만 있는 것이 아니므로 혀와 잇몸에 있는 플라그들도 제거해 주셔야 입 냄새도 예방할 수 있다는 것입니다. 올바른 칫솔질 방법으로 건강한 치아를 잘 유지하시길 바랍니다.

(라) 또 장치 때문에 닿지 않는 부위는 치간 칫솔을 이용해 위아래 오른쪽 왼쪽 넣어 잘 닦아줍니

자료해석 ▶ 자료해석

`Hard`

11 다음은 2021 ~ 2023년 국가별 이산화탄소 배출량에 대한 자료이다. 이에 대한 설명으로 옳지 않은 것을 〈보기〉에서 모두 고르면?(단, 소수점 둘째 자리에서 반올림한다)

〈국가별 이산화탄소 배출 현황〉

구분		2021년		2022년		2023년	
		총량 (백만 톤)	1인당 (톤)	총량 (백만 톤)	1인당 (톤)	총량 (백만 톤)	1인당 (톤)
아시아	한국	582	11.4	589.2	11.5	600	11.7
	중국	9,145.3	6.6	9,109.2	6.6	9,302	6.7
	일본	1,155.7	9.1	1,146.9	9	1,132.4	8.9
북아메리카	캐나다	557.7	15.6	548.1	15.2	547.8	15
	미국	4,928.6	15.3	4,838.5	14.9	4,761.3	14.6
남아메리카	브라질	453.6	2.2	418.5	2	427.6	2
	페루	49.7	1.6	52.2	1.6	49.7	1.5
	베네수엘라	140.5	4.5	127.4	4	113.7	3.6
	체코	99.4	9.4	101.2	9.6	101.7	9.6
	프랑스	299.6	4.5	301.7	4.5	306.1	4.6
	독일	799.7	8.0	794.5	8.0	718.8	8.7

창의수리 ▶ 금액

15 원가의 20%를 추가한 금액을 정가로 하는 제품을 15% 할인해서 50개를 판매한 금액이 127,500원 일 때, 이 제품의 원가는?

① 1,500원   ② 2,000원
③ 2,500원   ④ 3,000원
⑤ 3,500원

포스코

언어이해 ▶ 주제 / 맥락 이해

02 다음 글의 주제로 적절한 것은?

'새'는 하나의 범주이다. [+동물], [+날 것]과 같이 성분분석을 한다면 우리 머릿속에 떠오른 '새'의 의미를 충분히 설명했다고 보기 어렵다. 성분분석 이론의 의미자질 분석은 단순할 뿐이다. 이것이 실망스러운 이유는 성분분석 이론의 '새'에 대한 의미 기술이 고작해야 다른 범주, 즉 조류가 아닌 다른 동물 범주와 구별해 주는 정도밖에 되지 못했기 때문이다. 아리스토텔레스 이래로 하나의 범주는 경계가 뚜렷한 실재물이며 범주의 구성원은 서로 동등한 자격을 가지고 있다고 믿어왔다. 그리고 범주를 구성하는 단위는 자질들의 집합으로 설명될 수 있다고 생각해 왔다. 앞에서 보여준 성분분석 이론 역시 그런 고전적인 범주 인식에 바탕을 두고 있다. 어휘의 의미는 의미성분, 곧 의미자질들의 총화로 기술될 수 있다고 믿는 것, 그것은 하나의 범주가 필요충분조건으로 이루어져있다는 가정에서만이 가능한 것이었다. 그러나 '새'의 범주를 떠올려 보면 범주의 구성원끼리 결코 동등한 자격을 가지고 있지 않다. 가장 원형적인 구성원이 있는가 하면, 덜 원형적인 것, 주변적인 것도 있는

문제해결 ▶ 대안탐색 및 선택

`Easy`
04 다음 그림과 같이 O지점부터 D지점 사이에 운송망이 주어졌을 때, 최단 경로에 대한 설명으로 옳지 않은 것은?(단, 구간별 숫자는 거리를 나타낸다)

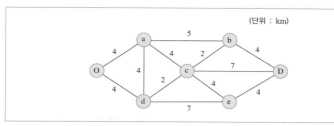

(단위 : km)

① O에서 c까지 최단거리는 6km이다.
② O에서 D까지 a를 경유하는 최단거리는 13km이다.

추리 ▶ 명제

`Easy`
15 P사의 A ~ F팀은 월요일부터 토요일까지 하루에 2팀씩 함께 회의를 진행한다. 다음 〈조건〉을 참고할 때, 반드시 참인 것은?(단, 월요일부터 토요일까지 각 팀의 회의 진행 횟수는 서로 같다)

조건
• 오늘은 목요일이고 A팀과 F팀이 함께 회의를 진행했다.
• B팀은 A팀과 연이은 요일에 회의를 진행하지 않는다.
• B팀은 오늘을 포함하여 이번 주에는 더 이상 회의를 진행하지 않는다.
• C팀은 월요일에 회의를 진행했다.
• D팀과 C팀은 이번 주에 B팀과 한 번씩 회의를 진행한다.
• A팀과 F팀은 이번 주에 이틀을 연이어 함께 회의를 진행한다.

① E팀은 수요일과 토요일 하루 중에만 회의를 진행한다.
② 화요일에 회의를 진행한 팀은 B팀과 F팀이다.

도서 200% 활용하기 STRUCTURES

1 2024~2022년 주요기업 기출복원문제로 출제경향 파악

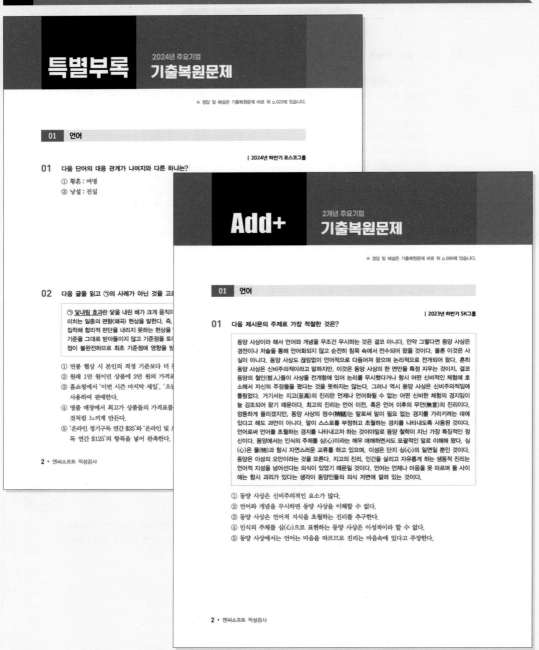

▶ 2024~2022년 시행된 주요기업의 적성검사 기출복원문제를 수록하였다.
▶ 주요기업별 적성검사 기출복원문제를 통해 최근 출제경향을 파악할 수 있도록 하였다.

2 이론점검, 출제유형분석, 실전예제로 영역별 단계적 학습

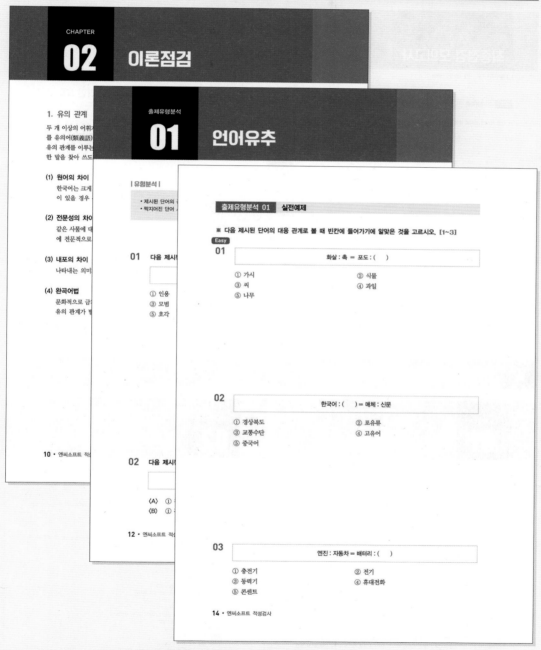

CHAPTER

02 이론점검

1. 유의 관계

두 개 이상의 어휘가
를 유의어(類義語)
유의 관계를 이루는
한 말을 찾아 쓰도

(1) 원어의 차이
   한국어는 크게
   이 있을 경우

(2) 전문성의 차이
   같은 사물에 대
   에 전문적으로

(3) 내포의 차이
   나타내는 의미

(4) 완곡어법
   문화적으로 금
   유의 관계가 비

출제유형분석

01 언어유추

|유형분석|

· 제시된 단어의
· 짝지어진 단어

01 다음 제시

    ① 인용
    ③ 모범
    ⑤ 호각

출제유형분석 01 실전예제

※ 다음 제시된 단어의 대응 관계로 볼 때 빈칸에 들어가기에 알맞은 것을 고르시오. [1~3]

Easy

01
화살 : 촉 = 포도 : (   )

① 가시   ② 식물
③ 씨   ④ 과일
⑤ 나무

02
한국어 : (   ) = 매체 : 신문

① 경상북도   ② 포유류
③ 교통수단   ④ 고유어
⑤ 중국어

03
엔진 : 자동차 = 배터리 : (   )

① 충전기   ② 전기
③ 동력기   ④ 휴대전화
⑤ 콘센트

14 · 엔씨소프트 적성검사

▶ 출제되는 영역에 대한 이론점검, 출제유형분석, 실전예제를 수록하였다.
▶ 최근 출제되는 유형을 체계적으로 학습하고 점검할 수 있도록 하였다.

도서 200% 활용하기 STRUCTURES

3 최종점검 모의고사 + 도서 동형 온라인 실전연습 서비스로 반복 학습

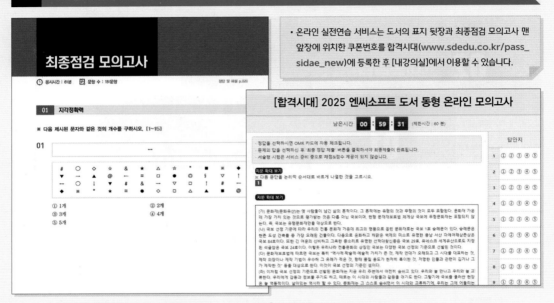

• 온라인 실전연습 서비스는 도서의 표지 뒷장과 최종점검 모의고사 맨 앞장에 위치한 쿠폰번호를 합격시대(www.sdedu.co.kr/pass_sidae_new)에 등록한 후 [내강의실]에서 이용할 수 있습니다.

▶ 실제 시험과 유사하게 구성된 최종점검 모의고사를 통해 마무리하도록 하였다.
▶ 이와 동일하게 구성된 온라인 실전연습 서비스로 온라인 환경에서 실제 시험처럼 연습하도록 하였다.

4 엔씨소프트 면접까지 한 권으로 대비

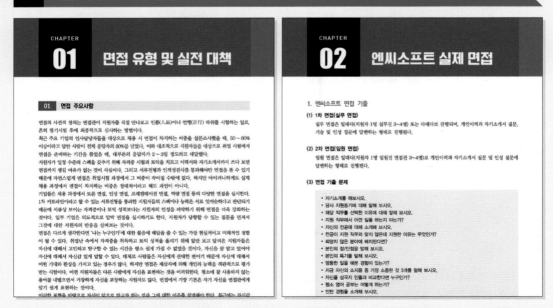

▶ 면접 유형 및 실전 대책과 엔씨소프트 실제 면접 기출 질문을 수록하여 한 권으로 채용 전반에 대비할 수 있도록 하였다.

5 Easy & Hard로 난이도별 시간 분배 연습

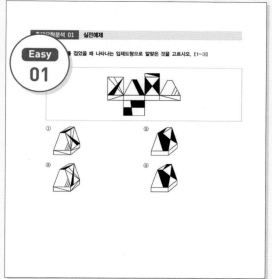

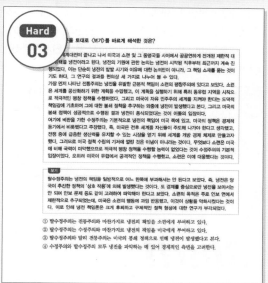

▶ Easy & Hard 표시로 문제별 난이도에 따라 시간을 적절하게 분배하여 풀이하는 연습이 가능하도록 하였다.

6 정답 및 오답분석으로 풀이까지 완벽 마무리

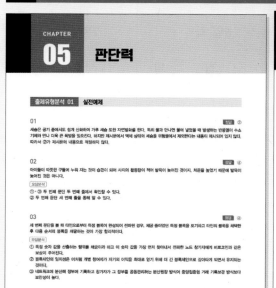

▶ 정답에 대한 상세한 해설과 오답분석을 수록하여 혼자서도 완벽하게 학습을 마무리할 수 있도록 하였다.

학습플랜 STUDY PLAN

1주 완성 학습플랜

본서에 수록된 전 영역을 단기간에 끝낼 수 있도록 구성한 학습플랜이다. 한 번에 전 영역을 공부하지 않고, 한 영역을 집중적으로 공부할 수 있도록 하였다. 적성검사에 대한 기초 학습은 되어 있으나, 학습 계획 세우기에 자신이 없는 분들이나 미리 시험에 대비하지 못해 단시간에 많은 분량을 봐야 하는 수험생에게 추천한다.

ONE WEEK STUDY PLAN

	1일 차 ☐	2일 차 ☐	3일 차 ☐
Start!	_____월_____일	_____월_____일	_____월_____일

4일 차 ☐	5일 차 ☐	6일 차 ☐	7일 차 ☐
_____월_____일	_____월_____일	_____월_____일	_____월_____일

STUDY CHECK BOX

구분	1일 차	2일 차	3일 차	4일 차	5일 차	6일 차	7일 차
기출복원문제							
PART 1							
최종점검 모의고사							
다회독 1회							
다회독 2회							
오답분석							

스터디 체크박스 활용법

1주 완성 학습플랜에서 계획한 학습량을 어느 정도 실천하였는지 표시하여 자신의 학습량을 효율적으로 관리한다.

구분	1일 차	2일 차	3일 차	4일 차	5일 차	6일 차	7일 차
PART 1	지각 정확력	X	X	완료			

이 책의 차례 CONTENTS

특별부록

2024년 주요기업
기출복원문제

※ 정답 및 해설은 기출복원문제 바로 뒤 p.022에 있습니다.

01   언어

| 2024년 하반기 포스코그룹

01 다음 단어의 대응 관계가 나머지와 다른 하나는?

① 황혼 : 여명
② 유별 : 보통
③ 낭설 : 진실
④ 유지 : 부지

| 2024년 하반기 LG그룹

02 다음 글을 읽고 ㉠의 사례가 아닌 것을 고르면?

> ㉠ 닻내림 효과란 닻을 내린 배가 크게 움직이지 않듯 처음 접한 정보가 기준점이 돼 판단에 영향을 미치는 일종의 편향(왜곡) 현상을 말한다. 즉, 사람들이 어떤 판단을 하게 될 때 초기에 접한 정보에 집착해 합리적 판단을 내리지 못하는 현상을 일컫는 행동경제학 용어이다. 대부분의 사람은 제시된 기준을 그대로 받아들이지 않고 기준점을 토대로 약간의 조정 과정을 거치기는 하나, 그런 조정 과정이 불완전하므로 최초 기준점에 영향을 받는 경우가 많다.

① 연봉 협상 시 본인의 적정 기준보다 더 높은 금액을 제시한다.
② 원래 1만 원이던 상품에 2만 원의 가격표를 붙이고 50% 할인한 가격에 판매한다.
③ 홈쇼핑에서 '이번 시즌 마지막 세일', '오늘 방송만을 위한 한정 구성', '매진 임박' 등의 표현을 사용하여 판매한다.
④ 명품 매장에서 최고가 상품들의 가격표를 보이게 진열하여 다른 상품들이 그다지 비싸지 않은 것처럼 느끼게 만든다.
⑤ '온라인 정기구독 연간 $25'와 '온라인 및 오프라인 정기구독 연간 $125' 사이에 '오프라인 정기구독 연간 $125'의 항목을 넣어 판촉한다.

03 다음 A와 B의 토론 주제로 가장 적절한 것은?

> A : 동성결혼 합법화는 사회에 여러 장점을 가져옵니다. 성소수자들의 기본적 권리를 보장함으로써 차별을 줄이고 더 평등한 사회를 만들 수 있기 때문입니다. 실제로 동성결혼을 합법화한 국가들에서는 성소수자에 대한 사회적 수용도가 높아졌다는 연구 결과가 있습니다.
>
> B : 저는 오히려 동성결혼이 사회분열을 초래할 수 있다고 생각합니다. 우리 사회에는 아직 전통적 가치관을 중시하는 사람들이 많으며, 급격한 변화는 이들의 강한 반발을 불러일으킬 수 있습니다. 실제로 일부 국가에서는 동성결혼 합법화 이후 보수층의 반발로 사회적 갈등이 심화된 사례가 있습니다.
>
> A : 그러나 장기적으로 볼 때, 다양성을 인정하는 것이 현대 사회의 흐름입니다. 점진적인 변화와 교육을 통해 사회적 수용도를 높일 수 있습니다. 예를 들어 네덜란드나 스페인 같은 국가들은 초기의 반발을 극복하고 현재는 동성결혼이 자연스럽게 받아들여지고 있습니다.
>
> B : 하지만 우리 사회의 특수성을 고려해야 합니다. 서구와는 다른 문화적, 종교적 배경을 가진 우리나라에서는 더 큰 혼란이 야기될 수 있습니다. 또한 동성결혼 합법화에 따른 법적, 제도적 변화가 가져올 복잡한 문제들을 해결하기 위해서는 충분한 사회적 합의와 준비 과정이 필요합니다.
>
> A : 동의합니다만, 소수자의 기본적 권리 보장을 위한 노력은 계속되어야 합니다. 사회적 합의를 위한 대화와 동시에, 성소수자에 대한 차별 해소와 인식 개선을 위한 정책적 노력이 병행되어야 합니다. 이를 통해 점진적으로 변화를 이끌어낸다면 결과적으로 더 포용적이고 안정된 사회를 만들 수 있을 것입니다.

① 동성 부부의 자녀 입양을 허용해야 하는가?
② 동성결혼 합법화가 사회통합과 안정에 기여할 수 있는가?
③ 동성결혼 금지는 성소수자에 대한 차별로, 평등권 침해인가?
④ 상속, 의료보험 등 법적 보호를 위해 동성결혼 제도화가 필요한가?

04 다음 글의 중심 내용으로 가장 적절한 것은?

서점에 들러 책을 꾸준히 사거나 도서관에서 지속적으로 빌리는 사람들이 있다. 그들이 지금까지 사들이거나 빌린 책의 양만 본다면 겉보기에는 더할 나위 없이 훌륭한 습관처럼 보인다. 그러나 과연 그 모든 사람들이 처음부터 끝까지 책을 다 읽었고, 그 내용을 온전히 이해하고 있는지를 묻는다면 이야기는 달라진다. 한 권의 책을 사거나 빌리기 위해 우리는 돈을 지불하고, 틈틈이 도서관을 들르는 수고로움을 감수하지만, 우리가 단순히 책을 손에 쥐고 있다는 사실만으로는 그 안에 담긴 지혜를 배우는 필요조건을 만족시키지 못하기 때문이다. 그러므로 책을 진정으로 소유하기 위해서는 책의 '소유방식'이 바뀌어야 하고, 더 정확히 말하자면 책을 대하는 방법이 바뀌어야 한다.

책을 읽는 데 가장 기본이 되는 것은 천천히 그리고 집중해서 읽는 것이다. 보통의 사람들은 책의 내용이 쉽게 읽히지 않을수록 빠르게 책장을 넘겨 버리려고 하는 경향이 있다. 지겨움을 견디기 힘들기 때문이다. 그러나 속도가 빨라지면 이해하지 못하고 넘어가는 부분은 점점 더 많아지고, 급기야 중도에 포기하는 경우가 생기고 만다. 그러므로 지루하고 이해가 가지 않을수록 천천히 읽어야 한다. 천천히 읽으면 이해되지 않던 것들이 이해되기 시작하고, 비로소 없던 흥미도 생기는 법이다.

또한 어떤 책을 읽더라도 그것을 자신의 이야기로 읽어야 한다. 책을 남의 이야기처럼 읽어서는 절대 자신의 것으로 만들 수 없다. 다른 사람이 쓴 남의 이야기라고 할지라도, 자신과 글쓴이의 입장을 일치시키며 읽어 나가야 한다. 그리하여 책을 다 읽은 후 그 내용을 자신만의 말로 설명할 수 있다면, 그것은 성공한 책 읽기라고 할 수 있을 것이다. 남의 이야기처럼 읽는 글은 어떤 흥미도, 그 글을 통해 얻어가는 지식도 있을 수 없다.

그러나 아무 책이나 이러한 방식으로 읽으라는 것은 아니다. 어떤 책을 선택하느냐 역시 책 읽는 이의 몫이기 때문이다. 좋은 책은 쉽게 읽히고, 누구나 이해할 수 있을 만큼 쉽게 설명되어 있다. 그런 책을 분별하기 어렵다면 주변으로부터 책을 추천받거나 온라인 검색을 해보는 것도 좋다. 하지만 책이 쉽게 읽히지 않는다고 해도 쉽게 좌절하거나 포기해서는 안 된다.

현대사회에서는 더 이상 독서의 양에 따라 지식의 양을 판단할 수 없다. 지금 이 시대에 중요한 것은 얼마나 많은 지식이 나의 눈과 귀를 거쳐 가느냐가 아니라, 우리에게 필요한 것들을 얼마나 잘 찾아내어 효율적으로 습득하며, 이를 통해 나의 지식을 확장할 수 있느냐인 것이다.

① 책은 쉽게 읽혀야 한다.
② 글쓴이의 입장을 생각하며 책을 읽어야 한다.
③ 독서의 목적은 책의 내용을 온전히 소유하는 것이다.
④ 독서 이외의 다양한 정보 습득 경로를 확보해야 한다.
⑤ 같은 책을 반복적으로 읽어 내용을 완전히 이해해야 한다.

05 다음 글의 제목으로 가장 적절한 것은?

제4차 산업혁명은 인공지능이 기존의 자동화 시스템과 연결되어 효율이 극대화되는 산업 환경의 변화를 의미한다. 2016년 세계경제포럼에서 언급되어 유행처럼 번지는 용어가 되었다. 학자에 따라 바라보는 견해는 다르지만 대체로 기계학습과 인공지능의 발달이 그 수단으로 꼽힌다.

2010년대 중반부터 드러나기 시작한 제4차 산업혁명은 현재진행형이며, 그 여파는 사회 곳곳에서 드러나고 있다. 현재도 사람을 기계와 인공지능이 대체하고 있으며 현재 일자리의 80 ~ 99%까지 대체할 것이라고 보는 견해도 있다.

만약 우리가 현재의 경제 구조를 유지한 채로 이와 같은 극단적인 노동 수요 감소를 맞게 된다면, 전후 미국의 대공황 등과는 차원이 다른 끔찍한 대공황이 발생할 것이다. 계속해서 일자리가 줄어들수록 중·하위 계층은 사회에서 밀려날 수밖에 없는데, 반면 자본주의 사회의 특성상 많은 비용을 수반하는 과학기술의 연구는 자본에 종속될 수밖에 없기 때문이다. 물론 지금도 이러한 현상이 없는 것은 아니지만, 아직까지는 단순노동이 필요하기 때문에 노동력을 제공하는 중·하위층들도 불합리한 부분들에 파업과 같은 실력 행사를 할 수 있었다. 그러나 앞으로 자동화가 더욱 진행되어 노동의 필요성이 사라진다면 그들을 배려해야 할 당위성은 법과 제도가 아닌 도덕이나 인권과 같은 윤리적인 영역에만 남게 되는 것이다.

반면에, 이를 긍정적으로 생각한다면 이처럼 일자리가 없어졌을 때 극소수에 해당하는 경우를 제외한 나머지 사람들은 노동에서 완전히 해방되어 인공지능이 제공하는 무제한적인 자원을 마음껏 향유할 수도 있을 것이다. 하지만 이러한 미래는 지금의 자본주의보다는 사회주의 경제 체제에 가깝다. 이 때문에 많은 경제학자와 미래학자들은 제4차 산업혁명 이후의 미래를 장밋빛으로 바꿔나가기 위해, 기본소득제 도입 등의 시도와 같은 고민들을 이어가고 있다.

① 제4차 산업혁명의 의의
② 제4차 산업혁명의 빛과 그늘
③ 제4차 산업혁명의 위험성
④ 제4차 산업혁명에 대한 준비
⑤ 제4차 산업혁명의 시작

06 다음 글의 빈칸에 들어갈 내용으로 가장 적절한 것은?

> 과학을 이야기할 때 꼭 언급하고 지나가야 할 문제는 과학적인 방법으로 얻어진 결과를 어느 정도
> 신뢰할 수 있느냐 하는 문제이다. 과학은 인간의 이성으로 진리를 추구해 가는 가장 합리적인 방법
> 이다. 따라서 과학적인 방법으로 도출해 낸 결론은 우리가 얻을 수 있는 가장 신뢰할 수 있는 결론이
> 라고 해야 할 것이다. 그러나 인간의 이성으로 얻은 결론이므로 인간이라는 한계를 뛰어넘을 수는
> 없다. 인간의 지식이나 이성이 완벽하지 못하다는 것은 누구나 인정하고 있는 사실이다. 그러므로
> _____

① 과학에 대하여 보다 더 적극적인 관심을 가질 필요가 있다.
② 과학적인 방법으로 얻어진 결론도 완벽하다고 할 수는 없다.
③ 과학으로써 인간의 지식이나 이성의 한계를 넘어서야 한다.
④ 과학 탐구에 있어서도 결국 그 주체는 인간임을 잊어서는 안 된다.
⑤ 과학의 산물이 인간에게 유용한 것만은 아니라고 보아야 한다.

07 다음 글에서 〈보기〉의 문장이 들어갈 위치로 가장 적절한 곳은?

> 베블런 효과는 가격이 오를수록 수요가 증가하는 비정상적인 소비 현상을 설명하는 경제학 이론이
> 다. (가) 일반적인 수요 법칙과 달리 베블런 효과는 주로 사치품이나 명품에서 나타나며, 소비자가
> 높은 가격을 지불함으로써 사회적 지위나 부를 과시하려는 것이다. (나)
> 베블런 효과의 문제점은 경제적 불균형과 과도한 소비를 초래할 수 있다는 점이다. 고가의 사치품에
> 대한 과시적 소비는 소득 격차를 더욱 부각시키고 사회적 불평등을 심화시킬 수 있다. (다) 또한
> 이러한 소비 패턴은 실질적인 필요보다는 과시적 욕구에 기반하므로 자원의 비효율적 배분을 초래
> 할 수 있다. (라) 기업 입장에서는 이러한 소비자 심리를 이용해 가격을 인위적으로 높이는 전략을
> 구사할 수 있지만, 이는 장기적으로 소비자 신뢰를 저하시킬 위험이 있다. (마) 베블런 효과는 소비
> 자 행동 연구와 시장 전략 수립에 중요한 개념이지만, 그 부작용을 고려한 신중한 접근이 필요하다.

> **보기**
>
> 예를 들어 고가의 명품 가방이나 시계는 그 자체의 기능보다 소유자의 재력 등 우월의식을 드러내는
> 역할을 한다.

① (가) ② (나)
③ (다) ④ (라)
⑤ (마)

08 다음 문단을 논리적 순서대로 바르게 나열한 것은?

> (가) 하지만 영화를 볼 때 소리를 없앤다면 어떤 느낌이 들까? 아마 내용이나 분위기, 인물의 심리 등을 파악하기 힘들 것이다. 이런 점을 고려할 때 영화 속 소리는 영상과 분리해서 생각할 수 없는 필수 요소라고 할 수 있다. 소리는 영상 못지않게 다양한 기능이 있기 때문에 현대 영화감독들은 영화 속 소리를 적극적으로 활용하고 있다.
>
> (나) 이와 같이 영화 속 소리는 다양한 기능을 수행하기 때문에 영화의 예술적 상상력을 빼앗는 것이 아니라 오히려 더 풍부하게 해준다. 그래서 현대 영화에서 소리를 빼고 작품을 완성한다는 것은 생각하기 어려운 일이 되었다.
>
> (다) 영화의 소리에는 대사, 음향 효과, 음악 등이 있으며 이러한 소리들은 영화에서 다양한 기능을 수행한다. 우선 영화 속 소리는 다른 예술 장르의 표현 수단보다 더 구체적이고 분명하게 내용을 전달하는 데 도움을 줄 수 있다. 그리고 줄거리 전개에 도움을 주거나 작품의 상징적 의미를 전달할 뿐만 아니라 주제 의식을 강조하는 역할을 하기도 한다. 또 영상에 현실감을 줄 수 있으며, 영상의 시공간적 배경을 확인시켜 주는 역할도 한다. 또한 영화 속 소리는 영화의 분위기를 조성하고 인물의 내면 심리도 표현할 수 있다.
>
> (라) 유성영화가 등장했던 1920년대 후반에 유럽의 표현주의나 형식주의 감독들은 영화 속의 소리에 대한 부정적인 견해가 컸다. 그들은 가장 영화다운 장면은 소리 없이 움직이는 그림으로만 이루어진 장면이라고 믿었다. 그래서 그들은 영화 속 소리가 시각 매체인 영화의 예술적 효과와 영화적 상상력을 빼앗을 것이라고 내다보았다.

① (다) – (가) – (나) – (라)　　　　② (다) – (나) – (가) – (라)

③ (다) – (라) – (나) – (가)　　　　④ (라) – (가) – (다) – (나)

⑤ (라) – (다) – (나) – (가)

09 다음 글에서 언급한 여러 진리론에 대한 비판으로 적절하지 않은 것은?

> 우리는 일상생활이나 학문 활동에서 '진리' 또는 '참'이라는 말을 자주 사용한다. 예를 들어 '그 이론은 진리이다.'라고 말하거나 '그 주장은 참이다.'라고 말한다. 그렇다면 우리는 무엇을 '진리'라고 하는가? 이 문제에 대한 대표적인 이론에는 대응설, 정합설, 실용설이 있다.
>
> 대응설은 어떤 판단이 사실과 일치할 때 그 판단을 진리라고 본다. 감각을 사용하여 확인했을 때 그 말이 사실과 일치하면 참이고, 그렇지 않으면 거짓이라는 것이다. 대응설은 일상생활에서 참과 거짓을 구분할 때 흔히 취하고 있는 관점으로 우리가 판단과 사실의 일치 여부를 알 수 있다고 여긴다. 우리는 특별한 장애가 없는 한 대상을 있는 그대로 정확하게 지각한다고 생각한다. 예를 들어 책상이 네모 모양이라고 할 때 감각을 통해 지각된 '네모 모양'이라는 표상은 책상이 지니고 있는 객관적 성질을 그대로 반영한 것이라고 생각한다. 그래서 '그 책상은 네모이다.'라는 판단이 지각 내용과 일치하면 그 판단은 참이 되고, 그렇지 않으면 거짓이 된다는 것이다.
>
> 정합설은 어떤 판단이 기존의 지식 체계에 부합할 때 그 판단을 진리라고 본다. 진리로 간주하는 지식 체계가 이미 존재하며, 그것에 판단이나 주장이 들어맞으면 참이고 그렇지 않으면 거짓이라는 것이다. 예를 들어 어떤 사람이 '물체의 운동에 대한 그 주장은 뉴턴의 역학의 법칙에 어긋나니까 거짓이다.'라고 말했다면, 그 사람은 뉴턴의 역학의 법칙을 진리로 받아들여 그것을 기준으로 삼아 진위를 판별한 것이다.
>
> 실용설은 어떤 판단이 유용한 결과를 낳을 때 그 판단을 진리라고 본다. 어떤 판단을 실제 행동으로 옮겨 보고 그 결과가 만족스럽거나 유용하다면 그 판단은 참이고 그렇지 않다면 거짓이라는 것이다. 예를 들어 어떤 사람이 '자기 주도적 학습 방법은 창의력을 기른다.'라고 판단하여 그러한 학습 방법을 실제로 적용해 보았다고 하자. 만약 그러한 학습 방법이 실제로 창의력을 기르는 등 만족스러운 결과를 낳았다면 그 판단은 참이 되고, 그렇지 않다면 거짓이 된다.

① 새로운 주장의 진리 여부를 기존의 이론 체계를 기준으로 판단한다면, 기존 이론 체계의 진리 여부는 어떻게 판단할 수 있는지의 문제가 정합설에서는 발생한다.

② 실제 생활에서의 유용성은 사람이나 상황에 따라 다르기 때문에 어떤 지식의 진리 여부가 사람이나 상황에 따라 달라지는 문제가 실용설에서는 발생한다.

③ 수학이나 논리학에는 경험적으로 확인하기 어렵지만 참인 명제도 있는데, 그 명제가 진리임을 입증하기 힘들다는 문제가 대응설에서는 발생한다.

④ 판단의 근거가 될 수 있는 이론 체계가 아직 존재하지 않을 경우에 그 판단의 진위를 판별하기 어렵다는 문제가 정합설에서는 발생한다.

⑤ 실용설에서는 감각으로 검증할 수 없는 존재에 대한 관념은 그것의 실체를 확인할 수 없기 때문에 거짓으로 보아야 하는 문제가 발생한다.

10 다음 글의 내용으로 가장 적절한 것은?

세계관은 세계의 존재와 본성, 가치 등에 대한 신념들의 체계이다. 세계를 해석하고 평가하는 준거인 세계관은 곧 우리 사고와 행동의 토대가 되므로, 우리는 최대한 정합성과 근거를 갖추도록 노력해야 한다. 모순되거나 일관되지 못한 신념은 우리의 사고와 행동을 혼란시킬 것이므로 세계관에 대한 관심과 검토는 중요하다. 세계관을 이루는 여러 신념 가운데 가장 근본적인 수준의 신념은 '세계는 존재한다.'이다. 이 신념이 성립해야만 세계에 대한 다른 신념, 이를테면 세계가 항상 변화한다든가 불변한다든가 하는 등의 신념이 성립하기 때문이다.

실재론은 이 근본적 신념에 덧붙여 세계가 '우리 정신과 독립적으로' 존재함을 주장한다. 내가 만들어 날린 종이비행기는 멀리 날아가 볼 수 없게 되었다 해도 여전히 존재한다. 이는 명확해서 논란의 여지가 없어 보이지만, 반실재론자는 이 상식에 도전한다. 유명한 반실재론자인 버클리는 세계의 독립적 존재를 부정한다. 그는 이를 바탕으로 세계에 대한 주장을 편다. 그에 의하면 '주관적' 성질인 색깔, 소리, 냄새, 맛 등은 물론, '객관적'으로 성립한다고 여겨지는 형태, 공간을 차지함, 딱딱함, 운동 등의 성질도 오로지 우리가 감각할 수 있을 때만 존재하는 주관적 속성이다. 세계 속의 대상과 현상이란 이런 속성으로 구성되므로 세계는 감각으로 인식될 때만 존재한다는 것이다.

버클리의 주장은 우리의 통념과 충돌한다. 당시 어떤 사람이 돌을 차면서 "나는 이렇게 버클리를 반박한다!"라고 외쳤다고 한다. 그는 날아간 돌이 엄연히 존재한다는 점을 근거로 버클리의 주장을 반박하고자 한 것이다. 그러나 버클리를 비롯한 반실재론자들이 부정한 것은 세계가 정신과 독립하여 그 자체로 존재한다는 신념이다. 따라서 돌을 찬 사람은 그들을 제대로 반박하지 못했다고 볼 수 있다.

최근까지도 새로운 형태의 반실재론이 제기되어 활발한 논의가 진행 중이다. 논증의 성패를 떠나 반실재론자는 타성에 젖은 실재론적 세계관의 토대에 대해 성찰할 기회를 제공한다. 또한 세계관에 대한 도전과 응전의 반복은 그 자체로 인간 지성이 상호 소통하면서 발전해 가는 과정을 보여준다.

① 실재론자에게 있어서 세계는 감각할 수 있는 요소에 한정된다.

② 발로 찼을 때 날아간 돌은 실재론자의 주장이 옳다는 사실을 증명한다.

③ 실재론이나 반실재론 모두 세계는 존재한다는 공통적인 전제를 깔고 있다.

④ 형태나 운동 등이 객관적인 속성을 갖췄다는 사실은 실재론자나 반실재론자 모두 인정하는 부분이다.

⑤ 현대사회에서는 실재론이 쇠퇴하고 반실재론에 대한 논의가 활발하게 진행되며 거의 정론으로 받아들여지고 있다.

11 다음 글을 읽고 추론한 내용으로 적절하지 않은 것은?

> 초기의 독서는 소리 내 읽는 음독 중심이었다. 고대 그리스인들은 쓰인 글이 완전해지려면 소리 내 읽는 행위가 필요하다고 생각했다. 또한 초기의 두루마리 책은 띄어쓰기나 문장부호 없이 이어 쓰는 연속 기법으로 표기되어 어쩔 수 없이 독자가 자기 목소리로 문자의 뜻을 더듬어가며 읽어봐야 글을 이해할 수 있었다. 흡사 종교의식을 치르듯 성서나 경전을 진지하게 암송하는 낭독이나, 필자나 전문 낭독가가 낭독하는 것을 들음으로써 간접적으로 책을 읽는 낭독 – 듣기가 보편적이었다.
>
> 그러던 12세기 무렵 독서 역사에 큰 변화가 일어나는데, 그것은 유럽 수도원의 필경사들 사이에서 시작된 '소리를 내지 않고 읽는 묵독'의 발명이었다. 공동생활에서 소리를 최대한 낮춰 읽는 것이 불가피했던 것이다. 비슷한 시기에 두루마리 책을 완전히 대체하게 된 책자형 책은 주석을 참조하거나 앞부분을 다시 읽는 것을 가능하게 하여 묵독을 도왔다. 묵독이 시작되자 낱말의 간격이나 문장의 경계 등을 표시할 필요성이 생겨 띄어쓰기와 문장부호가 발달했다. 이와 함께 반체제, 에로티시즘, 신앙심 등 개인적 체험을 기록한 책도 점차 등장했다. 이러한 묵독은 꼼꼼히 읽는 분석적 읽기를 가능하게 했다.
>
> 음독과 묵독이 공존하던 18세기 중반에 새로운 독서 방식으로 다독이 등장했다. 금속활자와 인쇄술의 보급으로 책 생산이 이전의 3 ~ 4배로 증가하면서 다양한 장르의 책들이 출판되었다. 이전에 책을 접하지 못했던 여성들이 독자로 대거 유입되었고, 독서 조합과 대출 도서관 등 독서 기관이 급격히 증가했다. 이전 시대에는 제한된 목록의 고전을 여러 번 정독하는 집중형 독서가 주로 행해졌던 반면, 이제는 분산형 독서가 행해졌다. 이것은 필독서인 고전의 권위에 대항하여 자신이 읽고 싶은 것을 골라 읽는 자유로운 선택적 읽기를 뜻한다. 이처럼 오늘날 행해지는 다양한 독서 방식들은 장구한 시간의 흐름 속에서 하나씩 등장했다. 그래서 거기에는 당대의 지식사를 이끌었던 흔적들이 남아있다.

① 다양한 내용의 책을 읽는 데에는 분산형 독서가 효과적이다.
② 분산형 독서는 고전이 전에 가졌던 권위를 약화시켰다.
③ 18세기 중반 이전에는 여성 독자의 수가 제한적이었다.
④ 책의 형태가 변화하면 독서의 방식도 따라서 변화한다.
⑤ 책자형 책의 출현으로 인해 낭독의 확산이 가능해졌다.

┃ 2024년 하반기 삼성그룹

01 S사에서는 크리스마스 행사로 경품 추첨을 진행하려 한다. 작년에는 제주도 숙박권 10명, 여행용 파우치 20명을 추첨하여 경품을 주었으며, 올해는 작년보다 제주도 숙박권은 20%, 여행용 파우치는 10% 더 준비했다. 올해 경품을 받는 인원은 작년보다 몇 명 더 많은가?(단, 경품은 중복 당첨이 불가능하다)

① 1명   ② 2명
③ 3명   ④ 4명
⑤ 5명

┃ 2024년 하반기 LG그룹

02 L공장에서 제조하는 휴대폰 액세서리는 원가가 700원이고 표시된 정가는 a원이다. 서울의 A매장에서 이 액세서리를 표시된 정가에서 14% 할인하여 50개 팔았을 때의 이익과 B매장에서 20% 할인하여 80개 팔았을 때의 이익이 같다고 한다. 이때, a의 각 자리의 수를 모두 더한 값은?

① 1   ② 2
③ 3   ④ 4
⑤ 5

┃ 2024년 하반기 SK그룹

03 알코올 농도가 22%인 술 A와 농도가 10%인 술 B를 섞어 알코올 농도가 17% 이상인 술 300mL를 만들고자 할 때, 술 A는 최소 몇 mL 필요한가?

① 175mL   ② 180mL
③ 185mL   ④ 190mL
⑤ 195mL

┃ 2024년 하반기 KT그룹

04 용민이와 효린이가 같은 방향으로 호수를 도는데 용민이는 7km/h, 효린이는 3km/h의 속력으로 걷는다고 한다. 두 사람이 처음으로 다시 만났을 때 7시간이 지나있었다면, 호수의 둘레는?(단, 둘은 같은 지점에서 동시에 출발했다)

① 24km   ② 26km
③ 28km   ④ 30km
⑤ 32km

05 갑, 을, 병 세 사람에게 같은 양의 물건을 한 사람씩 똑같이 나누어 주면 각각 30일, 60일, 40일 동안 사용할 수 있다고 한다. 만약 세 사람에게 나누어 줄 물건의 양을 모두 합하여 세 사람이 함께 사용한다면, 모든 물건을 사용하는 데 걸리는 기간은?

① 20일　　　　　　　　　　　　② 30일
③ 35일　　　　　　　　　　　　④ 40일
⑤ 45일

06 A ~ D 4명은 빨간색, 파란색, 초록색 깃발 중 1개를 고르려고 한다. 깃발은 1명당 1개씩만 고를 수 있으며, 다른 사람과 같은 색의 깃발도 고를 수 있다고 할 때, 빨간색 깃발을 1명만 고를 확률은?

① $\dfrac{11}{60}$　　　　　　　　　　② $\dfrac{23}{81}$

③ $\dfrac{32}{81}$　　　　　　　　　　④ $\dfrac{45}{121}$

⑤ $\dfrac{67}{121}$

07 1L 물통을 가득 채우는 데 수도 A는 15분, 수도 B는 20분이 걸린다고 한다. 수도 A, B를 동시에 사용해 30분 동안 물을 받는다면 물통 몇 개를 채울 수 있는가?

① 1개　　　　　　　　　　　　② 2개
③ 3개　　　　　　　　　　　　④ 4개
⑤ 5개

08 S사 전체 신입사원의 남자와 여자의 비율은 55:45이고, 여자 신입사원 중에서 안경을 착용한 사원과 착용하지 않은 사원의 비율은 55:45였다. 신입사원을 1명 고를 때, 그 사원이 안경을 착용했을 확률이 30%라면, 남자 신입사원 중에서 안경을 착용한 비율은?

① $\dfrac{3}{110}$ ② $\dfrac{21}{440}$

③ $\dfrac{7}{110}$ ④ $\dfrac{21}{220}$

⑤ $\dfrac{21}{110}$

09 A ~ E 5명은 마음에 드는 원피스 하나를 발견해 각자 원하는 색깔을 고르기로 하였다. 원피스가 노란색 2벌, 파란색 2벌, 초록색 1벌이 있을 때, 5명이 각자 1벌씩 고를 수 있는 경우의 수는?

① 28가지   ② 30가지

③ 32가지   ④ 34가지

⑤ 36가지

10 어느 바다의 해수면 높이가 다음과 같이 일정한 규칙으로 증가할 때, 2028년의 예상 해수면 높이는?

〈연도별 해수면 높이〉

(단위 : mm)

구분	2019년	2020년	2021년	2022년	2023년
해수면 높이	73	76	79	82	85

① 94mm   ② 100mm

③ 106mm   ④ 112mm

⑤ 118mm

11 다음은 주요 젖병회사 브랜드인 D사 · G사 · U사의 연도별 판매율을 나타낸 자료이다. 이에 대한 설명으로 옳지 않은 것은?

〈젖병회사별 판매율〉

(단위 : %)

구분	2020년	2021년	2022년	2023년	2024년
D사	52	55	61	58	69
G사	14	19	21	18	20
U사	34	26	18	24	11

① D사와 G사의 판매율 증감 추이는 동일하다.
② D사와 G사의 판매율이 가장 높은 연도는 동일하다.
③ D사의 판매율이 가장 높은 연도는 U사의 판매율이 가장 낮았다.
④ G사의 판매율이 가장 낮은 연도는 U사의 판매율이 가장 높았다.

12 다음은 S사의 2023년 1분기 ~ 2024년 2분기의 영업이익, 영업수익, 영업비용에 대한 자료이다. 빈칸에 들어갈 수로 옳은 것은?

〈2023년 1분기 ~ 2024년 2분기 영업이익, 영업수익, 영업비용〉

(단위 : 억 원)

구분	2023년 1분기	2023년 2분기	2023년 3분기	2023년 4분기	2024년 1분기	2024년 2분기
영업이익	200,000	185,000	176,000	193,000	186,000	220,000
영업수익	637,000	658,000	676,000	676,000	662,000	750,000
영업비용	437,000	473,000	500,000		476,000	530,000

① 453,000
② 463,000
③ 473,000
④ 483,000
⑤ 493,000

13 S시에서 운영하는 시립도서관에서 보유하고 있는 책의 수가 매월 다음과 같은 규칙을 보일 때, 2023년 5월에 보유하는 책의 수는?

〈S시 시립도서관 보유 책 현황〉

(단위 : 권)

구분	2022년 6월	2022년 7월	2022년 8월	2022년 9월	2022년 10월
보유 중인 책의 수	500	525	550	575	600

① 700권   ② 725권

③ 750권   ④ 775권

⑤ 800권

14 다음은 1월 2일에 C회사 주식에 100,000원을 투자한 후 매일 주가 등락률을 정리한 자료이다. 이를 참고하여 주식을 모두 매도했을 때 옳은 것은?

〈전일 대비 주가 등락률〉

구분	1월 3일	1월 4일	1월 5일	1월 6일	1월 7일
등락률	10% 상승	20% 상승	10% 하락	20% 하락	10% 상승

① 1월 5일에 매도할 경우 5,320원 이익이다.

② 1월 4일은 매도할 경우 이익률은 30%이다.

③ 1월 6일에 매도할 경우 이익률은 −6.9%이다.

④ 1월 6일에 매도할 경우 4,450원 손실이다.

⑤ 1월 7일에 매도할 경우 주식가격은 104,544원이다.

15 다음은 국민연금 운용수익률 추이에 대한 자료이다. 이에 대한 설명으로 옳은 것은?

〈국민연금 운용수익률 추이〉

(단위 : %)

구분		11년 연평균 (2013 ~ 2023년)	5년 연평균 (2019 ~ 2023년)	3년 연평균 (2021 ~ 2023년)	2023년 (2023년 1년간)
전체		5.24	3.97	3.48	−0.92
금융부문		5.11	3.98	3.49	−0.93
	국내주식	4.72	1.30	3.07	−16.77
	해외주식	5.15	4.75	3.79	−6.19
	국내채권	4.84	3.60	2.45	4.85
	해외채권	4.37	3.58	2.77	4.21
	대체투자	8.75	9.87	8.75	11.80
	단기자금	4.08	1.58	1.59	2.43
공공부문		8.26	−	−	−
복지부문		6.34	−1.65	−1.51	−1.52
기타부문		1.69	0.84	0.73	0.96

① 단기자금 운용수익률은 매년 증가하고 있다.

② 2023년 현재 운용수익률은 모든 부문에서 적자를 기록했다.

③ 공공부문은 조사기간 내내 운용수익률이 가장 높은 부문이다.

④ 금융부문 운용수익률은 연평균기간이 짧을수록 꾸준히 증가하고 있다.

⑤ 국민연금 전체 운용수익률은 연평균기간이 짧을수록 점차 감소하고 있다.

※ 일정한 규칙으로 수를 나열할 때 빈칸에 들어갈 수로 알맞은 것을 고르시오. [1~3]

01

❙ 2024년 하반기 CJ그룹

$$0 \quad 1 \quad -2 \quad -1 \quad 2 \quad 3 \quad (\quad)$$

① 7　　　　　　　　　　　② 4

③ -5　　　　　　　　　　④ -6

⑤ -9

02

❙ 2024년 하반기 LG그룹

$$2\frac{3}{4} \quad 4\frac{7}{26} \quad (\quad) \quad 8\frac{15}{118} \quad 10\frac{19}{188} \quad 12\frac{23}{274} \quad 14\frac{27}{376}$$

① $6\frac{11}{90}$　　　　　　　　② $6\frac{11}{80}$

③ $6\frac{11}{72}$　　　　　　　　④ $6\frac{11}{64}$

⑤ $6\frac{11}{56}$

03

❙ 2024년 상반기 KT그룹

$$(\quad) \quad 3 \quad 81 \qquad 2 \quad 4 \quad 16 \qquad 3 \quad 5 \quad 125$$

① 1　　　　　　　　　　　② 3

③ 4　　　　　　　　　　　④ 5

⑤ 7

※ 제시된 명제가 모두 참일 때, 빈칸에 들어갈 명제로 가장 적절한 것을 고르시오. [4~5]

| 2024년 하반기 삼성그룹

04

> • 전제1. 날씨가 좋으면 야외 활동을 한다.
> • 전제2. 날씨가 좋지 않으면 행복하지 않다.
> • 결론. _____

① 날씨가 좋으면 행복한 것이다.
② 야외 활동을 하면 날씨가 좋은 것이다.
③ 야외 활동을 하지 않으면 행복하지 않다.
④ 행복하지 않으면 날씨가 좋지 않은 것이다.
⑤ 날씨가 좋지 않으면 야외 활동을 하지 않는다.

| 2024년 하반기 CJ그룹

05

> • 모든 생명체는 물이 있어야 살아갈 수 있다.
> • 모든 동물은 생명체이다.
> • 그러므로 _____

① 생명체는 모두 동물이다.
② 동물들은 물이 있어야 살 수 있다.
③ 동물이 아닌 것은 생명체가 아니다.
④ 생명체가 살아갈 수 없으면 물이 없다.
⑤ 물이 있으면 모든 생명체가 살아갈 수 있다.

06 민지, 아름, 진희, 희정, 세영은 상영시간에 맞춰 영화관에 도착하는 순서대로 각자 상영관에 입장하였다. 다음 대화에서 한 사람이 거짓말을 하고 있을 때, 가장 마지막으로 영화관에 도착한 사람은?(단, 다섯 명 모두 다른 시간에 도착하였다)

- 민지 : 나는 마지막에 도착하지 않았어. 다음에 분명 누군가가 왔어.
- 아름 : 내가 가장 먼저 영화관에 도착했어. 진희의 말은 진실이야.
- 진희 : 나는 두 번째로 영화관에 도착했어.
- 희정 : 나는 세 번째로 도착했고, 진희는 내가 도착한 다음에서야 왔어.
- 세영 : 나는 영화가 시작한 뒤에야 도착했어. 나는 마지막으로 도착했어.

① 민지
② 아름
③ 진희
④ 세영

07 다음 명제를 통해 추론할 수 있는 내용으로 옳은 것은?

- 진달래를 좋아하는 사람은 감성적이다.
- 백합을 좋아하는 사람은 보라색을 좋아하지 않는다.
- 감성적인 사람은 보라색을 좋아한다.

① 감성적인 사람은 백합을 좋아한다.
② 백합을 좋아하는 사람은 감성적이다.
③ 보라색을 좋아하는 사람은 감성적이다.
④ 백합을 좋아하는 사람은 진달래를 좋아한다.
⑤ 진달래를 좋아하는 사람은 보라색을 좋아한다.

08 어느 사무실에 도둑이 들어서 갑 ~ 무 5명의 용의자를 대상으로 조사를 했다. 이들 중 1명만 진실을 말하고 나머지는 거짓을 말한다고 할 때, 범인은?

> • 갑 : 을이 범인이에요.
> • 을 : 정이 범인이 확실해요.
> • 병 : 저는 확실히 도둑이 아닙니다.
> • 정 : 을은 거짓말쟁이에요.
> • 무 : 제가 도둑입니다.

① 갑   ② 을
③ 병   ④ 정
⑤ 무

09 A팀 직원 10명은 S레스토랑에서 회식을 진행하였다. 다음 〈조건〉과 같이 10명 모두 식사와 후식을 하나씩 선택하였을 때, 양식과 커피를 선택한 직원은 모두 몇 명인가?

> **조건**
> • 식사는 한식과 양식 2종류가 있고, 후식은 커피, 녹차, 홍차 3종류가 있다.
> • 홍차를 선택한 사람은 3명이며, 이 중 2명은 한식을 선택했다.
> • 녹차를 선택한 사람은 홍차를 선택한 사람보다 많지만, 5명을 넘지 않았다.
> • 한식을 선택한 사람 중 2명은 커피를, 1명은 녹차를 선택했다.

① 1명   ② 2명
③ 3명   ④ 4명
⑤ 5명

10 A ~ E 5명은 S카페에서 마실 것을 주문하고자 한다. 다음 〈조건〉에 따라 메뉴판에 있는 것을 주문했을 때, 항상 참인 것은?

〈S카페 메뉴판〉

커피류		음료류	
• 아메리카노	1,500원	• 핫초코	2,000원
• 에스프레소	1,500원	• 아이스티	2,000원
• 카페라테	2,000원	• 오렌지주스	2,000원
• 모카치노	2,500원	• 에이드	2,500원
• 카푸치노	2,500원	• 생과일주스	3,000원
• 캐러멜 마키아토	3,000원	• 허브티	3,500원
• 바닐라라테	3,500원		
• 아포가토	4,000원		

조건

• A ~ E는 서로 다른 것을 주문하였다.
• A와 B가 주문한 것의 가격은 같다.
• B는 커피를 마실 수 없어 음료류를 주문하였다.
• C는 B보다 가격이 비싼 음료류를 주문하였다.
• D는 S카페에서 가장 비싼 것을 주문하였다.
• E는 오렌지주스 또는 카페라테를 주문하였다.

① A는 최소 가격이 1,500원인 메뉴를 주문하였다.
② B는 허브티를 주문하였다.
③ C는 핫초코를 주문하였다.
④ D는 음료류를 주문하였다.
⑤ 5명이 주문한 금액의 합은 최대 15,500원이다.

01 언어

01	02	03	04	05	06	07	08	09	10	11									
④	③	②	③	②	②	②	④	⑤	③	⑤									

01

정답 ④

'유지(維持)'는 '어떤 상태나 상황을 그대로 보존하거나 변함없이 계속하여 지탱함'이라는 뜻이므로 '상당히 어렵게 보존하거나 유지하여 나감'이라는 의미의 '부지(扶持/扶支)'와 유의 관계이다. 반면, ①·②·③은 반의 관계이다.

오답분석
① 황혼 : 해가 지고 어스름해질 때. 또는 그때의 어스름한 빛
  여명 : 희미하게 날이 밝아 오는 빛. 또는 그런 무렵
② 유별 : 여느 것과 두드러지게 다름
  보통 : 특별하지 아니하고 흔히 볼 수 있음
③ 낭설 : 터무니없는 헛소문
  진실 : 거짓이 없는 사실

02

정답 ③

③은 밴드왜건 효과(편승 효과)의 사례이다. 밴드왜건 효과란 유행에 따라 상품을 구입하는 소비 현상을 뜻하는 경제용어로, 기업은 이러한 현상을 충동구매 유도 마케팅 전략으로 활용하고 정치계에서는 특정 유력 후보를 위한 선전용으로 활용한다.

03

정답 ②

A는 동성결혼의 합법화가 차별을 줄이고 평등한 사회를 만들 수 있다고 주장하는 반면, B는 동성결혼의 합법화가 오히려 사회분열을 초래할 수 있다고 주장하고 있다. 따라서 A와 B의 토론 주제로 가장 적절한 것은 '동성결혼 합법화가 사회통합과 안정에 기여할 수 있는가?'이다.

오답분석
①·④ 해당 주제는 제시된 토론에서 다루고 있지 않다.
③ A는 동성결혼의 합법화가 성소수자들의 기본적 권리를 보장하고 차별을 줄일 것이라고 주장하고 있지만, 동성결혼의 금지 자체가 토론 주제로 언급되고 있지는 않다.

04

정답 ③

제시문은 책을 사거나 빌리는 것만으로는 책을 진정으로 소유할 수 없다고 하며, 책을 진정으로 소유하기 위한 독서의 방법과 책을 고르는 기준을 제시하고 있다. 따라서 글의 중심 내용으로 가장 적절한 것은 '독서의 목적은 책의 내용을 온전히 소유하는 것이다.' 이다.

[오답분석]
① · ② 글 전체 내용을 포괄하지 못하므로 중심 내용이 될 수 없다.
④ · ⑤ 글의 논점에서 벗어난 내용이므로 중심 내용이 될 수 없다.

05

정답 ②

제시문은 제4차 산업혁명으로 인한 노동 수요 감소로 인해 나타날 수 있는 문제점으로 대공황에 대한 위험을 설명하면서도, 긍정적인 시각으로 노동 수요 감소를 통해 인간적인 삶 향유가 이루어질 수 있다고 말한다. 따라서 제4차 산업혁명의 밝은 미래와 어두운 미래를 나타내는 '제4차 산업혁명의 빛과 그늘'이 글의 제목으로 가장 적절하다.

06

정답 ②

'그러나 인간의 이성으로 얻은 ~' 이하는 그 앞의 진술에 대한 반론이다. 이를 통해 빈칸에 들어갈 내용으로 인간에게 한계가 있는 이상 인간에 의해 얻어진 과학적 지식 역시 완벽하다고는 할 수 없음을 추론할 수 있다.

07

정답 ②

보기의 문장은 앞의 내용에 이어서 예시를 드는 문장이므로 재력 등 우월의식을 드러내기 위한 베블런 효과의 원인 뒤에 들어가야 한다. 따라서 '사회적 지위나 부를 과시하려는 것이다.' 뒷부분인 (나)에 그 예시로서 들어가는 것이 가장 적절하다.

08

정답 ④

제시문은 1920년대 영화의 소리에 대한 부정적인 견해가 있었음을 이야기하며 화두를 꺼내고 있다. 이후 현대에는 소리와 영상을 분리해서 생각할 수 없음을 설명하고, 영화에서의 소리가 어떤 역할을 하는지에 대해 말하면서 현대 영화에서의 소리의 의의에 대해 서술하고 있다. 따라서 (라) 1920년대 영화의 소리에 대한 부정적인 견해 – (가) 현대 영화에서 분리해서 생각할 수 없는 소리와 영상 – (다) 영화 속 소리의 역할 – (나) 현대 영화에서 소리의 의의 순으로 나열하는 것이 적절하다.

09

정답 ⑤

감각으로 검증할 수 없는 존재에 대한 관념은 그것의 실체를 확인할 수 없기 때문에 거짓으로 보아야 하는 문제가 발생한다는 진리론은 대응설이므로 ⑤는 적절하지 않다.

10

정답 ③

실재론은 세계가 정신과 독립적으로 존재함을, 반실재론은 세계가 감각적으로 인식될 때만 존재함을 주장하므로 두 이론 모두 세계는 존재한다를 전제하고 있다.

오답분석

① 세계가 감각으로 인식될 때만 존재한다는 것은 반실재론자의 입장이다.

② 세 번째 문단에서 어떤 사람이 버클리의 주장을 반박하기 위해 돌을 발로 차서 날아간 돌이 존재한다는 사실을 증명하려고 하였으나, 반실재론을 제대로 반박한 것은 아니라고 하였다. 따라서 실재론자의 주장이 옳다는 사실을 증명하는 것은 아니다.

④ 버클리는 객관적 성질이라고 여겨지는 것들도 우리가 감각할 수 있을 때만 존재하는 주관적 속성이라고 하였다.

⑤ 마지막 문단에서 새로운 형태의 반실재론이 제기되어 활발한 논의가 진행 중이라고 하였을 뿐, 반실재론이 정론으로 받아들여지고 있다는 언급은 없다.

11

정답 ⑤

초기의 독서는 낭독이 보편적이었고, 12세기 무렵 책자형 책이 두루마리 책을 대체하면서 묵독이 가능하게 되었다. 따라서 책자형 책의 출현으로 낭독의 확산이 아닌 묵독의 확산이 가능해졌다고 할 수 있다.

오답분석

①·②·③ 마지막 문단에서 확인할 수 있다.

④ 제시문 전체에서 확인할 수 있다.

01	02	03	04	05	06	07	08	09	10	11	12	13	14	15					
④	①	①	③	④	③	③	④	②	②	②	④	④	⑤	⑤					

01

정답 ④

작년보다 제주도 숙박권은 20%, 여행용 파우치는 10%를 더 준비했다고 했으므로 제주도 숙박권은 $10 \times 0.2 = 2$명, 여행용 파우치는 $20 \times 0.1 = 2$명이 경품을 더 받는다.

따라서 작년보다 총 4명이 경품을 더 받을 수 있다.

02

정답 ①

구분	A매장	B매장
판매가	$\left(1 - \dfrac{14}{100}\right)a = \dfrac{86}{100}a$	$\left(1 - \dfrac{20}{100}\right)a = \dfrac{80}{100}a$
총수입	$\dfrac{86}{100}a \times 50 = 43a$	$\dfrac{80}{100}a \times 80 = 64a$
이익	$43a - 50 \times 700$ $= 43a - 35,000$	$64a - 80 \times 700$ $= 64a - 56,000$

$43a - 35,000 = 64a - 56,000$

→ $21a = 21,000$

∴ $a = 1,000$원

따라서 각 자리의 수를 모두 더한 값은 1이다.

03

정답 ①

술 A의 양을 xmL라고 하면 술 B의 양은 $(300 - x)$mL이므로 다음과 같은 식이 성립한다.

$\dfrac{22}{100} \times x + \dfrac{10}{100} \times (300 - x) \geq \dfrac{17}{100} \times 300$

→ $22x + 10 \times (300 - x) \geq 5,100$

→ $12x \geq 2,100$

∴ $x \geq 175$

따라서 술 A는 최소 175mL 넣어야 한다.

04

정답 ③

7시간이 지났다면 용민이는 $7 \times 7 = 49$km, 효린이는 $3 \times 7 = 21$km를 걸은 것이다.

용민이는 호수를 한 바퀴 돌고나서 효린이가 걸은 21km까지 더 걸은 것이므로 호수의 둘레는 $49 - 21 = 28$km이다.

05

정답 ④

같은 양의 물건을 k라고 하면 갑, 을, 병 한 사람이 하루에 사용하는 양은 각각 $\dfrac{k}{30}$, $\dfrac{k}{60}$, $\dfrac{k}{40}$ 이며, 세 사람이 함께 하루 동안 사용하는 양은 $\dfrac{k}{30}+\dfrac{k}{60}+\dfrac{k}{40}=\dfrac{9k}{120}=\dfrac{3k}{40}$ 이다.

세 사람에게 나누어 줄 물건의 양을 합하면 $3k$이며, $3k$의 물건을 세 사람이 하루에 사용하는 양으로 나누면 $3k\div\dfrac{3k}{40}=40$이다.

따라서 세 사람이 함께 모든 물건을 사용하는 데 걸리는 시간은 40일이다.

06

정답 ③

먼저 전체 경우의 수를 구하면 A ~ D 4명이 3가지 색의 깃발 중 1개씩 중복되게 고를 수 있으므로 $3^4=81$이다.
다음으로 빨간색 깃발을 1명만 선택하는 경우의 수를 구하면, 먼저 1명이 빨간색 깃발을 고르고 나머지 3명이 다른 2가지 색의 깃발을 고르므로 $4\times2^3=32$이다.

따라서 모든 경우의 수에서 빨간색 깃발을 1명만 선택하는 확률은 $\dfrac{32}{81}$ 이다.

07

정답 ③

수도 A, B가 1분 동안 채울 수 있는 물의 양은 각각 $\dfrac{1}{15}$L, $\dfrac{1}{20}$L이다.

수도 A, B를 동시에 틀어 놓을 경우 1분 동안 채울 수 있는 물의 양은 $\dfrac{1}{15}+\dfrac{1}{20}=\dfrac{7}{60}$L이므로, 30분 동안 $\dfrac{7}{60}\times30=3.5$L의 물을 받을 수 있다.
따라서 수도 A, B를 동시에 사용해 30분 동안 물을 받는다면 물통 3개를 채울 수 있다.

08

정답 ④

전체 신입사원을 1이라 할 때, 남자 신입사원과 여자 신입사원 및 안경을 착용한 신입사원과 착용하지 않은 신입사원을 정리하면 다음과 같다.

구분	남자 신입사원	여자 신입사원	합계
안경 착용	$0.3-0.2475=0.0525$	$0.45-0.2025=0.2475$	0.3
안경 미착용	$0.7-0.2025=0.4975$	$0.45\times0.45=0.2025$	$1-0.3=0.7$
합계	0.55	0.45	1

따라서 남자 신입사원 중 안경을 착용한 비율은 $\dfrac{0.0525}{0.55}=\dfrac{21}{220}$ 이다.

09

정답 ②

5명이 노란색 원피스 2벌, 파란색 원피스 2벌, 초록색 원피스 1벌 중 1벌씩 선택하는 경우의 수를 구하기 위해 먼저 5명을 2명, 2명, 1명으로 이루어진 3개의 팀으로 나누어야 한다. 이때 팀을 나누는 경우의 수는 다음과 같다.

$_5C_2\times{_3}C_2\times{_1}C_1\times\dfrac{1}{2!}=\dfrac{5\times4}{2}\times3\times1\times\dfrac{1}{2}=15$가지

2벌인 원피스의 색깔은 노란색과 파란색 2가지이므로 선택할 수 있는 경우의 수는 $15\times2=30$가지이다.

10

해수면은 매년 3mm씩 증가하고 있다.

2028년의 예상 해수면의 높이를 구하는 식은 다음과 같다.

$85+(3\times5)=100$mm

따라서 2028년 예상 해수면의 높이는 100mm이다.

11

D사의 판매율이 가장 높은 연도는 2024년, G사의 판매율이 가장 높은 연도는 2022년으로 동일하지 않다.

오답분석

① D사와 G사는 2023년만 감소하여 판매율 증감 추이가 같다.

③ D사의 판매율이 가장 높은 연도는 2024년이고, U사의 판매율이 가장 낮은 연도도 2024년으로 동일하다.

④ G사의 판매율이 가장 낮은 연도는 2020년이고, U사의 판매율이 가장 높은 연도도 2020년으로 동일하다.

12

자료를 통해 (영업이익)=(영업수익)-(영업비용)임을 알 수 있다.

따라서 빈칸에 들어갈 수는 $676,000-193,000=483,000$이다.

13

책의 수는 매월 25권씩 늘어나고 있으므로 2023년 5월에 보유하는 책의 수는 $500+25\times11=775$권이다.

14

투자한 100,000원에 대한 주가 등락률과 그에 따른 주식가격을 계산하면 다음과 같다.

(단위 : 원)

구분	1월 3일	1월 4일	1월 5일	1월 6일	1월 7일
등락률	$\times1.1$	$\times1.2$	$\times0.9$	$\times0.8$	$\times1.1$
주식가격	$100,000\times1.1$ $=110,000$	$110,000\times1.2$ $=132,000$	$132,000\times0.9$ $=118,800$	$118,800\times0.8$ $=95,040$	$95,040\times1.1$ $=104,544$

따라서 1월 7일에 매도할 경우 주식가격은 104,544원이다.

오답분석

① 1월 5일 주식가격은 118,800원이므로, 매도할 경우 $118,800-100,000=18,800$원 이익이다.

② 1월 4일 주식가격은 132,000원이므로, 매도할 경우 이익률은 $\dfrac{132,000-100,000}{100,000}\times100=32\%$이다.

③·④ 1월 6일 주식 가격은 95,040원이므로, 매도할 경우 $100,000-95,040=4,960$원 손실이며, 1월 2일 대비 주식가격 감소율(이익률)은 $\dfrac{100,000-95,040}{100,000}\times100=4.96\%$이다.

15

국민연금 전체 운용수익률은 연평균기간이 짧을수록 5.24% → 3.97% → 3.48% → −0.92%로 감소하고 있다.

[오답분석]

① 기간별 연평균으로 분류하여 수익률을 나타내므로 매년 증가하고 있는지는 알 수 없다.
② 2023년 운용수익률에서 기타부문은 흑자를 기록했고, 공공부문은 알 수 없다.
③ 공공부문의 경우 11년 연평균(2013 ~ 2023년)의 수치만 있으므로 알 수 없다.
④ 금융부문 운용수익률은 연평균기간이 짧을수록 감소하고 있다.

01	02	03	04	05	06	07	08	09	10								
④	④	③	③	②	④	⑤	③	①	⑤								

01

정답 ④

제시된 수열은 $+1$, $\times(-2)$가 반복되는 수열이다.
따라서 $(\quad)=3\times(-2)=-6$이다.

02

정답 ④

제시된 수열은 정수 부분은 $+2$, 분자는 $+4$, 분모는 (정수)$\times$(분자)-2인 수열이다.
따라서 $(\quad)=(4+2)\left\{\dfrac{7+4}{(4+2)\times(7+4)-2}\right\}=6\dfrac{11}{64}$ 이다.

03

정답 ③

나열된 수를 각각 A, B, C라고 하면 다음과 같은 규칙이 성립한다.
$\underline{A\ B\ C} \to B^A=C$
따라서 $3^{(\quad)}=81$이므로 $(\quad)=4$이다.

04

정답 ③

'날씨가 좋다.'를 A, '야외 활동을 한다.'를 B, '행복하다.'를 C라고 하면 전제1은 A → B, 전제2는 ~A → ~C이다. 전제2의 대우는
C → A이므로 C → A → B가 성립하여 결론은 C → B나 ~B → ~C이다.
따라서 빈칸에 들어갈 명제로 적절한 것은 '야외 활동을 하지 않으면 행복하지 않다.'이다.

05

정답 ②

'생명체'를 A, '물'을 B, '동물'을 C라고 하면 다음과 같이 명제를 나타낼 수 있다.
• A → B
• C → A
그러므로 C → A → B가 성립한다.
따라서 빈칸에 들어갈 명제는 삼단논법에 의해 C → B, '동물들은 물이 있어야 살 수 있다.'가 적절하다.

[오답분석]
① A → C는 C → A의 역이므로 반드시 참이 되지 않는다.
③ ~C → ~A는 C → A의 이이므로 반드시 참이 되지 않는다.
④ ~A → ~B는 A → B의 이이므로 반드시 참이 되지 않는다.
⑤ B → A는 A → B의 역이므로 반드시 참이 되지 않는다.

06

정답 ④

먼저 거짓말은 한 사람만 하는데 진희와 희정의 말이 서로 다르므로, 둘 중 한 명이 거짓말을 하고 있음을 알 수 있다. 이때, 반드시 진실인 아름의 말에 따라 진희의 말은 진실이 되므로 결국 희정이가 거짓말을 하고 있음을 알 수 있다.
따라서 영화관에는 아름 − 진희 − 민지 − 희정 − 세영 순서로 도착하였으므로, 가장 마지막에 도착한 사람은 세영이다.

07

정답 ⑤

주어진 명제와 이의 대우를 정리하면 '진달래를 좋아함 → 감성적 → 보라색을 좋아함 → 백합을 좋아하지 않음'이다.
따라서 '진달래를 좋아하는 사람은 보라색을 좋아한다.'를 추론할 수 있다.

08

정답 ③

만약 갑의 말이 진실이면 을의 말은 거짓, 병의 말은 진실, 정의 말도 진실, 무의 말은 거짓이 되어 진실을 말한 사람이 3명이 되므로 1명만 진실을 말한다는 조건에 맞지 않는다. 그러므로 갑의 말은 거짓이다.
또한 을이나 무의 말이 진실이라면 병의 말은 진실이 되므로 이 역시 1명만 진실을 말한다는 조건에 어긋나 을과 무의 말 역시 거짓이다.
병의 말이 진실이라면 을의 말은 거짓, 정의 말은 진실이 되므로 병의 말도 거짓이다.
따라서 진실을 말한 사람은 정이고, 갑, 을, 병, 무의 말은 모두 거짓이 되므로 병이 범인이다.

09

정답 ①

두 번째 조건에 따라 홍차를 선택한 사람은 3명이고, 세 번째 조건에 따라 녹차를 선택한 사람은 4명이다. 그러므로 커피를 선택한 사람은 3명이 된다. 이후 네 번째 조건에 따라 한식을 선택한 사람 중 2명이 커피를 선택했으므로 양식과 커피를 선택한 직원은 1명이다.

10

정답 ⑤

먼저 D의 주문 금액은 4,000원, E의 주문 금액은 2,000원임을 알 수 있다. 그리고 C의 최대 주문 금액은 3,500이고, B의 최대 주문 금액은 이보다 적은 3,000원이므로 A의 최대 주문 금액 또한 3,000원이다.
따라서 5명이 주문한 금액은 최대 3,000+3,000+3,500+4,000+2,000=15,500원이다.

[오답분석]
① A와 B의 주문 가격은 같고, B는 커피류를 마실 수 없으므로 A가 주문 가능한 최소 가격은 B가 주문 가능한 음료류의 최소 가격인 2,000원이다.
② 허브티는 음료류 중 가격이 최대이므로 B가 허브티를 주문할 경우 C는 이보다 비싼 음료류를 주문할 수 없다.
③ 핫초코는 음료류 중 가격이 최소이므로 C가 핫초코를 주문할 경우 B는 이보다 저렴한 음료류를 주문할 수 없다.
④ S카페에서 가장 비싼 것은 아포가토이고, 이는 커피류이다.

Add+

2개년 주요기업 기출복원문제

※ 정답 및 해설은 기출복원문제 바로 뒤 p.090에 있습니다.

01 언어

| 2023년 하반기 SK그룹

01 다음 제시문의 주제로 가장 적절한 것은?

> 동양 사상이라 해서 언어와 개념을 무조건 무시하는 것은 결코 아니다. 만약 그렇다면 동양 사상은 경전이나 저술을 통해 언어화되지 않고 순전히 침묵 속에서 전수되어 왔을 것이다. 물론 이것은 사실이 아니다. 동양 사상도 끊임없이 언어적으로 다듬어져 왔으며 논리적으로 전개되어 왔다. 흔히 동양 사상은 신비주의적이라고 말하지만, 이것은 동양 사상의 한 면만을 특정 짓는 것이지, 결코 동양의 철인(哲人)들이 사상을 전개함에 있어 논리를 무시했다거나 항시 어떤 신비적인 체험에 호소해서 자신의 주장들을 폈다는 것을 뜻하지는 않는다. 그러나 역시 동양 사상은 신비주의적임에 틀림없다. 거기서는 지고(至高)의 진리란 언제나 언어화될 수 없는 어떤 신비한 체험의 경지임이 늘 강조되어 왔기 때문이다. 최고의 진리는 언어 이전, 혹은 언어 이후의 무언(無言)의 진리이다. 엉뚱하게 들리겠지만, 동양 사상의 정수(精髓)는 말로써 말이 필요 없는 경지를 가리키려는 데에 있다고 해도 과언이 아니다. 말이 스스로를 부정하고 초월하는 경지를 나타내도록 사용된 것이다. 언어로써 언어를 초월하는 경지를 나타내고자 하는 것이야말로 동양 철학이 지닌 가장 특징적인 정신이다. 동양에서는 인식의 주체를 심(心)이라는 매우 애매하면서도 포괄적인 말로 이해해 왔다. 심(心)은 물(物)과 항시 자연스러운 교류를 하고 있으며, 이성은 단지 심(心)의 일면일 뿐인 것이다. 동양은 이성의 오만이라는 것을 모른다. 지고의 진리, 인간을 살리고 자유롭게 하는 생동적 진리는 언어적 지성을 넘어선다는 의식이 있었기 때문일 것이다. 언어는 언제나 마음을 못 따르며 둘 사이에는 항시 괴리가 있다는 생각이 동양인들의 의식 저변에 깔려 있는 것이다.

① 동양 사상은 신비주의적인 요소가 많다.
② 언어와 개념을 무시하면 동양 사상을 이해할 수 없다.
③ 동양 사상은 언어적 지식을 초월하는 진리를 추구한다.
④ 인식의 주체를 심(心)으로 표현하는 동양 사상은 이성적이라 할 수 없다.
⑤ 동양 사상에서는 언어는 마음을 따르므로 진리는 마음속에 있다고 주장한다.

02 다음 글의 내용으로 적절하지 않은 것은?

모든 동물들은 생리적 장치들이 제대로 작동하기 위해서 체액의 농도를 어느 정도 일정하게 유지해야 한다. 이를 위해 수분의 획득과 손실의 균형을 조절하는 작용을 삼투조절이라 한다. 동물은 서식지와 체액의 농도, 특히 염도 차이가 있을 경우, 삼투현상에 따라 체내 수분의 획득과 손실이 발생하기 때문에, 이러한 상황에서 체액의 농도를 일정하게 유지하는 것이 중요한 생존 과제이다.

삼투현상이란 반(半)투과성 막을 사이에 두고 농도가 다른 양쪽의 용액 중, 농도가 낮은 쪽의 용매가 농도가 높은 쪽으로 옮겨 가는 현상이다. 소금물에서는 물에 녹아 있는 소금을 용질, 그 물을 용매라고 할 수 있는데, 반투과성 막의 양쪽에 농도가 다른 소금물이 있다면, 농도가 낮은 쪽의 물이 높은 쪽으로 이동하게 된다. 이때 양쪽의 농도가 같다면, 용매의 순이동은 없다고 한다.

동물들은 이러한 삼투현상에 대응하여 수분 균형을 어떻게 유지하느냐에 따라 삼투순응형과 삼투조절형으로 분류된다. 먼저 삼투순응형 동물은 모두 해수(海水) 동물로 체액과 해수의 염분 농도, 즉 염도가 같기 때문에 수분의 순이동은 없다. 게나 홍합, 갯지네 등이 여기에 해당한다. 이와 달리 삼투조절형 동물은 체액의 염도와 서식지의 염도가 달라, 체액의 염도가 변하지 않도록 삼투조절을 하며 살아간다. 삼투조절형 동물 중 해수에 사는 대다수 어류의 체액은 해수에 비해 염도가 낮기 때문에 체액의 수분이 빠져나갈 수 있다. 그래서 표피는 비투과성이지만, 아가미의 상피세포를 통해 물을 쉽게 빼앗긴다. 이렇게 삼투현상에 의해 빼앗긴 수분을 보충하기 위하여 이들은 계속 바닷물을 마시게 된다. 이로 인해 이들의 창자에서 바닷물의 70 ~ 80%가 혈관 속으로 흡수되는데, 이때 염분도 혈관 속으로 들어간다. 그러면 아가미의 상피세포에 있는 염분 분비세포를 작동시켜 과도해진 염분을 밖으로 내보낸다.

담수에 사는 동물들이 직면한 삼투조절의 문제는 해수 동물과 정반대이다. 담수 동물의 체액은 담수에 비해 염도가 높기 때문에 아가미를 통해 수분이 계속 유입될 수 있다. 그래서 담수 동물들은 물을 거의 마시지 않고 많은 양의 오줌을 배출하여 문제를 해결하고 있다. 이들의 비투과성 표피는 수분의 유입을 막기 위한 것이다.

한편 육상에 사는 동물들 또한 다양한 경로를 통해 수분이 밖으로 빠져나간다. 오줌, 대변, 피부, 가스교환 기관의 습한 표면 등을 통해 수분을 잃기 때문이다. 그래서 육상 동물들은 물을 마시거나 음식을 통해, 그리고 세포호흡으로 물을 생성하여 부족한 수분을 보충한다.

① 동물들은 체액의 농도가 크게 달라지면 생존하기 어렵다.
② 동물들이 삼투현상에 대응하는 방법은 서로 다를 수 있다.
③ 동물의 체액과 서식지 물의 농도가 같으면 삼투현상에 의한 수분의 순이동은 없다.
④ 담수 동물은 육상 동물과 마찬가지로 많은 양의 오줌을 배출하여 체내 수분을 일정하게 유지한다.
⑤ 육상 동물들은 세포호흡을 통해서도 수분을 보충할 수 있다.

03 다음 제시문의 중심 내용으로 가장 적절한 것은?

쇼펜하우어에 따르면 우리가 살고 있는 세계의 진정한 본질은 의지이며 그 속에 있는 모든 존재는 맹목적인 삶의 의지에 의해서 지배당하고 있다. 쇼펜하우어는 우리가 일상적으로 또는 학문적으로 접근하는 세계는 단지 표상의 세계일 뿐이라고 주장하는데, 인간의 이성은 단지 이러한 표상의 세계만을 파악할 수 있을 뿐이다. 그에 따르면 존재하는 세계의 모든 사물들은 우선적으로 표상으로서 드러나게 된다. 시간과 공간 그리고 인과율에 의해서 파악되는 세계가 나의 표상인데, 이러한 표상의 세계는 오직 나에 의해서, 즉 인식하는 주관에 의해서만 파악되는 세계이다. 쇼펜하우어에 따르면 이러한 주관은 모든 현상의 세계, 즉 표상의 세계에서 주인의 역할을 하는 '나'이다.

이러한 주관을 이성이라고 부를 수도 있는데, 이성은 표상의 세계를 이끌어가는 주인공의 역할을 하는 것이다. 그러나 쇼펜하우어는 여기서 한발 더 나아가 표상의 세계에서 주인의 역할을 하는 주관 또는 이성은 의지의 지배를 받는다고 주장한다. 즉, 쇼펜하우어는 이성에 의해서 파악되는 세계의 뒤편에는 참된 본질적 세계인 의지의 세계가 있으므로 표상의 세계는 제한적이며 표면적인 세계일 뿐, 결코 이성에 의해서 또는 주관에 의해서 결코 파악될 수 없다고 주장한다. 오히려 그는 그동안 인간이 진리를 파악하는 데 최고의 도구로 칭송받던 이성이나 주관을 의지에 끌려 다니는 피지배자일 뿐이라고 비판한다.

① 세계의 본질로서 의지의 세계
② 표상 세계의 극복과 그 해결 방안
③ 의지의 세계와 표상의 세계 간의 차이
④ 표상 세계 안에서의 이성의 역할과 한계

※ 다음 중 제시된 문단을 논리적 순서대로 바르게 나열한 것을 고르시오. [4~8]

04

(가) 칸트의 '무관심성'에 대한 논의에서 이에 대한 단서를 얻을 수 있다. 칸트는 미적 경험의 주체가 '객체가 존재한다.'는 사실성 자체로부터 거리를 둔다고 주장한다. 이에 따르면, 영화관에서 관객은 영상의 존재 자체에 대해 '무관심한' 상태에 있다. 영상의 흐름을 냉정하고 분석적인 태도로 받아들이는 것이 아니라, 영상의 흐름이 자신에게 말을 걸어오는 듯이, 자신이 미적 경험의 유희에 초대된 듯이 공감하며 체험하고 있다. 미적 거리 두기와 공감적 참여의 상태를 경험하는 것이다. 주체와 객체가 엄격하게 분리되거나 완전히 겹쳐지는 것으로 이해하는 통상적인 동일시 이론과 달리, 칸트는 미적 지각을 지각 주체와 지각 대상 사이의 분리와 융합의 긴장감 넘치는 '중간 상태'로 본 것이다.

(나) 관객은 영화를 보면서 영상의 흐름을 어떻게 지각하는 것일까? 그토록 빠르게 변화하는 앵글, 인물, 공간, 시간 등을 어떻게 별 어려움 없이 흥미진진하게 따라가는 것일까? 흔히 영화의 수용에 대해 설명할 때 관객의 눈과 카메라의 시선 사이에 일어나는 동일시 과정을 내세운다. 그러나 동일시 이론은 어떠한 조건을 기반으로, 어떠한 과정을 거쳐서 동일시가 일어나는지, 영상의 흐름을 지각할 때 일어나는 동일시의 고유한 방식이 어떤 것인지에 대해 의미 있는 설명을 제시하지 못하고 있다.

(다) 이렇게 볼 때 영화 관객은 자신의 눈을 단순히 카메라의 시선과 직접적으로 동일시하는 것이 아니다. 관객은 영화를 보면서 영화 속 공간, 운동의 양상 등을 유희적으로 동일시하며, 장소 공간이나 방향 공간 등 다양한 공간의 층들을 동시에 인지할 뿐만 아니라 감정 공간에서 나오는 독특한 분위기의 힘을 감지하고, 이를 통해 영화 속의 공간과 공감하며 소통하고 있는 것이다.

(라) 관객이 영상의 흐름을 생동감 있게 체험할 수 있는 이유는, 영화 속의 공간이 단순한 장소로서의 공간이라기보다는 '방향 공간'이기 때문이다. 카메라의 다양한 앵글 선택과 움직임, 자유로운 시점 선택이 방향 공간적 표현을 용이하게 해 준다. 예를 들어 두 사람의 대화 장면을 보여 주는 장면을 생각해 보자. 관객은 단지 대화에 참여한 두 사람의 존재와 위치만 확인하는 것이 아니라, 두 사람의 시선 자체가 지닌 방향성의 암시, 즉 두 사람의 얼굴과 상반신이 서로를 향하고 있는 방향 공간적 상황을 함께 지각하고 있는 것이다.

(마) 영화의 매체적 강점은 방향 공간적 표현이라는 데에만 그치지 않는다. 영상의 흐름에 대한 지각은 언제나 생생한 느낌을 동반한다. 관객은 영화 속 공간과 인물의 독특한 감정에서 비롯된 분위기의 힘을 늘 느끼고 있다. 따라서 영화 속 공간은 근본적으로 이러한 분위기의 힘을 느끼도록 해 주는 '감정 공간'이라 할 수 있다.

① (가) - (라) - (나) - (마) - (다)　　　② (나) - (라) - (마) - (다) - (가)

③ (나) - (다) - (가) - (라) - (마)　　　④ (나) - (가) - (라) - (마) - (다)

⑤ (라) - (가) - (다) - (나) - (마)

05

(가) 개념사를 역사학의 한 분과로 발전시킨 독일의 역사학자 코젤렉은 '개념은 실재의 지표이자 요소'라고 하였다. 이 말은 실타래처럼 얽혀 있는 개념과 정치·사회적 실재, 개념과 역사적 실재의 관계를 정리하기 위한 중요한 지침으로 작용한다. 그에 의하면 개념은 정치적 사건이나 사회적 변화 등의 실재를 반영하는 거울인 동시에 정치·사회적 사건과 변화의 실제적 요소이다.

(나) 개념은 정치적 사건과 사회적 변화 등에 직접 관련되어 있거나 그것을 기록, 해석하는 다양한 주체들에 의해 사용된다. 이러한 주체들, 즉 '역사 행위자'들이 사용하는 개념은 여러 의미가 포개어진 층을 이룬다. 개념사에서는 사회·역사적 현실과 관련하여 이러한 층들을 파헤치면서 개념이 어떻게 사용되어 왔는가, 이 과정에서 그 의미가 어떻게 변화했는가, 어떤 함의들이 거기에 투영되었는가, 그 개념이 어떠한 방식으로 작동했는가 등에 대해 탐구한다.

(다) 이상에서 보듯이 개념사에서는 개념과 실재를 대조하고 과거와 현재의 개념을 대조함으로써, 그 개념이 대응하는 실재를 정확히 드러내고 있는가, 아니면 실재의 이해를 방해하고 더 나아가 왜곡하는가를 탐구한다. 이를 통해 코젤렉은 과거에 대한 '단 하나의 올바른 묘사'를 주장하는 근대 역사학의 방법을 비판하고, 과거의 역사 행위자가 구성한 역사적 실재와 현재 역사가 만든 역사적 실재를 의미있게 소통시키고자 했다.

(라) 사람들이 '자유', '민주', '평화' 등과 같은 개념들을 사용할 때, 그 개념이 서로 같은 의미를 갖는 것은 아니다. '자유'의 경우, '구속받지 않는 상태'를 강조하는 개념으로 쓰이는가 하면, '자발성'이나 '적극적인 참여'를 강조하는 개념으로 쓰이기도 한다. 이러한 정의와 해석의 차이로 인해 개념에 대한 논란과 논쟁이 늘 있어 왔다. 바로 이러한 현상에 주목하여 출현한 것이 코젤렉의 '개념사'이다.

(마) 또한 개념사에서는 '무엇을 이야기 하는가'보다는 '어떤 개념을 사용하면서 그것을 이야기하는 가'에 관심을 갖는다. 개념사에서는 과거의 역사 행위자가 자신이 경험한 '현재'를 서술할 때 사용한 개념과 오늘날의 입장에서 '과거'의 역사 서술을 이해하기 위해 사용한 개념의 차이를 밝힌다. 그리고 과거의 역사를 현재의 역사로 번역하면서 양자가 어떻게 수렴될 수 있는가를 밝히는 절차를 밟는다.

① (라) – (가) – (나) – (마) – (다)
② (라) – (나) – (가) – (다) – (마)
③ (마) – (나) – (가) – (다) – (라)
④ (마) – (라) – (나) – (다) – (가)
⑤ (가) – (나) – (다) – (라) – (마)

06

(가) 오히려 클레나 몬드리안의 작품을 우리 조각보의 멋에 비견되는 것으로 보아야 할 것이다. 조각보는 몬드리안이나 클레의 작품보다 100여 년 이상 앞서 제작된 공간 구성미를 가진 작품이며, 시대적으로 앞설 뿐 아니라 평범한 여성들의 일상에서 시작되었다는 점 그리고 정형화되지 않은 색채감과 구성미로 독특한 예술성을 지닌다는 점에서 차별화된 가치를 지닌다.

(나) 조각보는 일상생활에서 쓰다 남은 자투리 천을 이어서 만든 것으로, 옛 서민들의 절약 정신과 소박한 미의식을 보여준다. 조각보의 색채와 공간구성 면은 공간 분할의 추상화가로 유명한 클레(Paul Klee)나 몬드리안(Peit Mondrian)의 작품과 비견되곤 한다. 그만큼 아름답고 훌륭한 조형미를 지녔다는 의미이기도 하지만 일견 돌이켜 보면 이것은 잘못된 비교이다.

(다) 기하학적 추상을 표방했던 몬드리안의 작품보다 세련된 색상 배치로 각 색상이 가진 느낌을 살렸으며, 동양적 정서가 담김 '오방색'이라는 원색을 통해 강렬한 추상성을 지닌다. 또한 조각보를 만드는 과정과 그 작업의 내면에 가족의 건강과 행복을 기원하는 마음이 담겨 있어 단순한 오브제이기 이전에 기복신앙적인 부분이 있다. 조각보가 아름답게 느껴지는 이유는 이처럼 일상 속에서 삶과 예술을 함께 담았기 때문일 것이다.

① (가) – (나) – (다)   ② (나) – (가) – (다)
③ (나) – (다) – (가)   ④ (다) – (가) – (나)
⑤ (다) – (나) – (가)

07

(가) 심리학자 와이너는 부정적인 경험을 한 상황을 어떻게 해석하느냐에 따라 이러한 공포증이 생길 수도 있고 그렇지 않을 수도 있다고 한다.

(나) 일반적인 사람들도 공포증을 유발하는 대상을 접하면서 부정적인 경험을 할 수 있지만 공포증으로까지 이어지는 경우는 드물다.

(다) 부정적인 경험을 하더라도 상황을 가변적으로 해석하는 사람보다 고정적으로 해석하는 사람은 공포증이 생길 확률이 높다.

(라) '공포증'이란 특정 대상에 대한 과도한 두려움으로 그 대상을 계속해서 피하게 되는 증세를 말한다.

① (가) – (나) – (다) – (라)   ② (나) – (라) – (가) – (다)
③ (다) – (나) – (라) – (가)   ④ (다) – (가) – (나) – (라)
⑤ (라) – (나) – (가) – (다)

08

(가) 상품의 가격은 기본적으로 수요와 공급의 힘으로 결정된다. 시장에 참여하고 있는 경제 주체들은 자신이 가진 정보를 기초로 하여 수요와 공급을 결정한다.

(나) 이런 경우에는 상품의 가격이 우리의 상식으로는 도저히 이해하기 힘든 수준까지 일시적으로 뛰어오르는 현상이 나타날 가능성이 있다. 이런 현상은 특히 투기의 대상이 되는 자산의 경우 자주 나타나는데, 우리는 이를 '거품 현상'이라고 부른다.

(다) 그러나 현실에서는 사람들이 서로 다른 정보를 갖고 시장에 참여하는 경우가 많다. 어떤 사람은 특정한 정보를 갖고 있는데 거래 상대방은 그 정보를 갖고 있지 못한 경우도 있다.

(라) 일반적으로 거품 현상이란 것은 어떤 상품-특히 자산-의 가격이 지속해서 급격히 상승하는 현상을 가리킨다. 이와 같은 지속적인 가격 상승이 일어나는 이유는 애초에 발생한 가격 상승이 추가적인 가격 상승의 기대로 이어져 투기 바람이 형성되기 때문이다.

(마) 이들이 똑같은 정보를 함께 갖고 있으며 이 정보가 아주 틀린 것이 아닌 한, 상품의 가격은 어떤 기본적인 수준에서 크게 벗어나지 않을 것이라고 예상할 수 있다.

① (마) – (가) – (다) – (라) – (나)
② (라) – (가) – (다) – (나) – (마)
③ (가) – (다) – (나) – (라) – (마)
④ (가) – (마) – (다) – (나) – (라)
⑤ (라) – (다) – (가) – (나) – (마)

09 다음 제시문 뒤에 이어질 문장을 논리적 순서대로 바르게 나열한 것은?

> 어떤 문화의 변동은 결코 외래문화의 압도적 영향이나 이식에 의해 이루어지는 것이 아니라, 수용 주체의 창조적·능동적 측면과 관련되어 이루어지는 매우 복합적인 성격의 것이다.

> (가) 그리하여 외래문화 중에서 이러한 결핍 부분의 충족에 유용한 부분만을 선별해서 선택적으로 수용하게 된다.
> (나) 이러한 수용 주체의 창조적·능동적 측면은 문화 수용과 변동에서 무엇보다도 우선하는 것인데, 이것이 외래문화 요소의 수용을 결정짓는다.
> (다) 즉, 어떤 문화의 내부에 결핍 요인이 있을 때, 그 문화의 창조적·능동적 측면은 이를 자체적으로 극복하려 노력하지만, 이러한 극복이 내부에서 성취될 수 없을 때, 그것은 외래 요소의 수용을 통해 이를 이루고자 한다.
> 다시 말해, 외래문화는 수용 주체의 내부 요인에 따라 수용 또는 거부되는 것이다.

① (가) – (나) – (다) ② (가) – (다) – (나)
③ (나) – (가) – (다) ④ (나) – (다) – (가)
⑤ (다) – (나) – (가)

10 다음 글의 내용으로 적절하지 않은 것은?

시간 예술이라고 지칭되는 음악에서 템포의 완급은 대단히 중요하다. 동일곡이지만 템포의 기준을 어떻게 잡아서 재현해 내느냐에 따라서 그 음악의 악상은 달라진다. 그런데 이처럼 중요한 템포의 인지 감각도 문화권에 따라, 혹은 민족에 따라서 상이할 수 있으니, 동일한 속도의 음악을 듣고도 누구는 빠르게 느끼는 데 비해서 누구는 느린 것으로 인지하는 것이다. 결국 문화권에 따라서 템포의 인지 감각이 다를 수도 있다는 사실은 바꿔 말해서 서로 문화적 배경이 다르면 사람에 따라 적절하다고 생각하는 모데라토의 템포도 큰 차이가 있을 수 있다는 말과 같다.

한국의 전통 음악은 서양 고전 음악에 비해서 비교적 속도가 느린 것이 분명하다. 대표적 정악곡(正樂曲)인 '수제천(壽齊天)'이나 '상령산(上靈山)' 등의 음악을 들어보면 수긍할 것이다. 또한 이 같은 구체적인 음악의 예가 아니더라도 국악의 첫인상을 일단 '느리다'고 간주해 버리는 일반의 통념을 보더라도 전래의 한국 음악이 보편적인 서구 음악에 비해서 느린 것은 틀림없다고 하겠다.

그런데 한국의 전통 음악이 서구 음악에 비해서 상대적으로 속도가 느린 이유는 무엇일까? 이에 대한 해답도 여러 가지 문화적 혹은 민족적인 특질과 연결해서 생각할 때 결코 간단한 문제가 아니겠지만, 여기서는 일단 템포의 계량적 단위인 박(Beat)의 준거를 어디에 두느냐에 따라서 템포 관념의 차등이 생겼다는 가설하에 설명을 하기로 한다.

한국의 전통문화를 보면 그 저변의 잠재의식 속에는 호흡을 중시하는 징후가 역력함을 알 수 있는데, 이 점은 심장의 고동을 중시하는 서양과는 상당히 다른 특성이다. 우리의 문화 속에는 호흡에 얽힌 생활 용어가 한두 가지가 아니다. 숨을 한 번 내쉬고 들이마시는 동안을 하나의 시간 단위로 설정하여 일식간(一息間) 혹은 이식간(二息間)이니 하는 양식척(量息尺)을 써 왔다. 그리고 감정이 격앙되었을 때는 긴 호흡을 해서 감정을 누그러뜨리거나 건강을 위해 단전 호흡법을 수련한다. 이것은 모두 호흡을 중시하고 호흡에 뿌리를 둔 문화 양식의 예들이다. 더욱이 심장의 정지를 사망으로 단정하는 서양과는 달리 우리의 경우에는 '숨이 끊어졌다.'는 말로 유명을 달리했음을 표현한다. 이와 같이 확실히 호흡의 문제는 모든 생리 현상에서부터 문화 현상에 이르기까지 우리의 의식 저변에 두루 퍼져있는 민족의 공통적 문화소가 아닐 수 없다.

이와 같은 동서양 간의 상호 이질적인 의식 성향을 염두에 두고 각자의 음악을 관찰해 보면, 서양의 템포 개념은 맥박, 곧 심장의 고동에 기준을 두고 있으며, 우리의 그것은 호흡의 주기, 즉 폐부의 운동에 뿌리를 두고 있음을 알 수 있다. 서양의 경우 박자의 단위인 박을 비트(Beat), 혹은 펄스(Pulse)라고 한다. 펄스라는 말이 곧 인체의 맥박을 의미하듯이 서양 음악은 원초적으로 심장을 기준으로 출발한 것이다. 이에 비해 한국의 전통 음악은 모음 변화를 일으켜 가면서까지 길게 끌며 호흡의 리듬을 타고 있음을 볼 때, 근원적으로 호흡에 뿌리를 둔 음악임을 알 수 있다. 결국 한국 음악에서 안온한 마음을 느낄 수 있는 모데라토의 기준 속도는 1분간의 심장 박동 수와 호흡의 주기와의 차이처럼 서양 음악의 그것에 비하면 무려 3배쯤 느린 것임을 알 수 있다.

① 각 민족의 문화에는 민족의식이 반영되어 있다.
② 서양 음악은 심장 박동 수를 박자의 준거로 삼았다.
③ 템포의 완급을 바꾸어도 동일곡의 악상은 변하지 않는다.
④ 우리 음악은 서양 음악에 비해 상대적으로 느리다.
⑤ 우리 음악의 박자는 호흡 주기에 뿌리를 두고 있다.

11 다음 제시문을 읽고 추론할 수 있는 내용으로 가장 적절한 것은?

> 두뇌 연구는 지금까지 뉴런을 중심으로 진행되어 왔다. 뉴런 연구로 노벨상을 받은 카얄은 뉴런이 '생각의 전화선'이라는 이론을 확립하여 사고와 기억 등 두뇌에서 일어나는 모든 현상을 뉴런의 연결망과 뉴런 간의 전기 신호로 설명했다. 그러나 두뇌에는 뉴런 외에도 신경교 세포가 존재한다. 신경교 세포는 뉴런처럼 그 수가 많지만 전기 신호를 전달하지 못한다. 이 때문에 과학자들은 신경교 세포가 단지 두뇌 유지에 필요한 영양 공급과 두뇌 보호를 위한 전기 절연의 역할만을 가진다고 여겼다.
>
> 최근 과학자들은 신경교 세포에서 그 이상의 기능을 발견했다. 신경교 세포 중에도 '성상세포'라 불리는 별 모양의 세포는 자신만의 화학적 신호를 가진다는 것이 밝혀졌다. 성상세포는 뉴런처럼 전기를 이용하지는 않지만, '뉴런송신기'라고 불리는 화학물질을 방출하고 감지한다. 과학자들은 이러한 화학적 신호의 연쇄반응을 통해 신경교 세포가 전체 뉴런을 조정한다고 추론했다.
>
> A연구팀은 신경교 세포가 전체 뉴런을 조정하면서 기억력과 사고력을 향상시킨다고 예상하고서, 이를 확인하기 위해 인간의 신경교 세포를 갓 태어난 생쥐의 두뇌에 주입했다. 쥐가 자라면서 주입된 인간의 신경교 세포도 성장했다. 이 세포들은 쥐의 뉴런들과 완벽하게 결합되어 쥐의 두뇌 전체에 걸쳐 퍼지게 되었다. 심지어 어느 두뇌 영역에서는 쥐의 뉴런의 숫자를 능가하기도 했다. 뉴런과 달리 쥐와 인간의 신경교 세포는 비교적 쉽게 구별된다. 인간의 신경교 세포는 매우 길고 무성한 섬유질을 가지기 때문이다. 쥐에 주입된 인간의 신경교 세포는 그 기능을 그대로 간직한다. 그렇게 성장한 쥐들은 다른 쥐들과 잘 어울렸고, 다른 쥐들의 관심을 끄는 것에 흥미를 보였다. 이 쥐들은 미로를 통과해 치즈를 찾는 테스트에서 더 뛰어났다. 보통의 쥐들은 네다섯 번의 시도 끝에 올바른 길을 배웠지만, 인간의 신경교 세포를 주입받은 쥐들은 두 번 만에 학습했다.

① 인간의 신경교 세포를 쥐에게 주입하면, 쥐의 뉴런은 전기 신호를 전달하지 못할 것이다.

② 인간의 뉴런 세포를 쥐에게 주입하면, 쥐의 두뇌에는 화학적 신호의 연쇄 반응이 더 활발해질 것이다.

③ 인간의 뉴런 세포를 쥐에게 주입하면, 그 뉴런 세포는 쥐의 두뇌 유지에 필요한 영양을 공급할 것이다.

④ 인간의 신경교 세포를 쥐에게 주입하면, 그 신경교 세포는 쥐의 뉴런을 보다 효과적으로 조정할 것이다.

⑤ 인간의 신경교 세포를 쥐에게 주입하면, 그 신경교 세포는 쥐의 신경교 세포의 기능을 갖도록 변화할 것이다.

※ 다음 제시문의 내용으로 가장 적절한 것을 고르시오. [12~17]

12

지진해일은 지진, 해저 화산폭발 등으로 바다에서 발생하는 파장이 긴 파도이다. 지진에 의해 바다 밑바닥이 솟아오르거나 가라앉으면 바로 위의 바닷물이 갑자기 상승 또는 하강하게 된다. 이 영향으로 지진해일파가 빠른 속도로 퍼져나가 해안가에 엄청난 위험과 피해를 일으킬 수 있다.

전 세계의 모든 해안 지역이 지진해일의 피해를 받을 수 있지만, 우리에게 피해를 주는 지진해일의 대부분은 태평양과 주변해역에서 발생한다. 이는 태평양의 규모가 거대하고 이 지역에서 대규모 지진이 많이 발생하기 때문이다. 태평양에서 발생한 지진해일은 발생 하루 만에 발생지점에서 지구의 반대편까지 이동할 수 있으며, 수심이 깊을 경우 파고가 낮고 주기가 길기 때문에 선박이나 비행기에서도 관측할 수 없다.

먼 바다에서 지진해일 파고는 해수면으로부터 수십 cm 이하이지만 얕은 바다에서는 급격하게 높아진다. 수심이 6,000m 이상인 곳에서 지진해일은 비행기의 속도와 비슷한 시속 800km로 이동할 수 있다. 지진해일은 얕은 바다에서 파고가 급격히 높아짐에 따라 그 속도가 느려지며 지진해일이 해안가의 수심이 얕은 지역에 도달할 때 그 속도는 시속 45 ~ 60km까지 느려지면서 파도가 강해진다. 이것이 해안을 강타함에 따라 파도의 에너지는 더 짧고 더 얕은 곳으로 모여 무시무시한 파괴력을 가져 우리의 생명을 위협하는 파도로 발달하게 된다. 최악의 경우, 파고가 15m 이상으로 높아지고 지진의 진앙 근처에서 발생한 지진해일의 경우 파고가 30m를 넘을 수도 있다. 파고가 3 ~ 6m 높이가 되면 많은 사상자와 피해를 일으키는 아주 파괴적인 지진해일이 될 수 있다.

지진해일의 파도 높이와 피해 정도는 에너지의 양, 지진해일의 전파 경로, 앞바다와 해안선의 모양 등으로 결정될 수 있다. 또한 암초, 항만, 하구나 해저의 모양, 해안의 경사 등 모든 것이 지진해일을 변형시키는 요인이 된다.

① 지진해일은 파장이 짧으며, 화산폭발 등으로 인해 발생한다.
② 태평양 인근에서 발생한 지진해일은 대부분 한 달에 걸쳐 지구 반대편으로 이동하게 된다.
③ 바다가 얕을수록 지진해일의 파고가 높아진다.
④ 지진해일이 해안가에 도달할수록 파도가 강해지며 속도는 800km에 달한다.
⑤ 해안의 경사는 지진해일에 아무런 영향을 주지 않는다.

13

조선 후기의 대표적인 관료 선발제도 개혁론인 유형원의 공거제 구상은 능력주의적, 결과주의적 인재 선발의 약점을 극복하려는 의도와 함께 신분적 세습의 문제점도 의식한 것이었다. 중국에서는 17세기 무렵 관료 선발에서 세습과 같은 봉건적인 요소를 부분적으로 재도입하려는 개혁론이 등장했다. 고염무는 관료제의 상층에는 능력주의적 제도를 유지하되, 지방관인 지현들은 어느 정도의 검증 기간을 거친 이후 그 지위를 평생 유지시켜 주고 세습의 길까지 열어 놓는 방안을 제안했다. 황종희는 지방의 관료가 자체적으로 관리를 초빙해서 시험한 후에 추천하는 '벽소'와 같은 옛 제도를 되살리는 방법으로 과거제를 보완하자고 주장했다.

이러한 개혁론은 갑작스럽게 등장한 것이 아니었다. 과거제를 시행했던 국가들에서는 수백 년에 걸쳐 과거제를 개선하라는 압력이 있었다. 시험 방식이 가져오는 부작용들은 과거제의 중요한 문제였다. 치열한 경쟁은 학문에 대한 깊이 있는 학습이 아니라 합격만을 목적으로 하는 형식적 학습을 하게 만들었고, 많은 인재들이 수험 생활에 장기간 매달리면서 재능을 낭비하는 현상도 낳았다. 또한 학습 능력 이외의 인성이나 실무 능력을 평가할 수 없다는 이유로 시험의 익명성에 대한 회의도 있었다.

과거제의 부작용에 대한 인식은 과거제를 통해 임용된 관리들의 활동에 대한 비판적 시각으로 연결되었다. 능력주의적 태도는 시험뿐 아니라 관리의 업무에 대한 평가에도 적용되었다. 세습적이지 않으면서 몇 년의 임기마다 다른 지역으로 이동하는 관리들은 승진을 위해서 빨리 성과를 낼 필요가 있었기에, 지역 사회를 위해 장기적인 전망을 가지고 정책을 추진하기보다 가시적이고 단기적인 결과만을 중시하는 부작용을 가져왔다. 개인적 동기가 공공성과 상충되는 현상이 나타났던 것이다. 공동체 의식의 약화 역시 과거제의 부정적 결과로 인식되었다. 과거제 출신의 관리들이 공동체에 대한 소속감이 낮고 출세 지향적이기 때문에 세습 엘리트나 지역에서 천거된 관리에 비해 공동체에 대한 충성심이 약했던 것이다.

① 과거제 출신의 관리들은 공동체에 대한 소속감이 낮고 출세 지향적이었다.

② 고염무는 관료제의 상층에는 세습제를 실시하고, 지방관에게는 능력주의적 제도를 실시하자는 방안을 제안했다.

③ '벽소'는 과거제를 없애고자 등장한 새로운 제도이다.

④ 과거제는 학습 능력 이외의 인성이나 실무 능력까지 정확하게 평가할 수 있는 제도였다.

⑤ 과거제를 통해 임용된 관리들은 지역 사회를 위해 장기적인 전망을 가지고 정책을 추진하였다.

14

보름달 중에 가장 크게 보이는 보름달을 슈퍼문이라고 한다. 이때 보름달이 크게 보이는 이유는 달이 평소보다 지구에 가까이 있기 때문이다. 슈퍼문이 되려면 보름달이 되는 시점과 달이 지구에 가장 가까워지는 시점이 일치하여야 한다. 달의 공전궤도가 완벽한 원이라면 지구에서 달까지의 거리가 항상 똑같을 것이다. 하지만 실제로는 타원 궤도여서 달이 지구에 가까워지거나 멀어지는 현상이 생긴다. 유독 달만 그런 것은 아니고 태양계의 모든 행성이 태양을 중심으로 타원 궤도로 돈다. 이것이 바로 그 유명한 케플러의 행성운동 제1법칙이다.

지구와 달의 평균 거리는 약 38만km인 반면 슈퍼문일 때는 그 거리가 35만 7,000km 정도로 가까워진다. 달의 반지름은 약 1,737km이므로, 지구와 달의 거리가 평균 정도일 때 지구에서 보름달을 바라보는 시각도*는 0.52도 정도인 반면, 슈퍼문일 때는 시각도가 0.56도로 커진다. 반대로 보름달이 가장 작게 보일 때, 다시 말해 보름달이 지구에서 제일 멀 때는 그 거리가 약 40만km여서 보름달을 보는 시각도가 0.49도로 작아진다.

밀물과 썰물이 생기는 원인은 지구에 작용하는 달과 태양의 중력 때문인데, 달이 태양보다는 지구에 훨씬 더 가깝기 때문에 더 큰 영향을 미친다. 달이 지구에 가까워지면 평소 달이 지구를 당기는 힘보다 더 강하게 지구를 당긴다. 그리고 달의 중력이 더 강하게 작용하면, 달을 향한 쪽의 해수면은 평상시보다 더 높아진다. 실제 우리나라에서도 슈퍼문일 때 제주도 등 해안가에 바닷물이 평소보다 더 높게 밀려 들어와서 일부 지역이 침수 피해를 겪기도 했다.

한편 달의 중력 때문에 높아진 해수면이 지구와 함께 자전을 하다보면 지구의 자전을 방해하게 된다. 일종의 브레이크가 걸리는 셈이다. 이 때문에 지구의 자전 속도가 느려지게 되고 그 결과 하루의 길이에 미세하게 차이가 생긴다. 실제 연구 결과에 따르면 100만 년에 17초 정도씩 길어지는 효과가 생긴다고 한다.

*시각도 : 물체의 양끝에서 눈의 결합점을 향하여 그은 두 선이 이루는 각

① 지구에서 태양까지의 거리는 1년 동안 항상 일정하다.
② 해수면의 높이는 지구와 달의 거리와 관계가 없다.
③ 달이 지구에서 멀어지면 궤도에서 벗어나지 않기 위해 평소보다 더 강하게 지구를 잡아당긴다.
④ 지구와 달의 거리가 36만km 정도인 경우, 지구에서 보름달을 바라보는 시각도는 0.49도보다 크다.
⑤ 달의 중력 때문에 지구가 자전하는 속도는 점점 빨라지고 있다.

15

정치 갈등의 중심에는 불평등과 재분배의 문제가 자리하고 있다. 이 문제로 좌파와 우파는 오랫동안 대립해 왔다. 두 진영이 협력하여 공동의 목표를 이루려면 두 진영이 일치하지 않는 지점을 찾아 이 지점을 올바르고 정확하게 분석해야 한다. 바로 이것이 우리가 논증하고자 하는 바이다.

우파는 시장 원리, 개인 주도성, 효율성이 장기 관점에서 소득 수준과 생활환경을 실제로 개선할 수 있다고 주장한다. 따라서 정부 개입을 통한 재분배는 그 규모가 크지 않아야 한다. 이 점에서 이들은 선순환 메커니즘을 되도록 방해하지 않는 원천징수나 근로장려세 같은 조세 제도만을 사용해야 한다고 주장한다.

반면, 19세기 사회주의 이론과 노동조합 운동을 이어받은 좌파는 사회 및 정치 투쟁이 극빈자의 불행을 덜어주는 더 좋은 방법이라고 주장한다. 이들은 불평등을 누그러뜨리고 재분배를 이루려면 우파가 주장하는 조세 제도만으로는 부족하고, 생산수단을 공유화하거나 노동자의 급여 수준을 강제하는 등 보다 강력한 정부 개입이 있어야 한다고 주장한다. 정부의 개입이 생산 과정의 중심에까지 영향을 미쳐야 시장원리의 실패와 이 때문에 생긴 불평등을 해소할 수 있다는 것이다.

좌파와 우파의 대립은 두 진영이 사회정의를 바라보는 시각이 다른 데서 비롯된 것이 아니다. 오히려 불평등이 왜 생겨났으며 그것을 어떻게 해소할 것인가를 다루는 사회경제 이론이 다른 데서 비롯되었다. 사실 좌우 진영은 이미 사회정의의 몇 가지 기본 원칙에 합의했다.

행운으로 얻었거나 가족에게 물려받은 재산의 불평등은 개인이 통제할 수 없다. 개인이 통제할 수 없는 요인 때문에 생겨난 불평등을 그런 재산의 수혜자에게 책임을 지우는 것은 옳지 않다. 이 점에서 행운과 상속의 혜택을 받은 이들에게 이런 불평등 문제를 해결하라고 요구하는 것은 바람직하지 않다. 혜택받지 못한 이들, 즉 매우 불리한 형편에 놓인 이들의 처지를 개선하려고 애써야 할 당사자는 당연히 국가이다. 정의로운 국가라면 국가가 사회 구성원 모두 평등권을 되도록 폭넓게 누리도록 보장해야 한다는 정의의 원칙은 좌파와 우파 모두에게 널리 받아들여진 생각이다.

불리한 형편에 놓인 이들의 삶을 덜 나쁘게 하고 불평등을 누그러뜨려야 하는 국가의 목표를 이루는 데 두 진영이 협력하는 첫걸음이 무엇인지는 이제 거의 분명해졌다.

① 사회정의를 위한 기본 원칙에 대해 좌파와 우파는 합의하지 않는다.
② 상속으로 생겨난 재산의 불평등 문제는 상속의 혜택을 받은 이들이 해결해야 한다.
③ 우파는 불평등과 재분배의 문제에 정부의 강력한 개입이 필요하다고 주장한다.
④ 사회정의를 바라보는 시각이 다른 데서 좌파와 우파의 대립이 비롯되었다.
⑤ 좌우 진영은 모두 국가가 사회 구성원 모두의 평등권을 보장해야 한다는 데 동의한다.

16

통증은 조직 손상이 일어나거나 일어나려고 할 때 의식적인 자각을 주는 방어적 작용으로 감각의 일종이다. 통증을 유발하는 자극에는 강한 물리적 충격에 의한 기계적 자극, 높은 온도에 의한 자극, 상처가 나거나 미생물에 감염되었을 때 세포에서 방출하는 화학물질에 의한 화학적 자극 등이 있다. 이러한 자극은 온몸에 퍼져 있는 감각 신경의 말단에서 받아들이는데, 이 신경 말단을 통각 수용기라 한다. 통각 수용기는 피부에 가장 많아 피부에서 발생한 통증은 위치를 확인하기 쉽지만, 통각 수용기가 많지 않은 내장 부위에서 발생한 통증은 위치를 정확히 확인하기 어렵다. 후각이나 촉각 수용기 등에는 지속적인 자극에 대해 수용기의 반응이 감소되는 감각적응 현상이 일어난다. 하지만 통각 수용기에는 지속적인 자극에 대해 감각적응 현상이 거의 일어나지 않는다. 그래서 우리 몸은 위험한 상황에 대응할 수 있게 된다.

대표적인 통각 수용 신경 섬유에는 Aδ섬유와 C섬유가 있다. Aδ섬유에는 기계적 자극이나 높은 온도 자극에 반응하는 통각 수용기가 분포되어 있으며, C섬유에는 기계적 자극이나 높은 온도 자극뿐만 아니라 화학적 자극에도 반응하는 통각 수용기가 분포되어 있다. Aδ섬유를 따라 전도된 통증 신호가 대뇌 피질로 전달되면, 대뇌 피질에서는 날카롭고 쑤시는 듯한 짧은 초기 통증을 느끼고 통증이 일어난 위치를 파악한다. C섬유를 따라 전도된 통증 신호가 대뇌 피질로 전달되면, 대뇌피질에서는 욱신거리고 둔한 지연 통증을 느낀다. 이는 두 신경 섬유의 특징과 관련이 있다. Aδ섬유는 직경이 크고 전도 속도가 빠르며, C섬유는 직경이 작고 전도 속도가 느리다.

① Aδ섬유를 따라 전도된 통증 신호가 대뇌 피질로 전달되면, 대뇌 피질에서는 욱신거리고 둔한 지연 통증을 느낀다.

② 통각 수용기는 수용기의 반응이 감소되는 감각적응 현상이 거의 일어나지 않는다.

③ Aδ섬유는 C섬유보다 직경이 작고 전도 속도가 빠르다.

④ 통각 수용기가 적은 부위일수록 통증 위치를 확인하기 쉽다.

⑤ 기계적 자극이나 높은 온도에 반응하는 통각 수용기는 Aδ섬유에만 분포되어 있다.

17

많은 것들이 글로 이루어진 세상에서 읽지 못한다는 것은 생활하는 데에 큰 불편함을 준다. 난독증이 바로 그 예이다. 난독증(Dyslexia)은 그리스어로 불충분, 미성숙을 뜻하는 접두어 dys에 말과 언어를 뜻하는 lexis가 합쳐져 만들어진 단어이다.

난독증은 지능에는 문제가 없으며, 단지 언어 활동에만 문제가 있는 질환이다. 특히 영어권에서 많이 나타나는데, 이는 비교적 복잡한 발음체계 때문이다. 인구의 5 ~ 10% 정도가 난독증이 있으며, 피카소, 톰 크루즈, 아인슈타인 등이 난독증을 극복하고 자신의 분야에서 성공한 사례이다.

난독증은 단순히 읽지 못하는 것뿐만 아니라 여러 가지 증상으로 나타난다. 단어의 의미를 다른 것으로 바꾸어 해석하거나 글자를 섞어서 보는 경우가 그중 하나이다. 또한 문자열을 전체로는 처리하지 못하고 하나씩 취급하여 전체 문맥을 이해하지 못하기도 한다.

지금까지 난독증의 원인은 흔히 두뇌의 역기능이나 신경장애와 연관된 것이라고 여겨졌으며, 유전적인 원인이나 청각의 왜곡 등이 거론되기도 하였다. 우리나라에서는 실제 아동의 2 ~ 8% 정도가 난독증을 경험하는 것으로 알려져 있으며, 지능과 시각, 청각이 모두 정상임에도 경험하는 경우가 있다.

난독증을 유발하는 원인은 많지만 그중 하나는 바로 '얼렌 증후군'이다. 미국의 교육심리학자 얼렌(Helen L. lrlen)이 먼저 발견했다고 해서 붙여진 이름으로, 광과민 증후군으로도 알려져 있다. 이는 시신경 세포와 관련이 있는 난독증 유발 원인이다.

유전적인 원인으로 발생하는 경우가 많은 얼렌 증후군은 시신경 세포가 정상인보다 작거나 미성숙해서 망막으로 들어오는 정보를 뇌에 제대로 전달하지 못하는 질환이다. 이로 인해 집중력이 떨어지기 때문에 능률이 저하되며, 독서의 경우에는 속독이 어렵다.

얼렌 증후군의 경우, 사물이 흐릿해지면서 두세 개로 보이는 것과 같은 시각적 왜곡이 생기기 때문에 책을 보고 있으면 눈이 쉽게 충혈되고, 두통이나 어지러움증 등 신체에 다른 영향을 미치기도 한다. 그래서 얼렌 증후군 환자들은 어두운 곳에서 책을 보고 싶어 하는 경우가 많다.

얼렌 증후군의 치료를 위해서는 원인이 되는 색조합을 찾아서 얼렌필터 렌즈를 착용하는 것이 일반적이다. 특정 빛의 파장을 걸러주면서 이 질환을 교정하는 것이다. 얼렌 증후군은 교정이 된 후에 글씨가 뚜렷하게 보여 읽기가 편해지고 난독증이 어느 정도 치유되기 때문에, 증상을 보이면 안과를 찾아 정확한 검사를 받는 것이 중요하다.

① 난독증은 주로 지능에 문제가 있는 사람들에게서 나타난다.
② 단순히 전체 문맥을 이해하지 못하는 것은 난독증에 해당하지 않는다.
③ 시각과 청각이 모두 정상이라면 난독증을 경험하지 않는다.
④ 시신경 세포가 적어서 생기는 난독증의 경우 환경의 요인을 많이 받는다.
⑤ 얼렌 증후군 환자들은 밝은 곳에서 난독증을 호소하는 경우가 더 많다.

18

최근 국내 건설업계에서는 3D 프린팅 기술을 건설 분야와 접목하고자 노력하고 있다. 해외 건설사들도 3D 프린팅 기술을 이용한 건축 시장을 선점하기 위한 경쟁이 활발히 이루어지고 있으며 이미 미국 텍사스 지역에서 3D 프린팅 기술을 이용하여 주택 4채를 1주일 만에 완공한 바 있다. 또한 우리나라에서도 인공 조경 벽 등 건설 현장에서 3D 프린팅 건축물을 차차 도입해 가고 있다.

왜 건설업계에서는 3D 프린팅 기술을 주목하게 되었을까? 3D 프린팅 건축방식은 전통 건축방식과 비교하여 비용을 절감할 수 있고 공사 기간이 단축되는 점을 장점으로 꼽을 수 있다. 특히 공사 기간이 짧은 점은 천재지변으로 인한 이재민 등을 위한 주거시설을 빠르게 준비할 수 있다는 점에서 호평받고 있다. 또한 전통 건축방식으로는 구현하기 힘든 다양한 디자인을 구현할 수 있는 점과 건축폐기물 감소 및 CO_2 배출량 감소 등 환경보호 면에서도 긍정적인 평가를 받고 있으며 각 국가 간 이해관계 충돌로 인한 직·간접적 자재 수급난을 해결할 수 있는 점도 긍정적 평가를 받는 요인이다.

어떻게 3D 프린터로 건축물을 세우는 것일까? 먼저 일반적인 3D 프린팅의 과정을 알아야 한다. 일반적인 3D 프린팅은 컴퓨터로 물체를 3D 형태로 모델링한 후 용융성 플라스틱이나 금속 등을 3D 프린터 노즐을 통해 분사하여 아래부터 층별로 겹겹이 쌓는 과정을 거친다.

3D 프린팅 건축방식도 마찬가지이다. 컴퓨터를 통해 건축물을 모델링 후 모델링한 정보에 따라 콘크리트, 금속, 폴리머 등의 건축자재를 노즐을 통해 분사시켜 층층이 쌓아 올리면서 컴퓨터로 설계한 대로 건축물을 만든다. 기계가 대신 건축물을 만든다는 점에서 사람의 힘으로 한계가 있는 기존 건축방식의 보완은 물론 코로나19 사태로 인한 인건비 상승 및 전문인력 수급난을 해결할 수 있다는 점 또한 호평받고 있다.

하지만 아쉽게도 우리나라에서의 3D 프린팅 건설 사업은 관련 인증 및 안전 규정 미비 등의 제도적 한계와 기술적 한계가 있어 상용화 단계가 이루어지기는 힘들다. 특히 3D 프린터로 구조물을 적층하여 구조물을 쌓아 올리는 데에는 로봇 팔이 필요한데 아직은 5층 이하의 저층 주택 준공이 한계이고 현 대한민국 주택시장은 고층 아파트 등 고층 건물이 주력이므로 3D 프린터 고층 건축물 제작 기술을 개발해야 한다는 주장도 더러 나오고 있다.

① 이미 해외에서는 3D 프린터를 이용하여 주택을 시공한 바 있다.
② 3D 프린터 건축 기술은 전통 건축 기술과는 달리 환경에 영향을 덜 끼친다.
③ 3D 프린터 건축 기술은 인력난을 해소할 수 있는 새로운 기술이다.
④ 3D 프린터 건축 기술로 인해 대량의 실업자가 발생할 것이다.
⑤ 현재 우리나라는 3D 프린터 건축 기술의 제도적 장치 및 기술적 한계를 해결해야만 하는 과제가 있다.

19

헤로도토스의 앤드로파기(식인종)나 신화나 전설적 존재들인 반인반양, 켄타우루스, 미노타우로스 등은 아무래도 역사적인 구체성이 크게 결여된 편이다. 반면에 르네상스의 야만인 담론에 등장하는 야만인들은 서구의 전통 야만인관에 의해 각색되었지만, 이전과는 달리 현실적 구체성을 띠고 나타난다. 하지만 이때도 문명의 시각이 작동하여 야만인이 저질 인간으로 인식되는 것은 마찬가지이다. 다만 이런 인식이 서구 중심의 세계체제 형성과 관련을 맺는다는 점이 이전과의 차이점이다. 르네상스 야만인상은 서구인의 문명건설 과업과 관련하여 만들어진 것이다. '신대륙 발견'과 더불어 '문명'과 '야만'의 접촉이 빈번해지자 야만인은 더는 신화적·상징적·문화적 이해 대상이 아니다. 이제 그는 실제 경험의 대상으로서 서구인의 일상생활에까지 모습을 드러내는 존재이다.

특히 주목해야 할 점은 콜럼버스의 '신대륙 발견' 이후로 야만인 담론은 유럽인이 '발견'한 지역의 원주민들과 집단으로 직접 만나는 실제 체험과 관련되어 있다는 사실이다. 르네상스 이전이라고 해서 이방의 원주민들을 만나지 않았을 리 없겠지만 그때에는 원주민에 관한 정보가 직접 경험에 의한 것이라기보다는 뜬소문에 근거하거나 아니면 순전히 상상의 산물인 경우가 많았다. 반면에 르네상스 시대 야만인은 그냥 원주민이 아니다. 이때 원주민은 식인종이며 바로 이 점 때문에 문명인의 교화를 받거나 정복과 절멸의 대상이 된다. 이 점은 코르테스가 정복한 아스테카 제국인 멕시코를 생각하면 쉽게 이해할 수 있다.

멕시코는 당시 거대한 제국으로서 유럽에서도 유례를 찾아보기 힘들 정도로 인구 25만의 거대한 도시를 건설한 '문명국'이었다. 하지만 멕시코 정벌에 참여한 베르날 디아즈는 나중에 이 경험을 토대로 한 회고록 『뉴 스페인 정복사』에서 멕시코 원주민들을 지독한 식인습관을 가진 것으로 매도한다. 멕시코 원주민들이 식인종으로 규정되고 나면 그들이 아무리 스페인 정복군이 눈이 휘둥그레질 정도로 발달된 문화를 가지고 있어도 소용이 없다. 그들은 집단으로 '식인 야만인'으로 규정됨으로써 정복의 대상이 되고 또 이로 말미암아 세계사의 흐름에 큰 변화가 오게 된다. 거대한 대륙의 주인이 바뀌는 것이다.

① 고대에 형성된 야만인 이미지들은 경험에 의한 것이기보다 허구의 산물이었다.
② 르네상스 이후 서구인의 야만인 담론은 전통적인 야만인관과 단절을 이루었다.
③ 르네상스 이후 야만인은 서구의 세계제패 전략의 관점에서 인식되고 평가되었다.
④ 스페인 정복군에 의한 아스테카 문명의 정복은 서구 야만인 담론을 통해 합리화되었다.
⑤ 콜럼버스 신대륙 발견 이후 야만인은 문명에 의해 교화되거나 정복되어야 할 잔인한 존재로 매도되었다.

20

파리기후변화협약은 2020년 만료 예정인 교토의정서를 대체하여 2021년부터의 기후변화 대응을 담은 국제협약으로, 2015년 12월 프랑스 파리에서 열린 제21차 유엔기후변화협약(UNFCCC) 당사국총회(COP21)에서 채택되었다.

파리기후변화협약에서는 산업화 이전 대비 지구의 평균기온 상승을 2℃보다 상당히 낮은 수준으로 유지하고, 1.5℃ 이하로 제한하기 위한 노력을 추구하기로 하였다. 또 국가별 온실가스 감축량은 각국이 제출한 자발적 감축 목표를 인정하되, 5년마다 상향된 목표를 제출하도록 하였다. 차별적인 책임 원칙에 따라 선진국의 감축 목표 유형은 절대량 방식을 유지하며, 개발도상국은 자국 여건을 고려해 절대량 방식과 배출 전망치 대비 방식 중 채택하도록 하였다. 미국은 2030년까지 온실가스 배출량을 2005년 대비 26 ~ 65%까지 감축하겠다고 약속했고, 우리나라도 2030년 배출 전망치 대비 37%를 줄이겠다는 내용의 감축 목표를 제출했다. 이 밖에도 온실가스 배출량을 꾸준히 감소시켜 21세기 후반에는 이산화탄소의 순 배출량을 0으로 만든다는 내용에 합의하고, 선진국들은 2020년부터 개발도상국 등의 기후변화 대처를 돕는 데 매년 최소 1,000억 달러(약 118조 원)를 지원하기로 했다.

파리기후변화협약은 사실상 거의 모든 국가가 이 협약에 서명했을 뿐 아니라 환경보존에 대한 의무를 전 세계의 국가들이 함께 부담하도록 하였다. 즉, 온실가스 감축 의무가 선진국에만 있었던 교토의정서와 달리 195개의 당사국 모두에게 구속력 있는 보편적인 첫 기후 합의인 것이다.

그런데 2017년 6월, 미국의 트럼프 대통령은 환경 보호를 위한 미국의 부담을 언급하며 파리기후변화협약 탈퇴를 유엔에 공식 통보하였다. 그러나 발효된 협약은 3년간 탈퇴를 금지하고 있어 2019년 11월 3일까지는 탈퇴 통보가 불가능하였다. 이에 따라 미국은 다음 날인 11월 4일 유엔에 협약 탈퇴를 통보했으며, 통보일로부터 1년이 지난 뒤인 2020년 11월 4일 파리기후변화협약에서 공식 탈퇴했다. 서명국 중에서 탈퇴한 국가는 미국이 유일하다.

① 교토의정서는 2020년 12월에 만료된다.
② 파리기후변화협약은 2015년 12월 3일 발효되었다.
③ 파리기후변화협약에서 우리나라는 개발도상국에 해당한다.
④ 현재 미국을 제외한 194개국이 파리기후변화협약에 합의한 상태이다.
⑤ 파리기후변화협약에 따라 선진국과 개발도상국 모두에게 온실가스 감축 의무가 발생하였다.

21

위기지학(爲己之學)이란 15세기의 사림파 선비들이 『소학(小學)』을 강조하면서 내세운 공부 태도를 가리킨다. 원래 이 말은 위인지학(爲人之學)과 함께 『논어(論語)』에 나오는 말이다. '옛날에 공부하던 사람들은 자기를 위해 공부했는데, 요즘 사람들은 남을 위해 공부한다.' 즉, 공자는 공부하는 사람의 관심이 어디에 있느냐를 가지고 학자를 두 부류로 구분했다. 어떤 학자는 '위기(爲己)란 자아가 성숙하는 것을 추구하며, 위인(爲人)이란 남들에게서 인정받기를 바라는 태도'라고 했다.

조선 시대를 대표하는 지식인 퇴계 이황(李滉)은 이렇게 말했다. "위기지학이란, 우리가 마땅히 알아야 할 바가 도리이며, 우리가 마땅히 행해야 할 바가 덕행이라는 것을 믿고, 가까운 데서부터 착수해 나가되 자신의 이해를 통해서 몸소 실천하는 것을 목표로 삼는 공부이다. 반면 위인지학이란, 내면의 공허함을 감추고 관심을 바깥으로 돌려 지위와 명성을 취하는 공부이다." 위기지학과 위인지학의 차이는 공부의 대상이 무엇이냐에 있다기보다 공부를 하는 사람의 일차적 관심과 태도가 자신을 내면적으로 성숙시키는 데 있느냐 아니면 다른 사람으로부터 인정을 받는 데 있느냐에 있다는 것이다.

이것은 학문의 목적이 외재적 가치에 의해서가 아니라 내재적 가치에 의해서 정당화된다는 사고방식이 나타났음을 뜻한다. 이로써 당시 사대부들은 출사(出仕)를 통해 정치에 참여하는 것 외에 학문과 교육에 종사하면서도 자신의 사회적 존재 의의를 주장할 수 있다고 믿었다. 더 나아가 학자 또는 교육자로서 사는 것이 관료 또는 정치가로서 사는 것보다 훌륭한 것이라고 주장할 수 있게 되었다. 또한 위기지학의 출현은 종래 과거제에 종속되어 있던 교육에 독자적 가치를 부여했다는 점에서 역사적 사건으로 평가받아 마땅하다.

① 국가가 위기지학을 권장함으로써 그 위상이 높아졌다.
② 위인지학을 추구하는 사람들은 체면과 인정을 중시했다.
③ 위기적 태도를 견지한 사람들은 자아의 성숙을 추구했다.
④ 공자는 학문을 대하는 태도를 기준으로 삼아 학자들을 나누었다.

22

> 수소와 산소는 H_2와 O_2의 분자 상태로 존재한다. 수소와 산소가 화합해서 물 분자가 되려면 이 두 분자가 충돌해야 하는데, 충돌하는 횟수가 많으면 많을수록 물 분자가 생기는 확률은 높아진다. 또한 반응하기 위해서는 분자가 원자로 분해되어야 한다. 좀 더 정확히 말한다면, 각각의 분자에서 산소 원자끼리 그리고 수소 원자끼리의 결합력이 약해져야 한다. 높은 온도는 분자 간의 충돌 횟수를 증가시킬 뿐 아니라 분자를 강하게 진동시켜 분자의 결합력을 약하게 한다. 그리하여 수소와 산소는 이전까지 결합하고 있던 자신과 동일한 원자와 떨어져, 산소 원자 하나에 수소 원자 두 개가 결합한 물(H_2O)이라는 새로운 화합물이 되는 것이다.

① 수소 분자와 산소 분자가 충돌해야 물 분자가 생긴다.
② 수소 분자와 산소 분자가 원자로 분해되어야 반응을 할 수 있다.
③ 높은 온도는 분자를 강하게 진동시켜 결합력을 약하게 한다.
④ 산소 분자와 수소 분자가 각각 물(H_2O)이라는 새로운 화합물이 된다.
⑤ 산소 분자와 수소 분자의 충돌 횟수가 많아지면 물 분자가 될 확률이 높다.

23

> 『북학의』는 18세기 후반 사회적 위기에 직면한 조선을 개혁하려는 의도로 쓰인 책이다. 당시까지 조선 사회는 외국 문물에 대해 굳게 문을 닫고 있었고 지식인은 자아도취에 빠져 백성들의 현실을 외면한 채 성리학 이론에만 깊이 매몰되어 있었다. 북경 사행길에서 새로운 세계를 접한 박제가는 후진 상태에 머물러 있는 조선 사회와 백성의 빈곤을 해결할 수 있는 대책을 정리하여 『북학의』를 완성했다.
> 『북학의』는 이후 '북학'이라는 학문이 조선의 시대사상으로 자리 잡는 데 기반이 되는 역할을 하였다. 박제가 외에도 박지원, 홍대용, 이덕무 등 북학의 중요성을 강조하는 학자그룹이 나타나면서 북학은 시대사상으로 자리 잡았다. 폐쇄적인 사회의 문을 활짝 열고 이용후생(利用厚生)을 통한 백성들의 생활 안정과 부국을 강조했기 때문에 북학파 학자들을 일컬어 '이용후생 학파'라고도 부른다. 이들은 청나라 사행에서 견문한 내용을 국가 정책으로 발전시키고자 하였다. 건축 자재로서 벽돌의 이용, 교통수단으로서 선박과 수레의 적극적 활용, 비활동적인 한복의 개량, 대외무역 확대 등이 이들이 제시한 주요 정책들이었다. 그 바탕에는 사농공상으로 서열화된 직업의 귀천을 최대한 배제하고 상공업의 중흥을 강조해야 한다는 생각이 자리 잡고 있었다.

① 18세기 후반 조선 사회는 외국 문화에 대해 폐쇄적이었다.
② 『북학의』의 저자는 박제가이다.
③ 이용후생 학파는 농업의 중요성을 강조하였다.
④ 이용후생 학파는 청나라에서 보고 들은 내용을 국가 정책으로 발전시키고자 했다.
⑤ 『북학의』를 통해 후진 상태의 조선에서 벗어날 수 있는 대책을 제시하였고 이는 시대적 공감을 얻었다.

24

정치 철학자로 알려진 아렌트 여사는 우리가 보통 '일'이라 부르는 활동을 '작업(作業, Work)'과 '고역(苦役, Labor)'으로 구분한다. 이 두 가지 모두 인간의 노력, 땀과 인내를 수반하는 활동이며, 어떤 결과를 목적으로 하는 활동이다. 그러나 전자가 자의적인 활동인 데 반해서 후자는 타의에 의해 강요된 활동이다. 전자의 활동을 창조적이라 한다면 후자의 활동은 기계적이다. 창조적 활동의 목적이 작품창작에 있다면, 후자의 활동 목적은 상품생산에만 있다.

전자, 즉 '작업'이 인간적으로 수용될 수 있는 물리적 혹은 정신적 조건하에서 이루어지는 '일'이라면 '고역'은 그 정반대의 조건에서 행해진 '일'이라는 것이다.

인간은 언제 어느 곳에서든지 '일'이라고 불리는 활동에 땀을 흘리며 노력해 왔고, 현재도 그렇고, 아마 앞으로도 영원히 그럴 것이다. 구체적으로 어떤 종류의 일이 '작업'으로 불릴 수 있고 어떤 일이 '고역'으로 분류될 수 있느냐는 그리 쉬운 문제가 아니다. 그러나 일을 작업과 고역으로 구별하고 그것들을 위와 같이 정의할 때 노동으로서 일의 가치는 부정되어야 하지만 작업으로서 일은 전통적으로 종교 혹은 철학을 통해서 모든 사회가 늘 강조해 온 대로 오히려 찬미되고, 격려되며 인간으로부터 빼앗아 가서는 안 될 귀중한 가치라고 봐야 한다.

··· (중략) ···

'작업'으로서 일의 내재적 가치와 존엄성은 이런 뜻으로서 일과 인간의 인간됨과 뗄 수 없는 필연적 관계를 갖고 있다는 사실에서 생긴다. 분명히 일은 노력과 아픔을 필요로 하고, 생존을 위해 물질적으로는 물론 정신적으로도 풍요한 생활을 위한 도구적 기능을 담당한다.

땀을 흘리고 적지 않은 고통을 치러야만 하는 정말 일로서의 일, 즉 작업은 그것이 어떤 것이든 간에 언제나 엄숙하고 거룩하고 귀해 보인다. 땀을 흘리며 대리석을 깎는 조각가에게서, 밤늦게까지 책상 앞에 앉아 창작에 열중하는 작가에게서, 무더운 공장에서 쇠를 깎는 선반공에게서, 땡볕에 지게질을 하고 밭을 가는 농부에게서 다 똑같이 흐뭇함과 거룩함을 발견하며 그래서 머리가 숙여진다.

그러나 앞서 봤듯이 모든 일이 '작업'으로서의 일은 아니다. 어떤 일은 부정적인 뜻으로서의 '고역'이기도 하다. 회초리를 맞으며 노예선을 젓는 노예들의 피땀 묻은 활동은 인간의 존엄성을 높이기는 커녕 그들을 짓밟은 '고역'이다. 위생적으로나 육체적으로 견디기 어려운 조건하에 타당치 않게 박한 보수를 받고 무리한 노동을 팔아야만 하는 일은 마땅히 없어져야 할 고역이다.

작업으로서의 일과 고역으로서의 일의 구별은 단순히 지적 노고와 육체적 노고의 차이에 의해서 결정되지 않는다. 한 학자가 하는 지적인 일도 경우에 따라 고역의 가장 나쁜 예가 될 수 있다. 반대로 육체적으로 극히 어려운 일도 경우에 따라 작업의 가장 좋은 예가 될 수 있다. 작업으로서의 일과 고역으로서의 일을 구별하는 근본적 기준은 그것이 인간의 존엄성을 높이는 것이냐, 아니면 타락시키는 것이냐에 있다.

– 박이문, 『일』

① 작업과 고역은 생산 활동이라는 목적을 지닌 노동이다.
② 작업은 자의적 노동이고, 고역은 타의적 노동이다.
③ 작업은 창조적 노동이고, 고역은 기계적 노동이다.
④ 작업은 인간의 존엄성을 높이고, 고역은 인간의 존엄성을 타락시킨다.
⑤ 작업은 지적 노동이고, 고역은 육체적 노동이다.

25

인류의 역사를 석기시대, 청동기시대 그리고 철기시대로 구분한다면 현대는 '플라스틱시대'라고 할 수 있을 만큼 플라스틱은 현대사회에서 가장 혁명적인 물질 중 하나이다. "플라스틱은 현대 생활의 뼈, 조직, 피부가 되었다."는 미국의 과학 저널리스트 수전 프라인켈(Susan Freinkel)의 말처럼 플라스틱은 인간 생활에 많은 부분을 차지하고 있다. 저렴한 가격과 필요에 따라 내구성, 강도, 유연성 등을 조절할 수 있는 장점 덕분에 일회용 컵부터 옷, 신발, 가구 등 플라스틱이 아닌 것이 거의 없을 정도이다. 그러나 플라스틱에는 치명적인 단점이 있다. 플라스틱이 지닌 특성 중 하나인 영속성(永續性)이다. 즉, 인간이 그동안 생산한 플라스틱은 바로 분해되지 않고 어딘가에 계속 존재하고 있어 플라스틱은 환경오염의 원인이 된 지 오래이다.

치약, 화장품, 피부 각질제거제 등 생활용품, 화장품에 들어 있는 작은 알갱이의 성분은 '마이크로비드(Microbead)'라는 플라스틱이다. 크기가 1mm보다 작은 플라스틱을 '마이크로비드'라고 하는데 이 알갱이는 정수처리과정에서 걸러지지 않고 생활 하수구에서 강으로, 바다로 흘러간다. 이 조그만 알갱이들은 바다를 떠돌면서 생태계의 먹이사슬을 통해 동식물 체내에 축적되어 면역체계 교란, 중추신경계 손상 등의 원인이 되는 잔류성유기오염물질(Persistent Organic Pollutants)을 흡착한다. 그리고 물고기, 새 등 여러 생물은 마이크로비드를 먹이로 착각해 섭취한다. 마이크로비드를 섭취한 해양생물은 다시 인간의 식탁에 올라온다. 즉, 우리가 버린 플라스틱을 우리가 다시 먹게 되는 셈이다.

플라스틱 포크로 음식을 먹고, 플라스틱 컵으로 물을 마시는 등 플라스틱을 음식을 먹기 위한 수단으로만 생각했지 직접 먹게 되리라고는 상상도 못 했을 것이다. 우리가 먹은 플라스틱이 우리 몸에 남아 분해되지 않고 큰 질병을 키우게 될 것을 말이다.

① 플라스틱은 필요에 따라 유연성, 강도 등을 조절할 수 있고, 값이 싼 장점이 있다.

② 플라스틱은 바로 분해되지 않고 어딘가에 존재한다.

③ 마이크로비드는 크기가 작기 때문에 정수처리과정에서 걸러지지 않고 바다로 유입된다.

④ 마이크로비드는 잔류성유기오염물질을 분해하는 역할을 한다.

26

운전자 10명 중 3명은 내년 4월부터 전면 시행되는 '안전속도 5030' 정책을 모르는 것으로 나타났다. 한국교통안전공단은 지난 7월 전국 운전자 3,922명을 대상으로 '안전속도 5030 정책 인지도'를 조사한 결과 이를 인지하고 있는 운전자는 68.1%에 그쳤다고 밝혔다. 안전속도 5030 정책은 전국 도시 지역 일반도로의 제한속도를 시속 50km로, 주택가 등 이면도로는 시속 30km 이하로 하향 조정하는 정책이다. 지난해 4월 도로교통법 시행규칙 개정에 따라 내년 4월 17일부터 본격적으로 시행된다. 교통안전공단에 따르면 예기치 못한 사고가 발생하더라도 차량의 속도를 30km로 낮추면 중상 가능성은 15.4%로 크게 낮아진다. 이번 조사에서 특히 20대 이하 운전자의 정책 인지도는 59.7%, 30대 운전자는 66.6%로 전체 평균보다 낮은 것으로 나타났다. 반면 40대(70.2%), 50대(72.1%), 60대 이상(77.3%) 등 연령대가 높아질수록 안전속도 도입을 알고 있다고 응답한 비율이 높았다.

한국교통안전공단은 내년 4월부터 전면 시행되는 안전속도 5030의 성공적 정착을 위해 정책 인지도가 가장 낮은 2030 운전자를 대상으로 온라인 중심의 언택트(Untact) 홍보를 시행할 예정이다. 2030세대가 운전 시 주로 이용하는 모바일 내비게이션사와 협업하여 5030 속도 관리구역 음성 안내 및 이미지 표출 등을 통해 제한속도 인식률 향상 및 속도 준수를 유도하고, 유튜브와 SNS 등을 활용한 대국민 참여 이벤트와 공모전 등을 통해 제한속도 하향에 대한 공감대 확산 및 자발적인 속도 하향을 유도할 예정이다.

① 운전자 10명 중 6명 이상은 안전속도 5030 정책을 알고 있다.
② 안전속도 5030 정책에 대한 인지도가 가장 낮은 연령대는 20대 이하이다.
③ 연령대가 높을수록 안전속도 5030 정책에 대한 인지도가 높다.
④ 안전속도 5030 정책에 대한 연령대별 인식률의 평균은 68.1%이다.
⑤ 안전속도 5030 정책이 시행되면 주택가에서의 주행속도는 시속 30km 이하로 제한된다.

27 다음 중 A의 주장에 대해 반박할 수 있는 내용으로 가장 적절한 것은?

> A : 우리나라의 장기 기증률은 선진국에 비해 너무 낮아. 이게 다 부모로부터 받은 신체를 함부로 훼손해서는 안 된다는 전통적 유교 사상 때문이야.
>
> B : 맞아. 그런데 장기기증 희망자로 등록이 돼 있어도 유족들이 장기 기증을 반대하여 기증이 이뤄지지 않는 경우도 많아.
>
> A : 유족들도 결국 유교 사상으로 인해 신체 일부를 다른 사람에게 준다는 방식을 잘 이해하지 못하는 거야.
>
> B : 글쎄, 유족들이 동의해서 기증이 이뤄지더라도 보상금을 받고 '장기를 팔았다.'는 죄책감을 느끼는 유족들도 있다고 들었어. 또 아직은 장기기증에 대한 생소함 때문일 수도 있어.

① 캠페인을 통해 장기기증에 대한 사람들의 인식을 변화시켜야 한다.
② 유족에게 지급하는 보상금 액수가 증가하면 장기 기증률도 높아질 것이다.
③ 장기기증 희망자는 반드시 가족들의 동의를 미리 받아야 한다.
④ 장기 기증률이 낮은 이유에는 유교 사상 외에도 여러 가지 원인이 있을 수 있다.
⑤ 제도 변화만으로는 장기 기증률을 높이기 어렵다.

28 다음 제시문의 논지를 이끌 수 있는 첫 문장으로 가장 적절한 것은?

> 사람과 사람이 직접 얼굴을 맞대고 하는 접촉이 라디오나 텔레비전 등의 매체를 통한 접촉보다 결정적인 영향력을 미친다는 것이 일반적인 견해로 알려져 있다. 매체는 어떤 마음의 자세를 준비하게 하는 구실을 하여 나중에 직접 어떤 사람에게서 새 어형을 접했을 때 그것이 텔레비전에서 자주 듣던 것이면 더 쉽게 그쪽으로 마음의 문을 열게 하는 면에서 영향력을 행사하기는 하지만, 새 어형이 전파되는 것은 매체를 통해서보다 상면하는 사람과의 직접적인 접촉에 의해서라는 것이 더 일반화된 견해이다. 사람들은 한두 사람의 말만 듣고 언어 변화에 가담하지는 않고, 주위의 여러 사람들이 다 같은 새 어형을 쓸 때 비로소 그것을 받아들이게 된다고 한다. 매체를 통해서보다 자주 접촉하는 사람들을 통해 언어 변화가 진전된다는 사실은 언어 변화의 여러 면을 바로 이해하는 하나의 핵심적인 내용이라 해도 좋을 것이다.

① 일반적으로 젊은 층이 언어 변화를 주도한다.
② 언어 변화는 결국 접촉에 의해 진행되는 현상이다.
③ 접촉의 형식도 언어 변화에 영향을 미치는 요소로 지적되고 있다.
④ 매체의 발달이 언어 변화에 중요한 영향을 미치는 것으로 알려져 있다.
⑤ 언어 변화는 외부와의 접촉이 극히 제한되어 있는 곳일수록 속도가 느리다.

29 다음 중 스마트미터에 대한 내용으로 적절하지 않은 것은?

스마트미터는 소비자가 사용한 전력량만을 일방적으로 보고하는 게 아니라, 발전사로부터 전력공급 현황을 받을 수 있는 양방향 통신, AMI로 나아간다. 때문에 부가적인 설비를 더하지 않고 소프트웨어 설치만으로 통신이 가능한 집안의 각종 전자기기를 제어하는 기능까지 더할 수 있어 에너지를 더욱 효율적으로 관리하게 해주는 전력 시스템이기도 하다.

스마트미터는 신재생에너지가 보급되기 위해 필요한 스마트그리드의 기초가 되는 부분으로 그 시작은 자원 고갈에 대한 걱정과 환경보호 협약 때문이었다. 하지만 스마트미터가 촉구되었던 더 큰 이유는 안정적으로 전기를 이용할 수 있느냐 하는 두려움 때문이었다.

21세기가 되었어도 천재지변으로 인한 시설 훼손이나, 전력 과부하로 인한 블랙아웃 등은 선진국에서도 어쩔 도리가 없었다. 태풍과 홍수, 산사태 등으로 막대한 피해를 보았던 2000년대 초반 미국을 기점으로, 전력 정보의 신뢰도를 위해 스마트미터 산업은 크게 주목받기 시작했다. 대중은 비상시 전력 보급 현황을 알기 원했고, 미 정부는 전력 사용 현황을 파악함은 물론, 소비자의 전력 사용량을 제공해서 스스로 전력 사용을 줄이길 바랐다.

스마트미터는 기존의 전력 계량기를 교체해야 하는 수고와 비용이 들지만, 실시간으로 에너지 사용량을 알 수 있기 때문에 이용하는 순간부터 공급자인 발전사와 소비자 모두가 전력 정보를 편이하게 접할 수 있는 데에서 그치지 않고, 효율적으로 관리가 가능해진다.

앞으로는 소비처로부터 멀리 떨어진 대규모 발전 시설에서 생산하는 전기뿐만 아니라, 스마트 그린 시티에 설치된 발전설비를 통한 소량의 전기들까지의 전기 가격을 하나의 정보로 규합하여 소비자는 필요에 맞게 전기를 소비할 수 있게 된다. 또한 소형 설비로 생산하거나, 에너지 저장 시스템에 사용하다 남은 소량의 전기는 전력 시장에 역으로 제공해 보상을 받을 수도 있게 된다.

미래 에너지는 신재생에너지로의 완전한 전환이 중요하지만, 산업체는 물론 개개인이 에너지를 절약하는 것 또한 중요하다. 앞서 미국이 의도했던 것처럼, 스마트미터를 보급하면 일상에서 쉽게 에너지 운용을 파악할 수 있게 되고, 에너지 절약을 습관화하는 데 도움이 될 것이다.

① 소비자가 사용한 전력량뿐만 아니라 발전사로부터 공급 현황도 받을 수 있다.
② 에너지 공급자와 사용자를 양방향 통신으로 연결해 정보제공 역할을 한다.
③ 스마트미터는 자원 고갈과 환경보호를 대체할 수 있는 발전효율이 높은 신재생에너지이다.
④ 소비자 개개인의 에너지 절약도 중요하며, 스마트미터는 에너지 절약의 습관화에 도움을 준다.
⑤ 공급자로부터 받은 전력 사용량을 바탕으로 소비자 스스로 전력 사용을 제어할 수 있다.

30 다음 제시문의 전개 방식으로 적절하지 않은 것은?

나는 집이 가난해서 말이 없기 때문에 간혹 남의 말을 빌려서 탔다. 그런데 노둔하고 야윈 말을 얻었을 경우에는 일이 아무리 급해도 감히 채찍을 대지 못한 채 금방이라도 쓰러지고 넘어질 것처럼 전전긍긍하기 일쑤요, 개천이나 도랑이라도 만나면 또 말에서 내리곤 한다. 그래서 후회하는 일이 거의 없다. 반면에 발굽이 높고 귀가 쫑긋하며 잘 달리는 준마를 얻었을 경우에는 의기양양하여 방자하게 채찍을 갈기기도 하고 고삐를 놓기도 하면서 언덕과 골짜기를 모두 평지로 간주한 채 매우 유쾌하게 질주하곤 한다. 그러나 간혹 위험하게 말에서 떨어지는 환란을 면하지 못한다.

아, 사람의 감정이라는 것이 어쩌면 이렇게까지 달라지고 뒤바뀔 수가 있단 말인가. 남의 물건을 빌려서 잠깐 동안 쓸 때에도 오히려 이와 같은데, 하물며 진짜로 자기가 가지고 있는 경우야 더 말해 무엇 하겠는가.

그렇긴 하지만 사람이 가지고 있는 것 가운데 남에게 빌리지 않은 것이 또 뭐가 있다고 하겠는가. 임금은 백성으로부터 힘을 빌려서 존귀하고 부유하게 되는 것이요, 신하는 임금으로부터 권세를 빌려서 총애를 받고 귀한 신분이 되는 것이다. 그리고 자식은 어버이에게서, 지어미는 지아비에게서, 비복(婢僕)은 주인에게서 각각 빌리는 것이 또한 심하고도 많은데, 대부분 자기가 본래 가지고 있는 것처럼 여기기만 할 뿐 끝내 돌이켜 보려고 하지 않는다. 이 어찌 미혹된 일이 아니겠는가.

그러다가 혹 잠깐 사이에 그동안 빌렸던 것을 돌려주는 일이 생기게 되면, 만방(萬邦)의 임금도 독부(獨夫)가 되고 백승(百乘)의 대부(大夫)도 고신(孤臣)이 되는 법인데, 더군다나 미천한 자의 경우야 더 말해 무엇 하겠는가.

맹자(孟子)가 말하기를 "오래도록 차용하고서 반환하지 않았으니, 그들이 자기의 소유가 아니라는 것을 어떻게 알았겠는가."라고 하였다. 내가 이 말을 접하고서 느껴지는 바가 있기에, 차마설을 지어서 그 뜻을 부연해 보노라.

- 이곡, 『차마설』

① 유추의 방법을 통해 개인의 경험을 보편적 깨달음으로 일반화한다.

② 예화와 교훈의 2단으로 구성하였다.

③ 주관적인 사실에 대한 보편적인 의견을 제시한다.

④ 성인의 말을 인용하여 자신의 주장을 뒷받침한다.

⑤ 자신의 견해를 먼저 제시하고, 그에 맞는 사례를 제시한다.

31 다음 제시문에 사용된 설명 방식으로 적절하지 않은 것은?

집단사고는 강한 응집력을 보이는 집단의 의사결정과정에서 나타나는 비합리적인 사고방식이다. 이는 소수의 우월한 엘리트들이 모여서 무언가를 결정하는 과정에서 흔히 발생한다. 이것의 폐해는 반대 시각의 부재, 다시 말해 원활하지 못한 소통에서 비롯된다. 그 결과 '이건 아닌데…….' 하면서도 서로 아무 말을 못 해서 일이 파국으로 치닫곤 한다.

요즘 각광받는 집단지성은 집단사고와 비슷한 것 같지만 전혀 다른 개념이다. 집단지성이란 다수의 개체들이 협력하거나 경쟁함으로써 얻어지는 고도의 지적 능력을 말한다. 이는 1910년대 한 곤충학자가 개미의 사회적 행동을 관찰하면서 처음 제시한 개념인데, 사회학자 피에르레비가 사이버공간에서의 집단지성의 개념을 제시한 이후 여러 분야에서 활발히 연구되고 있다. 위키피디아는 집단지성의 대표적인 사례이다. 위키피디아는 참여자 모두에게 편집권이 있고, 다수에 의해 수정되며, 매일 업데이트되는 '살아있는 백과사전'이다. 서로 이해와 입장이 다른 수많은 참여자가 콘텐츠를 생산하거나 수정하고 다시 그것을 소비하면서 지식의 빈자리를 함께 메워가는 소통의 과정 그 자체가 위키피디아의 본질이다. 이처럼 집단지성은 참여와 소통의 수준 면에서 집단사고와는 큰 차이가 있다.

① 정의
② 대조
③ 예시
④ 인용
⑤ 비유

32 다음 중 '반(反)본질주의'의 견해로 볼 수 있는 것은?

흔히 어떤 대상이 반드시 가져야만 하고 그것을 다른 대상과 구분해 주는 속성을 본질이라고 한다. X의 본질이 무엇인지 알고 싶으면 X에 대한 필요 충분한 속성을 찾으면 된다. 다시 말해서 모든 X에 대해 그리고 오직 X에 대해서만 해당하는 것을 찾으면 된다. 예컨대 모든 까투리가 그리고 오직 까투리만이 꿩이면서 동시에 암컷이므로, '암컷인 꿩'은 까투리의 본질이라고 생각된다. 그러나 암컷인 꿩은 애초부터 까투리의 정의라고 우리가 규정한 것이므로 그것을 본질이라고 말하기에는 허망하다. 다시 말해서 본질은 따로 존재하여 우리가 발견한 것이 아니라 까투리라는 낱말을 만들면서 사후적으로 구성된 것이다.

서로 다른 개체를 동일한 종류의 것으로 판단하고 의사소통에 성공하기 위해서는 개체들이 공유하는 무엇인가가 필요하다. 본질주의는 그것이 우리와 무관하게 개체 내에 본질로서 존재한다고 주장한다. 반면에 반(反)본질주의는 그런 본질이란 없으며, 인간이 정한 언어 약정이 본질주의에서 말하는 본질의 역할을 충분히 달성할 수 있다고 주장한다. 이른바 본질은 우리가 관습적으로 부여하는 의미를 표현한 것에 불과하다는 것이다.

'본질'이 존재론적 개념이라면 거기에 언어적으로 상관하는 것은 '정의'이다. 그런데 어떤 대상에 대해서 약정적이지 않으면서 완벽하고 정확한 정의를 내리기 어렵다는 사실은 반본질주의의 주장에 힘을 실어 준다. 사람을 예로 들어 보자. 이성적 동물은 사람에 대한 정의로 널리 알려졌다. 그러면 이성적이지 않은 갓난아이를 사람의 본질에 반례로 제시할 수 있다. 이번에는 '사람은 사회적 동물이다.'라고 정의를 제시할 수도 있다. 그러나 사회를 이루고 산다고 해서 모두 사람인 것은 아니다. 개미나 벌도 사회를 이루고 살지만 사람은 아니다.

서양의 철학사는 본질을 찾는 과정이라고 말할 수 있다. 본질주의는 사람뿐만 아니라 자유나 지식 등의 본질을 찾는 시도를 계속해 왔지만, 대부분의 경우 아직 본질적인 것을 명확히 찾는 데 성공하지 못했다. 그래서 숨겨진 본질을 밝히려는 철학적 탐구는 실제로는 부질없는 일이라고 반본질주의로부터 비판을 받는다. 우리가 본질을 명확히 찾지 못하는 까닭은 우리의 무지 때문이 아니라 그런 본질이 있다는 잘못된 가정에서 출발했기 때문이라는 것이다. 사물의 본질이라는 것은 단지 인간의 가치가 투영된 것에 지나지 않는다는 것이 반본질주의의 주장이다.

① 어떤 대상이라도 그 개념을 언어로 약정할 수 없다.

② 개체의 본질은 인식 여부와 상관없이 개체에 내재하고 있다.

③ 어떤 대상이든지 다른 대상과 구분되는 불변의 고유성이 있다.

④ 어떤 대상에 의미가 부여됨으로써 그 대상은 다른 대상과 구분된다.

⑤ 같은 종류에 속하는 개체들이 공유하는 속성은 객관적으로 실재한다.

33 다음 제시문의 ⊙의 사례로 적절한 것은?

> 보통 '관용'은 도덕적으로 바람직하다고 간주된다. 관용은 특정 믿음이나 행동, 관습 등을 잘못된 것이라고 여김에도 불구하고 용인하거나 불간섭하는 태도를 의미한다. 여기서 관용이란 개념의 본질적인 두 요소를 발견할 수 있다. 첫째 요소는 관용을 실천하는 사람이 관용의 대상이 되는 믿음이나 관습을 거짓이거나 잘못된 것으로 여긴다는 점이다. 이런 요소가 없다면, 우리는 '관용'을 말하고 있는 것이 아니라 '무관심'이나 '승인'을 말하는 셈이다. 둘째 요소는 관용을 실천하는 사람이 관용의 대상을 용인하거나 최소한 불간섭해야 한다는 점이다. 하지만 관용을 이렇게 이해하면 역설이 발생할 수 있다.
>
> 자국 문화를 제외한 다른 문화는 모두 미개하다고 생각하는 사람을 고려해보자. 그는 모든 문화가 우열 없이 동등하다는 생각이 틀렸다고 확신하고 있다. 하지만 그는 그런 자신의 믿음에도 불구하고 전략적인 이유로, 예를 들어 동료들의 비난을 피하기 위해 자신이 열등하다고 판단하는 문화를 폄하하려는 욕구를 억누르고 있다고 하자. 다른 문화를 폄하하고 싶은 그의 욕구가 크면 클수록, 그리고 그가 자신의 이런 욕구를 성공적으로 자제하면 할수록, 우리는 그가 더 관용적이라고 말해야 할 것 같다. 하지만 이는 받아들이기 어려운 역설적 결론이다.
>
> 이번에는 자신이 잘못이라고 믿는 수많은 믿음을 모두 용인하는 사람을 생각해보자. 이 경우 이 사람이 용인하는 믿음이 많으면 많을수록 우리는 그가 더 관용적이라고 말해야 할 것 같다. 그런데 그럴 경우 우리는 인종차별주의처럼 우리가 일반적으로 잘못인 것으로 판단하는 믿음까지 용인하는 경우에도 그 사람이 더 관용적이라고 말해야 한다. 하지만 도덕적으로 잘못된 것을 용인하는 것은 그 자체가 도덕적으로 잘못이라고 보는 것이 마땅하다. 결국 우리는 관용적일수록 도덕적으로 잘못을 저지르게 될 가능성이 높아지게 되는데 이는 역설적이다.
>
> 이상의 논의를 고려하면 종교에 대한 관용처럼 비교적 단순해 보이는 사안에 대해서조차 ⊙ 역설이 발생한다. 이로부터 우리는 관용의 맥락에서, 용인하는 믿음이나 관습의 내용에 일정한 한계가 있어야 함을 알 수 있다.

① 종교적 문제에 대해 별다른 의견이 없는 사람을 관용적이라고 평가하게 된다.

② 모든 종교적 믿음은 거짓이라고 생각하고 배척하는 사람을 관용적이라고 평가하게 된다.

③ 자신의 종교가 주는 가르침만이 유일한 진리라고 믿는 사람일수록 덜 관용적이라고 평가하게 된다.

④ 보편적 도덕 원칙에 어긋나는 가르침을 주장하는 종교까지 용인하는 사람을 더 관용적이라고 평가하게 된다.

34 다음 제시문의 주장에 대한 비판으로 적절하지 않은 것은?

> 동물실험이란 교육, 시험, 연구 및 생물학적 제제의 생산 등 과학적 목적을 위해 동물을 대상으로 실시하는 실험 또는 그 과학적 절차를 말한다. 전 세계적으로 매년 약 6억 마리의 동물들이 실험에 쓰이고 있다고 추정되며, 대부분의 동물들은 실험이 끝난 뒤 안락사를 시킨다.
> 동물실험은 대개 인체실험의 전 단계로 이루어지는데, 검증되지 않은 물질을 바로 사람에게 주입하여 발생하는 위험을 줄일 수 있다는 점에서 필수적인 실험이라고 말할 수 있다. 물론 살아있는 생물을 대상으로 하는 실험이기 때문에 대체(Replacement), 감소(Reduction), 개선(Refinement)으로 요약되는 3R 원칙에 입각하여 실험하는 것이 당연하다. 다른 방법이 있다면 그 방법을 채택할 것이며, 희생이 되는 동물의 수를 최대한 줄이고, 필수적인 실험 조건 외에는 자극을 주지 않아야 한다. 하지만 그럼에도 보다 안전한 결과를 도출해내기 위한 동물실험은 필요악이며, 이러한 필수적인 의약실험조차 금지하려 한다는 것은 기술 발전 속도를 늦춰 약이 필요한 누군가의 고통을 감수하자는 이기적인 주장과 같다고 할 수 있다.

① 3R 원칙과 같은 윤리적 강령이 법적인 통제력을 지니지 않은 이상 실제로 얼마나 엄격하게 지켜질 것인지는 알 수 없다.

② 화장품 업체들의 동물실험과 같은 사례를 통해, 생명과 큰 연관이 없는 실험은 필요악이라고 주장할 수 없다.

③ 아무리 엄격하게 통제된 실험이라고 해도 동물 입장에서 바라본 실험이 비윤리적이며 생명체의 존엄성을 훼손하는 행위라는 사실을 벗어날 수는 없다.

④ 과거와 달리 현대에서는 인공 조직을 배양하여 실험의 대상으로 삼을 수 있으므로 동물실험 자체를 대체하는 것이 가능하다.

⑤ 동물실험에서 안전성을 검증받은 이후 인체에 피해를 준 약물의 사례가 존재한다.

※ 다음 제시문을 근거로 판단할 때 가장 적절한 것을 고르시오. [35~36]

35

> 1896년 『독립신문』 창간을 계기로 여러 가지의 애국가 가사가 신문에 게재되기 시작했는데, 어떤 곡조에 따라 이 가사들을 노래로 불렀는지는 명확하지 않다. 다만 대한제국이 서구식 군악대를 조직해 1902년 '대한제국 애국가'라는 이름의 국가(國歌)를 만들어 나라의 주요 행사에 사용했다는 기록은 남아 있다. 오늘날 우리가 부르는 애국가의 노랫말은 외세의 침략으로 나라가 위기에 처해있던 1907년을 전후하여 조국애와 충성심을 북돋우기 위하여 만들어졌다.
>
> 1935년 해외에서 활동 중이던 안익태는 오늘날 우리가 부르고 있는 국가를 작곡하였다. 대한민국 임시정부는 이 곡을 애국가로 채택해 사용했으나 이는 해외에서만 퍼져나갔을 뿐, 국내에서는 광복 이후 정부수립 무렵까지 애국가 노랫말을 스코틀랜드 민요에 맞춰 부르고 있었다. 그러다가 1948년 대한민국 정부가 수립된 이후 현재의 노랫말과 함께 안익태가 작곡한 곡조의 애국가가 정부의 공식 행사에 사용되고 각급 학교 교과서에도 실리면서 전국적으로 애창되기 시작하였다.
>
> 애국가가 국가로 공식화되면서 1950년대에는 대한뉴스 등을 통해 적극적으로 홍보가 이루어졌다. 그리고 「국기게양 및 애국가 제창 시의 예의에 관한 지시(1966)」 등에 의해 점차 국가 의례의 하나로 간주되었다.
>
> 1970년대 초에는 공연장에서 본공연 전에 애국가가 상영되기 시작하였다. 이후 1980년대 중반까지 주요 방송국에서 국기강하식에 맞춰 애국가를 방송하였다. 주요 방송국의 국기강하식 방송, 극장에서의 애국가 상영 등은 1980년대 후반 중지되었으며 음악회와 같은 공연 시 애국가 연주도 이때 자율화되었다.
>
> 오늘날 주요 행사 등에서 애국가를 제창하는 경우에는 부득이한 경우를 제외하고 4절까지 제창하여야 한다. 애국가는 모두 함께 부르는 경우에는 전주곡을 연주한다. 다만, 약식 절차로 국민의례를 행할 때 애국가를 부르지 않고 연주만 하는 의전행사(외국에서 하는 경우 포함)나 시상식·공연 등에서는 전주곡을 연주하면 안 된다.

① 1940년에 해외에서는 안익태가 만든 애국가 곡조를 들을 수 없었다.
② 1990년대 초반에는 국기강하식 방송과 극장에서의 애국가 상영이 의무화되었다.
③ 오늘날 우리가 부르는 애국가의 노랫말은 1896년 『독립신문』에 게재되지 않았다.
④ 시상식에서 애국가를 부르지 않고 연주만 하는 경우에는 전주곡을 연주할 수 있다.

36

아파트를 분양받을 경우 전용면적, 공용면적, 공급면적, 계약면적, 서비스면적이라는 용어를 자주 접하게 된다.

전용면적은 아파트의 방이나 거실, 주방, 화장실 등을 모두 포함한 면적으로, 개별 세대 현관문 안쪽의 전용 생활공간을 말한다. 다만 발코니 면적은 전용면적에서 제외된다.

공용면적은 주거공용면적과 기타공용면적으로 나뉜다. 주거공용면적은 세대가 거주를 위하여 공유하는 면적으로 세대가 속한 건물의 공용계단, 공용복도 등의 면적을 더한 것을 말한다. 기타공용면적은 주거공용면적을 제외한 지하층, 관리사무소, 노인정 등의 면적을 더한 것이다.

공급면적은 통상적으로 분야에 사용되는 용어로 전용면적과 주거공용면적을 더한 것이다. 계약면적은 공급면적과 기타공용면적을 더한 것이다. 서비스면적은 발코니 같은 공간의 면적으로 전용면적과 공용면적에서 제외된다.

① 발코니 면적은 계약면적에 포함된다.

② 관리사무소 면적은 공급면적에 포함된다.

③ 계약면적은 전용면적, 주거공용면적, 기타공용면적을 더한 것이다.

④ 공용계단과 공용복도의 면적은 공급면적에 포함되지 않는다.

⑤ 개별 세대 내 거실과 주방의 면적은 주거공용면적에 포함된다.

37

태양 빛은 흰색으로 보이지만 실제로는 다양한 파장의 가시광선이 혼합되어 나타난 것이다. 프리즘을 통과시키면 흰색 가시광선은 파장에 따라 붉은빛부터 보랏빛까지의 무지갯빛으로 분해된다. 가시광선의 파장 범위는 390 ~ 780nm* 정도인데 보랏빛이 가장 짧고 붉은빛이 가장 길다. 빛의 진동수는 파장과 반비례하므로 진동수는 보랏빛이 가장 크고 붉은빛이 가장 작다. 태양 빛이 대기층에 입사하여 산소나 질소 분자와 같은 공기 입자(직경 0.1 ~ 1nm 정도), 먼지 미립자, 에어로졸**(직경 1 ~ 100,000nm 정도) 등과 부딪치면 여러 방향으로 흩어지는데 이러한 현상을 산란이라 한다. 산란은 입자의 직경과 빛의 파장에 따라 '레일리(Rayleigh) 산란'과 '미(Mie) 산란'으로 구분된다. 레일리 산란은 입자의 직경이 파장의 1/10보다 작을 경우에 일어나는 산란을 말하는데 그 세기는 파장의 네제곱에 반비례한다. 대기의 공기 입자는 직경이 매우 작아 가시광선 중 파장이 짧은 빛을 주로 산란시키며, 파장이 짧을수록 산란의 세기가 강하다. 따라서 맑은 날에는 주로 공기 입자에 의한 레일리 산란이 일어나서 보랏빛이나 파란빛이 강하게 산란되는 반면 붉은빛이나 노란빛은 약하게 산란된다. 산란되는 세기로는 보랏빛이 가장 강하겠지만, 우리 눈은 보랏빛보다 파란빛을 더 잘 감지하기 때문에 하늘은 파랗게 보이는 것이다. 만약 태양 빛이 공기 입자보다 큰 입자에 의해 레일리 산란이 일어나면 공기 입자만으로는 산란이 잘되지 않던 긴 파장의 빛까지 산란되어 하늘의 파란빛은 상대적으로 엷어진다.

미 산란은 입자의 직경이 파장의 1/10보다 큰 경우에 일어나는 산란을 말하는데 주로 에어로졸이나 구름 입자 등에 의해 일어난다. 이때 산란의 세기는 파장이나 입자 크기에 따른 차이가 거의 없다. 구름이 흰색으로 보이는 것은 미 산란으로 설명된다. 구름 입자(직경 20,000nm 정도)처럼 입자의 직경이 가시광선의 파장보다 매우 큰 경우에는 모든 파장의 빛이 고루 산란된다. 이 산란된 빛이 동시에 우리 눈에 들어오면 모든 무지갯빛이 혼합되어 구름이 하얗게 보인다. 이처럼 대기가 없는 달과 달리 지구는 산란 효과에 의해 파란 하늘과 흰 구름을 볼 수 있다.

*nm(나노미터) : 물리학적 계량 단위(1nm=10^{-9}m)
**에어로졸 : 대기에 분산된 고체 또는 액체 입자

① 가시광선의 파란빛은 보랏빛보다 진동수가 작다.
② 프리즘으로 분해한 태양 빛을 다시 모으면 흰색이 된다.
③ 파란빛은 가시광선 중에서 레일리 산란의 세기가 가장 크다.
④ 빛의 진동수가 2배가 되면 레일리 산란의 세기는 16배가 된다.
⑤ 달의 하늘에서는 공기 입자에 의한 태양 빛의 산란이 일어나지 않는다.

38

인간의 삶과 행위를 하나의 질서로 파악하고 개념과 논리를 통해 이해하고자 하는 시도는 소크라테스와 플라톤을 기점으로 시작된 가장 전통적인 방법론이라고 할 수 있다. 이는 결국 경험적이고 우연적인 요소를 배제하여 논리적 필연으로 인간을 규정하고자 한 것이다. 이에 반해 경험과 감각을 중시하고 욕구하는 실체로서의 인간을 파악하고자 한 이들이 소피스트들이다. 이 두 관점은 두 개의 큰 축으로 서구 지성사에 작용해 온 것이 사실이다.

하지만 이는 곧 소크라테스와 플라톤의 관점에서는 삶과 행위의 구체적이고 실제적인 일상이 무시된 채 본질적이고 이념적인 영역을 추구하였다는 것이며, 소피스트들의 관점에서는 고정적 실체로서의 도덕이나 정당화의 문제보다는 변화하는 실제적 행위만이 인정되었다는 이야기로 환원되어왔다. 그리고 이와 같은 문제를 제대로 파악한 것이 바로 고대 그리스의 웅변가이자 소피스트인 '이소크라테스'이다.

이소크라테스는 소피스트들에 대해서는 그들의 교육이 도덕이나 시민적 덕성의 함양과는 무관하게 탐욕과 사리사욕을 위한 교육에 그치고 있다고 비판했으며, 동시에 영원불변하는 보편적 지식의 무용성을 주장했다. 그는 시의적절한 의견들을 통해 더 좋은 결과에 이를 수 있는 능력을 얻으려는 자가 바로 철학자라고 주장했다. 그렇기에 이소크라테스의 수사학은 플라톤의 이데아론은 물론 소피스트들의 무분별한 실용성을 지양하면서도, 동시에 삶과 행위의 문제를 이론적이고도 실제적으로 해석하는 것으로 평가할 수 있다.

① 이소크라테스의 주장에 따르면 플라톤의 이데아론은 과연 그것이 현실을 살아가는 이들에게 무슨 의미가 있는가에 대한 필연적인 물음에 맞닥뜨리게 된다.

② 소피스트들의 주장과 관점은 현대사회의 물질만능주의를 이해하기에 적절한 사례가 된다.

③ 소피스트와 이소크라테스는 영원불변하는 보편적 지식의 존재를 부정하며 구체적이고 실제적인 일상을 중요하게 여겼다.

④ 이소크라테스를 통해 절대적인 진리를 추구하지 않는 것이 반드시 비도덕적인 일로 환원된다고는 볼 수 없음을 확인할 수 있다.

⑤ 훌륭한 말과 미덕을 갖춘 지성인은 이소크라테스가 추구한 목표에 가장 가까운 존재라고 할 수 있다.

39

과학자들은 알코올이 뇌에 흡수됐을 때에도 유사한 상황이 전개된다고 보고 있다. 알코올이 뇌의 보상중추 안의 신경세포를 자극해 신경전달물질인 도파민을 분출하게 한다는 것. 도파민은 보상을 담당하고 있는 화학 물질이다. 이 '기쁨의 화학 물질'은 술을 마시고 있는 사람의 뇌에 지금 보상을 받고 있다는 신호를 보내 음주 행위를 계속하도록 만든다. 이 신호가 직접 전달되는 곳은 뇌의 보상 중추인 복측 피개영역(VTA; Ventral Tefmental Area)이다. 과학자들은 VTA에 도파민이 도달하면 신경세포 활동이 급격히 증가하면서 활발해지는 것을 발견했다. 그러나 도파민이 '어떤 경로'를 거쳐 VTA에 도달하는지는 아직 밝혀내지 못하고 있었다. 이 경로를 일리노이대 후성유전학 알코올 연구센터에서 밝혀냈다. 연구팀은 쥐 실험을 통해 VTA에 있는 칼륨채널과 같은 기능이 작동하는 것을 알아냈다. 칼륨채널이란 세포막에 있으면서 칼륨이온을 선택적으로 통과시키는 일을 하고 있는 것으로 생각되고 있는 경로를 말한다. 연구 결과에 따르면 뇌에 들어간 알코올 성분이 'KNOCK13' 이란 명칭이 붙여진 이 채널에 도달해 도파민 분비를 촉진하도록 압박을 가하는 것으로 밝혀졌다. 일리노이 의과대학의 마크 브로디 교수는 "알코올에 의해 강하게 압력을 받은 'KCNK13채널'이 신경세포들로 하여금 더 많은 도파민을 분비하도록 촉진하는 일을 하고 있었다."며 "이 활동을 차단할 수 있다면 폭음을 막을 수 있을 것"이라고 말했다. 일리노이대 연구팀은 이번 연구를 위해 'KCNK13 채널'의 크기와 활동량을 보통 쥐보다 15% 축소한 쥐를 유전자 복제했다. 그리고 알코올 을 제공한 결과 보통의 쥐보다 30%나 더 많은 양의 알코올을 폭음하기 시작했다. 브로디 교수는 "이 동물 실험을 통해 'KCNK13 채널'의 활동량이 작은 쥐일수록 도파민 분비로 인한 더 많은 보상 을 획득하기 위해 더 많은 알코올을 원하고 있다는 사실을 확인할 수 있었다."라고 말했다.

① 뇌는 알코올을 보상으로 인식한다.
② KCNK13채널의 크기와 활동량을 15% 축소하면 쥐가 더 많은 알코올을 폭음한다.
③ 일리노이대에서 밝혀내기 이전에는 도파민이 VTA에 도달하는 경로를 알지 못했다.
④ VTA에 도파민이 도달하면 음주 행위를 계속할 가능성이 높다.
⑤ KCNK13채널이 도파민을 촉진하는 활동을 차단할 수 있는 약을 개발하였다.

※ 다음 제시문을 읽고 추론할 수 있는 내용으로 가장 적절한 것을 고르시오. [40~42]

| 2023년 하반기 LG그룹

40

핀테크는 금융과 기술의 합성어로, 은행, 카드사 등의 금융기관이 기존 금융서비스에 ICT를 결합한 것으로 금융 전반에 나타난 디지털 혁신이다. 은행을 직접 방문하지 않아도 스마트폰 등을 이용하여 은행 업무를 처리할 수 있는 것이 대표적이다.

테크핀은 ICT 기업이 자신들의 기술을 통해 특색있는 금융 서비스를 만드는 것으로, 핀테크와 비교했을 때, 기술을 금융보다 강조하는 점이 특징이다. ○○페이 등의 간편결제, 송금 서비스, 인터넷 전문은행 등이 대표적이다.

한국은 주로 금융기관이 주축이 되어 금융서비스를 개선하고 있었지만, 최근에는 비금융회사의 금융업 진출이 확대되고 있다. 국내의 높은 IT 인프라와 전자상거래 확산으로 인해 소비자들이 현재보다 편한 서비스를 필요하다고 생각하는 것이 원인이다. 또한 공인인증서 의무 사용 폐지와 같은 규제가 완화되는 것 또한 ICT 기업이 금융으로 진출할 수 있는 좋은 상황으로 평가된다.

테크핀의 발전은 핀테크의 발전 역시 야기하였다. 테크핀으로 인한 위기를 느낀 금융기관은 이와 경쟁하기 위해 서비스를 개선하고 있다. 금융기관도 공인인증서, 보안카드 등이 필요 없는 서비스 등을 개선하고 모바일 뱅킹도 더 편리하게 개선하고 있다.

핀테크와 테크핀이 긍정적인 영향만을 가진 것은 아니다. 금융서비스 이용실태 조사에 따르면 금융혁신이 이루어지고 이에 대한 혜택을 받는 사람이 저연령층이나 고소득층이 높은 비율을 차지하고 있다. 따라서 핀테크와 테크핀을 발전시키는 동시에 모든 사람이 혜택을 누릴 수 있는 방안도 같이 찾아야 한다.

① 핀테크가 발전하면 저소득층부터 고소득층 모두 혜택을 누린다.
② 핀테크는 비금융기관이 주도한 금융혁신이다.
③ 테크핀은 기술보다 금융을 강조한다.
④ IT 인프라가 높으면 테크핀이 발전하기 쉬워진다.
⑤ 핀테크와 테크핀은 동시에 발전할 수 없다.

41

'쓰는 문화'가 책의 문화에서 가장 우선이다. 쓰는 이가 없이는 책이 나올 수가 없기 때문이다. 그러나 지혜를 많이 갖고 있다는 것과 그것을 글로 옮길 줄 아는 것은 별개의 문제이다. 엄격하게 이야기해서 지혜는 어떤 한 가지 일에 지속적으로 매달린 사람이면 누구나 머릿속에 쌓아두고 있는 것이다. 하지만 그것을 글로 옮기기 위해서는 특별하고도 고통스러운 훈련이 필요하다. 생각을 명료하게 정리하는 것과 글 맥을 이어갈 줄 알아야 하며, 그리고 줄기찬 노력을 바칠 준비가 되어 있어야 한다. 모든 국민이 책 한 권을 남길 수 있을 만큼 쓰는 문화가 발달한 사회가 도래하면, 그때에는 지혜의 르네상스가 가능할 것이다.

'읽는 문화'의 실종, 그것이 바로 현대의 특징이다. 신문의 판매 부수가 날로 떨어져 가는 반면에 텔레비전의 시청률은 날로 증가하고 있다. 깨알 같은 글로 구성된 200쪽 이상의 책보다 그림과 여백이 압도적으로 많이 들어간 만화책 같은 것이 늘어나고 있다. '보는 문화'가 읽는 문화를 대체해가고 있다. 읽는 일에는 피로가 동반되지만 보는 놀이에는 휴식이 따라온다. 일을 저버리고 놀이만 좇는 문화가 범람하고 있지 않는가. 보는 놀이가 머리를 비게 하는 것은 너무나 당연하다. 읽는 일이 장려되지 않는 한 생각 없는 사회로 치달을 수밖에 없다. 책의 문화는 바로 읽는 일과 직결되며, 생각하는 사회를 만드는 지름길이다.

① 지혜로운 사람이 그렇지 않은 사람보다 더 논리적으로 글을 쓸 수 있다.
② 고통스러운 훈련을 견뎌야 지혜로운 사람이 될 수 있다.
③ 텔레비전을 많이 보는 사람은 그렇지 않은 사람보다 신문을 적게 읽는다.
④ 만화책은 내용과 관계없이 그림의 수준이 높을수록 더 많이 판매된다.
⑤ 사람들이 텔레비전을 많이 볼수록 생각하는 시간이 적어진다.

42

조건화된 환경의 영향을 중시하는 스키너와 같은 행동주의와는 달리, 로렌츠는 동물 행동의 가장 중요한 특성들은 타고나는 것이라고 보았다. 인간을 진화의 과정을 거친 동물의 하나로 보는 그는, 공격성은 동물의 가장 기본적인 본능 중 하나이기에, 인간에게도 자신의 종족을 향해 공격적인 행동을 하는 생득적인 충동이 있다는 것이다. 진화의 과정에서 가장 단합된 형태로 공격성을 띤 종족이 생존에 유리했으며, 이것은 인간이 호전성에 대한 열광을 갖게 된 이유라고 로렌츠는 설명한다. 로렌츠의 관찰에 따르면 치명적인 발톱이나 이빨을 가진 동물들이 같은 종의 구성원을 죽이는 경우는 드물다. 이는 중무장한 동물의 경우 그들의 자체 생존을 위해서는 자기 종에 대한 공격을 제어할 억제 메커니즘이 필요했고, 그것이 진화의 과정에 반영되었기 때문이라고 로렌츠는 설명한다. 그에 비해서 인간을 비롯한 신체적으로 미약한 힘을 지닌 동물들은 자신의 힘만으로 자기 종을 죽인다는 것이 매우 어려운 일이었기 때문에, 이들의 경우 억제 메커니즘에 대한 진화론적인 요구가 없었다는 것이다. 그런데 기술이 발달함에 따라 인간은 살상 능력을 지니게 되었고, 억제 메커니즘을 지니지 못한 인간에게 내재된 공격성은 자기 종을 살육할 수 있는 상황에 이르게 된 것이다.

그렇다면 인간에 내재된 공격성을 제거하면 되지 않을까? 이 점에 대해서 로렌츠는 회의적이다. 우선 인간의 공격적인 본능은 긍정적인 측면과 부정적인 측면을 모두 포함해서 오늘날 인류를 있게 한 중요한 요소 중 하나이기에 이를 제거한다는 것이 인류에게 어떤 영향을 끼칠지 알 수 없으며, 또 공격성을 최대한 억제시킨다고 해도 공격성의 본능은 여전히 배출구를 찾으려고 하기 때문이다.

① 늑대 등은 진화 과정에 반영된 공격 억제 메커니즘을 통해 자기 종에 대한 공격을 억제할 수 있다.

② 인간은 본능적인 공격성을 갖고 있지만, 학습을 통해 공격성을 억제한다.

③ 인간은 동물에 비해 지능이 뛰어나기 때문에 같은 종의 구성원을 공격하지 않는다.

④ 인간의 공격적인 본능을 억제해야 하는 이유는 부정적인 측면이 더 크기 때문이다.

⑤ 인간은 환경의 요구에 따라 같은 종의 구성원을 공격할 수 있도록 진화하였다.

43 다음 제시문을 토대로 〈보기〉를 바르게 해석한 것은?

반도체 및 디스플레이 제조공정에서 사용되는 방법인 포토리소그래피(Photo-lithography)는 그 이름처럼 사진 인쇄 기술과 비슷하게 빛을 이용하여 복잡한 회로 패턴을 제조하는 공정이다. 포토리소그래피는 디스플레이에서는 TFT(Thin Film Transistor; 박막 트랜지스터) 공정에 사용되는데, 먼저 세정된 기판(Substrate) 위에 TFT 구성에 필요한 증착 물질과 이를 덮을 PR(Photo Resist; 감광액) 코팅을 올리고, 빛과 마스크, 그리고 현상액과 식각 과정으로 PR 코팅과 증착 물질을 원하는 모양대로 깎아 내린 다음, 다시 그 위에 층을 쌓는 것을 반복하여 원하는 형태를 패터닝하는 것이다. 한편 포토리소그래피 공정에 사용되는 PR 물질은 빛의 반응에 따라 포지티브와 네거티브 두 가지 방식으로 분류되는데, 포지티브 방식은 마스크에 의해 빛에 노출된 부분이 현상액에 녹기 쉽게 화학구조가 변하는 것으로, 노광(Exposure) 과정에서 빛을 받은 부분을 제거한다. 반대로 네거티브 방식은 빛에 노출된 부분이 더욱 단단해지는 것으로 빛을 받지 못한 부분을 현상액으로 제거한다. 이후 원하는 패턴만 남은 PR층은 식각(Etching) 과정을 거쳐 PR이 덮여 있지 않은 부분의 증착 물질을 제거하고, 이후 남은 증착 물질이 원하는 모양으로 패터닝 되면 그 위의 도포되어 있던 PR층을 마저 제거하여 증착 물질만 남도록 하는 것이다.

> **보기**
>
> 창우와 광수는 각각 포토리소그래피 공정을 통해 디스플레이 회로 패턴을 완성시키기로 하였다. 창우는 포지티브 방식을, 광수는 네거티브 방식을 사용하기로 하였는데, 광수는 실수로 포지티브 방식의 PR 코팅을 사용해 공정을 진행했음을 깨달았다.

① 창우의 디스플레이 회로는 증착, PR 코팅, 노광, 현상, 식각까지의 과정을 반복하여 완성되었을 것이다.

② 광수가 포토리소그래피의 매 공정을 검토했을 경우 최소 식각 과정을 확인하면서 자신의 실수를 알아차렸을 것이다.

③ 포토리소그래피 공정 중 현상 과정에서 문제가 발생했다면 창우의 디스플레이 기판에는 PR층과 증착 물질이 남아있지 않을 것이다.

④ 원래 의도대로라면 노광 과정 이후 창우가 사용한 감광액은 용해도가 높아지고, 광수가 사용한 감광액은 용해도가 매우 낮아졌을 것이다.

⑤ 광수가 원래 의도대로 디스플레이 회로를 완성시키기 위해서는 최소한 노광 과정까지는 공정을 되돌릴 필요가 있다.

44 다음 제시문의 주장으로 가장 적절한 것은?

> 인간과 자연환경의 운명이 순전히 시장 메커니즘 하나에 좌우된다면, 결국 사회는 폐허가 될 것이다. 구매력의 양과 사용을 시장 메커니즘에 따라 결정하는 것도 같은 결과를 낳는다. 이런 체제 아래에서 인간의 노동력을 소유자가 마음대로 처리하다 보면, 노동력이라는 꼬리표를 달고 있는 '인간'이라는 육체적·심리적·도덕적 실체마저 소유자가 마음대로 처리하게 된다. 인간들은 갖가지 문화적 제도라는 보호막이 모두 벗겨진 채 사회에 알몸으로 노출되고 결국 쇠락해 간다. 그들은 악덕, 범죄, 굶주림 등을 거치면서 격동하는 사회적 혼란의 희생물이 된다. 자연은 그 구성 원소들로 환원되어 버리고, 주거지와 경관은 더럽혀진다. 또 강이 오염되며, 군사적 안보는 위협당하고, 식량과 원자재를 생산하는 능력도 파괴된다.
>
> 마지막으로 구매력의 공급을 시장 기구의 관리에 맡기게 되면 영리 기업들은 주기적으로 파산하게 될 것이다. 원시 사회가 홍수나 가뭄으로 인해 피해를 보았던 것처럼 화폐 부족이나 과잉은 경기에 엄청난 재난을 가져올 수 있기 때문이다.
>
> 노동시장, 토지시장, 화폐시장이 시장 경제에 필수적이라는 점은 의심할 여지가 없다. 하지만 인간과 자연이라는 사회의 실패와 경제 조직이 보호받지 못한 채 그 '악마의 맷돌'에 노출된다면, 어떤 사회도 무지막지한 상품 허구의 경제 체제가 몰고 올 결과를 한순간도 견뎌내지 못할 것이다.

① 무분별한 환경 파괴를 막기 위해 국가가 시장을 통제해야 한다.
② 구매력의 공급은 시장 기구의 관리에 맡기는 것이 합리적이다.
③ 시장 메커니즘은 인간의 존엄성을 파괴하는 제도이므로 철폐되어야 한다.
④ 시장 메커니즘을 맹신하기보다는 적절한 제도적 보호 장치를 마련하는 것이 바람직하다.

45   다음 제시문에 대한 반론으로 가장 적절한 것은?

> 사회복지는 소외문제를 해결하고 예방하기 위하여, 사회 구성원들이 각자의 사회적 기능을 원활하게 수행하게 하고, 삶의 질을 향상시키는 데 필요한 제반 서비스를 제공하는 행위와 그 과정을 의미한다. 현대 사회가 발전함에 따라 계층 간・세대 간의 갈등 심화, 노령화와 가족 해체, 정보 격차에 의한 불평등 등의 사회 문제가 다각적으로 생겨나고 있는데, 이들 문제는 때로 사회 해체를 우려할 정도로 심각한 양상을 띠기도 한다. 이러한 문제의 기저에는 경제 성장과 사회 분화 과정에서 나타나는 불평등과 불균형이 있으며, 이런 점에서 사회문제는 대부분 소외문제와 관련되어 있음을 알 수 있다.
>
> 사회복지 찬성론자들은 이러한 문제들의 근원에 자유 시장 경제의 불완전성이 있으며, 이러한 사회적 병리 현상을 해결하기 위해서는 국가의 역할이 더 강화되어야 한다고 주장한다. 예컨대 구조 조정으로 인해 대량의 실업 사태가 생겨나는 경우를 생각해 볼 수 있다. 이 과정에서 생겨난 희생자들을 방치하게 되면 사회 통합은 물론 지속적 경제 성장에 막대한 지장을 초래할 것이다. 따라서 사회가 공동의 노력으로 이들을 구제할 수 있는 안전망을 만들어야 하며, 여기서 국가의 주도적 역할은 필수적이라 할 것이다. 현대 사회에 들어와 소외문제가 사회 전 영역으로 확대되고 있는 상황을 감안할 때, 국가와 사회가 주도하여 사회복지 제도를 체계적으로 수립하고 그 범위를 확대해 나가야 한다는 이들의 주장은 충분한 설득력을 갖는다.

① 사회복지는 소외문제 해결을 통해 구성원들의 사회적 기능 수행을 원활하게 한다.
② 사회복지는 제공 행위뿐만 아니라 과정까지를 의미한다.
③ 사회복지의 확대는 근로 의욕의 상실과 도덕적 해이를 불러일으킬 수 있다.
④ 사회가 발전함에 따라 불균형이 심해지고 있다.
⑤ 사회 병리 현상 과정에서 생겨나는 희생자들을 그대로 두면 악영향을 불러일으킬 수 있다.

※ 다음 제시문의 빈칸에 들어갈 내용으로 가장 적절한 것을 고르시오. [46~47]

▌2023년 하반기 LG그룹

46

경기적 실업이란 경기 침체의 영향으로 기업 활동이 위축되고 이로 인해 노동에 대한 수요가 감소하여 고용량이 줄어들어 발생하는 실업이다. 다시 말해 경기적 실업은 노동 시장에서 노동의 수요와 공급이 균형을 이루고 있는 상태라고 가정할 때, 경기가 침체되어 물가가 하락하게 되면 _____ _____ 경기적 실업은 다른 종류의 실업에 비해 생산량 측면에서 경제적으로 큰 손실을 발생시킬 수 있기에 경제학자들은 이를 해결하기 위한 정부의 역할에 대해 다양한 의견을 제시한다.

① 기업은 생산량을 줄이게 되고 이로 인해 노동에 대한 공급이 감소하여 발생한다.
② 기업은 생산량을 늘리게 되고 이로 인해 노동에 대한 수요가 증가하여 발생한다.
③ 기업은 생산량을 늘리게 되고 이로 인해 노동에 대한 공급이 감소하여 발생한다.
④ 기업은 생산량을 줄이게 되고 이로 인해 노동에 대한 수요가 감소하여 발생한다.
⑤ 기업은 생산량을 줄이게 되고 이로 인해 노동에 대한 수요가 증가하여 발생한다.

▌2022년 상반기 SK그룹

47

1979년 경찰관 출신이자 샌프란시스코 시의원이었던 화이트씨는 시장과 시의원을 살해했다는 이유로 1급 살인죄로 기소되었다. 화이트의 변호인은 피고인이 스낵을 비롯해 컵케이크, 캔디 등을 과다 섭취해 당분 과다로 뇌의 화학적 균형이 무너져 정신에 장애가 왔다고 주장하면서 책임 경감을 요구하였다. 재판부는 변호인의 주장을 인정하여 계획 살인죄보다 약한 일반 살인죄를 적용하여 7년 8개월의 금고형을 선고했다. 이 항변은 당시 미국에서 인기 있던 스낵의 이름을 따 '트윙키 항변'이라 불렸고 사건의 사회성이나 의외의 소송 전개 때문에 큰 화제가 되었다.
이를 계기로 1982년 슈엔달러는 교정시설에 수용된 소년범 276명을 대상으로 섭식과 반사회 행동의 상관관계에 대해 실험을 하였다. 기존의 식단에서 각설탕을 꿀로 바꾸어 보고, 설탕이 들어간 음료수에서 천연 과일 주스를 주는 등으로 변화를 주었다. 이처럼 정제한 당의 섭취를 원천적으로 차단한 결과 시설 내 폭행, 절도, 규율 위반, 패싸움 등이 실험 전에 비해 무려 45%나 감소했다는 것을 알게 되었다. 따라서 이 실험을 통해 _____

① 과다한 영양 섭취가 범죄 발생에 영향을 미친다는 것을 알 수 있다.
② 과다한 정제당 섭취는 반사회적 행동을 유발할 수 있다는 것을 알 수 있다.
③ 가공 식품의 섭취가 일반적으로 폭력 행위를 증가시킨다는 것을 알 수 있다.
④ 정제당 첨가물로 인한 범죄 행위는 그 책임이 경감되어야 한다는 것을 알 수 있다.
⑤ 범죄 예방을 위해 교정시설 내에 정제당을 제공하지 말아야 한다는 것을 알 수 있다.

※ 다음 제시문을 읽고 이어지는 질문에 답하시오. [48~49]

우리의 눈을 카메라에 비유했을 때 렌즈에 해당하는 부분을 수정체라고 한다. 수정체는 먼 거리를 볼 때 두께가 얇아지고 가까운 거리를 볼 때 두께가 두꺼워지는데, 이러한 과정을 조절이라고 한다. 노화가 시작되어 수정체의 탄력이 떨어지면 조절 능력이 저하되고 이로 인해 가까운 거리의 글씨가 잘 안 보이는 노안이 발생한다.

노안은 주로 40대 중반부터 시작되는데 나이가 들수록 조절력은 감소하게 된다. 최근에는 30 ~ 40대가 노안 환자의 절반가량을 차지하고 있으며, 빠르면 20대부터 노안이 발생하기도 한다.

노안이 발생하면 가까운 거리의 시야가 흐리게 보이는 증세가 나타나며, 책을 읽거나 컴퓨터 작업을 할 때 눈이 쉽게 피로하고 두통이 있을 수 있다. 젊은 연령대에서는 이러한 증상을 시력 저하로 생각하고 병원을 찾았다가 노안으로 진단받아 당황하는 경우가 종종 있다.

가장 활발하게 사회생활을 하는 젊은 직장인들의 경우 스마트폰과 PC를 이용한 근거리 작업이 수정체의 조절 능력을 떨어뜨리면서 눈의 노화를 발생시킨다. 또한 전자 기기에서 나오는 블루라이트(모니터, 스마트폰, TV 등에서 나오는 380 ~ 500나노미터 사이의 파란색 계열의 광원) 불빛이 눈을 쉽게 피로하게 만들어 노안 발생 연령을 앞당기기도 한다.

최근에는 주위에서 디지털 노안을 방지하기 위한 블루라이트 차단 안경이나 필름 등을 어렵지 않게 찾아볼 수 있다. 기업에서도 블루라이트를 최소화한 전자 기기를 출시하는 등 젊은이들에게도 노안은 더 이상 먼 이야기가 아니다. '몸이 천 냥이면 눈이 구백 냥'이라는 말이 있듯이 삶의 질을 유지하는 데 있어 눈은 매우 중요한 기관이다. 몸이 피로하고 지칠 때 편안하게 쉬듯이 눈에도 충분한 휴식을 주어 눈에 부담을 덜어주는 것이 필요하다.

▎2022년 상반기 포스코그룹

48 다음 중 노안 예방 방법으로 적절하지 않은 것은?

① 눈에 충분한 휴식을 준다.　　② 전자 기기 사용을 줄인다.

③ 눈 운동을 한다.　　④ 블루라이트 차단 제품을 사용한다.

▎2022년 상반기 포스코그룹

49 다음 중 노안 테스트 질문으로 적절한 것을 〈보기〉에서 모두 고르면?

> 보기
> ㄱ. 항상 안경을 착용한다.
> ㄴ. 하루에 세 시간 이상 스마트폰을 사용한다.
> ㄷ. 갑작스럽게 두통이나 어지럼증을 느낀다.
> ㄹ. 최신 스마트폰을 사용한다.
> ㅁ. 먼 곳을 보다가 가까운 곳을 보면 눈이 침침하다.
> ㅂ. 조금만 책을 읽어도 눈이 쉽게 피로해진다.

① ㄱ, ㄴ, ㄹ　　② ㄱ, ㄷ, ㅂ

③ ㄴ, ㄷ, ㅁ　　④ ㄴ, ㅁ, ㅂ

50 다음 밑줄 친 '정원'에 대한 설명으로 적절하지 않은 것은?

> 야생의 자연이라는 이상을 고집하는 자연 애호가들은 인류가 자연과 내밀하면서도 창조적인 관계를 맺었던 반(反)야생의 자연, 즉 '정원'을 간과한다. 정원은 울타리를 통해 농경지보다 야생의 자연과 분명한 경계를 긋는다. 집약적인 토지 이용이라는 전통은 정원에서 시작되었다. 정원은 대규모의 농경지 경작이 행해지지 않은 원시적인 문화에서도 발견된다. 만여 종의 경작용 식물들은 모두 대량 생산에 들어가기 전에 정원에서 자라는 단계를 거쳐 온 것으로 보인다.
>
> 농업경제의 역사에서 정원이 갖는 의미는 시대와 지역에 따라 매우 달랐다. 좁은 공간에서 집약적인 농사를 짓는 지역에서는 농부가 곧 정원사였다. 반면 예전의 독일 농부들은 정원이 곡물 경작에 사용될 퇴비를 앗아가므로 정원을 악으로 여기기도 했다. 하지만 여성들의 입장은 지역적인 편차가 없었다. 아메리카의 푸에블로 인디언부터 근대 독일의 농부 집안까지 정원은 농업 혁신에 주도적인 역할을 해온 여성들에게는 자신들의 제국이자 자존심이었다. 그곳에는 여성들이 경험을 통해 쌓은 지식 전통이 살아 있었다. 환경사에서 여성이 갖는 특별한 역할의 물질적 근간은 대부분 정원에서 발견된다. 지난 세기들의 경우 이는 특히 여성 제후들과 관련되어 있으며 자료가 풍부하다. 작센의 여성 제후인 안나는 식물에 관한 지식을 늘 공유했던 긴밀하고도 광범위한 사회적 네트워크를 가지고 있었는데, 그중에는 식물 경제학에 관심이 깊은 고귀한 신분의 여성들도 많았으며 수도원 소속의 여성들도 있었다.
>
> 여성들이 정원에서 쌓은 경험의 특징은 무엇일까? 정원에서는 땅을 면밀히 살피고 손으로 흙을 부스러뜨리는 습관이 생겨났을 것이다. 정원에서 즐겨 이용되는 삽도 다양한 토질의 층을 자세히 연구하도록 부추겼을 것이 분명하다. 넓은 경작지보다는 정원에서 땅을 다룰 때 더 아끼고 보호했을 것이다. 정원이라는 매우 제한된 공간에는 옛날에도 충분한 퇴비를 줄 수 있었다. 경작지보다도 다양한 종류의 퇴비로 실험할 수 있었고 새로운 작물을 키우며 경험을 수집할 수 있었다. 정원은 좁은 공간에서 다양한 식물이 자라기 때문에 모든 종류의 식물들이 서로 잘 지내지는 않는다는 사실에도 주의를 기울였다. 이는 식물 생태학의 근간을 이루는 통찰이었다.
>
> 결론적으로 정원은 여성들이 주도가 되어 토양과 식물을 이해하고, 농경지 경작에 유용한 지식과 경험을 배양할 수 있는 좋은 장소였다.

① 울타리를 통해 야생의 자연과 분명한 경계를 긋는다.
② 집약적 토지 이용의 전통이 시작된 곳으로 원시적인 문화에서도 발견된다.
③ 시대와 지역에 따라 정원에 대한 여성들의 입장이 달랐다.
④ 정원에서는 모든 종류의 식물들이 서로 잘 지내지는 않는다.
⑤ 여성이 갖는 특별한 역할의 물질적 근간이 대부분 발견되는 곳이다.

| 2023년 하반기 SK그룹

01 S회사 회계팀에는 A~E 다섯 명의 팀원이 일을 하고 있다. 이들은 다가오는 감사에 대비하기 위해 월요일부터 금요일까지 한 명씩 돌아가면서 당직 근무를 하기로 했다. D는 금요일에, E는 수요일에 당직 근무를 할 확률은?

① $\dfrac{1}{2}$

② $\dfrac{1}{4}$

③ $\dfrac{1}{5}$

④ $\dfrac{1}{10}$

⑤ $\dfrac{1}{20}$

| 2023년 하반기 CJ그룹

02 연경이와 효진이와 은이가 동시에 회사를 출발하여 식당까지 걸었다. 은이는 시속 3km로 걷고, 연경이는 시속 4km로 걷는다. 연경이가 은이보다 식당에 10분 일찍 도착하였고, 효진이는 은이보다 5분 일찍 식당에 도착했다. 효진이의 속력은?

① $\dfrac{7}{2}$ km/h

② $\dfrac{10}{3}$ km/h

③ $\dfrac{13}{4}$ km/h

④ $\dfrac{18}{5}$ km/h

⑤ $\dfrac{24}{7}$ km/h

| 2023년 하반기 KT그룹

03 세빈이는 이번 주말에 등산을 하였다. 올라갈 때에는 시속 4km로 걷고 내려올 때에는 올라갈 때보다 2km 더 먼 거리를 시속 6km의 속력으로 걸어 내려왔다. 올라갈 때와 내려올 때 걸린 시간이 같았다면 내려올 때 걸린 시간은?

① 1시간

② 1.5시간

③ 2시간

④ 2.5시간

⑤ 3시간

04 흰 구슬 4개, 검은 구슬 6개가 들어 있는 주머니에서 연속으로 2개의 구슬을 꺼낼 때, 흰 구슬과 검은 구슬을 각각 1개씩 뽑을 확률은?(단, 꺼낸 구슬은 다시 넣지 않는다)

① $\dfrac{2}{15}$ ② $\dfrac{4}{15}$

③ $\dfrac{7}{15}$ ④ $\dfrac{8}{15}$

⑤ $\dfrac{11}{15}$

05 A ~ H 8명의 후보 선수 중 4명을 뽑을 때, A, B, C를 포함하여 뽑을 확률은?

① $\dfrac{1}{14}$ ② $\dfrac{3}{8}$

③ $\dfrac{3}{5}$ ④ $\dfrac{1}{5}$

⑤ $\dfrac{1}{2}$

06 서로 다른 2개의 주사위를 동시에 던질 때, 나오는 눈의 수의 곱이 4의 배수일 확률은?

① $\dfrac{1}{3}$ ② $\dfrac{1}{6}$

③ $\dfrac{2}{9}$ ④ $\dfrac{5}{12}$

⑤ $\dfrac{5}{18}$

07 서로 다른 8개의 컵 중에서 4개만 식탁 위에 원형으로 놓는 경우의 수는?

① 400가지　　　　　　　　　　② 410가지
③ 420가지　　　　　　　　　　④ 430가지
⑤ 440가지

08 S사의 해외사업부, 온라인 영업부, 영업지원부에서 각각 2명, 2명, 3명이 대표로 회의에 참석한다. 자리 배치는 원탁 테이블에 같은 부서 사람끼리 옆자리에 앉는다고 할 때, 7명이 앉을 수 있는 방법의 경우의 수는?

① 48가지　　　　　　　　　　② 36가지
③ 27가지　　　　　　　　　　④ 24가지
⑤ 16가지

09 어떤 마을에 A장터는 25일마다 열리고 B장터는 30일마다 열리는데 1월 18일에 두 장터가 같이 열렸다. 1월 18일이 목요일이었다면, 다음으로 두 장터가 같이 열리는 날은 무슨 요일인가?

① 일요일　　　　　　　　　　② 월요일
③ 화요일　　　　　　　　　　④ 수요일
⑤ 목요일

10 직원 A ~ P 16명이 야유회에 가서 4명씩 4개의 조로 이벤트를 한다. 첫 번째 이벤트에서 같은 조였던 사람은 두 번째 이벤트에서 같은 조가 될 수 없다. 두 번째 이벤트에서 1, 4조가 〈보기〉처럼 주어졌을 때, 두 번째 이벤트에서 나머지 두 개 조로 가능한 경우의 수는?

> **보기**
>
> • 1조 : I, J, K, L
> • 4조 : M, N, O, P

① 8가지   ② 10가지
③ 12가지   ④ 14가지
⑤ 16가지

11 남자 5명과 여자 3명 중에서 4명의 대표를 선출할 때, 적어도 1명의 여자가 포함되도록 선출하는 경우의 수는?

① 55가지   ② 60가지
③ 65가지   ④ 70가지
⑤ 75가지

12 한국, 미국, 중국, 러시아에서 각각 두 명의 테니스 선수들이 8강전에 진출하였다. 각 국가의 선수들이 결승전에서만 붙는 경우의 수는?

① 52가지   ② 56가지
③ 58가지   ④ 64가지
⑤ 72가지

13 영업부 직원 4명이 1월부터 5월 사이, 한 달에 한 명씩 출장을 가려고 한다. 네 사람이 적어도 한 번 이상씩 출장을 갈 경우의 수는?

① 60가지   ② 120가지

③ 180가지   ④ 240가지

⑤ 300가지

14 작년 A부서의 신입사원 수는 55명이다. 올해 A부서의 신입사원 수는 5명이 증가했고, B부서의 신입사원 수는 4명 증가했다. 올해 B부서 신입사원 수의 1.2배가 올해 A부서 신입사원 수라면, 작년 B부서의 신입사원 수는?

① 44명   ② 46명

③ 48명   ④ 50명

⑤ 52명

15 6개의 A ~ F 직무팀을 층마다 두 개의 공간으로 분리된 3층짜리 건물에 배치하려고 한다. A팀과 B팀이 2층에 들어갈 확률은?

① $\dfrac{1}{15}$ ② $\dfrac{1}{12}$

③ $\dfrac{1}{9}$ ④ $\dfrac{1}{6}$

⑤ $\dfrac{1}{3}$

16 A, B, C 세 사람은 주기적으로 집 청소를 한다. A는 6일마다, B는 8일마다, C는 9일마다 청소할 때, 세 명이 9월 10일에 모두 같이 청소를 했다면 다음에 같이 청소하는 날은?

① 11월 5일   ② 11월 12일

③ 11월 16일   ④ 11월 21일

⑤ 11월 29일

17 작년 S사의 일반 사원 수는 400명이었다. 올해 진급하여 직책을 단 사원은 작년 일반 사원 수의 12%이고, 20%는 퇴사를 하였다. 올해 전체 일반 사원 수가 작년보다 6% 증가했을 때, 올해 채용한 신입사원의 수는?

① 144명   ② 146명

③ 148명   ④ 150명

⑤ 152명

18 어느 모임의 여자 회원 수는 남자 회원 수의 80%이다. 남자 회원 5명이 모임을 탈퇴하고 여자 회원 1명이 새로 가입한다면 남자 회원과 여자 회원의 수가 같아진다. 이 모임의 회원 수는?

① 26명   ② 30명

③ 50명   ④ 54명

⑤ 62명

19 A와 B는 C사 필기시험에 응시했다. A가 합격할 확률은 40%이고, A와 B 모두 합격할 확률은 30%일 때, 두 사람 모두 불합격할 확률은?

① 0.1   ② 0.15

③ 0.2   ④ 0.25

⑤ 0.3

20 다음 시계는 일정한 규칙을 갖는다. $2B - \dfrac{A}{20}$ 의 값은?(단, 분침은 시간이 아닌 숫자를 가리킨다)

① 25   ② 20

③ 15   ④ 10

⑤ 5

21 S사에서 판매 중인 두 제품 A와 B의 원가의 합은 50,000원이다. 각각 10%, 12% 이익을 붙여서 5개씩 팔았을 때 마진이 28,200원이라면 B의 원가는?

① 12,000원   ② 17,000원

③ 22,000원   ④ 27,000원

⑤ 32,000원

22 같은 헤어숍에 다니고 있는 A와 B는 일요일에 헤어숍에서 마주쳤다. 서로 마주친 이후 A는 10일 간격으로 방문했고, B는 16일마다 방문했다. 두 사람이 다시 헤어숍에서 만났을 때의 요일은?

① 월요일 ② 화요일

③ 수요일 ④ 목요일

⑤ 금요일

23 A와 B가 같이 일을 하면 12일이 걸리고, B와 C는 6일, C와 A는 18일이 걸리는 일이 있다. 만약 A ~ C 모두 함께 72일 동안 일을 한다면 기존에 했던 일의 몇 배의 일을 할 수 있는가?

① 9배 ② 10배

③ 11배 ④ 12배

⑤ 13배

24 어떤 자연수로 245를 나누면 5가 남고, 100을 나누면 4가 남는다고 한다. 이러한 어떤 자연수 중 가장 큰 수는?

① 12 ② 24

③ 36 ④ 48

⑤ 60

25 혜영이가 자전거를 타고 300m를 달리는 동안 지훈이는 자전거를 타고 400m를 달린다. 두 사람이 둘레가 1,800m인 원 모양의 연못 둘레를 같은 지점에서 같은 방향으로 동시에 출발하여 15분 후 처음으로 만날 때 혜영이와 지훈이가 이동한 거리의 합은?

① 7,200m   ② 8,800m

③ 9,400m   ④ 12,600m

⑤ 16,800m

26 1km 떨어진 지점을 왕복하는 데 20분 동안 30m/min의 속력으로 갔다. 총 1시간 안에 왕복할 때, 이후 속력은?

① 25m/min   ② 30m/min

③ 35m/min   ④ 40m/min

⑤ 45m/min

27 가로의 길이가 5m, 세로의 길이가 12m인 직사각형 모양의 농구코트가 있다. 철수는 농구코트의 모서리에 서 있으며, 농구공은 농구코트 안에서 철수로부터 가장 멀리 떨어진 곳에 있다. 최단거리로 농구공을 가지러 간다면 철수의 이동거리는?

① 5m   ② 6m

③ 12m   ④ 13m

⑤ 15m

28 농도가 서로 다른 소금물 A, B가 있다. 소금물 A를 200g, 소금물 B를 300g 섞으면 농도가 9%인 소금물이 되고, 소금물 A를 300g, 소금물 B를 200g 섞으면 농도 10%인 소금물이 될 때, 소금물 B의 농도는?

① 7%　　　　　　　　　　　　② 10%

③ 13%　　　　　　　　　　　　④ 20%

⑤ 25%

29 수현이의 부모님은 미국에 거주 중이고, 동생은 일본에서 유학 중이다. 한국에서 미국과 일본에 국제전화를 걸 때 분당 통화요금은 각각 40원, 60원이다. 이번 달에 수현이가 부모님과 동생에게 전화를 건 시간을 합하면 1시간이고, 부모님과 통화하는 데 들어간 요금이 동생과 통화하는 데 들어간 요금의 2배일 때, 수현이가 내야 하는 국제전화 요금의 총액은?

① 2,400원　　　　　　　　　　② 2,500원

③ 2,600원　　　　　　　　　　④ 2,700원

⑤ 1,800원

30 농도가 14%로 오염된 물 50g이 있다. 깨끗한 물을 채워서 오염농도를 줄이고자 할 때, 오염농도를 4%p 줄이기 위해 넣어야 하는 깨끗한 물의 양은?

① 5g　　　　　　　　　　　　② 10g

③ 15g　　　　　　　　　　　　④ 20g

⑤ 25g

31 어떤 두 소행성 간의 거리는 150km이다. 이 두 소행성이 서로를 향하여 각각 초속 10km와 5km로 접근한다면, 둘은 몇 초 후에 충돌하겠는가?

① 5초   ② 10초

③ 15초   ④ 20초

⑤ 25초

32 농도가 20%인 소금물 100g에서 50g을 덜어낸 뒤, 남아있는 소금물에 물을 더 넣어 농도가 10%인 소금물을 만들려고 한다. 이때, 필요한 물의 양은?

① 10g   ② 20g

③ 30g   ④ 40g

⑤ 50g

33 다음은 전통 사찰 지정등록 현황에 대한 자료이다. 이에 대한 설명으로 옳은 것은?

〈연도별 전통 사찰 지정등록 현황〉

(단위 : 개소)

구분	2013년	2014년	2015년	2016년	2017년	2018년	2019년	2020년	2021년
지정등록	17	15	12	7	4	4	2	1	2

① 전통 사찰로 지정등록되는 수는 계속 감소하고 있다.

② 2013년부터 2017년까지 전통 사찰로 지정등록된 수의 평균은 11개소이다.

③ 2015년과 2019년에 지정등록된 전통 사찰 수의 전년 대비 감소폭은 같다.

④ 위의 자료를 통해 2021년 전통 사찰 총등록 현황을 파악할 수 있다.

⑤ 2015년에 전통 사찰로 지정등록된 수는 전년도의 2배이다.

34 화물 출발지와 도착지 간 거리가 A기업은 100km, B기업은 200km이며, 운송량은 A기업 5톤, B기업 1톤이다. 국내 운송 시 수단별 요금체계가 다음과 같을 때, A기업과 B기업의 운송비용에 대한 설명으로 옳은 것은?(단, 다른 조건은 같다)

구분		화물자동차	철도	연안해송
운임	기본운임	200,000원	150,000원	100,000원
	추가운임	1,000원	900원	800원
부대비용		100원	300원	500원

※ 추가운임 및 부대비용은 거리(km)와 무게(톤)를 곱하여 산정함

① A, B 모두 화물자동차 운송이 저렴하다.
② A는 화물자동차가 저렴하고, B는 모든 수단이 같다.
③ A는 모든 수단이 같고, B는 연안해송이 저렴하다.
④ A, B 모두 철도운송이 저렴하다.

35 다음은 병역자원 현황에 대한 표이다. 총지원자 수에 대한 2015·2016년 평균과 2021·2022년 평균의 차이는?

〈병역자원 현황〉

(단위 : 만 명)

구분	2015년	2016년	2017년	2018년	2019년	2020년	2021년	2022년
징·소집 대상	135.3	128.6	126.2	122.7	127.2	130.2	133.2	127.7
보충역 복무자 등	16.0	14.3	11.6	9.5	8.9	8.6	8.6	8.9
병력동원 대상	675.6	664.0	646.1	687.0	694.7	687.4	654.5	676.4
합계	826.9	806.9	783.9	819.2	830.8	826.2	796.3	813.0

① 11.25만 명
② 11.75만 명
③ 12.25만 명
④ 12.75만 명
⑤ 13.25만 명

36 다음은 A ~ E과제에 대해 전문가 5명이 평가한 점수이다. 최종점수와 평균점수가 같은 과제로만 짝지어진 것은?

〈과제별 점수 현황〉

(단위 : 점)

구분	A과제	B과제	C과제	D과제	E과제
전문가 1	100	80	60	80	100
전문가 2	70	60	50	100	40
전문가 3	60	40	100	90	( )
전문가 4	50	60	90	70	70
전문가 5	80	60	60	40	80
평균점수	( )	( )	( )	( )	70

※ 최종점수는 가장 낮은 점수와 가장 높은 점수를 제외한 평균점수임

① A, B
② B, C
③ B, D
④ B, E
⑤ D, E

37 다음은 A, B, C학과의 입학 및 졸업자 인원 현황에 대한 자료이다. 빈칸에 들어갈 값으로 가장 적절한 것은?(단, 각 수치는 매년 일정한 규칙으로 변화한다)

〈학과별 입학 및 졸업자 추이〉

(단위 : 명)

구분	A학과		B학과		C학과	
	입학	졸업	입학	졸업	입학	졸업
2019년	70	57	63	50	52	39
2020년	79	66	65	52	56	43
2021년	90	77	58		60	47
2022년	85	72	60	47	50	37
2023년	95	82	62	49	53	40

① 37
② 45
③ 46
④ 47
⑤ 49

38 다음은 주요 온실가스의 연평균 농도 변화 추이를 나타낸 표이다. 이에 대한 설명으로 옳지 않은 것은?

<주요 온실가스의 연평균 농도 변화 추이>

구분	2016년	2017년	2018년	2019년	2020년	2021년	2022년
이산화탄소(CO_2, ppm)	387.2	388.7	389.9	391.4	392.5	394.5	395.7
오존 전량(O_3, DU)	331	330	328	325	329	343	335

① 이산화탄소의 농도는 계속해서 증가하고 있다.

② 오존 전량은 계속해서 증가하고 있다.

③ 2022년 오존 전량은 2016년의 오존 전량보다 4DU 증가했다.

④ 2022년 이산화탄소의 농도는 2017년보다 7ppm 증가했다.

⑤ 오존 전량이 가장 크게 감소한 해는 2022년이다.

39 어느 도서관에서 일정 기간 도서 대여 횟수를 작성한 자료이다. 자료를 통해 얻을 수 있는 내용으로 옳지 않은 것은?

<도서 대여 횟수>

(단위 : 회)

구분	비소설		소설	
	남자	여자	남자	여자
40세 미만	20	10	40	50
40세 이상	30	20	20	30

① 소설을 대여한 전체 횟수가 비소설을 대여한 전체 횟수보다 많다.

② 40세 미만보다 40세 이상의 전체 대여 횟수가 더 적다.

③ 남자가 소설을 대여한 횟수는 여자가 소설을 대여한 횟수의 70% 이하이다.

④ 40세 미만의 전체 대여 횟수에서 비소설 대여 횟수가 차지하는 비율은 20%를 넘는다.

⑤ 40세 이상의 전체 대여 횟수에서 소설 대여 횟수가 차지하는 비율은 40% 이상이다.

40 다음 자료에 대한 〈보기〉의 설명 중 옳은 것을 모두 고르면?

〈결혼할 의향이 없는 1인 가구의 비중〉

(단위 : %)

구분	2022년		2023년	
	남자	여자	남자	여자
20대	8.2	4.2	15.1	15.5
30대	6.3	13.9	18.8	19.4
40대	18.6	29.5	22.1	35.5
50대	24.3	45.1	20.8	44.9

〈1인 생활 지속기간〉

• 향후 10년 이상 1인 생활 지속 예상

(단위 : %)

| 34.5 | 38.0 | 44.1 |
| 2021년 | 2022년 | 2023년 |

• 2년 이내 1인 생활 종료 예상

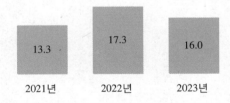

(단위 : %)

| 13.3 | 17.3 | 16.0 |
| 2021년 | 2022년 | 2023년 |

보기

ㄱ. 20대 남성은 30대 남성보다 1인 가구의 비중이 더 높다.
ㄴ. 30대 이상에서 결혼할 의향이 없는 1인 가구의 비중은 여성이 더 높다.
ㄷ. 2023년도에서는 40대 남성이 남성 중 제일 높은 1인 가구 비중을 차지한다.
ㄹ. 2년 이내 1인 생활을 종료하는 1인 가구의 비중은 2021년도부터 꾸준히 증가하였다.

① ㄱ
② ㄹ
③ ㄱ, ㄴ
④ ㄴ, ㄷ
⑤ ㄷ, ㄹ

41 S대리는 금연 치료프로그램 참가자의 문의 전화를 받았다. 참가자는 금연 치료 의약품과 금연보조제를 처방받아서 복용하고 있는데, 지원금을 제외하고 7월 한 달 동안 본인이 부담해야 하는 의약품비가 얼마인지 궁금하다는 내용이었다. S대리는 참가자가 7월 4일부터 시작하여 의약품으로는 바레니클린을 복용하며, 금연보조제로는 패치를 사용하고 있다는 사실을 확인한 후 7월 한 달 기준 의약품에 대한 본인부담금을 알려주었다. S대리가 안내한 가격으로 옳은 것은?

〈의약품별 개인부담금〉

구분	금연 치료 의약품		금연보조제		
	부프로피온	바레니클린	패치	껌	정제
용법	1일 2정	1일 2정	1일 1장	1일 4~12정	1일 4~12정
시장가격	680원/정	1,767원/정	1,353원/장	375원/정	417원/정
국가 지원금	500원/정	1,000원/정	1,500원/일		

※ 7월 투여 기간 : 4~31일

① 40,068원   ② 41,080원

③ 42,952원   ④ 43,085원

⑤ 44,065원

42 어떤 동굴에서 자라는 한 석순의 길이를 10년 단위로 측정한 결과가 다음과 같을 때, 2050년에 측정될 석순의 길이는?(단, 석순은 일정한 규칙으로 자란다)

〈연도별 석순 길이〉

(단위 : cm)

구분	1960년	1970년	1980년	1990년	2000년
석순 길이	10	12	13	15	16

① 22cm   ② 23cm

③ 24cm   ④ 25cm

⑤ 26cm

43 다음은 L사의 등급별 인원 비율 및 성과 상여금을 나타낸 표이다. 마케팅 부서의 인원은 15명이고, 영업 부서 인원은 11명일 때, 상여금에 대한 설명으로 옳지 않은 것은?(단, 인원은 소수점 첫째 자리에서 반올림한다)

〈등급별 인원 비율 및 성과 상여금〉

구분	S등급	A등급	B등급	C등급
인원 비율(%)	15	30	40	15
상여금(만 원)	500	420	330	290

① 마케팅 부서의 S등급 상여금을 받는 인원과 영업 부서의 C등급 상여금을 받는 인원의 수가 같다.
② A등급 1인당 상여금은 B등급 1인당 상여금보다 약 27% 많다.
③ 영업 부서 A등급과 B등급의 인원은 마케팅 부서 인원보다 각각 2명씩 적다.
④ 마케팅 부서에 지급되는 총상여금은 5,660만 원이다.
⑤ 영업 부서에 지급되는 총상여금은 마케팅 부서 총상여금보다 1,200만 원이 적다.

44 반도체 부품 회사에서 근무하는 A사원은 월별 매출 현황에 대한 보고서를 작성 중이었다. 그런데 실수로 파일이 삭제되어 기억나는 매출액만 다시 작성하였다. A사원이 기억하는 월평균 매출액은 35억 원이고, 상반기의 월평균 매출액은 26억 원이었다. 다음 중 남아 있는 매출 현황을 통해 상반기 평균 매출 대비 하반기 평균 매출의 증감액을 바르게 구하면?

〈월별 매출 현황〉

(단위 : 억 원)

1월	2월	3월	4월	5월	6월	7월	8월	9월	10월	11월	12월	평균
	10	18	36				35	20	19			35

① 12억 원 증가
② 12억 원 감소
③ 18억 원 증가
④ 18억 원 감소
⑤ 20억 원 증가

45 다음은 주중과 주말 교통상황에 대한 자료이다. 이에 대한 〈보기〉의 설명 중 옳은 것을 모두 고르면?

〈주중·주말 예상 교통량〉

(단위 : 만 대)

구분	전국	수도권 → 지방	지방 → 수도권
주중 예상 교통량	40	4	2
주말 예상 교통량	60	5	3

〈대도시 간 예상 최대 소요 시간〉

구분	서울 – 대전	서울 – 부산	서울 – 광주	서울 – 강릉	남양주 – 양양
주중	1시간	4시간	3시간	2시간	1시간
주말	2시간	5시간	4시간	3시간	2시간

보기

ㄱ. 대도시 간 예상 최대 소요 시간은 모든 구간에서 주중이 주말보다 적게 걸린다.
ㄴ. 주중 전국 예상 교통량 중 수도권에서 지방으로 가는 예상 교통량의 비율은 10%이다.
ㄷ. 지방에서 수도권으로 가는 주말 예상 교통량은 주중 예상 교통량의 2배이다.
ㄹ. 서울 – 광주 구간 주중 예상 소요 시간은 서울 – 강릉 구간 주말 예상 소요 시간과 같다.

① ㄱ, ㄴ　　　　　　　　　　　② ㄴ, ㄷ
③ ㄷ, ㄹ　　　　　　　　　　　④ ㄱ, ㄴ, ㄹ
⑤ ㄴ, ㄷ, ㄹ

46 퇴직 후 네일아트를 전문적으로 하는 뷰티숍을 개점하려는 S씨는 평소 눈여겨 본 지역의 고객 분포를 알아보기 위해 직접 설문조사를 하였다. 설문조사 결과가 다음과 같을 때, S씨가 이해한 내용으로 적절한 것은?(단, 복수응답과 무응답은 없다)

〈응답자의 연령대별 방문 횟수〉

(단위 : 명)

방문횟수＼연령대	20 ~ 25세	26 ~ 30세	31 ~ 35세	합계
1회	19	12	3	34
2 ~ 3회	27	32	4	63
4 ~ 5회	6	5	2	13
6회 이상	1	2	0	3
합계	53	51	9	113

〈응답자의 직업〉

(단위 : 명)

직업	응답자
학생	49
회사원	43
공무원	2
전문직	7
자영업	9
가정주부	3
합계	113

① 전체 응답자 중 20 ~ 25세 응답자가 차지하는 비율은 50% 이상이다.
② 26 ~ 30세 응답자 중 4회 이상 방문한 응답자 비율은 10% 이상이다.
③ 31 ~ 35세 응답자의 1인당 평균 방문 횟수는 2회 미만이다.
④ 전체 응답자 중 직업이 학생 또는 공무원인 응답자 비율은 50% 이상이다.
⑤ 전체 응답자 중 20 ~ 25세인 전문직 응답자 비율은 5% 미만이다.

47 다음은 어느 지역의 주화공급에 대한 표이다. 이에 대한 설명으로 적절한 것을 〈보기〉에서 모두 고르면?

〈주화공급량 및 공급기관 수〉

구분	액면가				합계
	10원	50원	100원	500원	
공급량(만 개)	3,469	2,140	2,589	1,825	10,023
공급기관 수(개)	1,519	929	801	953	4,202

※ (평균 주화공급량)$=\dfrac{(주화종류별\ 공급량의\ 합)}{(주화종류\ 수)}$

※ (주화공급액)=(주화공급량)×(액면가)

보기

ㄱ. 주화공급량이 주화종류별로 각각 200만 개씩 증가한다면, 이 지역의 평균 주화공급량은 2,700 만 개 이상이다.

ㄴ. 주화종류별 공급기관당 공급량은 10원 주화가 500원 주화보다 적다.

ㄷ. 10원과 500원 주화는 각각 10%씩, 50원과 100원 주화는 각각 20%씩 공급량이 증가한다면, 이 지역의 평균 주화공급량의 증가율은 15% 이하이다.

ㄹ. 총주화공급액 규모가 12% 증가해도 주화종류별 주화공급량의 비율은 변하지 않는다.

---

① ㄱ, ㄴ

② ㄱ, ㄷ

③ ㄷ, ㄹ

④ ㄱ, ㄷ, ㄹ

⑤ ㄴ, ㄷ, ㄹ

48 다음은 우리나라 1차 에너지 소비량 현황에 대한 자료이다. 이에 대한 설명으로 적절한 것은?

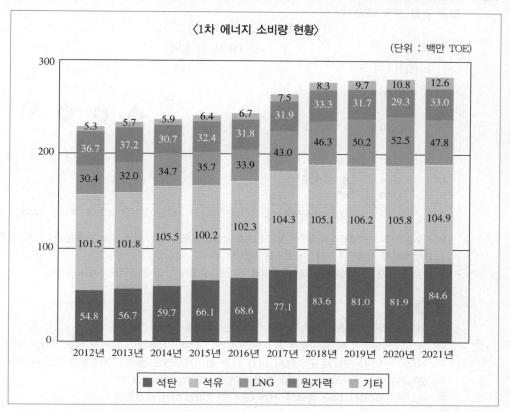

〈1차 에너지 소비량 현황〉

(단위 : 백만 TOE)

① 매년 석유 소비량이 나머지 에너지 소비량의 합보다 많다.

② 석탄 소비량은 완만한 하락세를 보이고 있다.

③ 기타 에너지 소비량이 지속적으로 감소하는 추세이다.

④ 2013 ~ 2017년 원자력 소비량은 증감을 반복하고 있다.

⑤ 2013 ~ 2017년 LNG 소비량의 증가 추세는 그 정도가 심화되었다.

49 다음은 2013 ~ 2022년 물이용부담금 총액에 대한 자료이다. 이에 대한 〈보기〉의 설명 중 옳지 않은 것을 모두 고르면?

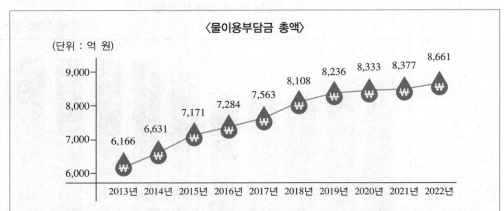

〈물이용부담금 총액〉

(단위 : 억 원)

※ 상수원 상류 지역에서의 수질개선 및 주민지원 사업을 효율적으로 추진하기 위한 재원 마련을 위해 최종수 요자에게 물 사용량에 비례하여 물이용부담금을 부과함
※ 한강, 낙동강, 영·섬유역의 물이용부담금 단가는 170원/m^3, 금강 유역은 160원/m^{3}임

보기

ㄱ. 물이용부담금 총액은 지속적으로 증가하는 추세를 보이고 있다.
ㄴ. 2014 ~ 2022년 중 물이용부담금 총액이 전년 대비 가장 많이 증가한 해는 2015년이다.
ㄷ. 2022년 물이용부담금 총액에서 금강 유역 물이용부담금 총액이 차지하는 비중이 20%라면, 2022년 금강 유역에서 사용한 물의 양은 약 10.83억m^{3}이다.
ㄹ. 2022년 물이용부담금 총액은 전년 대비 약 3.2% 이상 증가했다.

① ㄱ
② ㄴ
③ ㄷ
④ ㄱ, ㄹ
⑤ ㄴ, ㄷ

50 세계 물 위원회에서는 전 세계의 물 문제 해결을 위한 공동 대응을 목적으로 '세계물포럼'을 주기적으로 개최하고 있다. 제1회 세계물포럼은 1997년 모로코의 마라케시에서 개최되었다. 포럼이 다음과 같은 규칙으로 개최될 때, 제10회 세계물포럼이 개최되는 연도는?

〈세계물포럼 개최 연도〉

(단위 : 년)

구분	제1회	제2회	제3회	제4회	제5회
연도	1997	2000	2003	2006	2009

① 2022년   ② 2023년
③ 2024년   ④ 2025년
⑤ 2026년

51 다음은 2021년 1월 기준 코로나19 확진자 발생 현황에 대한 표이다. 이에 대한 설명으로 적절하지 않은 것을 〈보기〉에서 모두 고르면?

〈코로나19 확진자 발생 현황〉

(단위 : 명)

구분	확진자	치료중	퇴원	유	초	중	고	특수	각종	학평	행정기관
학생	1,203	114	1,089	56	489	271	351	14	12	10	-
교직원	233	7	226	16	73	68	58	9	3	-	6

보기
ㄱ. 확진자 중 퇴원 수의 비율은 교직원이 학생보다 6% 이상 높다.
ㄴ. 학생 확진자 중 초등학생 비율은 전체 확진자 중 초등 소속(학생+교직원) 비율보다 낮다.
ㄷ. 전체 확진자 중 고등학생의 비율은 전체 확진자 중 유치원생의 비율의 8배 이상이다.
ㄹ. 고등학교와 중학교 소속 확진자는 전체 확진자의 과반수 이상이다.

① ㄱ, ㄴ   ② ㄴ, ㄷ
③ ㄴ, ㄹ   ④ ㄷ, ㄹ
⑤ ㄱ, ㄴ, ㄷ

52 다음은 공공도서관 현황에 대한 표이다. 이에 대한 설명으로 적절하지 않은 것은?

〈공공도서관의 수〉

구분	2018년	2019년	2020년	2021년
공공도서관 수(개관)	644	703	759	786
1관당 인구수(명)	76,926	70,801	66,556	64,547
1인당 장서(인쇄, 비도서) 수(권)	1.16	1.31	1.10	1.49
장서(인쇄, 비도서) 수(천 권)	58,365	65,366	70,539	75,575
방문자 수(천 명)	204,919	235,140	258,315	270,480

① 공공도서관 수는 점점 증가하고 있는 추세이다.

② 2021년 1인당 장서 수는 1.49권이다.

③ 2021년 1관당 인구수는 2018년 1관당 인구수에 비해 12,379명 증가했다.

④ 2020년의 공공도서관에는 258,315,000명이 방문했다.

53 다음은 연도별 자원봉사 참여현황에 대한 표이다. 이에 대한 설명으로 적절한 것을 〈보기〉에서 모두 고르면?

〈연도별 자원봉사 참여현황〉

(단위 : 명)

구분	2017년	2018년	2019년	2020년	2021년
총성인 인구수	41,649,010	42,038,921	43,011,143	43,362,250	43,624,033
자원봉사 참여 성인 인구수	2,667,575	2,874,958	2,252,287	2,124,110	1,383,916

보기

ㄱ. 자원봉사에 참여하는 성인 참여율은 2018년도가 가장 높다.

ㄴ. 2019년도의 성인 자원봉사 참여율은 2020년보다 높다.

ㄷ. 자원봉사 참여 증가율이 가장 높은 해는 2018년도이고 가장 낮은 해는 2020년이다.

ㄹ. 2017년부터 2020년까지의 총자원봉사 참여한 성인 인구수는 천만 명 이상이다.

① ㄱ, ㄴ   ② ㄱ, ㄷ

③ ㄴ, ㄹ   ④ ㄷ, ㄹ

※ 다음은 국유재산 종류별 규모현황에 대한 표이다. 이를 보고 이어지는 질문에 답하시오. [54~55]

〈국유재산 종류별 규모현황〉

(단위 : 억 원)

구분	2017년	2018년	2019년	2020년	2021년
합계	9,384,902	9,901,975	10,444,088	10,757,551	10,817,553
토지	4,374,692	4,485,830	4,670,080	4,630,098	4,677,016
건물	580,211	616,824	652,422	677,188	699,211
공작물	2,615,588	2,664,379	2,756,345	2,821,660	2,887,831
입목죽	108,049	110,789	80,750	128,387	88,025
선박·항공기	21,775	20,882	23,355	23,178	25,524
기계·기구	4,124	4,096	6,342	9,252	10,524
무체재산	10,432	10,825	11,334	11,232	11,034
유가증권	1,670,031	1,988,350	2,243,460	2,456,556	2,418,389

54 다음 중 2019년에 국유재산의 규모가 10조를 넘는 국유재산 종류의 개수는?

① 2개　　　　　　　　　　② 3개

③ 4개　　　　　　　　　　④ 5개

55 자료에 대한 설명으로 적절한 것을 〈보기〉에서 모두 고르면?

보기

ㄱ. 2019년과 2021년에 국유재산 종류별로 규모가 큰 순서는 동일하다.
ㄴ. 2017년과 2018년에 규모가 가장 작은 국유재산은 동일하다.
ㄷ. 2018년 국유재산 중 건물과 무체재산, 유가증권 규모의 합계는 260조 원보다 크다.
ㄹ. 2017년부터 2020년까지 국유재산 중 선박·항공기와 기계·기구의 전년 대비 증감 추이는 동일하다.

① ㄴ, ㄷ　　　　　　　　　② ㄷ, ㄹ

③ ㄱ, ㄴ, ㄷ　　　　　　　④ ㄴ, ㄷ, ㄹ

56 다음은 1인 1일 이메일과 휴대전화 스팸 수신량을 나타낸 그래프이다. 이에 대한 설명으로 옳은 것은?

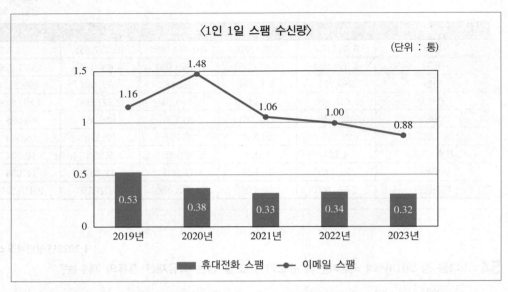

① 2021년부터 2023년까지 휴대전화 스팸 수신량과 이메일 스팸 수신량 증감 추이는 같다.

② 전년 대비 2022년도 휴대전화 스팸 증가량과 2021년 대비 2023년도 휴대전화 스팸 감소량은 같다.

③ 전년 대비 2021년 이메일 스팸 감소율은 전년 대비 2022년 감소율의 4배 이하이다.

④ 이메일 스팸 수신량이 가장 많은 해는 2020년이고, 휴대전화 스팸 수신량이 가장 적은 해는 2022년이다.

⑤ 이메일 스팸 수신량은 같은 해의 휴대전화 스팸 수신량보다 항상 2.5배 이상이다.

57 다음은 19세 이상 성별 흡연율에 대한 그래프이다. 이에 대한 설명으로 적절하지 않은 것은?

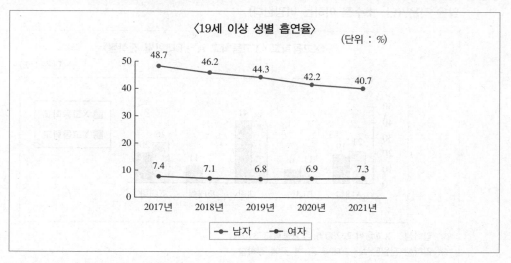

① 남자의 흡연율은 감소하고 있다.
② 여자의 흡연율은 감소에서 증가로 바뀌었다.
③ 남자와 여자의 흡연율 차이는 감소하고 있다.
④ 남자의 흡연율이 전년도와 가장 많은 차이를 보이는 해는 2018년이다.
⑤ 여자의 흡연율이 전년도와 가장 많은 차이를 보이는 해는 2019년이다.

58 다음은 X고등학교와 Y고등학교의 A ~ E대학 진학률에 대한 그래프이다. 이에 대한 설명으로 옳지 않은 것은?(단, 소수점 이하는 버림한다)

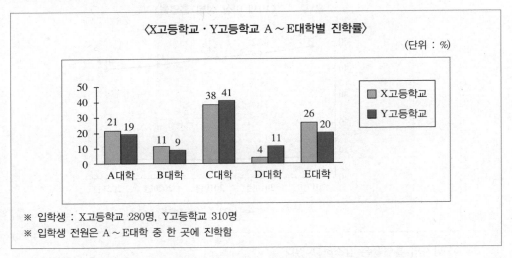

〈X고등학교 · Y고등학교 A ~ E대학별 진학률〉

※ 입학생 : X고등학교 280명, Y고등학교 310명
※ 입학생 전원은 A ~ E대학 중 한 곳에 진학함

① X고등학교와 Y고등학교의 진학률 1위 대학은 동일하다.
② X고등학교와 Y고등학교의 진학률 5위 대학은 다르다.
③ X고등학교가 Y고등학교에 비해 진학률이 낮은 대학은 C대학뿐이다.
④ X고등학교와 Y고등학교의 E대학교 진학률 차이는 10%p 미만이다.
⑤ Y고등학교 대학 진학률 중 가장 높은 대학의 진학률과 가장 낮은 대학의 진학률 차이는 30%p 이상이다.

※ 다음은 2018 ~ 2022년 연도별 해양사고 발생 현황에 대한 그래프이다. 이를 읽고 이어지는 질문에 답하시오. [59~60]

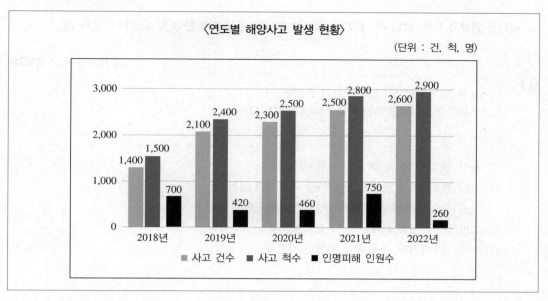

〈연도별 해양사고 발생 현황〉

(단위 : 건, 척, 명)

■ 사고 건수　■ 사고 척수　■ 인명피해 인원수

┃ 2023년 하반기 삼성그룹

59 다음 중 2018년 대비 2019년 사고 척수의 증가율과 사고 건수의 증가율이 순서대로 나열된 것은?

① 40%, 45%　　　　　　　　② 45%, 50%

③ 60%, 50%　　　　　　　　④ 60%, 55%

⑤ 60%, 65%

┃ 2023년 하반기 삼성그룹

60 다음 중 사고 건수당 인명피해의 인원수가 가장 많은 연도는?

① 2018년　　　　　　　　　② 2019년

③ 2020년　　　　　　　　　④ 2021년

⑤ 2022년

※ 제시된 명제가 모두 참일 때, 빈칸에 들어갈 명제로 가장 적절한 것을 고르시오. [1~7]

| 2023년 하반기 삼성그룹

01

- 눈을 자주 깜빡이지 않으면 눈이 건조해진다.
- 스마트폰을 이용할 때는 눈을 자주 깜빡이지 않는다.
- _____

① 눈이 건조해지면 눈을 자주 깜빡이지 않는다.
② 눈이 건조해지지 않으면 눈을 자주 깜빡이지 않는다.
③ 눈을 자주 깜빡이지 않으면 스마트폰을 이용하는 때이다.
④ 스마트폰을 이용할 때는 눈이 건조해진다.
⑤ 눈이 건조해지면 눈을 자주 깜빡인 것이다.

| 2023년 하반기 LG그룹

02

- 회의에 참석하는 어떤 회사원은 결근을 한다.
- _____
- 출장을 가는 어떤 회사원은 회의에 참석한다.

① 결근을 하는 회사원은 회의에 참석한다.
② 회의에 참석하는 어떤 회사원은 출장을 간다.
③ 결근을 하는 회사원은 출장을 간다.
④ 출장을 가는 어떤 회사원은 결근을 한다.
⑤ 출장을 가는 회사원은 결근을 한다.

| 2023년 상반기 삼성그룹

03

- 스테이크를 먹는 사람은 지갑이 없다.
- _____
- 지갑이 있는 사람은 쿠폰을 받는다.

① 스테이크를 먹는 사람은 쿠폰을 받지 않는다.
② 스테이크를 먹지 않는 사람은 쿠폰을 받는다.
③ 쿠폰을 받는 사람은 지갑이 없다.
④ 지갑이 없는 사람은 쿠폰을 받지 않는다.
⑤ 지갑이 없는 사람은 스테이크를 먹지 않는다.

04

- 광물은 매우 규칙적인 원자 배열을 가지고 있다.
- 다이아몬드는 광물이다.
- _____

① 다이아몬드는 매우 규칙적인 원자 배열을 가지고 있다.
② 광물이 아니면 규칙적인 원자 배열을 가지고 있지 않다.
③ 다이아몬드가 아니면 광물이 아니다.
④ 광물은 다이아몬드이다.
⑤ 광물이 아니면 다이아몬드이다.

05

- 음악을 좋아하는 사람은 상상력이 풍부하다.
- 음악을 좋아하지 않는 사람은 노란색을 좋아하지 않는다.
- _____

① 노란색을 좋아하지 않는 사람은 음악을 좋아한다.
② 음악을 좋아하지 않는 사람은 상상력이 풍부하지 않다.
③ 상상력이 풍부한 사람은 노란색을 좋아하지 않는다.
④ 노란색을 좋아하는 사람은 상상력이 풍부하다.
⑤ 상상력이 풍부하지 않은 사람은 음악을 좋아한다.

06

- 한씨는 부동산을 구두로 양도했다.
- _____
- 한씨의 부동산 양도는 무효다.

① 무효가 아니면, 부동산을 구두로 양도했다.
② 부동산을 구두로 양도하지 않으면, 무효다.
③ 부동산을 구두로 양도하면, 무효다.
④ 부동산을 구두로 양도하면, 무효가 아니다.
⑤ 구두로 양보하지 않으면, 무효가 아니다.

07

- _____
- 선영이는 경식이보다 나이가 많다.
- 재경이가 나이가 가장 많다.

① 재경이는 선영이보다 나이가 많다.
② 재경이는 경식이보다 나이가 많다.
③ 경식이는 재경이보다 나이가 많다.
④ 재경이는 선영이와 나이가 같다.
⑤ 선영이는 나이가 제일 적다.

08 A ~ E 5명은 S시에서 개최하는 마라톤에 참가하였다. 제시된 내용이 모두 참일 때, 다음 중 항상 참이 아닌 것은?

- A는 B와 C보다 앞서 달리고 있다.
- D는 A보다 뒤에 달리고 있지만, B보다는 앞서 달리고 있다.
- C는 D보다 뒤에 달리고 있지만, B보다는 앞서 달리고 있다.
- E는 C보다 뒤에 달리고 있지만, 5명 중 꼴찌는 아니다.

① 현재 1등은 A이다.
② 현재 꼴찌는 B이다.
③ E는 C와 B 사이에서 달리고 있다.
④ D는 A와 C 사이에서 달리고 있다.
⑤ 현재 순위에 변동 없이 결승점까지 달린다면 C가 4등을 할 것이다.

09 C기업의 직원인 A~E 5명이 자신들의 직급에 대하여 이야기하고 있다. 이들은 각각 사원, 대리, 과장, 차장, 부장이며 1명의 말만 진실이고 나머지 사람들의 말은 모두 거짓이라고 할 때, 다음 중 진실을 말한 사람은?(단, 직급은 사원 – 대리 – 과장 – 차장 – 부장 순이며, 모든 사람은 진실 또는 거짓만 말한다)

A : 나는 사원이고, D는 사원보다 직급이 높아.
B : E가 차장이고, 나는 차장보다 낮은 직급이지.
C : A는 과장이 아니고, 사원이야.
D : E보다 직급이 높은 사람은 없어.
E : C는 부장이고, B는 사원이야.

---

① A   ② B
③ C   ④ D
⑤ E

10 다음 A~C 세 명은 물건을 훔친 용의자들이다. 용의자들 중 두 명이 진실을 말하고 있다면, 거짓말을 한 사람과 범인을 각각 바르게 연결한 것은?

A : 난 거짓말하지 않는다. 난 범인이 아니다.
B : 난 진실을 말한다. 범인은 A이다.
C : B는 거짓말을 하고 있다. 범인은 B다.

	거짓말을 한 사람	범인
①	A	A
②	B	A
③	B	B
④	C	B
⑤	C	C

11 다섯 사람 중 두 사람은 진실만을 말하고, 세 사람은 거짓만을 말하고 있다. 지훈이 거짓을 말할 때, 다음 중 진실만을 말하는 사람끼리 짝지은 것은?

> 동현 : 정은이는 지훈이와 영석이를 싫어해.
> 정은 : 아니야. 난 둘 중 한 사람은 좋아해.
> 선영 : 동현이는 정은이를 좋아해.
> 지훈 : 선영이는 거짓말만 해.
> 영석 : 선영이는 동현이를 싫어해.
> 선영 : 맞아. 그런데 정은이는 지훈이와 영석이 둘 다 좋아해.

① 동현, 선영　　　　　　　　　② 정은, 영석

③ 동현, 영석　　　　　　　　　④ 정은, 선영

⑤ 선영, 영석

12 S그룹의 A ~ D사원 네 명은 각각 홍보팀, 총무팀, 영업팀, 기획팀 소속으로 3 ~ 6층의 서로 다른 층에서 근무하고 있다. 이들 중 한 명이 거짓말을 하고 있을 때, 다음 중 바르게 추론한 것은?(단, 각 팀은 서로 다른 층에 위치한다)

> A사원 : 저는 홍보팀과 총무팀 소속이 아니며, 3층에서 근무하고 있지 않습니다.
> B사원 : 저는 영업팀 소속이며, 4층에서 근무하고 있습니다.
> C사원 : 저는 홍보팀 소속이며, 5층에서 근무하고 있습니다.
> D사원 : 저는 기획팀 소속이며, 3층에서 근무하고 있습니다.

① A사원은 홍보팀 소속이다.
② B사원은 6층에서 근무하고 있다.
③ 홍보팀은 3층에 위치한다.
④ 기획팀은 4층에 위치한다.
⑤ D사원은 5층에서 근무하고 있다.

13 재은이는 얼마 전부터 건강을 위해 매주 아침마다 달리기를 하기로 했다. 다음 사실로부터 추론할 수 있는 것은?

- 재은이는 화요일에 월요일보다 50m 더 달려 200m를 달렸다.
- 재은이는 수요일에 화요일보다 30m 적게 달렸다.
- 재은이는 목요일에 수요일보다 10m 더 달렸다.

---

① 재은이는 목요일에 가장 많이 달렸다.
② 재은이는 목요일에 화요일보다 20m 적게 달렸다.
③ 재은이는 월요일에 수요일보다 50m 적게 달렸다.
④ 재은이는 목요일에 가장 적게 달렸다.
⑤ 재은이는 수요일에 가장 적게 달렸다.

14 카드게임을 하기 위해 A ~ F 6명이 원형 테이블에 앉고자 한다. 제시된 〈조건〉에 따라 이들의 좌석을 배치하고자 할 때, 다음 중 F와 이웃하여 앉을 사람은?(단, 좌우 방향은 원탁을 바라보고 앉은 상태를 기준으로 한다)

조건
- B는 C와 이웃하여 앉는다.
- A는 E와 마주보고 앉는다.
- C의 오른쪽에는 E가 앉는다.
- F는 A와 이웃하여 앉지 않는다.

① A, C   ② B, D
③ B, E   ④ C, D
⑤ D, E

15 다음은 〈조건〉에 따라 2에서 10까지의 서로 다른 자연수의 관계를 나타낸 것이다. 이때 A, B, C에 해당하는 수의 합은?

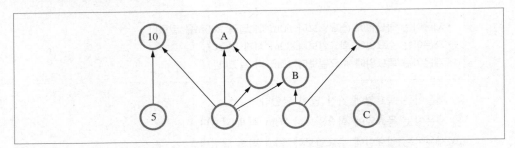

조건

• 2에서 10까지의 자연수는 ◯ 안에 한 개씩만 사용되고, 사용되지 않는 자연수는 없다.

• 2에서 10까지의 서로 다른 임의의 자연수 3개를 x, y, z라고 할 때,

   – x ⟶ y 는 y가 x의 배수임을 나타낸다.

   – 화살표로 연결되지 않은 z 는 z가 x, y와 약수나 배수 관계가 없음을 나타낸다.

① 20

② 21

③ 22

④ 23

⑤ 24

16 목관 5중주 공연을 위해 다음 〈조건〉에 따라 악기를 배치하고자 할 때, 다음 중 옳은 것은?

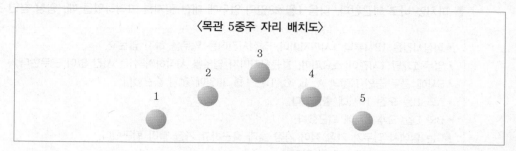

〈목관 5중주 자리 배치도〉

조건

- 목관 5중주는 플루트, 클라리넷, 오보에, 바순, 호른 각 1대씩으로 이루어진다.
- 최상의 음향 효과를 내기 위해서는 음색이 서로 잘 어울리는 악기는 바로 옆자리에 놓아야 하고, 서로 잘 어울리지 않는 악기는 바로 옆자리에 놓아서는 안 된다.
- 모든 자리는 옆자리에 놓인 악기와 음색이 서로 잘 어울리는 악기로만 배치된다.
- 오보에와 클라리넷의 음색은 서로 잘 어울리지 않는다.
- 플루트와 클라리넷의 음색은 서로 잘 어울린다.
- 플루트와 오보에의 음색은 서로 잘 어울린다.
- 호른과 오보에의 음색은 서로 잘 어울리지 않는다.
- 바순의 음색과 서로 잘 어울리지 않는 악기는 없다.
- 바순은 그 음이 낮아 제일 왼쪽(1번) 자리에는 놓일 수 없다.

① 클라리넷은 1번 자리에 올 수 없다.
② 호른은 3번 자리에 올 수 있다.
③ 플루트는 1번 자리에 올 수 있다.
④ 오보에는 2번 자리에 올 수 없다.

17 S사는 자율출퇴근제를 시행하고 있다. 출근시간은 12시 이전에 자유롭게 할 수 있으며 본인 업무를 마치면 바로 퇴근한다. 다음 1월 28일의 업무에 대한 일지를 고려하였을 때, 항상 참인 것은?

- 점심시간은 12시부터 1시까지이며, 점심시간에는 업무를 하지 않는다.
- 업무 1개당 1시간이 소요되며, 출근하자마자 업무를 시작하여 쉬는 시간 없이 근무한다.
- S사에 근무 중인 K팀의 A, B, C, D는 1월 28일에 전원 출근했다.
- A와 B는 오전 10시에 출근했다.
- B와 D는 오후 3시에 퇴근했다.
- C는 팀에서 업무가 가장 적어 가장 늦게 출근하고 가장 빨리 퇴근했다.
- D는 B보다 업무가 1개 더 많았다.
- A는 C보다 업무가 3개 더 많았고, 팀에서 가장 늦게 퇴근했다.
- 이날 K팀은 가장 늦게 출근한 사람과 가장 늦게 퇴근한 사람을 기준으로, 오전 11시에 모두 출근하였으며 오후 4시에 모두 퇴근한 것으로 보고되었다.

---

① A는 4개의 업무를 하고 퇴근했다.
② B의 업무는 A의 업무보다 많았다.
③ C는 2시에 퇴근했다.
④ A와 B는 팀에서 가장 빨리 출근했다.
⑤ 업무를 마친 C가 D의 업무 중 1개를 대신 했다면 D와 같이 퇴근할 수 있었다.

18 A ~ F 6명은 경기장에서 배드민턴 시합을 하기로 하였다. 경기장에 도착하는 순서대로 다음과 같은 토너먼트 배치표의 1 ~ 6에 한 사람씩 배치한 후 모두 도착하면 토너먼트 경기를 하기로 하였다. 〈조건〉을 참고할 때, 다음 중 항상 거짓인 것은?

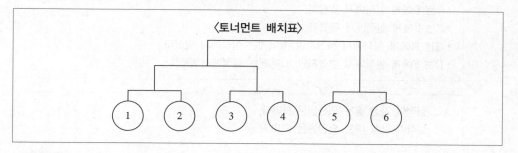

〈토너먼트 배치표〉

조건
- C는 A 바로 뒤에 도착하였다.
- F는 마지막으로 도착하였다.
- E는 D보다 먼저 도착하였다.
- B는 두 번째로 도착하였다.
- D는 C보다 먼저 도착하였다.

① E는 가장 먼저 경기장에 도착하였다.
② B는 최대 3번까지 경기를 하게 된다.
③ A는 최대 2번까지 경기를 하게 된다.
④ C는 다섯 번째로 도착하여 최대 2번까지 경기를 하게 된다.
⑤ D는 첫 번째 경기에서 A와 승부를 겨룬다.

19 제시된 내용을 바탕으로 내린 A, B의 결론에 대한 판단으로 옳은 것은?

> • 자동차 외판원인 C ~ H 여섯 명의 판매실적을 비교했다.
> • C는 D에게 실적에서 앞섰다.
> • E는 F에게 실적에서 뒤졌다.
> • G는 H에게 실적에서 뒤졌지만, C에게는 실적에서 앞섰다.
> • D는 F에게 실적에서 앞섰지만, G에게는 실적에서 뒤졌다.

> A : 실적이 가장 좋은 외판원은 H이다.
> B : 실적이 가장 나쁜 외판원은 E이다.

① A만 옳다.
② B만 옳다.
③ A, B 모두 옳다.
④ A, B 모두 틀리다.
⑤ A, B 모두 옳은지 틀린지 판단할 수 없다.

20 L사의 A ~ D 4명은 각각 다른 팀에 근무하는데, 각 팀은 2 ~ 5층에 위치하고 있다. 〈조건〉을 참고할 때, 다음 중 항상 참인 것은?(단, 1층당 1팀씩 위치한다)

> 조건
> • A ~ D 중 2명은 부장, 1명은 과장, 1명은 대리이다.
> • 대리의 사무실은 B보다 높은 층에 있다.
> • B는 과장이다.
> • A는 대리가 아니다.
> • A의 사무실이 가장 높다.

① 부장 중 1명은 반드시 2층에 근무한다.
② A는 부장이다.
③ 대리는 4층에 근무한다.
④ B는 2층에 근무한다.
⑤ C는 대리이다.

21 함께 놀이공원에 간 A ~ E 5명 중 1명만 롤러코스터를 타지 않고 회전목마를 탔다. 이들은 집으로 돌아오는 길에 다음과 같은 대화를 나누었다. 5명 중 2명은 거짓을 말하고, 나머지 3명은 모두 진실을 말한다고 할 때, 롤러코스터를 타지 않은 사람은?

> A : 오늘 탄 롤러코스터는 정말 재밌었어. 나는 같이 탄 E와 함께 소리를 질렀어.
> B : D는 회전목마를 탔다던데? E가 회전목마를 타는 D를 봤대. E의 말은 사실이야.
> C : D는 회전목마를 타지 않고 롤러코스터를 탔어.
> D : 나는 혼자서 회전목마를 타고 있는 B를 봤어.
> E : 나는 롤러코스터를 탔어. 손뼉을 칠 만큼 너무 완벽한 놀이기구야.

① A   ② B
③ C   ④ D
⑤ E

22 제시된 명제가 항상 참일 때, 다음 중 반드시 참이라고 할 수 없는 것은?

> • 모든 사람은 자신에 대해서 호의적인 사람에게 호의적이다.
> • 어느 누구도 자신을 비방한 사람에게 호의적이지 않다.
> • 모든 사람 중에는 다른 사람을 절대 비방하지 않는 사람이 있다.
> • 어느 누구도 자기 자신에 대해서 호의적이지도 않고 자기 자신을 비방하지도 않는다.

① 두 사람이 서로 호의적이라면, 그 두 사람은 서로 비방한 적이 없다.

② 두 사람이 서로 비방한 적이 없다면, 그 두 사람은 서로 호의적이다.

③ 어떤 사람이 다른 모든 사람을 비방한다면, 그 사람에 대해 호의적인 사람은 없다.

④ A가 다른 모든 사람을 비방한다면, A에게 호의적이지 않지만 A를 비방하지 않는 사람이 있다.

⑤ 모든 사람이 자신을 비방하지 않는 사람에게 호의적이라면, 모든 사람에게는 각자가 호의적으로 대하는 사람이 적어도 하나는 있다.

23 한 마트에서 4층짜리 매대에 과일들을 진열해 놓았고, 매대의 각 층에는 서로 다른 과일이 한 종류씩 진열되어 있다. 〈조건〉을 참고할 때, 다음 중 바르게 추론한 것은?

> **조건**
> • 정리된 과일은 사과, 귤, 감, 배의 네 종류이다.
> • 사과 위에는 아무 과일도 존재하지 않는다.
> • 배는 감보다 아래쪽에 올 수 없다.
> • 귤은 감보다는 높이 위치해 있지만, 배보다 높이 있는 것은 아니다.

① 사과는 3층 매대에 있을 것이다.
② 귤이 사과 바로 아래층에 있을 것이다.
③ 배는 감 바로 위층에 있을 것이다.
④ 귤은 감과 배 사이에 있다.
⑤ 귤은 가장 아래층에 있을 것이다.

24 S백화점 명품관에서 도난 사건이 발생했다. CCTV 확인을 통해 그 시각 백화점 명품관에 있던 A∼F 용의자 6명이 검거됐다. 이들 중 범인인 두 사람이 거짓말을 하고 있다면, 거짓말을 한 사람은?

> A : F가 성급한 모습으로 나가는 것을 봤어요.
> B : C가 가방 속에 무언가 넣는 모습을 봤어요.
> C : 나는 범인이 아닙니다.
> D : A 혹은 B가 훔치는 것을 봤어요.
> E : F가 범인인 게 확실해요. CCTV를 자꾸 신경 쓰고 있었거든요.
> F : 얼핏 봤는데, 제가 본 도둑은 C 아니면 E예요.

① A, C   ② B, C
③ B, F   ④ D, E
⑤ F, C

25 김대리, 박과장, 최부장 중 한 명은 점심으로 짬뽕을 먹었다. 다음 여러 개의 진술 중 두 개의 진술만 참이고 나머지는 모두 거짓일 때, 짬뽕을 먹은 사람과 참인 진술을 바르게 연결한 것은?(단, 중국집에서만 짬뽕을 먹을 수 있고, 중국 음식은 짬뽕뿐이다)

> 김대리 : 박과장이 짬뽕을 먹었다. … ㉠
> 　　　　 나는 최부장과 중국집에 갔다. … ㉡
> 　　　　 나는 중국 음식을 먹지 않았다. … ㉢
> 박과장 : 김대리와 최부장은 중국집에 가지 않았다. … ㉣
> 　　　　 나는 점심으로 짬뽕을 먹었다. … ㉤
> 　　　　 김대리가 중국 음식을 먹지 않았다는 것은 거짓말이다. … ㉥
> 최부장 : 나와 김대리는 중국집에 가지 않았다. … ㉆
> 　　　　 김대리가 점심으로 짬뽕을 먹었다. … ㉇
> 　　　　 박과장의 마지막 말은 사실이다. … ㉈

① 김대리, ㉡·㉥
② 박과장, ㉠·㉤
③ 박과장, ㉤·㉈
④ 최부장, ㉡·㉆
⑤ 최부장, ㉡·㉢

01 언어

01	02	03	04	05	06	07	08	09	10	11	12	13	14	15	16	17	18	19	20
③	④	④	④	①	②	⑤	④	④	③	④	③	①	④	⑤	②	⑤	④	②	②
21	22	23	24	25	26	27	28	29	30	31	32	33	34	35	36	37	38	39	40
①	④	③	⑤	④	④	④	③	③	④	④	④	④	②	③	③	③	③	⑤	④
41	42	43	44	45	46	47	48	49	50										
⑤	①	④	④	③	④	②	③	④	③										

01
정답 ③

'최고의 진리는 언어 이전, 혹은 언어 이후의 무언(無言)의 진리이다.', '동양 사상의 정수(精髓)는 말로써 말이 필요 없는 경지'라는 문장을 보았을 때 '동양 사상은 언어적 지식을 초월하는 진리를 추구한다.'가 제시문의 주제로 가장 적절하다.

02
정답 ④

담수 동물은 육상 동물과 같이 몸 밖으로 수분을 내보내고 있지만, 육상 동물의 경우에는 수분 유지를 위한 것이 아니므로 수분 유지는 공통점이 아니다.

03
정답 ④

쇼펜하우어는 표상의 세계 안에서의 이성의 역할, 즉 시간과 공간, 인과율을 통해서 세계를 파악하는 주인의 역할을 함에도 불구하고 이 이성이 다시 의지에 종속됨으로써 제한적이며 표면적일 수밖에 없다는 한계를 지적하고 있다. 따라서 중심 내용으로 ④가 적절하다.

오답분석

① 세계의 본질은 의지의 세계라는 내용은 쇼펜하우어가 주장한 핵심 내용이지만, 제시문의 주요 내용은 주관 또는 이성 인식으로 만들어내는 표상의 세계는 결국 한계를 가질 수밖에 없다는 것이므로 적절하지 않다.
② 제시문에서는 표상 세계의 한계를 지적했을 뿐, 표상 세계의 극복과 그 해결 방안에 대한 내용은 없다.
③ 제시문에서 의지의 세계와 표상 세계는 의지가 표상을 지배하는 종속관계라는 차이를 파악할 수는 있으나, 중심 내용으로는 적절하지 않다.

04
정답 ④

제시문은 관객이 영화를 보면서 흐름을 지각하는 것을 제대로 설명하지 못하는 동일시 이론에 대해 문제를 제기하고 이를 칸트의 무관심성을 통해 설명할 수 있다고 제시한다. 이어서 관객이 영화의 흐름을 생동감 있게 체험할 수 있는 이유로 '방향 공간'과 '감정 공간'을 제시하고 이에 대한 설명을 한 뒤 이것이 관객이 영화를 지각할 수 있는 원리가 될 수 있음을 정리하며 마치고 있다. 따라서 (나) 영화를 보면서 흐름을 지각하는 것을 제대로 설명하지 못하는 '동일시 이론' - (가) 영화 흐름의 지각에 대해 설명할 수 있는 칸트의 '무관심성' – (라) 영화의 생동감을 체험할 수 있게 하는 '방향 공간' – (마) 영화의 생동감을 체험할 수 있게 하는 또 다른 이유인 '감정 공간' – (다) 관객이 영화를 지각하는 과정에 대한 정리 순으로 나열하는 것이 적절하다.

05

정답 ①

제시문은 코젤렉의 '개념사'에 대한 정의와 특징에 대한 글이다.
따라서 (라) 개념에 대한 논란과 논쟁 속에서 등장한 코젤렉의 '개념사' – (가) 코젤렉의 '개념사'와 개념에 대한 분석 – (나) 개념에 대한 추가적인 분석 – (마) '개념사'에 대한 추가적인 분석 – (다) '개념사'의 목적과 코젤렉의 주장 순으로 나열하는 것이 적절하다.

06

정답 ②

제시문은 조각보에 대한 설명이 담긴 글이다.
따라서 (나) 조각보의 정의, 클레와 몬드리안의 비교가 잘못된 이유 – (가) 조각보는 클레와 몬드리안보다 100여 년 이상 앞서 제작된 작품이며 독특한 예술성을 지니고 있음 – (다) 조각보가 아름답게 느껴지는 이유 순으로 나열하는 것이 적절하다.

07

정답 ⑤

제시문은 공포증을 정의한 뒤 공포증은 모든 사람에게 생기는 것이 아니며, 왜 공포증이 생기는 것인지에 대한 심리학자 와이너의 설명이 담긴 글이다.
따라서 (라) 공포증의 정의 – (나) 공포증이 생기는 대상 – (가) 공포증이 생기는 이유를 밝힌 와이너 – (다) 와이너가 밝힌 공포증이 생기는 이유 순으로 나열하는 것이 적절하다.

08

정답 ④

제시문은 가격을 결정하는 요인과 이를 통해 도출할 수 있는 예상을 언급한다. 하지만 현실적인 여러 요인으로 인해 '거품 현상'이 나타나기도 하며 '거품 현상'이란 구체적으로 무엇인지를 설명하는 글이다.
따라서 (가) 수요와 공급에 의해 결정되는 가격 – (마) 상품의 가격에 대한 일반적인 예상 – (다) 현실적인 가격 결정 요인 – (나) 이로 인해 예상치 못하게 나타나는 '거품 현상' – (라) '거품 현상'에 대한 구체적인 설명 순으로 나열하는 것이 적절하다.

09

정답 ④

논리적 흐름에 따라 문화 변동은 수용 주체의 창조적·능동적 측면과 관련되어 이루어짐 – (나) 수용 주체의 창조적·능동적 측면은 외래문화 요소의 수용을 결정지음 – (다) 즉, 문화의 창조적·능동적 측면은 내부의 결핍 요인을 자체적으로 극복하려 노력하나 그렇지 못할 경우 외래 요소를 수용함 – (가) 결핍 부분에 유용한 부분만을 선별적으로 수용함 – 다시 말해 외래문화는 수용 주체의 내부 요인에 따라 수용 여부가 결정됨의 순으로 나열하는 것이 적절하다.

10

정답 ③

첫 번째 문단의 '동일곡이지만 템포의 기준을 어떻게 잡아서 재현해 내느냐에 따라서 그 음악의 악상은 달라진다.'라는 문장을 통해 템포의 완급에 따라 악상이 변하는 것을 알 수 있다.

오답분석
① 서양 음악과 한국 전통 음악의 차이는 심장의 고동을 중시하는 서양의 민족의식과 호흡을 중시하는 우리 민족의식에 따른 차이에서 발생한다는 글 전체의 내용을 통해 확인할 수 있다.
②·⑤ 마지막 문단에서 확인할 수 있다.
④ 두 번째 문단에서 확인할 수 있다.

11

신경교 세포가 전체 뉴런을 조정하면서 기억력과 사고력을 향상시킨다는 가설하에, 인간의 신경교 세포를 갓 태어난 생쥐의 두뇌에 주입하는 실험을 하였다. 그리고 그 실험결과는 이 같은 가설을 뒷받침해주는 결과를 가져왔으므로 ④는 가장 적절한 내용이다.

오답분석

① 인간의 신경교 세포를 생쥐의 두뇌에 주입하였더니 쥐가 자라면서 주입된 인간의 신경교 세포도 성장했고, 이 세포들이 주위의 뉴런들과 완벽하게 결합되어 쥐의 두뇌 전체에 걸쳐 퍼지게 되었다고 하였다. 그러나 이 과정에서 쥐의 뉴런에 어떠한 영향을 주는지에 대해서는 언급하고 있지 않으므로 추론할 수 없는 내용이다.
②·③ 제시문의 실험은 인간의 신경교 세포를 쥐의 두뇌에 주입했을 때의 변화를 살펴본 것이지 인간의 뉴런 세포를 주입한 것이 아니므로 추론할 수 없는 내용이다.
⑤ 쥐에 주입된 인간의 신경교 세포는 그 기능을 그대로 간직한다고 하였으므로 추론할 수 없는 내용이다.

12

세 번째 문단에 따르면 먼 바다에서 지진해일의 파고는 수십 cm 이하이지만 얕은 바다에서는 급격하게 높아진다는 것을 알 수 있다.

오답분석

① 화산폭발로 인해 발생하는 건 맞지만 파장이 긴 파도를 지진해일이라 한다.
② 태평양에서 발생한 지진해일은 발생 하루 만에 발생지점에서 지구의 반대편까지 이동할 수 있다.
④ 지진해일이 해안가에 가까워질수록 파도가 강해지는 것은 맞지만, 속도는 시속 45~60km까지 느려진다.
⑤ 해안의 경사 역시 암초, 항만 등과 마찬가지로 지진해일을 변형시키는 요인이 된다.

13

마지막 문단에서 과거제 출신의 관리들이 공동체에 대한 소속감이 낮고 출세 지향적이었다는 내용을 확인할 수 있다.

오답분석

② 첫 번째 문단에서 고염무는 관료제의 상층에는 능력주의적 제도를 유지하되, 지방관인 지현들은 그 지위를 평생 유지시켜 주고 세습의 길까지 열어 놓는 방안을 제안했다고 했으므로 적절하지 않다.
③ 첫 번째 문단에서 황종희가 '벽소'와 같은 옛 제도를 되살리는 방법으로 과거제를 보완하자고 주장했다는 내용을 볼 수 있다. 따라서 벽소는 과거제를 없애고자 등장한 새로운 제도가 아니라 과거제를 보완하고자 되살린 옛 제도이므로 적절하지 않다.
④ 두 번째 문단에서 과거제는 학습 능력 이외의 인성이나 실무 능력을 평가할 수 없다는 이유로 시험의 익명성에 대한 회의도 있었다고 하였으므로 적절하지 않다.
⑤ 마지막 문단에서 과거제를 통해 임용된 관리들은 승진을 위해서 빨리 성과를 낼 필요가 있었다. 그러나 지역 사회를 위해 장기적인 정책을 추진하기보다 가시적이고 단기적인 결과만을 중시하는 부작용을 가져왔다고 하였으므로 적절하지 않다.

14

슈퍼문일 때는 지구와 달의 거리가 35만 7,000km 정도로 가까워지며, 이때 지구에서 보름달을 바라보는 시각도는 0.56도로 커지므로 0.49의 시각도보다 크다는 내용은 적절하다.

오답분석

① 케플러의 행성운동 제1법칙에 따라 태양계의 모든 행성은 태양을 중심으로 타원 궤도로 돈다. 따라서 지구도 태양을 타원 궤도로 돌기 때문에 지구에서 태양까지의 거리는 항상 일정하지 않을 것이다.
② 달이 지구에 가까워지면 달의 중력이 더 강하게 작용하여, 달을 향한 쪽의 해수면이 평상시보다 더 높아진다. 즉, 지구와 달의 거리에 따라 해수면의 높이가 달라지므로 서로 관계가 있다.
③ 달이 지구에 가까워지면 평소 달이 지구를 당기는 힘보다 더 강하게 지구를 당긴다. 따라서 이와 반대로 달이 지구에서 멀어지면 지구를 당기는 달의 힘은 약해질 것이다.
⑤ 달의 중력 때문에 높아진 해수면이 지구의 자전을 방해하게 되고, 이 때문에 지구의 자전 속도가 느려져 100만 년에 17초 정도씩 길어진다고 하였으므로 지구의 자전 속도는 점점 느려지고 있다.

15

정의로운 국가라면 국가가 사회 구성원 모두 평등권을 되도록 폭넓게 누리도록 보장해야 한다는 정의의 원칙은 좌파와 우파 모두에게 널리 받아들여진 생각이다.

오답분석
① 좌우 진영은 이미 사회정의의 몇 가지 기본 원칙에 서로 합의했다.
② 상속으로 생겨난 재산의 불평등 문제는 개인이 통제할 수 없는 요인으로 발생한 것이므로, 상속의 혜택을 받은 이들에게 불평등 문제를 해결하라고 요구하는 것은 바람직하지 않다.
③ 좌파는 불평등과 재분배의 문제에 강력한 정부의 개입이 필요하다고 주장하나, 이와 달리 우파는 정부 개입을 통한 재분배의 규모가 크지 않아야 한다고 주장한다.
④ 좌파와 우파의 대립은 불평등이 왜 생겨났으며, 그것을 어떻게 해소할 것인가를 다루는 사회경제 이론은 다른 데서 비롯되었다.

16

첫 번째 문단에서 통각 수용기에는 감각적응 현상이 거의 일어나지 않는다고 하였으므로 가장 적절하다.

오답분석
① 두 번째 문단에서 Aδ섬유를 따라 전도된 통증 신호가 대뇌 피질로 전달되면, 대뇌 피질에서는 날카롭고 쑤시는 듯한 짧은 초기 통증을 느끼고 통증이 일어난 위치를 파악한다고 하였으므로 옳지 않다.
③ 두 번째 문단에서 Aδ섬유는 직경이 크고 전도 속도가 빠르며, C섬유는 직경이 작고 전도 속도가 느리다고 했으므로 옳지 않다.
④ 첫 번째 문단에서 통각 수용기는 피부에 가장 많아 피부에서 발생한 통증은 위치를 확인하기 쉽다고 했으므로 옳지 않다.
⑤ 두 번째 문단에서 Aδ섬유에는 기계적 자극이나 높은 온도 자극에 반응하는 통각 수용기가 분포되어 있고, C섬유에도 기계적 자극이나 높은 온도 자극에 반응하는 통각 수용기가 분포되어 있다고 했으므로 옳지 않다.

17

얼렌 증후군 환자들은 사물이 흐릿해지면서 두세 개로 보이는 것과 같은 시각적 왜곡을 경험한다. 이들은 어두운 곳에서 책을 보고 싶어 하는 경우가 많다고 한 내용을 보아 밝은 곳에서 난독증 증상이 더 심해진다는 것을 알 수 있다.

오답분석
① 난독증은 지능에는 문제가 없으며, 단지 언어활동에만 문제가 있는 질환이기 때문에 지능에 문제가 있는 사람에게서 주로 나타난다고 보기 어렵다.
② 문자열을 전체로는 처리하지 못하고 하나씩 취급하여 전체 문맥을 이해하지 못하는 것 역시 난독증의 증상 중 하나이다.
③ 지능과 시각, 청각이 모두 정상임에도 난독증을 경험하는 경우가 있는 것으로 밝혀졌다.
④ 난독증의 원인 중 하나인 얼렌 증후군은 시신경 세포가 정상인보다 적은 경우에 발견되는데, 보통 유전의 영향을 많이 받는다.

18

제시문만으로는 알 수 없는 내용이다.

오답분석
① 첫 번째 문단에서 미국 텍사스 지역에서 3D 프린터 건축 기술을 이용한 주택이 완공되었음을 알 수 있다.
② 두 번째 문단에서 전통 건축 기술에 비해 3D 프린터 건축 기술은 건축폐기물 및 CO_2 배출량 감소 등 환경오염이 적음을 알 수 있다.
③ 네 번째 문단에서 코로나19 사태로 인한 인력 수급난을 해소할 수 있음을 알 수 있다.
⑤ 마지막 문단에서 우리나라의 3D 프린터 건축 기술은 아직 제도적 한계와 기술적 한계가 있음을 알 수 있다.

19

르네상스 이후 서구인의 야만인 담론은 이전과는 달리 현실적 구체성을 띠고 있지만 전통적인 야만인관에 의해 각색되는 것은 여전하다.

20

정답 ②

발효된 파리기후변화협약은 3년간 탈퇴가 금지되어 2019년 11월 3일까지는 탈퇴 통보가 불가능하다는 내용을 통해 해당 협약은 2016년 11월 4일에 발효되었음을 알 수 있다. 따라서 파리기후변화협약은 2015년 12월 제21차 유엔기후변화협약 당사국총회에서 채택되었을 뿐, 2015년 12월 3일에 발효된 것은 아니다.

오답분석

① 파리기후변화협약은 2020년 만료 예정인 교토의정서를 대체하여 2021년부터의 기후변화 대응을 담은 국제협약이므로 교토의 정서는 2020년 12월에 만료되는 것을 알 수 있다.
③ 파리기후변화협약에서 개발도상국은 절대량 방식의 감축 목표를 유지해야 하는 선진국과 달리 절대량 방식과 배출 전망치 대비 방식 중 하나를 채택할 수 있다. 우리나라의 감축 목표는 2030년 배출 전망치 대비 37%의 감축이므로 개발도상국에 해당하는 것을 알 수 있다.
④ 파리기후변화협약은 채택 당시 195개의 당사국 모두가 협약에 합의하였으나, 2020년 11월 4일 미국이 공식 탈퇴함에 따라 현재 194개국이 합의한 상태임을 알 수 있다.
⑤ 파리기후변화협약은 온실가스 감축 의무가 선진국에만 있었던 교토의정서와 달리 환경 보존에 대한 의무를 전 세계의 국가들이 함께 부담하도록 하였다.

21

정답 ①

제시문에 언급되지 않은 내용이다.

오답분석

② 두 번째 문단에서 확인할 수 있다.
③ 첫 번째 문단에서 '위기(爲己)란 자아가 성숙하는 것을 추구하며'라고 하였다.
④ 첫 번째 문단에서 '공자는 공부하는 사람의 관심이 어디에 있느냐를 가지고 학자를 두 부류로 구분했다.'라고 하였다.

22

정답 ④

제시문은 분자 상태의 수소와 산소가 결합하여 물이 되는 과정을 설명한 글로, 수소 분자와 산소 분자가 원자로 분해되고, 분해된 산소 원자 하나와 수소 원자 두 개가 결합하여 물이라는 화합물이 생성된다고 했다. 따라서 산소 분자와 수소 분자가 '각각' 물이 된다는 내용은 적절하지 않다.

23

정답 ③

마지막 문단에서 이용후생 학파들이 제시한 주요 정책들의 바탕에는 '사농공상으로 서열화된 직업의 귀천을 최대한 배제하고 상공업의 중흥을 강조해야 한다는 생각이 자리 잡고 있었다.'고 하였다. 따라서 이용후생 학파들은 농업의 중요성이 아닌 상공업의 중흥을 강조하였다.

24

정답 ⑤

제시문에 따르면 작업으로서의 일과 고역으로서의 일의 구별은 단순히 지적 노고와 육체적 노고의 차이에 의해 결정되지 않는다. 구별의 근본적 기준은 인간의 존엄성과 관련되므로 작업으로서의 일은 자의적·창조적 활동이 되며, 고역으로서의 일은 타의적·기계적 활동이 된다. 따라서 작업과 고역을 지적 노동과 육체적 노동으로 각각 구분한 ⑤는 적절하지 않다.

오답분석

① 고역은 상품 생산만을 목적으로 하며, 작업은 상품 생산을 통한 작품 창작을 목적으로 한다. 즉, 작업과 고역 모두 생산 활동이라 는 목적을 지닌다.
② 작업은 자의적인 활동이며, 고역은 타의에 의해 강요된 활동이다.
③ 작업은 창조적인 활동이며, 고역은 기계적인 활동이다.
④ 작업과 고역을 구별하는 근본적 기준은 그것이 인간의 존엄성을 높이는 것이냐, 아니면 타락시키는 것이냐에 있다.

25

정답 ④

두 번째 문단에서 마이크로비드는 '면역체계 교란, 중추신경계 손상 등의 원인이 되는 잔류성유기오염물질을 흡착한다.'고 설명하고 있으므로 ④는 적절하지 않다.

26

정답 ④

안전속도 5030 정책에 대한 연령대별 인지도의 평균은 $\dfrac{59.7+66.6+70.2+72.1+77.3}{5}=69.18\%$이므로 적절하지 않다.

오답분석

① 운전자를 대상으로 안전속도 5030 정책 인지도를 조사한 결과 68.1%의 운전자가 정책을 알고 있다고 하였으므로 10명 중 6명 이상은 정책을 알고 있다.
② 안전속도 5030 정책에 대한 20대 이하 운전자의 인지도는 59.7%로 가장 낮다.
③ 20대는 59.7%, 30대는 66.6%, 40대는 70.2%, 50대는 72.1%, 60대 이상은 77.8%로 연령대가 높을수록 정책에 대한 인지도가 높다.
⑤ 안전속도 5030 정책은 일반도로의 제한속도를 시속 50km로, 주택가 등의 이면도로는 시속 30km 이하로 하향 조정하는 정책이다.

27

정답 ④

우리나라의 낮은 장기 기증률은 전통적 유교 사상 때문이라고 주장하고 있는 A와 달리, B는 이에 대하여 다양한 원인을 제시하고 있다. 따라서 A의 주장에 대해 반박할 수 있는 내용으로 ④가 가장 적절하다.

28

정답 ③

제시문의 마지막 문장에서 '언어 변화의 여러 면을 이해할 수 있다.'라고 언급했으므로 맨 앞에 나오는 문장으로는 일반적인 상위 진술인 '접촉의 형식도 언어 변화에 영향을 미치는 요소로 지적되고 있다.'가 가장 적절함을 알 수 있다.

29

정답 ③

스마트미터는 신재생에너지가 보급되기 위해 필요한 스마트그리드의 기초가 되는 부분이다. 에너지 공급자와 사용자를 양방향 데이터 통신으로 연결해 검침 및 정보제공 역할을 하여 발전소와 소비자 모두 필요한 정보를 모니터링하는 시스템일 뿐, 직접 에너지를 생산하는 신재생에너지는 아니다.

30

정답 ⑤

이곡의 『차마설』은 말을 빌려 탄 개인적인 경험을 통해 소유에 대한 보편적인 깨달음을 제시하고 올바른 삶의 태도를 촉구하는 교훈적 수필로, 개인적 일상의 경험을 먼저 제시하고 이에 대한 자신의 의견을 제시하고 있다.

오답분석

① 말을 빌려 탄 개인의 경험을 소유에 대한 욕망이라는 추상적 대상으로 확장하는 유추의 방법을 사용하고 있다.
② 말을 빌려 탄 개인적 경험의 예화를 통해 소유에 대한 반성의 교훈을 제시하는 2단 구성 방식을 취하고 있다.
③ 주관적인 개인적 경험을 통해 소유에 대한 보편적인 의견을 제시하고 있다.
④ 맹자의 말을 인용하여 사람들의 그릇된 소유 관념을 비판하고 있다.

31

정답 ④

제시문은 정의를 통해 집단사고와 집단지성의 개념을 설명하고, 위키피디아를 집단지성의 사례로 사용하는 예시를 들어 독자의 이해를 돕고 있다. 또한 위키피디아를 '살아 있는 백과사전'으로 표현하는 비유의 설명 방식을 사용하였으며, 집단사고와 집단지성의 차이를 밝히는 대조를 통해 집단지성의 특징을 효과적으로 설명하고 있다.

32

정답 ④

제시문의 마지막 문단에 따르면 어떤 대상이 반드시 가져야만 하고 그것을 다른 대상과 구분해 주는 속성이 본질이다. 반(反)본질주의에서 본질은 관습적으로 부여하는 의미를 표현한 것에 불과하며, 단지 인간의 가치가 투영된 것에 지나지 않는 것이므로 ④가 본질주의의 견해로 가장 적절하다.

33

정답 ④

세 번째 문단에서 '우리가 일반적으로 잘못인 것으로 판단하는 믿음까지 용인하는 경우에도 그 사람이 더 관용적이라고 말해야 한다.'고 하였다. 따라서 ④와 같이 우리가 일반적으로 잘못이라고 판단할 수 있는 '보편적 도덕 원칙에 어긋나는 가르침을 주장하는 종교까지 용인하는 사람을 더 관용적이라고 평가'한다는 내용을 역설(⊙)의 사례로 들 수 있다. 그리고 이로부터 '우리는 관용의 맥락에서, 용인하는 믿음이나 관습의 내용에 일정한 한계가 있어야 함을 알 수 있다.'는 말로 이어지는 것이 흐름상 적절하다.

34

정답 ②

제시문의 필자는 3R 원칙을 강조하며 가장 필수적이고 최저한의 동물실험이 필요악임을 주장하고 있다. 특히 '보다 안전한 결과를 도출해내기 위한 동물실험은 필요악이며, 이러한 필수적인 의약실험조차 금지하려 한다는 것은 기술 발전 속도를 늦춰 약이 필요한 누군가의 고통을 감수하자는 이기적인 주장'이라는 대목을 통해 약이 필요한 이들을 위한 의약실험에 초점을 맞추고 있음을 확인할 수 있다. 따라서 ②의 주장처럼 생명과 큰 관련이 없는 동물실험을 비판의 근거로 삼는 것은 적절하지 않다.

35

정답 ③

첫 번째 문단에서 오늘날 우리가 부르는 애국가의 노랫말은 외세의 침략으로 나라가 위기에 처해있던 1907년을 전후하여 조국애와 충성심을 북돋우기 위하여 만들어졌음을 알 수 있다. 따라서 1896년 『독립신문』에 현재 애국가의 노랫말이 게재되지 않았다는 것을 알 수 있다.

[오답분석]
① 두 번째 문단에서 1935년 해외에서 활동 중이던 안익태가 오늘날 우리가 부르고 있는 국가를 작곡하였고, 이 곡은 해외에서만 퍼져나갔다고 하였으므로, 1940년에 해외에서는 애국가 곡조를 들을 수 있었다.
② 네 번째 문단에서 국기강하식 방송, 극장에서의 애국가 상영 등은 1980년대 후반 중지되었다고 하였으므로, 1990년대 초반까지 애국가 상영이 의무화되었다는 말은 적절하지 않다.
④ 마지막 문단에서 연주만 하는 의전행사나 시상식·공연 등에서는 전주곡을 연주해서는 안 된다고 하였으므로 적절하지 않다.

36

정답 ③

계약면적은 공급면적과 기타공용면적을 더한 것이고, 공급면적은 전용면적과 주거공용면적을 더한 것이다. 따라서 계약면적은 전용면적, 주거공용면적, 기타공용면적을 더한 것이다.

[오답분석]
① 발코니 면적은 서비스면적에 포함되며, 서비스면적은 전용면적과 공용면적에서 제외된다.
② 관리사무소 면적은 공용면적 중에서도 기타공용면적에 포함된다. 공급면적은 전용면적과 주거공용면적을 더한 것이므로 관리사무소 면적은 공급면적에 포함되지 않는다.
④ 공용계단과 공용복도의 면적은 주거공용면적에 포함되므로 공급면적에 포함된다.
⑤ 현관문 안쪽의 전용 생활공간인 거실과 주방의 면적은 전용면적에 포함된다.

37

레일리 산란의 세기는 보랏빛이 가장 강하지만 우리 눈은 보랏빛보다 파란빛을 더 잘 감지하기 때문에 하늘이 파랗게 보이는 것이다. 따라서 ③은 추론할 수 없는 내용이다.

오답분석

①·② 첫 번째 문단의 내용을 통해 추론할 수 있다.

④ 빛의 진동수는 파장과 반비례하고, 레일리 산란의 세기는 파장의 네제곱에 반비례한다. 즉, 빛의 진동수가 2배가 되면 파장은 1/2배가 되고, 레일리 산란의 세기는 $2^4 = 16$배가 된다.

⑤ 마지막 문단의 내용을 통해 추론할 수 있다.

38

이소크라테스는 영원불변하는 보편적 지식의 무용성을 주장했을 뿐, 존재 자체를 부정했다는 내용은 제시문에서 확인할 수 없다.

오답분석

① 플라톤의 이데아론은 삶과 행위의 구체적이고 실제적인 일상이 무시된 채 본질적이고 이념적인 영역을 추구하고 있다는 비판을 받고 있다.

② 물질만능주의는 모든 관계를 돈과 같은 가치에 연관시켜 생각하는 행위로, 탐욕과 사리사욕을 위한 교육에 매진하는 소피스트들과 일맥상통하는 면이 있다.

④ 이소크라테스는 이데아론의 무용성을 주장하면서 동시에 비도덕적이고 지나치게 사리사욕을 위한 소피스트들의 교육을 비판했다.

⑤ 이소크라테스는 삶과 행위의 문제를 이론적이고도 실제적으로 해석하면서도, 도덕이나 정당화의 문제보다는 변화하는 실제적 행위만 추구한 소피스트들을 비판했기에 훌륭한 말(실제적 문제)과 미덕(도덕과 정당화)을 추구했음을 알 수 있다.

39

KCNK13채널이 도파민을 촉진하는 활동을 차단할 수 있다면 폭음을 막을 수 있다고 하였으나 약을 개발하였는지는 제시문을 통해 추론할 수 없다.

오답분석

① 뇌는 알코올이 흡수되면 도파민을 분출하고, 도파민은 보상을 담당하는 화학 물질로 뇌에 보상을 받고 있다는 신호를 보내 음주 행위를 계속하도록 만든다.

② 실험 결과 KCNK13채널을 15% 축소한 쥐가 보통의 쥐보다 30%나 더 많은 양의 알코올을 폭음하였다.

③ 이전에는 도파민이 어떤 경로를 거쳐 VTA에 도달하는지 알 수 없었으나, 일리노이대 후성유전학 알코올 연구센터에서 이를 밝혀냈다.

④ VTA에 도파민이 도달하면 신경세포 활동이 급격히 증가하면서 활발해지고 이는 보상을 얻기 위해 알코올 섭취를 계속하게 만들 수 있다.

40

테크핀의 발전 원인에는 국내의 높은 IT 인프라, 전자상거래 확산, 규제 완화 등이 있다.

오답분석

① 핀테크와 테크핀의 부정적인 영향으로 혜택의 불균형이 있다.

② 핀테크는 금융기관이, 테크핀은 ICT 기업이 주도한다.

③ 테크핀은 금융보다 기술을 강조한다.

⑤ 테크핀의 발전은 핀테크의 발전을 야기하였다.

41

정답 ⑤

현대는 텔레비전이나 만화책을 보는 문화가 신문이나 두꺼운 책을 읽는 문화를 대체하고 있다. 이처럼 휴식이 따라오는 보는 놀이는 사람들의 머리를 비우게 하여 생각 없는 사회로 치닫게 한다. 즉, 사람들은 텔레비전을 보는 동안 휴식을 취하며 생각을 하지 않으므로 텔레비전을 많이 볼수록 생각하는 시간이 적어짐을 추론할 수 있다.

42

정답 ①

치명적인 이빨이나 발톱을 가진 동물들은 살상 능력이 크기 때문에 자신의 종에 대한 공격을 제어할 억제 메커니즘이 필요했고, 그것이 진화의 과정에 반영되었다고 했으므로 적절한 내용이다.

오답분석

②·③ 인간은 신체적으로 미약한 힘을 지녔기 때문에 자신의 힘만으로 자기 종을 죽인다는 것이 어려웠을 뿐 공격성은 학습이나 지능과 관계가 없다.
④ 인간의 공격적인 본능은 긍정적인 측면과 부정적인 측면을 모두 포함해서 오늘날 인류를 있게 한 중요한 요소이다.
⑤ 인간은 진화가 아닌 기술의 발달로 살상 능력을 지니게 되었다.

43

정답 ④

포지티브 방식은 PR 코팅, 즉 감광액이 빛에 노출되었을 때 현상액에 녹기 쉽게 화학구조가 변하며, 네거티브 방식은 반대로 감광액이 빛에 노출되면 현상액에 녹기 어렵게 변한다.

오답분석

① 포토리소그래피는 PR층이 덮이지 않은 증착 물질을 제거하는 식각 과정 이후 PR층을 마저 제거한다. 이후 일련의 과정을 다시 반복하여 증착 물질을 원하는 형태로 패터닝하는 것이다.
② PR코팅은 노광 과정 이후 현상액에 접촉했을 때 반응하여 사라지거나 남게 된다. 따라서 식각 과정 이전에 자신의 실수를 알아차렸을 것이다.
③ 포지티브방식의 PR 코팅을 사용한 창우의 디스플레이 회로의 PR층과 증착 물질이 모두 사라졌다면, 증착 및 코팅 불량이나 PR 제거 실수와 같은 근본적인 오류를 제외할 경우 노광 과정에서 마스크가 빛을 가리지 못해 PR층 전부가 빛에 노출되었을 가능성이 높다.
⑤ 광수가 원래 의도대로 디스플레이 회로를 완성시키기 위해서는 최소 PR 코팅 이전까지 공정을 되돌릴 필요가 있다.

44

정답 ④

제시문은 시장 메커니즘의 부정적인 면을 강조하면서 인간과 자연이 어떠한 보호도 받지 못한 채 시장 메커니즘에 좌우된다면 사회가 견뎌낼 수 없을 것이라고 주장한다. 따라서 시장 메커니즘에 대한 적절한 제도적 보호 장치를 마련해야 한다는 내용의 ④가 제시문의 주장으로 가장 적절하다.

오답분석

① 무분별한 환경 파괴보다는 인간과 자연이라는 사회의 실패를 막기 위한 보호가 필요하다고 주장한다.
② 구매력의 공급을 시장 기구의 관리에 맡기게 되면 영리 기업들은 주기적으로 파산하게 될 것이라고 주장하므로 적절하지 않다.
③ 시장 메커니즘이 인간의 존엄성을 파괴할 수 있다고 주장하지만, 한편으로는 시장 경제에 필수적인 존재임을 인정하므로 철폐되어야 한다는 주장은 적절하지 않다.

45

제시문은 사회복지의 역할을 긍정하며 사회복지 찬성론자의 입장을 설명하고 있다. 따라서 사회 발전을 위한 사회복지가 오히려 장애가 될 수 있다는 점을 주장하며 반론하는 것이 적절하다.

오답분석

① 사회복지는 소외문제를 해결하고 예방하기 위하여 사회 구성원들이 각자의 사회적 기능을 원활하게 수행하게 한다.
② 사회복지는 삶의 질을 향상시키는 데 필요한 제반 서비스를 제공하는 행위와 그 과정을 의미한다.
④ 현대 사회가 발전함에 따라 생기는 문제의 기저에는 경제 성장과 사회 분화 과정에서 나타나는 불평등과 불균형이 있다.
⑤ 찬성론자들은 병리 현상을 통해 생겨난 희생자들을 방치하게 되면 사회 통합은 물론 지속적 경제 성장에 막대한 지장을 초래할 것이라고 주장한다.

46

첫 번째 문장에서 경기적 실업이란 노동에 대한 수요가 감소하여 고용량이 줄어들어 발생하는 실업이라고 하였으므로, 빈칸에는 기업이 생산량을 줄임으로써 노동에 대한 수요가 감소한다는 내용이 들어가는 것이 적절하다.

47

제시문에서 '당분 과다로 뇌의 화학적 균형이 무너져 정신에 장애가 왔다고 주장'한 것과, '정제한 당의 섭취를 원천적으로 차단'한 실험 결과를 토대로 추론하면 빈칸에 들어갈 내용은 '과다한 정제당 섭취가 반사회적 행동을 유발할 수 있다.'로 귀결된다.

48

제시문에 따르면 젊은 사람들의 경우 장시간 전자 기기를 사용하는 근거리 작업과 전자 기기에서 나오는 블루라이트 등으로 인해 노안 발생률이 증가하고 있다. 따라서 노안을 예방하기 위해서는 전자 기기 사용을 줄이고 블루라이트 차단 제품을 사용하며, 눈에 충분한 휴식을 주어 눈의 부담을 덜어주어야 한다. 그러나 눈 운동과 관련된 내용은 제시문에서 찾아볼 수 없다.

49

ㄴ. 전자 기기의 블루라이트 불빛은 노안의 원인이 되므로 장시간 스마트폰을 사용한다면 노안을 의심해볼 수 있다.
ㅁ. 노안이 발생하면 수정체의 조절 능력이 저하되어 가까운 거리의 시야가 흐리게 보인다.
ㅂ. 노안의 대표적인 증상이다.

오답분석

ㄱ. 안경 착용은 노안과 관계가 없다.
ㄷ. 책을 읽거나 컴퓨터 작업을 할 때 두통이 발생한다면 노안을 의심할 수 있지만, 평상시의 갑작스러운 두통이나 어지럼증은 노안의 증상으로 보기 어렵다.
ㄹ. 최신 스마트폰 사용은 노안과 관계가 없으며, 스마트폰의 장시간 사용이 노안의 발생 원인이 된다.

50

두 번째 문단에 따르면 농업경제의 역사에서 정원이 갖는 의미는 시대와 지역에 따라 매우 달랐으나, 여성들의 입장은 지역적인 편차가 없었으므로 ③은 적절하지 않다.

01	02	03	04	05	06	07	08	09	10	11	12	13	14	15	16	17	18	19	20
⑤	⑤	①	④	①	④	③	①	①	⑤	③	⑤	④	②	①	④	⑤	④	②	④
21	22	23	24	25	26	27	28	29	30	31	32	33	34	35	36	37	38	39	40
⑤	③	③	④	④	③	④	①	④	③	②	⑤	②	③	③	②	②	②	③	④
41	42	43	44	45	46	47	48	49	50	51	52	53	54	55	56	57	58	59	60
③	③	⑤	③	④	②	②	④	②	③	②	③	①	③	③	②	⑤	③	③	①

01
정답 ⑤

A~E 다섯 명이 월요일에서 금요일까지 한 명씩 당직 근무를 서는 경우의 수는 5!=5×4×3×2×1=120가지이다.
이 중 D는 금요일, E는 수요일에 당직 근무를 설 경우의 수는 D와 E를 제외한 나머지 3명을 월요일, 화요일, 목요일에 배정하는 것과 같으므로 3!=3×2×1=6가지이다.

따라서 D는 금요일, E는 수요일에 당직 근무를 할 확률은 $\frac{3!}{5!}=\frac{6}{120}=\frac{1}{20}$ 이다.

02
정답 ⑤

회사에서부터 식당까지의 거리를 $x$km라고 하자.

은이가 이동한 시간은 $\frac{x}{3}$ 시간이고, 연경이가 이동한 시간은 $\frac{x}{3}-\frac{1}{6}=\frac{x}{4}$ 시간이므로 $x=2$이다.

효진이의 속력을 $y$km/h라 하면 다음과 같은 식이 성립한다.

$$\frac{2}{y}+\frac{1}{12}=\frac{2}{3} \rightarrow \frac{2}{y}=\frac{7}{12}$$

$$\therefore y=\frac{24}{7}$$

따라서 효진이의 속력은 $\frac{24}{7}$ km/h이다.

03
정답 ①

올라간 거리를 $x$km라 하면 내려온 거리는 $(x+2)$km이고, 올라간 시간과 내려간 시간이 같으므로 다음과 같은 식이 성립한다.

$$\frac{x}{4}=\frac{x+2}{6} \rightarrow 3x=2(x+2)$$

$$\therefore x=4$$

따라서 세빈이가 내려올 때 걸린 시간은 $\frac{4+2}{6}=1$시간이다.

04
정답 ④

• 흰 구슬을 먼저 뽑고, 검은 구슬을 뽑을 확률 : $\frac{4}{10}\times\frac{6}{9}=\frac{4}{15}$

• 검은 구슬을 먼저 뽑고, 흰 구슬을 뽑을 확률 : $\frac{6}{10}\times\frac{4}{9}=\frac{4}{15}$

$$\therefore \frac{4}{15} + \frac{4}{15} = \frac{8}{15}$$

따라서 흰 구슬과 검은 구슬을 각각 1개씩 뽑을 확률은 $\frac{8}{15}$ 이다.

05

정답 ①

8명의 선수 중 4명을 뽑는 경우의 수는 $_8\mathrm{C}_4 = \frac{8 \times 7 \times 6 \times 5}{4 \times 3 \times 2 \times 1} = 70$가지이고, A, B, C를 포함하여 4명을 뽑는 경우의 수는 A, B, C를 제외한 5명 중 1명을 뽑으면 되므로 $_5\mathrm{C}_1 = 5$가지이다.

따라서 구하고자 하는 확률은 $\frac{5}{70} = \frac{1}{14}$ 이다.

06

정답 ④

두 주사위의 눈의 수의 곱을 표로 정리하면 다음과 같다.

구분	1	2	3	4	5	6
1	1	2	3	4	5	6
2	2	4	6	8	10	12
3	3	6	9	12	15	18
4	4	8	12	16	20	24
5	5	10	15	20	25	30
6	6	12	18	24	30	36

4의 배수가 나오는 경우의 수는 모두 15가지이다.

따라서 구하고자 하는 확률은 $\frac{15}{36} = \frac{5}{12}$ 이다.

07

정답 ③

• 서로 다른 8개의 컵 중 4개를 선택하는 경우의 수 : $_8\mathrm{C}_4 = \frac{8 \times 7 \times 6 \times 5}{4 \times 3 \times 2 \times 1} = 70$가지

• 4개의 컵을 식탁 위에 원형으로 놓는 경우의 수 : $(4-1)! = 3! = 6$가지

따라서 서로 다른 8개의 컵 중에서 4개만 원형으로 놓는 경우의 수는 $70 \times 6 = 420$가지이다.

08

정답 ①

같은 부서 사람이 옆자리에 함께 앉아야 하므로 먼저 부서를 한 묶음으로 생각하고 세 부서를 원탁에 배치하는 경우는 $2! = 2$가지이다. 각 부서 사람끼리 자리를 바꾸는 경우의 수는 $2! \times 2! \times 3! = 2 \times 2 \times 3 \times 2 = 24$가지가 나온다.

따라서 조건에 맞게 7명이 앉을 수 있는 경우의 수는 $2 \times 24 = 48$가지이다.

09

정답 ①

25와 30의 최소공배수는 150이다.

따라서 $150 \div 7 = 21 \cdots 3$이므로 목요일로부터 3일 뒤인 일요일에 장터가 같이 열린다.

10

정답 ⑤

첫 번째 이벤트에서 같은 조였던 사람은 두 번째 이벤트에서 같은 조가 될 수 없다고 하였으므로 보기에 주어진 각 조의 조원들은 첫 번째 이벤트에서 모두 다른 조일 수밖에 없다. 그러므로 첫 번째 이벤트의 각 조에서 두 조원씩은 이미 1, 4조에 배정되었고 나머지 두 조원씩 8명을 2, 3조에 배정해야 한다. 두 번째 이벤트의 2, 3조 역시 첫 번째 이벤트에서 같은 조였던 사람은 두 번째 이벤트에서 같은 조가 될 수 없으므로 각 조에서 한 명씩을 뽑아 배정해야 한다. 한 조를 정하고 나면 나머지 한 조는 자동으로 정해지므로 $_2C_1 \times _2C_1 \times _2C_1 \times _2C_1$ 라는 식을 세울 수 있다.

따라서 조를 정할 수 있는 경우의 수는 $2\times2\times2\times2=16$가지이다.

11

정답 ③

전체 8명에서 4명을 선출하는 경우의 수에서 남자만 4명을 선출하는 경우의 수를 빼면 된다.

$$_8C_4 - _5C_4 = \frac{8\times7\times6\times5}{4\times3\times2\times1} - \frac{5\times4\times3\times2}{4\times3\times2\times1} = 70-5 = 65$$

따라서 구하는 경우의 수는 65가지이다.

12

정답 ⑤

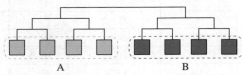

위의 그림과 같이 8강전 대진표를 살펴보면 결승전은 4명 중에서 1명씩 진출하는 것을 알 수 있다. 그러므로 결승전 전까지 같은 국가의 선수 대결을 피하기 위해서는 A그룹과 B그룹에 두 명의 선수들이 나누어 들어가야 한다.

대진표상 A그룹과 B그룹은 따로 구별이 필요하지 않다. 하지만 두 명의 한국 선수가 각 그룹에 들어갔다고 하였을 때, 선수를 기준으로 두 그룹의 구별이 발생한다. 해당 그룹에 각 나머지 나라의 선수들이 배치되는 경우의 수는 $2\times2\times2=8$가지이다.

따라서 분배된 인원들의 경기의 경우의 수를 구하면 $_4C_2 \times _2C_2 \div 2 \times _4C_2 \times _2C_2 \div 2 = 9$이므로 $8\times9 = 72$가지이다.

13

정답 ④

네 사람이 모두 한 번씩 출장을 가고, 그중 한 사람이 출장을 한 번 더 가면 된다.

네 사람을 A, B, C, D라고 하고, 두 번 출장가는 사람을 A라 하면 경우의 수는 $\frac{5!}{2} = 60$가지이다.

따라서 네 사람이 적어도 한 번 이상씩 출장 갈 경우의 수는 $60\times4 = 240$가지이다.

14

정답 ②

작년 B부서의 신입사원 수를 x명이라고 하면, 올해 A부서와 B부서의 신입사원은 각각 $55+5=60$명, $(x+4)$명이다.

올해 B부서의 신입사원 수의 1.2배가 A부서의 신인사원 수와 같으므로 두 부서의 신입사원 수에 대한 방정식은 다음과 같다.

$(x+4)\times1.2 = 60$

→ $x+4 = 50$

∴ $x=46$

따라서 작년 B부서의 신입사원 수는 46명이다.

15

6개의 팀을 배치할 경우의 수는 $6 \times 5 \times 4 \times 3 \times 2 \times 1 = 720$가지이고, A팀과 B팀이 2층에 들어갈 경우의 수는 $4 \times 3 \times 2 \times 1 \times 2 = 48$가지이다.

따라서 A팀과 B팀이 2층에 들어갈 확률은 $\frac{48}{720} = \frac{1}{15}$ 이다.

다른풀이

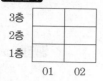

A팀이 201에, B팀이 202에 들어갈 확률은 $\frac{1}{6} \times \frac{1}{5} = \frac{1}{30}$ 이다. A팀이 202에, B팀이 201에 들어갈 수도 있다.

따라서 A팀과 B팀이 2층에 들어갈 확률은 $\frac{1}{30} \times 2 = \frac{1}{15}$ 이다.

16

A, B, C에 해당되는 청소 주기 6, 8, 9일의 최소공배수는 $2 \times 3 \times 4 \times 3 = 72$이다.
9월은 30일, 10월은 31일까지 있으므로 9월 10일에 청소를 하고 72일 이후인 11월 21일에 세 사람이 같이 청소하게 된다.

17

작년 사원 수에서 줄어든 인원은 올해 진급한 사원(12%)과 퇴사한 사원(20%)이므로 이를 합하면 $400 \times (0.12 + 0.2) = 128$명이며, 작년 사원에서 올해도 사원인 사람은 $400 - 128 = 272$명이다.
올해 사원 수는 작년 사원 수에서 6% 증가했으므로 $400 \times 1.06 = 424$명이 된다.
따라서 올해 채용한 신입사원은 $424 - 272 = 152$명임을 알 수 있다.

18

남자 회원 수를 x명, 여자 회원 수를 y명이라고 하자.
$y = 0.8x \cdots \bigcirc$
$x - 5 = y + 1 \cdots \bigcirc$
$\bigcirc$과 $\bigcirc$을 연립하면 $x = 30$, $y = 24$이다.
$\therefore x + y = 30 + 24 = 54$
따라서 모임의 회원 수는 54명이다.

19

A가 합격할 확률을 P_A라 하고, B가 합격할 확률을 P_B라 할 때, 두 사람의 합격 여부는 서로 영향을 미치지 않으므로 A, B 모두 합격할 확률은 $P_A \cap P_B = P_A \times P_B = 0.30$이다.

$P_A = 0.4$이므로 $P_B = \frac{0.3}{0.4} = \frac{3}{4} = 0.75$이다.

따라서 두 사람 모두 불합격할 확률은 $(1 - 0.4) \times (1 - 0.75) = 0.6 \times 0.25 = 0.150$이다.

20

[(시침의 숫자)+(분침의 숫자)]×5=(가운데 숫자)
- A : (9+7)×5=80
- B : (B+6)×5=65 → B+6=13
∴ B=7

따라서 $2B-\dfrac{A}{20}=2\times7-\dfrac{80}{20}=14-4=10$이다.

21

두 제품 A와 B의 원가를 각각 a원, b원이라고 하자.
$a+b=50,000 \cdots \bigcirc$
$(a\times0.1+b\times0.12)\times5=28,200 \rightarrow 5a+6b=282,000 \cdots \bigcirc\hspace{-0.3em}$ⓛ
ⓞ과 ⓛ을 연립하면 $b=282,000-50,000\times5=32,000$
따라서 B의 원가는 32,000원이다.

22

두 사람이 각각 헤어숍에 방문하는 간격인 10과 16의 최소공배수 80을 일주일 단위로 계산하면 11주 3일(80÷7=11 ⋯ 3)이 된다.
따라서 두 사람은 일요일의 3일 후인 수요일에 다시 만난다.

23

전체 일의 양을 1이라고 하고, A~C가 하루에 할 수 있는 일의 양을 각각 $\dfrac{1}{a}$, $\dfrac{1}{b}$, $\dfrac{1}{c}$라고 하자.

$\dfrac{1}{a}+\dfrac{1}{b}=\dfrac{1}{12} \cdots \bigcirc$

$\dfrac{1}{b}+\dfrac{1}{c}=\dfrac{1}{6} \cdots \bigcirc\hspace{-0.3em}$ⓛ

$\dfrac{1}{c}+\dfrac{1}{a}=\dfrac{1}{18} \cdots \bigcirc\hspace{-0.3em}$ⓒ

ⓞ, ⓛ, ⓒ을 모두 더한 다음 2로 나누면 3명이 하루에 할 수 있는 일의 양을 구할 수 있다.

$\dfrac{1}{a}+\dfrac{1}{b}+\dfrac{1}{c}=\dfrac{1}{2}\left(\dfrac{1}{12}+\dfrac{1}{6}+\dfrac{1}{18}\right)=\dfrac{1}{2}\left(\dfrac{3+6+2}{36}\right)=\dfrac{11}{72}$

따라서 72일 동안 3명이 끝낼 수 있는 일의 양은 $\dfrac{11}{72}\times72=11$이므로 전체 일의 양의 11배이다.

24

어떤 자연수를 x라 하면, 245−5=240과 100−4=96으로는 x가 나누어떨어진다고 할 수 있다.
따라서 가장 큰 x는 240과 96의 최대공약수인 48이다.

25

같은 시간 동안 혜영이와 지훈이의 이동거리의 비가 3 : 4이므로 속력의 비 또한 3 : 4이다.

따라서 혜영이의 속력을 x/min이라 하면 지훈이의 속력은 $\dfrac{4}{3}x$/min이다.

같은 지점에서 같은 방향으로 출발하여 다시 만날 때 두 사람의 이동거리의 차이는 1,800m이다.

$$\frac{4}{3}x \times 15 - x \times 15 = 1,800$$

→ $5x = 360$

∴ $x = 360$

따라서 혜영이가 15분 동안 이동한 거리는 $360 \times 15 = 5,400$m이고 지훈이가 15분 동안 이동한 거리는 $480 \times 15 = 7,200$m이므로 두 사람의 이동거리의 합은 $5,400 + 7,200 = 12,600$m이다.

26

• 20분 동안 30m/min의 속력으로 간 거리 : $20 \times 30 = 600$m
• 20분 후 남은 거리 : $2,000 - 600 = 1,400$m
• 1시간 중 남은 시간 : $60 - 20 = 40$분

따라서 20분 후 속력은 $1,400 \div 40 = 35$m/min이므로, 이후에는 35m/min의 속력으로 가야 한다.

27

철수가 농구코트의 모서리에 서 있으며, 농구공은 농구코트 안에서 철수로부터 가장 멀리 떨어진 곳에 있다고 하였다.
즉, 농구공과 철수는 대각선으로 마주 보고 있으므로 농구코트의 가로와 세로 길이를 이용하여 대각선의 길이를 구한다.
따라서 피타고라스의 정리를 이용하면 대각선의 길이는 $\sqrt{5^2 + 12^2} = 13$m이다.

28

소금물 A의 농도를 x%, 소금물 B의 농도를 y%라고 하면, 다음 두 방정식이 성립한다.

$$\frac{x}{100} \times 200 + \frac{y}{100} \times 300 = \frac{9}{100} \times 500 \rightarrow 2x + 3y = 45 \cdots \text{㉠}$$

$$\frac{x}{100} \times 300 + \frac{y}{100} \times 200 = \frac{10}{100} \times 500 \rightarrow 3x + 2y = 50 \cdots \text{㉡}$$

㉠과 ㉡을 연립하면 $x = 12$, $y = 7$이다.
따라서 소금물 A의 농도는 12%, 소금물 B의 농도는 7%이다.

29

수현이가 부모님과 통화한 시간을 x분, 동생과 통화한 시간을 y분이라 하자.
$x + y = 60 \cdots \text{㉠}$
$40x = 2 \times 60y \rightarrow x = 3y \cdots \text{㉡}$
㉡을 ㉠에 대입하면 $x = 45$, $y = 15$이다.
따라서 수현이가 내야 하는 국제전화 요금 총액은 $40 \times 45 + 60 \times 15 = 2,700$원이다.

30

오염물질의 양은 $\frac{14}{100} \times 50 = 7$g이므로 깨끗한 물을 xg 더 넣어 오염농도를 10%로 만든다면 다음과 같은 식이 성립한다.

$$\frac{7}{50+x} \times 100 = 10 \rightarrow 700 = 10 \times (50+x)$$

∴ $x = 20$

따라서 깨끗한 물을 20g 더 넣어야 한다.

31

두 소행성이 충돌할 때까지 걸리는 시간을 x초라고 하자.

(거리)=(속력)×(시간)이므로 $10x+5x=150$

$\therefore x=10$

따라서 두 소행성은 10초 후에 충돌한다.

32

50g을 덜어낸 뒤 남아있는 소금물의 양은 50g이고, 농도는 20%이다. 이때 남아있는 소금의 양은 다음과 같다.

(소금의 양)=(농도)×(남아있는 소금물의 양)$=\dfrac{20}{100}\times50=10$g

농도를 10%로 만들기 위해 더 넣은 물의 양을 xg이라고 하면 농도에 대한 식은 다음과 같다.

$\dfrac{10}{50+x}\times100=10\%$

$\therefore x=50$

따라서 더 넣어야 하는 물의 양은 50g이다.

33

$(17+15+12+7+4)\div5=11$개소

오답분석

① 2021년 전통 사찰 지정등록 수는 2020년보다 증가했다.

③ 2015년 전년 대비 지정등록 감소폭은 3개소, 2019년은 2개소이다.

④ 해당 자료만으로는 전통 사찰 총등록 현황을 알 수 없다.

⑤ 전년도(2014년)에 비해 오히려 감소했다.

34

• A기업
  – 화물자동차 : $200,000+(1,000\times5\times100)+(100\times5\times100)=750,000$원
  – 철도 : $150,000+(900\times5\times100)+(300\times5\times100)=750,000$원
  – 연안해송 : $100,000+(800\times5\times100)+(500\times5\times100)=750,000$원
• B기업
  – 화물자동차 : $200,000+(1,000\times1\times200)+(100\times1\times200)=420,000$원
  – 철도 : $150,000+(900\times1\times200)+(300\times1\times200)=390,000$원
  – 연안해송 : $100,000+(800\times1\times200)+(500\times1\times200)=360,000$원

따라서 A는 모든 수단에서 동일하고, B는 연안해송이 가장 저렴하다.

35

• 2015 · 2016년의 평균 $=\dfrac{826.9+806.9}{2}=816.9$만 명

• 2021 · 2022년의 평균 $=\dfrac{796.3+813.0}{2}=804.65$만 명

따라서 두 평균의 차이는 $816.9-804.65=12.25$만 명이다.

36

E과제에 대한 전문가 3의 점수는 70×5−(100+40+70+80)=60점이고, A~E과제의 평균점수와 최종점수를 구하여 표로 정리하면 다음과 같다.

구분	평균점수	최종점수
A과제	$\dfrac{100+70+60+50+80}{5}=72$점	$\dfrac{70+60+80}{3}=70$점
B과제	$\dfrac{80+60+40+60+60}{5}=60$점	$\dfrac{60+60+60}{3}=60$점
C과제	$\dfrac{60+50+100+90+60}{5}=72$점	$\dfrac{60+90+60}{3}=70$점
D과제	$\dfrac{80+100+90+70+40}{5}=76$점	$\dfrac{80+90+70}{3}=80$점
E과제	70점	$\dfrac{60+70+80}{3}=70$점

따라서 평균점수와 최종점수가 같은 과제는 B, E이다.

37

매년 A, B, C 각 학과의 입학자와 졸업자의 차이는 13명으로 일정하다.
따라서 빈칸에 들어갈 값은 58−13=45이다.

38

이산화탄소의 농도가 계속해서 증가하고 있는 것과 달리 오존 전량은 2016년부터 2019년까지 차례로 감소하고 있다.

오답분석

① 이산화탄소의 농도는 2016년 387.2ppm에서 시작하여 2022년 395.7ppm으로 해마다 증가했다.
③ 2022년 오존 전량은 335DU로, 2016년의 331DU보다 4DU 증가했다.
④ 2022년 이산화탄소 농도는 2017년의 388.7ppm에서 395.7ppm으로 7ppm 증가했다.
⑤ 오존 전량은 2017년에는 1DU, 2018년에는 2DU, 2019년에는 3DU 감소하였으며, 2022년에는 8DU 감소하였다.

39

남자가 소설을 대여한 횟수는 60회이고, 여자가 소설을 대여한 횟수는 80회이므로 $\dfrac{60}{80}\times100=75\%$이다.

오답분석

① 소설 전체 대여 횟수는 140회, 비소설 전체 대여 횟수는 80회이므로 옳다.
② 40세 미만의 전체 대여 횟수는 120회, 40세 이상의 전체 대여 횟수는 100회이므로 옳다.
④ 40세 미만의 전체 대여 횟수는 120회이고, 그중 비소설 대여는 30회이므로 $\dfrac{30}{120}\times100=25\%$이다.
⑤ 40세 이상의 전체 대여 횟수는 100회이고, 그중 소설 대여는 50회이므로 $\dfrac{50}{100}\times100=50\%$이다.

40

ㄴ. 2022년, 2023년 모두 30대 이상의 여성이 남성보다 비중이 높다.
ㄷ. 2023년도 40대 남성의 비중은 22.1%로 다른 나이대보다 비중이 높다.

오답분석

ㄱ. 2022년도에는 20대 남성이 30대 남성보다 1인 가구 비중이 더 높았지만, 2023년도에는 20대 남성이 30대 남성보다 1인 가구의 비중이 더 낮았다. 따라서 20대 남성이 30대 남성보다 1인 가구의 비중이 더 높은지는 알 수 없다.
ㄹ. 2년 이내 1인 생활의 종료를 예상하는 1인 가구의 비중은 2022년도에는 증가하였으나, 2023년도에는 감소하였다.

41

정답 ③

바레니클린의 정당 본인부담금은 $1,767-1,000=767$원이다. 하루에 2정씩 총 28일을 복용하므로 본인부담금은 $767\times2\times28=42,952$원이다. 금연 패치는 하루에 1,500원이 지원되므로 본인부담금이 없다.
따라서 S대리가 참가자에게 안내한 가격은 42,952원이다.

42

정답 ③

제시된 표를 통해 석순의 길이가 10년 단위로 2cm, 1cm 반복하여 자라는 것을 알 수 있다.
• 2010년 : $16+2=18$cm
• 2020년 : $18+1=19$cm
• 2030년 : $19+2=21$cm
• 2040년 : $21+1=22$cm
• 2050년 : $22+2=24$cm
따라서 2050년에 석순의 길이를 측정한다면 24cm일 것이다.

43

정답 ⑤

영업 부서와 마케팅 부서에서 S등급과 C등급에 배정되는 인원은 같고, A등급과 B등급의 인원이 영업 부서가 마케팅 부서보다 2명씩 적다. 따라서 두 부서의 총상여액 차이는 $(420\times2)+(330\times2)=1,500$만 원이므로 적절하지 않다.

오답분석

①・③ 마케팅 부서와 영업 부서의 등급별 배정 인원을 표로 정리하면 다음과 같다.

구분	S등급	A등급	B등급	C등급
마케팅 부서	2명	5명	6명	2명
영업 부서	2명	3명	4명	2명

② A등급 상여금은 B등급 상여금보다 $\dfrac{420-330}{330}\times100 ≒ 27.3\%$ 많다.
④ 마케팅 부서 15명에게 지급되는 총상여금은 $(500\times2)+(420\times5)+(330\times6)+(290\times2)=5,660$만 원이다.

44

정답 ③

월평균 매출액이 35억 원이므로 연 매출액은 $35\times12=420$억 원이며, 연 매출액은 상반기와 하반기 매출액을 합한 금액이다. 상반기의 월평균 매출액은 26억 원이므로 상반기 총매출은 $26\times6=156$억 원이고, 하반기 총매출은 $420-156=264$억 원이다.
따라서 하반기 평균 매출액은 $264\div6=44$억 원이며, 상반기 때보다 $44-26=18$억 원 증가하였다.

45

ㄱ. 자료를 통해 대도시 간 예상 최대 소요 시간은 모든 구간에서 주중이 주말보다 적게 걸림을 알 수 있다.

ㄴ. 주중 전국 예상 교통량 중 수도권에서 지방으로 가는 예상 교통량의 비율은 $\frac{4}{40} \times 100 = 10\%$이다.

ㄹ. 서울 – 광주 구간 주중 예상 소요 시간과 서울 – 강릉 구간 주말 예상 소요 시간은 3시간으로 같다.

[오답분석]

ㄷ. 지방에서 수도권으로 가는 주말 예상 교통량은 주중 예상 교통량의 $\frac{3}{2} = 1.5$배이다.

46

26 ~ 30세 응답자는 총 51명이다. 그중 4회 이상 방문한 응답자는 5+2=7명이고, 비율은 $\frac{7}{51} \times 100 ≒ 13.72\%$이므로 10% 이상이다.

[오답분석]

① 전체 응답자 수는 113명이다. 그중 20 ~ 25세 응답자는 53명이므로, 비율은 $\frac{53}{113} \times 100 ≒ 46.90\%$가 된다.

③ 주어진 자료만으로는 31 ~ 35세 응답자의 1인당 평균 방문 횟수를 정확히 구할 수 없다. 그 이유는 방문 횟수를 '1회', '2 ~ 3회', '4 ~ 5회', '6회 이상' 등 구간으로 구분했기 때문이다. 다만 구간별 최소값으로 평균을 냈을 때, 평균 방문 횟수가 2회 이상이라는 점을 통해 2회 미만이라는 것은 틀렸다는 것을 알 수 있다.

1, 1, 1, 2, 2, 2, 2, 4, 4 → 평균$= \frac{19}{9} ≒ 2.11$회

④ 응답자의 직업에서 학생과 공무원 응답자의 수는 51명이다. 즉, 전체 113명의 절반에 미치지 못하므로 비율은 50% 미만이다.

⑤ 주어진 자료만으로 판단할 때, 전문직 응답자 7명 모두 20 ~ 25세일 수 있으므로 비율이 5% 이상이 될 수 있다.

47

ㄱ. $\frac{10,023+200\times4}{4} = \frac{10,823}{4} = 2,705.75$만 개

ㄷ. • 평균 주화공급량 : $\frac{10,023}{4} = 2,505.75$만 개

• 주화공급량 증가량 : $3,469\times0.1+2,140\times0.2+2,589\times0.2+1,825\times0.1 = 1,475.2$만 개

• 증가한 평균 주화공급량 : $\frac{10,023+1,475.2}{4} = 2,874.55$만 개

따라서 $2,505.75\times1.15 > 2,874.55$이므로, 증가율은 15% 이하이다.

[오답분석]

ㄴ. • 10원 주화의 공급기관당 공급량 : $\frac{3,469}{1,519} ≒ 2.3$만 개

• 500원 주화의 공급기관당 공급량 : $\frac{1,825}{953} ≒ 1.9$만 개

따라서 10원 주화의 공급기관당 공급량이 500원 주화보다 많다.

ㄹ. 총주화공급액이 변하면 주화종류별 공급량 비율도 당연히 변화한다.

48

제시된 자료의 원자력 소비량 수치를 보면 증감을 반복하고 있는 것을 확인할 수 있다.

오답분석

① 2012년 석유 소비량을 제외한 나머지 에너지 소비량의 합을 구하면 54.8+30.4+36.7+5.3=127.2백만 TOE이다. 즉, 석유 소비량인 101.5백만 TOE보다 크다. 2013~2021년 역시 석유 소비량을 제외한 나머지 에너지 소비량의 합을 구해 석유 소비량과 비교하면, 석유 소비량이 나머지 에너지 소비량의 합보다 적음을 알 수 있다.

② 석탄 소비량은 2012~2018년까지 지속적으로 상승하다가 2019년 감소한 뒤 2020년부터 다시 상승세를 보이고 있다.

③ 제시된 자료를 보면 기타 에너지 소비량은 지속적으로 증가하고 있다.

⑤ 2016년에는 LNG 소비량이 감소했으므로 증가 추세가 심화되었다고 볼 수 없다.

49

제시된 그래프에서 선의 기울기가 가파른 구간은 2013~2014년, 2014~2015년, 2017~2018년이다. 2014년, 2015년, 2018년 물이용부담금 총액의 전년 대비 증가폭을 구하면 다음과 같다.

- 2014년 : 6,631−6,166=465억 원
- 2015년 : 7,171−6,631=540억 원
- 2018년 : 8,108−7,563=545억 원

따라서 물이용부담금 총액이 전년 대비 가장 많이 증가한 해는 2018년이다.

오답분석

ㄱ. 제시된 자료를 통해 확인할 수 있다.

ㄷ. 2022년 금강 유역 물이용부담금 총액 : 8,661×0.2=1,732.2억 원

   ∴ 2022년 금강 유역에서 사용한 물의 양 : 1,732.2억 원÷160원/m³≒10.83억m³

ㄹ. 2022년 물이용부담금 총액의 전년 대비 증가율 : $\dfrac{8,661-8,377}{8,377}\times100≒3.39\%$

50

1997년부터 차례대로 3을 더하여 만든 수열은 1997, 2000, 2003, 2006, 2009, …이다.
따라서 제10회 세계물포럼은 제1회 세계물포럼으로부터 9회 후에 개최되므로 1997+3×9=2024년에 개최된다.

51

ㄴ. 학생 확진자 중 초등학생의 비율은 $\dfrac{489}{1,203}\times100≒40.6\%$이고, 전체 확진자 중 초등학교 기관의 비율은 $\dfrac{(489+73)}{(1,203+233)}\times100≒39.1\%$로 학생 확진자 중 초등학생 비율이 더 높다.

ㄷ. 전체 확진자 중 고등학생의 비율은 $\dfrac{351}{(1,203+233)}\times100≒24.4\%$이고, 유치원생의 비율은 $\dfrac{56}{(1,203+233)}\times100≒3.9\%$로 확진자는 유치원생의 비율보다 고등학생의 비율이 약 6.3배 이상이다.

오답분석

ㄱ. 확진자 중 퇴원 수의 비율은 학생은 $\dfrac{1,089}{1,203}\times100≒90.5\%$이고, 교직원의 비율은 $\dfrac{226}{233}\times100≒97.0\%$로 약 6% 이상 차이가 난다.

ㄹ. 고등학교와 중학교 소속 확진자 수는 351+58+271+68=748명이고, 이는 전체 확진자 1,203+233=1,436명의 약 52.1%이다.

52

정답 ③

2021년 1관당 인구수는 2018년 1관당 인구수에 비해 12,379명 감소했다.

오답분석

① 공공도서관 수는 644개관 → 703개관 → 759개관 → 786개관으로 증가하는 추세이다.
② 2021년 1인당 장서 수는 1.49권임을 표에서 쉽게 확인할 수 있다.
④ 2020년 공공도서관에 258,315,000명이 방문했음을 표에서 쉽게 확인할 수 있다.

53

정답 ①

연도별 성인 참여율과 증가율을 표로 정리하면 다음과 같다.

(단위 : %)

구분	2017년	2018년	2019년	2020년	2021년
참여 증가율	–	7.7	−21.6	−5.7	−34.8
참여율	6.4	6.8	5.2	4.9	3.2

ㄱ. 성인 참여율은 2018년도가 6.8%로 가장 높다.
ㄴ. 2019년도 참여율은 5.2%로 2020년도 참여율 4.9%보다 높다.

오답분석

ㄷ. 자원봉사 참여 인구는 2018년도 증가 후 계속 감소하였으므로 참여 증가율이 가장 높은 해는 2018년도이며, 참여 증가율이 가장 낮은 해는 2021년이다.
ㄹ. 2017년부터 2020년까지의 자원봉사에 참여한 성인 인구수는 2,667,575+2,874,958+2,252,287+2,124,110=9,918,930명으로 천만 명 이하이다.

54

정답 ③

2019년에 국유재산의 규모가 10조를 넘는 국유재산은 토지, 건물, 공작물, 유가증권으로, 총 4개이다.

55

정답 ③

ㄱ. 2019년과 2021년에 종류별로 국유재산 규모가 큰 순서는 토지 – 공작물 – 유가증권 – 건물 – 입목죽 – 선박·항공기 – 무체재산 – 기계·기구 순으로 동일하다.
ㄴ. 2017년과 2018년에 규모가 가장 작은 국유재산은 기계·기구로 동일하다.
ㄷ. 2018년 국유재산 중 건물과 무체재산, 유가증권 규모의 합계는 616,824억+10,825억+1,988,350억=2,615,999억 원으로 260조 원보다 크다.

오답분석

ㄹ. 2019년 대비 2020년에 국유재산 중 선박·항공기는 감소하였으나, 기계·기구는 증가하였다.

56

2022년도 휴대전화 스팸 수신량은 2021년보다 $0.34-0.33=0.01$통 많으며, 2023년에는 2021년보다 $0.33-0.32=0.01$통이 적다.
따라서 증가량과 감소량이 0.01통으로 같음을 알 수 있으므로 옳은 설명이다.

오답분석

① 2021년부터 2023년까지 휴대전화 스팸 수신량은 2022년도 증가하고 다음 해에 감소했으나 이메일 스팸 수신량은 계속 감소했으므로 옳지 않은 설명이다.

③ 전년 대비 이메일 스팸 수신량 감소율은 2021년에 $\frac{1.48-1.06}{1.48}\times100 ≒ 28.4\%$, 2022년에 $\frac{1.06-1.00}{1.06}\times100 ≒ 5.7\%$로 2021년 감소율이 2022년의 약 5배이므로 옳지 않은 설명이다.

④ 이메일 수팸수신량이 가장 많은 해는 2020년이 맞지만 휴대전화 스팸 수신량이 가장 적은 해는 2023년이므로 옳지 않은 설명이다.

⑤ 2019년의 이메일 스팸 수신량은 1.16통으로 휴대전화 스팸 수신량의 2.5배인 약 1.33통보다 적으므로 옳지 않은 설명이다.

57

여자 흡연율의 전년도와의 차이를 표로 정리하면 다음과 같다.

구분	2017년	2018년	2019년	2020년	2021년
여자 흡연율(%)	7.4	7.1	6.8	6.9	7.3
전년도 대비 차이(%p)	−	−0.3	−0.3	+0.1	+0.4

따라서 가장 많은 차이를 보이는 해는 2021년이다.

오답분석

① 2017년부터 2021년까지 계속 감소하고 있다.
② 2019년까지 감소하다가 이후 증가하고 있다.
③ 남자와 여자의 흡연율 차이를 표로 정리하면 다음과 같다.

구분	2017년	2018년	2019년	2020년	2021년
남자 흡연율(%)	48.7	46.2	44.3	42.2	40.7
여자 흡연율(%)	7.4	7.1	6.8	6.9	7.3
남자·여자 흡연율 차이(%p)	41.3	39.1	37.5	35.3	33.4

따라서 남자와 여자의 흡연율 차이는 감소하고 있다.
④ 남자 흡연율의 전년도와의 차이를 표로 정리하면 다음과 같다.

구분	2017년	2018년	2019년	2020년	2021년
남자 흡연율(%)	48.7	46.2	44.3	42.2	40.7
전년도 대비 차이(%p)	−	−2.5	−1.9	−2.1	−1.5

따라서 가장 많은 차이를 보이는 해는 2018년이다.

58

X고등학교가 Y고등학교에 비해 진학률이 낮은 대학은 C대학과 D대학이다.

[오답분석]

① X고등학교와 Y고등학교의 진학률 1위 대학은 C대학으로 동일하다.
② X고등학교와 Y고등학교의 진학률 5위 대학은 각각 D대학과 B대학으로 다르다.
④ X고등학교와 Y고등학교의 E대학교 진학률 차이는 $26-20=6$%p이다.
⑤ Y고등학교 대학 진학률 중 가장 높은 대학의 진학률은 41%, 가장 낮은 대학의 진학률은 9%로 그 차이는 32%p이다.

59

정답 ③

- 2018년 대비 2019년 사고 척수의 증가율 : $\dfrac{2,400-1,500}{1,500}\times100=60\%$
- 2018년 대비 2019년 사고 건수의 증가율 : $\dfrac{2,100-1,400}{1,400}\times100=50\%$

60

정답 ①

연도별 사고 건수당 인명피해의 인원수를 구하면 다음과 같다.

- 2018년 : $\dfrac{700}{1,400}=0.5$명/건
- 2019년 : $\dfrac{420}{2,100}=0.2$명/건
- 2020년 : $\dfrac{460}{2,300}=0.2$명/건
- 2021년 : $\dfrac{750}{2,500}=0.3$명/건
- 2022년 : $\dfrac{260}{2,600}=0.1$명/건

따라서 사고 건수당 인명피해 인원수가 가장 많은 연도는 2018년이다.

01	02	03	04	05	06	07	08	09	10	11	12	13	14	15	16	17	18	19	20
④	③	②	①	④	③	①	⑤	④	③	⑤	②	②	⑤	②	④	③	③	③	②

21	22	23	24	25															
④	②	④	③	⑤															

01
정답 ④

'눈을 자주 깜빡임'을 A, '눈이 건조해짐'을 B, '스마트폰을 이용할 때'를 C라 하면, 첫 번째 명제와 두 번째 명제는 각각 ~A → B, C → ~A이므로 C → ~A → B가 성립한다.
따라서 빈칸에 들어갈 명제는 C → B인 '스마트폰을 이용할 때는 눈이 건조해진다.'가 적절하다.

02
정답 ③

'회사원은 회의에 참석한다.'를 A, '회사원은 결근을 한다.'를 B, '회사원은 출장을 간다.'를 C라 하면 첫 번째 명제와 마지막 명제는 다음과 같은 벤다이어그램으로 나타낼 수 있다.

1) 첫 번째 명제

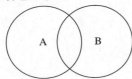

2) 마지막 명제

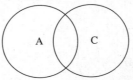

이때, 마지막 명제가 참이 되기 위해서는 B가 C에 모두 속해야 하므로 이를 벤다이어그램으로 나타내면 다음과 같다.

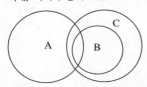

따라서 빈칸에 들어갈 명제는 '결근을 하는 회사원은 출장을 간다.'가 적절하다.

03
정답 ②

'스테이크를 먹음'을 A, '지갑이 없음'을 B, '쿠폰을 받음'을 C라고 할 때, 첫 번째 명제와 마지막 명제는 각각 A → B, ~B → C이다. 이때, 첫 번째 명제의 대우는 ~B → ~A이므로 마지막 명제가 참이 되려면 ~A → C가 필요하다.
따라서 빈칸에 들어갈 명제는 '스테이크를 먹지 않는 사람은 쿠폰을 받는다.'가 적절하다.

04
정답 ①

다이아몬드는 광물이고, 광물은 매우 규칙적인 원자 배열을 가지고 있다.
따라서 다이아몬드는 매우 규칙적인 원자 배열을 가지고 있다.

05

'p : 음악을 좋아함', 'q : 상상력이 풍부함', 'r : 노란색을 좋아함'이라고 할 때, 첫 번째 명제는 $p \rightarrow q$, 두 번째 명제는 $\sim p \rightarrow \sim r$이다. 이때, 두 번째 명제의 대우 $r \rightarrow p$에 따라 $r \rightarrow p \rightarrow q$가 성립한다.

따라서 빈칸에 들어갈 명제는 $r \rightarrow q$인 '노란색을 좋아하는 사람은 상상력이 풍부하다.'가 적절하다.

06

'A : 한씨', 'B : 부동산을 구두로 양도함', 'C : 무효'라고 하자.

구분	명제	대우
첫 번째 명제	A → B	~B → ~A
세 번째 명제	A → C	~C → ~A

첫 번째 명제가 세 번째 명제로 연결되려면, 두 번째 명제는 'B → C'가 되어야 한다.

따라서 빈칸에 들어갈 명제는 '부동산을 구두로 양도하면, 무효다.'가 적절하다.

07

①이 들어가면, 재경 – 선영 – 경식 순으로 나이가 많다.

[오답분석]

② 재경이와 선영이 중 누가 더 나이가 많은지 알 수 없다.
③ 선영 – 경식 – 재경 순으로 나이가 많아 세 번째 명제와 모순된다.
④ 세 번째 명제와 모순된다.
⑤ 두 번째 명제와 모순된다.

08

제시된 내용에 따라 앞서 달리고 있는 순서대로 나열하면 A – D – C – E – B가 된다.

따라서 이 순위대로 결승점까지 달린다면 C는 3등을 할 것이다.

09

만약 A가 진실이라면 동일하게 A가 사원이라고 말한 C도 진실이 되어 진실을 말한 사람이 2명이 되므로, A와 C는 모두 거짓이다. 또한, E가 진실이라면 B가 사원이므로 A의 'D는 사원보다 직급이 높아.'도 진실이 되어 역시 진실을 말한 사람이 2명이 되기 때문에 E도 거짓이다. 따라서 B와 D 중 한 명이 진실이다.

만약 B가 진실이라면 E는 차장이고, B는 차장보다 낮은 3개 직급 중 하나인데, C가 거짓이므로 A가 과장이고, E가 거짓이기 때문에 B는 사원이 아니므로 B는 대리가 되고, A가 거짓이므로 D는 사원이다. 그러면 남은 부장 자리가 C여야 하는데, E가 거짓이므로 C는 부장이 될 수 없어 모순이 된다. 따라서 B는 거짓이고, D가 진실이 된다.

D가 진실인 경우 E는 부장이고, A는 과장이며, A는 거짓이므로 D는 사원이다. 또한 B가 거짓이므로 B는 차장보다 낮은 직급이 아니므로 차장, C는 대리가 된다. 따라서 진실을 말한 사람은 D이다.

10

ⅰ) A와 B의 말이 진실일 경우
   A는 자신이 범인이 아니라고 했지만, B는 A가 범인이라고 하였으므로 성립하지 않는다.
ⅱ) A와 C의 말이 진실일 경우
   A는 거짓말을 한 사람과 범인이 아니며, C의 진술에 따르면 거짓말을 한 사람과 범인은 B가 된다.

iii) B와 C의 말이 진실일 경우

　　C의 진술에서 B가 거짓말을 하고 있다고 했으므로 둘의 진술은 동시에 진실이 될 수 없다.

따라서 거짓말을 한 사람과 물건을 훔친 범인은 모두 B이다.

11

정답 ⑤

대화 내용을 살펴보면 영석이의 말에 선영이가 동의했으므로 영석과 선영은 진실 혹은 거짓을 함께 말한다. 이때 지훈은 선영이가 거짓말만 한다고 하였으므로 반대가 된다. 그리고 동현의 말에 정은이가 부정했기 때문에 둘 다 진실일 수 없다. 하지만 정은이 둘 다 좋아한다는 경우의 수가 있으므로 둘 모두 거짓일 수 있다. 또한 마지막 선영이의 말로 선영이 진실일 경우에는 동현과 정은은 모두 거짓만을 말하게 된다. 이를 미루어 경우의 수를 표로 정리하면 다음과 같다.

구분	경우 1	경우 2	경우 3
동현	거짓	거짓	진실
정은	거짓	진실	거짓
선영	진실	거짓	거짓
지훈	거짓	진실	진실
영석	진실	거짓	거짓

문제에서는 지훈이 거짓을 말할 때, 진실만을 말하는 사람을 찾고 있으므로 선영, 영석이 된다.

12

정답 ②

먼저 A사원의 말이 거짓이라면 A사원과 D사원 두 명이 3층에서 근무하게 되고, 반대로 D사원의 말이 거짓이라면 3층에는 아무도 근무하지 않게 되므로 조건에 어긋난다. 결국 A사원과 D사원은 진실을 말하고 있음을 알 수 있다. 또한 C사원의 말이 거짓이라면 아무도 홍보팀에 속하지 않으므로 C사원도 진실을 말하고 있음을 알 수 있다.

따라서 거짓말을 하고 있는 사람은 B사원이며, 이때 B사원은 총무팀 소속으로 6층에서 근무하고 있다.

13

정답 ②

재은이가 요일별로 달린 거리를 표로 정리하면 다음과 같다.

월	화	수	목
$200-50=150m$	$200m$	$200-30=170m$	$170+10=180m$

따라서 재은이가 목요일에 화요일보다 20m 적게 달린 것을 알 수 있다.

14

정답 ⑤

원형 테이블은 회전시켜도 좌석 배치가 동일하다. 이를 고려하여 좌석에 인원수만큼의 번호 1～6번을 임의로 붙인 다음, A가 1번 좌석에 앉았다고 가정하여 배치하면 다음과 같다.

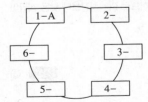

• 두 번째 조건 : E는 A와 마주보는 4번 자리에 앉게 된다.
• 세 번째 조건 : C는 E 기준으로 왼쪽인 5번 자리에 앉는다.

- 첫 번째 조건 : B는 C와 이웃한 자리 중 비어있는 6번 자리에 앉는다.
- 마지막 조건 : F는 A와 이웃한 2번이 아닌, 나머지 자리인 3번 자리에 앉는다.

그러므로 D는 남은 좌석인 2번 자리에 앉게 된다.
위의 내용을 정리하면 다음과 같다.

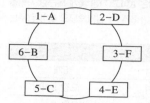

따라서 F와 이웃하여 앉는 사람은 D와 E이다.

15

정답 ②

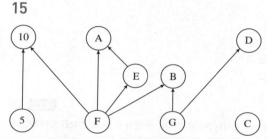

A, B, C를 제외한 빈칸에 적힌 수를 각각 D, E, F, G라고 하자.
F는 10의 약수이고 원 안에는 2에서 10까지의 자연수가 적혀있으므로 F는 2이다.
10을 제외한 2의 배수는 4, 6, 8이고, A는 E와 F의 공배수이다. 즉, A는 8, E는 4이고, B는 6이다.
6의 약수는 1, 2, 3, 6이므로 G는 3이고 D는 3의 배수이므로 9이며, 남은 7은 C이다.
따라서 A, B, C에 해당하는 수의 합은 8+6+7=21이다.

16

정답 ④

클라리넷과 오보에는 플루트와 음색이 잘 어울리므로 플루트 바로 옆자리에 와야 한다. 그러므로 클라리넷 – 플루트 – 오보에(또는 오보에 – 플루트 – 클라리넷)를 하나의 묶음으로 생각할 수 있다. 호른은 오보에 옆에 올 수 없고, 바순은 1번 자리를 제외하고 어디에나 올 수 있다.
조건에 따라 가능한 경우를 생각하여 표로 정리하면 다음과 같다.

구분	1번 자리	2번 자리	3번 자리	4번 자리	5번 자리
경우 1	오보에	플루트	클라리넷	바순	호른
경우 2	오보에	플루트	클라리넷	호른	바순
경우 3	호른	바순	오보에	플루트	클라리넷
경우 4	클라리넷	플루트	오보에	바순	호른
경우 5	호른	클라리넷	플루트	오보에	바순
경우 6	호른	바순	클라리넷	플루트	오보에

오보에가 2번 자리에 오는 경우 어울리는 음색에 따라 배치하면 '바순 – 오보에 – 플루트 – 클라리넷 – 호른'이 되는데, 바순은 1번 자리에 올 수 없다고 했으므로, 오보에는 2번 자리에 올 수 없다.

오답분석

① 경우 4에서는 클라리넷이 1번 자리에 올 수 있다.
② 어떤 경우에도 호른은 3번 자리에 올 수 없다.
③ 어떤 경우에도 플루트는 1번 자리에 올 수 없다.

17

B는 오전 10시에 출근하여 오후 3시에 퇴근하였으므로 업무는 4개이다. D는 B보다 업무가 1개 더 많았으므로 D의 업무는 5개이고, 오후 3시에 퇴근했으므로 출근한 시각은 오전 9시이다. K팀에서 가장 늦게 출근한 사람은 C이고 가장 늦게 출근한 사람을 기준으로 오전 11시에 모두 출근하였으므로 C는 오전 11시에 출근하였다. K팀에서 가장 늦게 퇴근한 사람은 A이고 가장 늦게 퇴근한 사람을 기준으로 오후 4시에 모두 퇴근하였다고 했으므로 A는 오후 4시에 퇴근했다. A는 C보다 업무가 3개 더 많았으므로 C의 업무는 2개이다. 이를 표로 정리하면 다음과 같다.

구분	A	B	C	D
업무	5개	4개	2개	5개
출근 시각	오전 10시	오전 10시	오전 11시	오전 9시
퇴근 시각	오후 4시	오후 3시	오후 2시	오후 3시

따라서 C는 오후 2시에 퇴근했다.

오답분석

① A는 5개의 업무를 하고 퇴근했다.
② B의 업무는 A의 업무보다 적었다.
④ 팀에서 가장 빨리 출근한 사람은 D이다.
⑤ C가 D의 업무 중 1개를 대신 했다면 D가 C보다 빨리 퇴근했을 것이다.

18

B는 두 번째, F는 여섯 번째로 도착하였고, A가 도착하고 바로 뒤에 C가 도착하였으므로 A는 세 번째 또는 네 번째로 도착하였다. 그런데 D는 C보다 먼저 도착하였고 E보다 늦게 도착하였으므로 A는 네 번째로 도착하였음을 알 수 있다.
따라서 도착한 순서는 E − B − D − A − C − F이다. A는 네 번째로 도착하였으므로 토너먼트 배치표에 의해 최대 3번까지 경기를 하게 된다.

19

각각의 조건을 기호화하여 정리하면 다음과 같다.
C>D, F>E, H>G>C, G>D>F
∴ H>G>C>D>F>E
따라서 A와 B 모두 옳다.

20

조건에 따라 A ~ D의 사무실 위치를 표로 정리하면 다음과 같다.

구분	2층	3층	4층	5층
경우 1	부장	B과장	대리	A부장
경우 2	B과장	대리	부장	A부장
경우 3	B과장	부장	대리	A부장

따라서 B가 과장이므로 대리가 아닌 A는 부장이다.

오답분석

① A부장 외의 또 다른 부장은 2층, 3층 또는 4층에 근무한다.
③ 대리는 3층 또는 4층에 근무한다.
④ B는 2층 또는 3층에 근무한다.
⑤ C의 직위는 알 수 없다.

118 • 엔씨소프트 적성검사

21

B와 C의 말이 모순되므로 B와 C 중 한 명은 반드시 진실을 말하고 다른 한 명은 거짓을 말한다.

ⅰ) B가 거짓, C가 진실을 말하는 경우
   B가 거짓을 말한다면 E의 말 역시 거짓이 되어 롤러코스터를 타지 않은 사람은 E가 된다. 그러나 A는 E와 함께 롤러코스터를 탔다고 했으므로 A의 말 또한 거짓이 된다. 이때, 조건에서 5명 중 2명만 거짓을 말한다고 했으므로 이는 성립하지 않는다.

ⅱ) C가 거짓, B가 진실을 말하는 경우
   B가 진실을 말한다면 롤러코스터를 타지 않은 사람은 D가 되며, E의 말은 진실이 된다. 이때, D는 B가 회전목마를 탔다고 했으므로 D가 거짓을 말하는 것을 알 수 있다.

따라서 거짓을 말하는 사람은 C와 D이며, 롤러코스터를 타지 않은 사람은 D이다.

22

제시된 명제만으로는 진실 여부를 판별할 수 없다.

오답분석

① 첫 번째와 두 번째 명제에 의해 참이다.
③ 두 번째 명제로부터 참이라는 것을 알 수 있다.
④ 두 번째와 세 번째 명제를 통해 참이라는 것을 알 수 있다.
⑤ 모든 사람이 자신을 비방하지 않는 사람에게 호의적이라고 했을 때, 세 번째 명제에 의해 참이다.

23

주어진 조건에 따라 과일이 진열된 매대를 추론해보면 다음과 같다.

4층	사과
3층	배
2층	귤
1층	감

따라서 귤은 2층, 배는 3층, 감은 1층이므로, 귤이 배와 감 사이에 위치한다는 추론은 적절하다.

24

B의 발언이 참이라면 C가 범인이고 F도 참이 된다. F는 C 또는 E가 범인이라고 했으므로 C가 범인이라면 E는 범인이 아니고, E의 발언 역시 참이 되어야 한다. 하지만 E의 발언이 참이라면 F가 범인이어야 하므로 모순이다.

따라서 B의 발언이 거짓이며, C 또는 E가 범인이라고 말한 F 역시 범인임을 알 수 있다.

25

ⓛ과 ⓔ·ⓢ은 상반되며, ⓒ과 ⓗ·ⓞ·ⓩ 역시 상반된다.

ⅰ) 김대리가 짬뽕을 먹은 경우 : ⓗ, ⓞ, ⓩ 3개의 진술이 참이 되므로 성립하지 않는다.

ⅱ) 박과장이 짬뽕을 먹은 경우 : ⓐ, ⓒ, ⓔ 3개의 진술이 참이 되므로 성립하지 않는다.

ⅲ) 최부장이 짬뽕을 먹은 경우 : 최부장이 짬뽕을 먹었으므로 ⓐ, ⓓ, ⓞ은 반드시 거짓이 된다. 이때, ⓒ은 반드시 참이 되므로 상반되는 ⓗ, ⓩ은 반드시 거짓이 되고, ⓔ, ⓢ 또한 반드시 거짓이 되므로 상반되는 ⓛ이 참이 되는 것을 알 수 있다.

따라서 짬뽕을 먹은 사람은 최부장이고, 참인 진술은 ⓛ·ⓒ이다.

2개년 주요기업 기출복원문제 • 119

아이들이 답이 있는 질문을 하기 시작하면 그들이 성장하고 있음을 알 수 있다.

- 존 J. 플롬프-

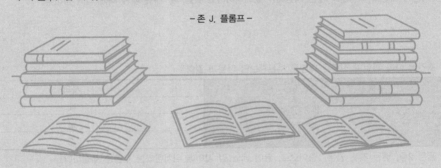

PART 1

적성검사

CHAPTER 01
지각정확력

지각정확력은 제시된 문자와 같은 문자의 개수를 구하는 문제와 제시되지 않은 문자를 찾는 문제가 출제된다. 총 30문제로 구성되어 있으며, 단순히 눈으로 보고 비교하면 되는 문제이기 때문에 난이도는 낮지만, 제한시간이 6분으로 매우 짧은 편이다.

01　제시된 문자 찾기

제시되는 문자나 기호는 그 종류가 매우 다양하다. 한글은 물론이고 영어, 한자, 숫자, 특수문자 뿐만 아니라 아랍어와 태국어 등 익숙하지 않은 문자나 기호가 출제되어 문제를 풀 때 시간을 지체하게 만든다. 찾아야 할 숫자나 기호, 문자 등의 특징적인 부분을 빠르게 분별하는 연습을 해야 한다.

02　제시되지 않은 문자 찾기

같은 문자 찾기 유형과 마찬가지로 제시되는 문자나 기호의 종류가 매우 다양하다. 특히, 제시된 모든 문자를 요령 없이 찾아야 하기 때문에 시간이 많이 소요되는 유형이다.

┤ 학습 포인트 ├
- 명확한 이론이 있는 영역이 아니기 때문에 부단한 연습으로 시간을 줄이는 것만이 유일한 방법이다.
- 구분선을 그려 넣는 등 찾아야 할 숫자나 기호, 문자 등의 특징적인 부분을 빠르게 분별할 수 있는 자신만의 방법을 찾아 연습해야 한다.

| 유형분석 |

• 유사한 한글, 영어, 한자, 숫자, 기호 중에서 제시된 문자를 빠른 시간 안에 정확히 찾아낼 수 있는지 평가하는 유형이다.
• 지각력과 정확력 그리고 순발력을 함께 평가한다.

다음 제시된 문자와 같은 것의 개수는?

書

畫	群	書	君	君	群	君	畵	晝	群	君	畫
晝	畵	畵	郡	群	晝	郡	君	群	書	群	畵
群	郡	郡	晝	書	群	畵	君	郡	畵	君	郡
書	畵	君	郡	君	畵	晝	晝	君	群	郡	晝

① 2개   ② 3개
③ 4개   ④ 5개
⑤ 6개

정답 ③

畫	群	書	君	君	群	君	畵	晝	群	君	畫
晝	畵	畵	郡	群	晝	郡	君	群	書	群	畵
群	郡	郡	晝	書	群	畵	君	郡	畵	君	郡
書	畵	君	郡	君	畵	晝	晝	君	群	郡	晝

30초 컷 풀이 Tip

다시 확인하는 일이 없도록 처음부터 하나씩 꼼꼼하게 문자를 대조하는 것이 시간 단축과 정답률 상승에 도움이 된다.

※ 다음 제시된 수 또는 문자와 같은 것의 개수를 고르시오. [1~3]

01

					TI						

TI	TL	II	FL	RI	QL	DI	JL	CI	TL	TI	AI
SL	ZI	VL	OT	UL	GI	TT	XL	WI	YL	RL	JL
AI	QI	AT	EI	BL	ZT	XI	QT	PL	KI	AL	TY
XT	QL	ZI	UY	SI	CT	BI	DL	TI	GL	IL	LT

① 2개   ② 3개
③ 5개   ④ 6개
⑤ 7개

`Easy`

02

					㉠						

㉠	㉡	㉢	㉣	㉤	㉥	㉦	㉧	㉨	㉩	㉪	㉠
㉤	㉦	㉮	㉯	㉰	㉱	㉲	㉠	㉳	㉴	㉵	㉶
㉷	㉸	㉹	㉺	Ⓐ	Ⓑ	Ⓒ	Ⓓ	Ⓔ	Ⓕ	㉠	Ⓗ
Ⓙ	Ⓚ	Ⓛ	Ⓜ	Ⓝ	Ⓞ	㉠	Ⓟ	Ⓠ	Ⓡ	Ⓢ	Ⓣ

① 2개   ② 3개
③ 4개   ④ 5개
⑤ 6개

03

					589					

610	587	331	356	408	631	602	90	635	301	201	101
220	730	196	589	600	589	306	102	37	580	669	89
58	796	589	633	580	710	635	663	578	598	895	598
310	566	899	588	769	586	486	789	987	169	323	115

① 1개   ② 2개
③ 3개   ④ 4개
⑤ 5개

| 유형분석 |

- 유사한 한글, 영어, 한자, 숫자, 기호 중에서 제시되지 않은 문자를 빠른 시간 안에 정확히 분별할 수 있는지 평가하는 유형이다.
- 지각력과 정확력을 동시에 평가한다.

다음 표에 제시되지 않은 문자는?

자각	촉각	매각	소각	기각	내각	후각	감각	둔각	망각	각각	엇각
기각	내각	청각	조각	갑각	해각	종각	자각	주각	간각	매각	시각
망각	지각	갑각	엇각	주각	촉각	매각	청각	부각	내각	조각	기각
대각	후각	촉각	자각	후각	망각	조각	내각	기각	촉각	청각	감각

① 지각
② 소각
③ 부각
④ 시각
⑤ 두각

정답 ⑤

자각	촉각	매각	소각	기각	내각	후각	감각	둔각	망각	각각	엇각
기각	내각	청각	조각	갑각	해각	종각	자각	주각	간각	매각	시각
망각	지각	갑각	엇각	주각	촉각	매각	청각	부각	내각	조각	기각
대각	후각	촉각	자각	후각	망각	조각	내각	기각	촉각	청각	감각

30초 컷 풀이 Tip

다시 확인하는 일이 없도록 처음부터 하나씩 꼼꼼하게 문자를 대조하는 것이 시간 단축과 정답률 상승에 도움이 된다.

※ 다음 표에 제시되지 않은 수 또는 문자를 고르시오. [1~3]

Easy

01

33	8357	546	3	64	84	647	473	345	7634	45	65
4	8	4367	458	964	56	8	34	6	36	382	5436
634	45	743	563	365	765	325	3	45	437	456	53
257	7554	57	2	7	4	226	323	879	9845	6	7

① 8
② 45
③ 32
④ 647
⑤ 7634

02

◁	◀	▷	▶	♤	♠	♡	♥	♧	♣	☉	◈
◘	◑	◐	▨	▤	▥	□	▧	▦	▩	♨	☏
☎	☜	☞	¶	†	‡	↕	↗	↙	↖	↘	♭
♩	♪	♫	㈜	㈜	№	℃	™	a.m.	p.m.	TEL	€

① ♠
② ▨
③ ¶
④ ㈜
⑤ ®

03

변화	포탄	고향	원산	목포	가방	반증	무상	무념	문학	방학	밥상
벽지	벽화	사랑	순화	소이	딸기	사망	변혁	변절	수학	교정	기업
니트	종류	평화	출구	예광	변심	반항	소화	파기	무형	역사	문화
탄산	맥주	고난	탈출	예방	사또	화랑	담배	낙지	선박	출항	장갑

① 과속
② 화랑
③ 무형
④ 출항
⑤ 평화

CHAPTER 02
언어유추력

합격 CHEAT KEY

언어유추력은 A : B = C : (　)의 유형과 A : (　) = B : (　)의 유형으로, 제시된 단어를 유추해서 괄호 안에 들어갈 적절한 단어를 고르는 문제가 20문항 출제되며 5분 안에 해결해야 한다. 단어 간의 관계는 주술 관계, 인과 관계, 술목 관계, 상보 관계 등 다양한 유형으로 출제된다.

제시된 단어의 관계와 속성, 단어에 내포된 의미 및 상징을 파악해서 단어를 적용하는 문제가 출제된다. 매우 다양한 기준으로 어휘를 분류하기 때문에 고정관념에서 벗어나 다양한 사고를 통해 접근해야 한다. 따라서 본서의 여러 가지 문제를 풀어보면서 단어의 의미를 정확히 이해해야 하며, 다양한 유형과 가능한 한 많은 단어의 관계와 속성을 파악하는 것이 중요하다.

┤ 학습 포인트 ├
• 유의 관계, 반의 관계, 상하 관계 이외에도 원인과 결과, 행위와 도구, 한자성어 등 다양한 관계가 제시된다.
• 많은 문제를 풀어보면서 다양한 어휘 관계를 파악할 수 있는 안목을 길러야 한다.

1. 유의 관계

두 개 이상의 어휘가 서로 소리는 다르나 의미가 비슷한 경우를 유의 관계라 하고, 유의 관계에 있는 어휘를 유의어(類義語)라고 한다. 유의 관계의 대부분은 개념적 의미의 동일성을 전제로 한다. 그렇다고 하여 유의 관계를 이루는 단어들을 어느 경우에나 서로 바꾸어 쓸 수 있는 것은 아니다. 따라서 언어 상황에 적합한 말을 찾아 쓰도록 노력하여야 한다.

(1) 원어의 차이

한국어는 크게 고유어, 한자어, 외래어로 구성되어 있다. 따라서 하나의 사물에 대해서 각각 부르는 일이 있을 경우 유의 관계가 발생하게 된다.

(2) 전문성의 차이

같은 사물에 대해서 일반적으로 부르는 이름과 전문적으로 부르는 이름이 다른 경우가 많다. 이런 경우에 전문적으로 부르는 이름과 일반적으로 부르는 이름 사이에 유의 관계가 발생한다.

(3) 내포의 차이

나타내는 의미가 완전히 일치하지는 않으나, 유사한 경우에 유의 관계가 발생한다.

(4) 완곡어법

문화적으로 금기시하는 표현을 둘러서 말하는 것을 완곡어법이라고 하며, 이러한 완곡어법 사용에 따라 유의 관계가 발생한다.

2. 반의 관계

(1) 개요

반의어(反意語)는 둘 이상의 단어에서 의미가 서로 짝을 이루어 대립하는 경우를 말한다.

반의어는 어휘의 의미가 서로 대립하는 단어를 말하며, 이러한 어휘들의 관계를 반의 관계라고 한다. 한 쌍의 단어가 반의어가 되려면, 두 어휘 사이에 공통적인 의미 요소가 있으면서도 동시에 서로 다른 하나의 의미 요소가 있어야 한다.

반의어는 반드시 한 쌍으로만 존재하는 것이 아니라, 다의어(多義語)이면 그에 따라 반의어가 여러 개로 달라질 수 있다. 즉, 하나의 단어에 대하여 여러 개의 반의어가 있을 수 있다.

(2) 반의어의 종류

반의어에는 상보 반의어와 정도 반의어, 관계 반의어, 방향 반의어가 있다.

① 상보 반의어 : 한쪽 말을 부정하면 다른 쪽 말이 되는 반의어이며, 중간항은 존재하지 않는다. '있다'와 '없다'가 상보적 반의어이며, '있다'와 '없다' 사이의 중간 상태는 존재할 수 없다.

② 정도 반의어 : 한쪽 말을 부정하면 반드시 다른 쪽 말이 되는 것이 아니며, 중간항을 갖는 반의어이다. '크다'와 '작다'가 정도 반의어이며, 크지도 작지도 않은 중간이라는 중간항을 갖는다.

③ 관계 반의어 : 관계 반의어는 상대가 존재해야만 자신이 존재할 수 있는 반의어이다. '부모'와 '자식'이 관계 반의어의 예이다.

④ 방향 반의어 : 맞선 방향을 전제로 하여 관계나 이동의 측면에서 대립을 이루는 단어 쌍이다. 방향 반의어는 공간적 대립, 인간관계 대립, 이동적 대립 등으로 나누어 볼 수 있다.

3. 상하 관계

상하 관계는 단어의 의미적 계층 구조에서 한쪽이 의미상 다른 쪽을 포함하거나 다른 쪽에 포섭되는 관계를 말한다. 상하 관계를 형성하는 단어들은 상위어(上位語)일수록 일반적이고 포괄적인 의미를 지니며, 하위어(下位語)일수록 개별적이고 한정적인 의미를 지닌다.

따라서 상위어는 하위어를 함의하게 된다. 즉, 하위어가 가지고 있는 의미 특성을 상위어가 자동적으로 가지게 된다.

4. 부분 관계

부분 관계는 한 단어가 다른 단어의 부분이 되는 관계를 말하며, 전체 – 부분 관계라고도 한다. 부분 관계에서 부분을 가리키는 단어를 부분어(部分語), 전체를 가리키는 단어를 전체어(全體語)라고 한다. 예를 들면, '머리, 팔, 몸통, 다리'는 '몸'의 부분어이며, 이러한 부분어들에 의해 이루어진 '몸'은 전체어이다.

01 언어유추

| 유형분석 |

- 제시된 단어의 관계를 파악하여 빈칸에 들어갈 단어를 정확하게 유추해낼 수 있는지 평가한다.
- 짝지어진 단어 사이의 관계가 나머지와 다른 것을 찾는 문제 유형이 빈번하게 출제된다.

01 다음 제시된 단어의 대응 관계로 볼 때, 빈칸에 들어가기에 알맞은 것은?

혁파 : 폐지 = 백중 : ( )

① 인용   ② 조달
③ 모범   ④ 도출
⑤ 호각

02 다음 제시된 단어의 대응 관계로 볼 때, 빈칸 A, B에 들어가기에 알맞은 것은?

텃새 : (A) = (B) : 유람선

| 〈A〉 | ① 참새 | ② 철새 | ③ 두루미 | ④ 특권 | ⑤ 세력 |
| 〈B〉 | ① 관광 | ② 놀이동산 | ③ 한강 | ④ 조망 | ⑤ 배 |

01

정답 ⑤

제시된 단어는 유의 관계이다.
'혁파'의 유의어는 '폐지'이고, '백중'의 유의어는 '호각'이다.
• 혁파(革罷) : 묵은 기구, 제도, 법령 따위를 없앰
• 폐지(廢止) : 실시하여 오던 제도나 법규, 일 따위를 그만두거나 없앰
• 백중(伯仲) : 재주나 실력, 기술 따위가 서로 비슷하여 낫고 못함이 없음
• 호각(互角) : 서로 우열을 가릴 수 없을 정도로 역량이 비슷한 것

02

정답 ①, ⑤

제시된 단어는 상하 관계이다.
'텃새'의 하위어는 '참새'이고, '배'의 하위어는 '유람선'이다.

30초 컷 풀이 Tip

최근에 출제되는 어휘유추 유형 문제는 선뜻 답을 고르기 쉽지 않은 경우가 많다. 이 경우 먼저 ①~⑤의 단어를 모두 빈칸에 넣어보고, 제시된 단어와 관계 자체가 없는 보기 → 관계가 있지만 빈칸에 들어갔을 때 옆의 단어 관계와 등가 관계를 이룰 수 없는 보기 순서로 소거하면 좀 더 쉽게 답을 찾을 수 있다.

※ 다음 제시된 단어의 대응 관계로 볼 때 빈칸에 들어가기에 알맞은 것을 고르시오. [1~3]

Easy

01

화살 : 촉 = 포도 : (   )

① 가시   ② 식물
③ 씨   ④ 과일
⑤ 나무

02

한국어 : (   ) = 매체 : 신문

① 경상북도   ② 포유류
③ 교통수단   ④ 고유어
⑤ 중국어

03

엔진 : 자동차 = 배터리 : (   )

① 충전기   ② 전기
③ 동력기   ④ 휴대전화
⑤ 콘센트

04

(A) : 연주하다 = 연필 : (B)

〈A〉 ① 노래 　② 소리 　③ 음표 　④ 피아노 　⑤ 작곡
〈B〉 ① 찍다 　② 색칠하다 　③ 지우다 　④ 쓰다 　⑤ 굴리다

Hard
05

40세 : (A) = (B) : 이순

〈A〉 ① 종심 　② 환갑 　③ 지천명 　④ 이립 　⑤ 불혹
〈B〉 ① 70세 　② 60세 　③ 50세 　④ 30세 　⑤ 20세

06

영화 : (A) = 건물 : (B)

〈A〉 ① 영화관 　② 감독 　③ 배우 　④ 스크린 　⑤ 시사회
〈B〉 ① 주택 　② 디자인 　③ 설계 　④ 감리 　⑤ 건축가

CHAPTER 03
언어추리력

언어추리력은 3~6문장의 조건이 제시되고, 이를 통해 문제에 제시된 참/거짓/알 수 없음의 여부를 판단하는 문제가 20문항 출제되며, 7분 이내에 풀어야 한다. 초반에 제시되는 문제들은 3~4개의 간단한 문장으로 쉽게 풀 수 있지만, 뒤로 갈수록 조건이 많아지고 여러 가지 상황을 복합적으로 생각해야 하는 문제들이 출제된다.

언어추리력 영역을 풀 때 가장 필요한 능력은 문장 이해력이다. 특히 조건에 사용된 조사의 의미와 제한사항 등을 제대로 이해해야 정답을 찾을 수 있으므로 문제와 제시된 문장을 꼼꼼히 읽는 습관을 길러야 한다. 또한, 명제 사이의 관계 중에서도 대우 명제가 가장 중요하고, 경우에 따라 참·거짓이 달라지는 역·이 명제가 출제될 수 있기 때문에 각 명제의 관계를 반드시 숙지해야 한다.

┤ 학습 포인트 ├────────────────────────────────

- 세 개 이상의 비교대상이 등장하며, '~보다', '가장' 등의 표현에 유의해 풀어야 한다.
- '어떤'과 '모든'이 나오는 명제는 벤다이어그램을 활용한다.
- 주어진 규칙과 조건을 파악한 후 이를 도식화(표, 기호 등으로 정리)하여 문제에 접근해야 한다.

1. 연역 추론

이미 알고 있는 판단(전제)을 근거로 새로운 판단(결론)을 유도하는 추론이다. 연역 추론은 진리일 가능성을 따지는 귀납 추론과는 달리, 명제 간의 관계와 논리적 타당성을 따진다. 즉, 연역 추론은 전제들로부터 절대적인 필연성을 가진 결론을 이끌어내는 추론이다.

(1) 직접 추론

한 개의 전제로부터 중간적 매개 없이 새로운 결론을 이끌어내는 추론이며, 대우 명제가 그 대표적인 예이다.

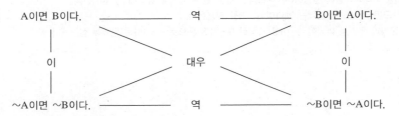

- 한국인은 모두 황인종이다. (전제)
- 그러므로 황인종이 아닌 사람은 모두 한국인이 아니다. (결론 1)
- 그러므로 황인종 중에는 한국인이 아닌 사람도 있다. (결론 2)

(2) 간접 추론

둘 이상의 전제로부터 새로운 결론을 이끌어내는 추론이다. 삼단논법이 가장 대표적인 예이다.

① 정언 삼단논법 : 세 개의 정언명제로 구성된 간접추론 방식이다. 세 개의 명제 가운데 두 개의 명제는 전제이고, 나머지 한 개의 명제는 결론이다. 세 명제의 주어와 술어는 세 개의 서로 다른 개념을 표현한다.

② 가언 삼단논법 : 가언명제로 이루어진 삼단논법을 말한다. 가언명제란 두 개의 정언명제가 '만일 ~이라면'이라는 접속사에 의해 결합된 복합명제이다. 여기서 '만일'에 의해 이끌리는 명제를 전건이라고 하고, 그 뒤의 명제를 후건이라고 한다. 가언 삼단논법의 종류로는 혼합가언 삼단논법과 순수가언 삼단논법이 있다.

㉠ **혼합가언 삼단논법** : 대전제만 가언명제로 구성된 삼단논법이다. 긍정식과 부정식 두 가지가 있으며, 긍정식은 'A면 B이다. A이다. 그러므로 B이다.'이고, 부정식은 'A면 B이다. B가 아니다. 그러므로 A가 아니다.'이다.

> • 만약 A라면 B이다.
> • B가 아니다.
> • 그러므로 A가 아니다.

㉡ **순수가언 삼단논법** : 대전제와 소전제 및 결론까지 모두 가언명제들로 구성된 삼단논법이다.

> • 만약 A라면 B이다.
> • 만약 B라면 C이다.
> • 그러므로 만약 A라면 C이다.

③ **선언 삼단논법** : '~이거나 ~이다.'의 형식으로 표현되며 전제 속에 선언 명제를 포함하고 있는 삼단논법이다.

> • 내일은 비가 오거나 눈이 온다(A 또는 B이다).
> • 내일은 비가 오지 않는다(A가 아니다).
> • 그러므로 내일은 눈이 온다(그러므로 B이다).

④ **딜레마 논법** : 대전제는 두 개의 가언명제로, 소전제는 하나의 선언명제로 이루어진 삼단논법으로, 양도추론이라고도 한다.

> • 만일 네가 거짓말을 하면, 신이 미워할 것이다.   (대전제)
> • 만일 네가 거짓말을 하지 않으면, 사람들이 미워할 것이다.   (대전제)
> • 너는 거짓말을 하거나, 거짓말을 하지 않을 것이다.   (소전제)
> • 그러므로 너는 미움을 받게 될 것이다.   (결론)

2. 귀납 추론

특수한 또는 개별적인 사실로부터 일반적인 결론을 이끌어 내는 추론을 말한다. 귀납 추론은 구체적 사실들을 기반으로 하여 결론을 이끌어 내기 때문에 필연성을 따지기보다는 개연성과 유관성, 표본성 등을 중시하게 된다. 여기서 개연성이란, 관찰된 어떤 사실이 같은 조건하에서 앞으로도 관찰될 수 있는가 하는 가능성을 말하고, 유관성은 추론에 사용된 자료가 관찰하려는 사실과 관련되어야 하는 것을 일컬으며, 표본성은 추론을 위한 자료의 표본 추출이 공정하게 이루어져야 하는 것을 가리킨다. 이러한 귀납 추론은 일상생활 속에서 많이 사용하고, 우리가 알고 있는 과학적 사실도 이와 같은 방법으로 밝혀졌다.

그러나 전제들이 참이어도 결론이 항상 참인 것은 아니다. 단 하나의 예외로 인하여 결론이 거짓이 될 수 있다.

> • 성냥불은 뜨겁다.
> • 연탄불도 뜨겁다.
> • 그러므로 모든 불은 뜨겁다.

위 예문에서 '성냥불이나 연탄불이 뜨거우므로 모든 불은 뜨겁다.'라는 결론이 나왔는데, 반딧불은 뜨겁지 않으므로 '모든 불이 뜨겁다.'라는 결론은 거짓이 된다.

(1) 완전 귀납 추론

관찰하고자 하는 집합의 전체를 다 검증함으로써 대상의 공통 특질을 밝혀내는 방법이다. 이는 예외 없는 진실을 발견할 수 있다는 장점은 있으나, 집합의 규모가 크고 속성의 변화가 다양할 경우에는 적용하기 어려운 단점이 있다.

예 1부터 10까지의 수를 다 더하여 그 합이 55임을 밝혀내는 방법

(2) 통계적 귀납 추론

통계적 귀납 추론은 관찰하고자 하는 집합의 일부에서 발견한 몇 가지 사실을 열거함으로써 그 공통점을 결론으로 이끌어 내려는 방식을 가리킨다. 관찰하려는 집합의 규모가 클 때 그 일부를 표본으로 추출하여 조사하는 방식이 이에 해당하며, 표본 추출의 기준이 얼마나 적합하고 공정한가에 따라 그 결과에 대한 신뢰도가 달라진다는 단점이 있다.

예 여론조사에서 일부의 국민에 대한 설문 내용을 바탕으로, 이를 전체 국민의 여론으로 제시하는 것

(3) 인과적 귀납 추론

관찰하고자 하는 집합의 일부 원소들이 지닌 인과 관계를 인식하여 그 원인이나 결과를 이끌어 내려는 방식을 말한다.

① 일치법 : 공통적인 현상을 지닌 몇 가지 사실 중에서 각기 지닌 요소 중 어느 한 가지만 일치한다면 이 요소가 공통 현상의 원인이라고 판단

② **차이법** : 어떤 현상이 나타나는 경우와 나타나지 않은 경우를 놓고 보았을 때, 각 경우의 여러 조건 중 단 하나만이 차이를 보인다면 그 차이를 보이는 조건이 원인이 된다고 판단

　　예 현수와 승재는 둘 다 지능이나 학습 시간, 학습 환경 등이 비슷한데 공부하는 태도에는 약간의 차이가 있다. 따라서 두 사람이 성적이 차이를 보이는 것은 학습 태도의 차이 때문으로 생각된다.

③ **일치 · 차이 병용법** : 몇 개의 공통 현상이 나타나는 경우와 몇 개의 그렇지 않은 경우를 놓고 일치법과 차이법을 병용하여 적용함으로써 그 원인을 판단

　　예 학업 능력 정도가 비슷한 두 아동 집단에 대해 처음에는 같은 분량의 과제를 부여하고 나중에는 각기 다른 분량의 과제를 부여한 결과, 많이 부여한 집단의 성적이 훨씬 높게 나타났다. 이로 보아, 과제를 많이 부여하는 것이 적게 부여하는 것보다 학생의 학업 성적 향상에 도움이 된다고 판단할 수 있다.

④ **공변법** : 관찰하는 어떤 사실의 변화에 따라 현상의 변화가 일어날 때 그 변화의 원인이 무엇인지 판단

　　예 담배를 피우는 양이 각기 다른 사람들의 집단을 조사한 결과, 담배를 많이 피울수록 폐암에 걸릴 확률이 높다는 사실이 발견되었다.

⑤ **잉여법** : 앞의 몇 가지 현상이 뒤의 몇 가지 현상의 원인이며, 선행 현상의 일부분이 후행 현상의 일부분이라면, 선행 현상의 나머지 부분이 후행 현상의 나머지 부분의 원인임을 판단

　　예 어젯밤 일어난 사건의 혐의자는 정은이와 규민이 두 사람인데, 정은이는 알리바이가 성립되어 혐의 사실이 없는 것으로 밝혀졌다. 따라서 그 사건의 범인은 규민이일 가능성이 높다.

3. 유비 추론

두 개의 대상 사이에 일련의 속성이 동일하다는 사실에 근거하여 그것들의 나머지 속성도 동일하리라는 결론을 이끌어내는 추론, 즉 이미 알고 있는 것에서 다른 유사한 점을 찾아내는 추론을 말한다. 그렇기 때문에 유비 추론은 잣대(기준)가 되는 사물이나 현상이 있어야 한다. 유비 추론은 가설을 세우는 데 유용하다. 이미 알고 있는 사례로부터 아직 알지 못하는 것을 생각해 봄으로써 쉽게 가설을 세울 수 있다. 이때 유의할 점은 이미 알고 있는 사례와 이제 알고자 하는 사례가 매우 유사하다는 확신과 증거가 있어야 한다. 그렇지 않은 상태에서 유비 추론에 의해 결론을 이끌어 내면, 그것은 개연성이 거의 없고 잘못된 결론이 될 수도 있다.

> - 지구에는 공기, 물, 흙, 햇빛이 있다(A는 a, b, c, d의 속성을 가지고 있다).
> - 화성에는 공기, 물, 흙, 햇빛이 있다(B는 a, b, c, d의 속성을 가지고 있다).
> - 지구에 생물이 살고 있다(A는 e의 속성을 가지고 있다).
> - 그러므로 화성에도 생물이 살고 있을 것이다(그러므로 B도 e의 속성을 가지고 있을 것이다).

01 언어추리

| 유형분석 |

- 명제 간의 관계를 정확히 알고 이를 활용할 수 있는지를 평가하는 유형이다.
- 역, 이, 대우의 개념을 정확하게 숙지하고 있어야 한다.
- 'A○ → B×'와 같이 명제를 단순화하여 정리하면서 풀어야 한다.
- 각 진술 사이의 모순을 찾아 성립하지 않는 경우의 수를 제거하거나, 경우의 수를 나누어 모든 조건이 들어맞는지를 확인해야 한다.

※ 다음 제시문을 읽고, 각 문제가 항상 참이면 ①, 거짓이면 ②, 알 수 없으면 ③을 고르시오. **[1~2]**

- 비 오는 날을 좋아하면 물놀이를 좋아한다.
- 장화를 좋아하면 비 오는 날을 좋아한다.
- 여름을 좋아하지 않으면 물놀이를 좋아하지 않는다.
- 어떤 고양이는 장화를 좋아한다.

01 어떤 고양이는 여름을 좋아한다.

① 참 ② 거짓 ③ 알 수 없음

02 비오는 날을 좋아하지 않는 고양이도 있다.

① 참 ② 거짓 ③ 알 수 없음

01

정답 ①

'장화를 좋아함'을 p, '비 오는 날을 좋아함'을 q, '물놀이를 좋아함'을 r, '여름을 좋아함'을 s라고 할 때, 어떤 고양이 → p → q → r → s가 성립한다. 따라서 '어떤 고양이는 여름을 좋아한다.'는 참이다.

02

정답 ③

어떤 고양이 → p → q가 성립하지만, 비 오는 날을 좋아하지 않는 고양이도 있는지 아닌지 알 수 없다.

30초 컷 풀이 Tip

명제 문제를 풀 때는 각 명제들을 간단하게 기호화한 다음 관계에 맞게 순서대로 도식화하면 깔끔한 풀이를 할 수 있어 시간단축이 가능하다. 참인 명제의 대우 명제도 반드시 참이라는 점을 가장 먼저 활용한다. 또한, 먼저 조건을 살펴보고 변하지 않아서 기준이 되는 조건을 중심으로 차례차례 살을 붙여 표나 도식의 형태를 완성해 경우의 수를 생각하는 것도 좋은 방법이다.

※ 다음 제시문을 읽고 각 문제가 항상 참이면 ①, 거짓이면 ②, 알 수 없으면 ③을 고르시오. [1~3]

- 한 층에 한 개 회사만이 입주할 수 있는 6층 건물에 A ~ F회사 6개가 입주해 있다.
- A와 D는 5층 차이가 난다.
- D와 E는 인접할 수 없다.
- B는 C보다 아래층에 있다.
- A는 B보다 아래층에 있다.

`Easy`

01　A는 1층이다.

　　① 참　　　　　　　② 거짓　　　　　　　③ 알 수 없음

02　C가 4층이면 F는 5층이다.

　　① 참　　　　　　　② 거짓　　　　　　　③ 알 수 없음

`Hard`

03　F가 5층이면 C는 3층이다.

　　① 참　　　　　　　② 거짓　　　　　　　③ 알 수 없음

※ 다음 제시문을 읽고 각 명제가 항상 참이면 ①, 거짓이면 ②, 알 수 없으면 ③을 고르시오. [4~6]

- 어떤 고양이는 참치를 좋아한다.
- 참치를 좋아하면 낚시를 좋아한다.
- 모든 너구리는 낚시를 싫어한다.
- 모든 수달은 낚시를 좋아한다.

Easy

04 모든 수달은 물을 좋아한다.

① 참   ② 거짓   ③ 알 수 없음

05 모든 고양이는 낚시를 좋아한다.

① 참   ② 거짓   ③ 알 수 없음

06 참치를 좋아하면 너구리가 아니다.

① 참   ② 거짓   ③ 알 수 없음

CHAPTER 04
공간지각력

공간지각력은 제시된 전개도를 접었을 때 나타나는 입체도형을 유추하는 문제가 출제되며 총 20문항을
7분 이내에 해결해야 한다.

전개도를 접었을 때, 나타날 수 있는 모양을 찾는 문제와 나타날 수 없는 모양을 찾는 문제가 출제된다.

┤ 학습 포인트 ├

- 일반적인 정육각형의 전개도만 출제하는 것이 아니라 다양한 입체도형의 전개도를 출제하고 있으므로 최대한 많은 전개도를 접해보고 연습해보는 것이 도움이 된다.

| 유형분석 |

- 입체도형에 대한 형태지각 능력과 추리 능력을 평가한다.
- 다양한 모양의 입체도형 전개도가 출제된다.

주어진 전개도로 정육면체를 만들 때 만들어질 수 없는 것은?

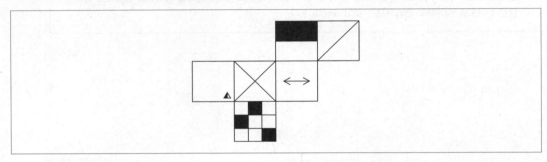

①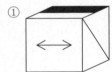

②

③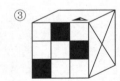

④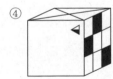

1. 선택지 ①~④ 사이에 중복되는 면이 존재하는지 확인한다.
   - ②, ③, ④가 세 면씩 서로 중복된다.
2. 중복되는 면이 존재하는 경우 해당 면을 기준으로 인접하는 면을 비교하며 오답을 제거한다.
   - ②의 윗면을 정면으로 놓으면 ③과 윗면의 모양이 달라지지만, ③의 윗면을 정면으로 놓으면 ④와 같아진다.
3. 나머지 선택지의 정면, 측면, 윗면의 그림과 방향을 전개도와 비교한다.
   - ②의 옆면에 위치한 삼각형의 방향이 시계 반대 방향으로 90° 회전되어야 옳다.

30초 컷 풀이 Tip

1. 선택지를 보고 필요한 세 면을 전개도에서 찾는다.

선택지	전개도

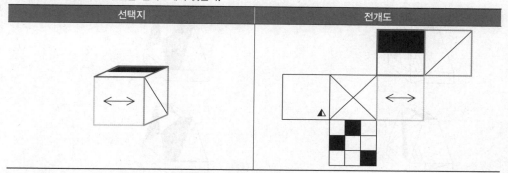

2. 전개도에서 찾은 세 면을 [위 / 앞 옆] 형태로 만든 후 선택지와 각 면의 모양을 비교한다.

선택지	전개도

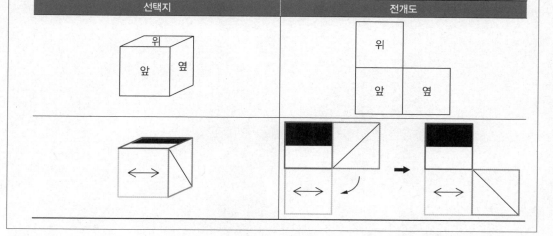

※ 제시된 전개도를 접었을 때 나타나는 입체도형으로 알맞은 것을 고르시오. [1~3]

Easy

01

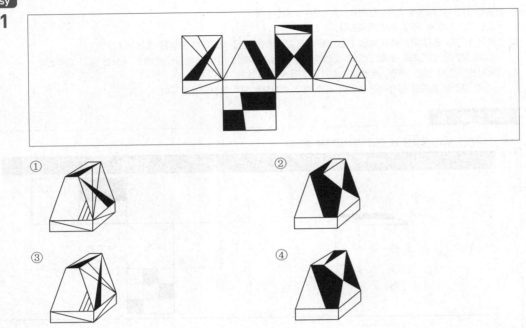

①

②

③

④

02

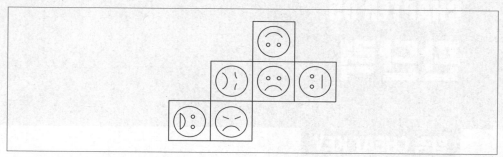

①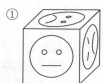

②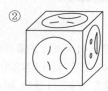

③

④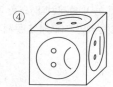

Hard

03

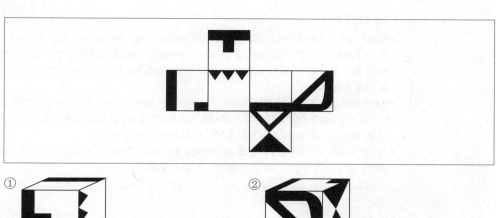

①

②

③

④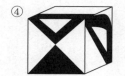

CHAPTER 05
판단력

판단력은 크게 일반적인 언어 독해와 자료해석의 두 가지 유형으로 나눌 수 있고, 12분 동안 20문항을 풀어야 한다. 독해는 주제 찾기, 일치·불일치, 빈칸추론 등 일반적인 비문학 독해 문제와 문장을 논리적 순서에 맞게 나열하는 문장 나열하기 문제, 제시된 글의 개요 및 보고서의 수정 방안으로 옳거나 그른 것을 선택하는 개요수정 문제 등이 출제된다. 또한 자료해석에서는 도표 및 그래프에 해당하는 값 찾기, 자료해석 및 추론하기 등 일반적인 자료해석 문제가 출제되었다.

01 독해

독해력을 기르기 위해서는 글의 구성이 탄탄하게 잡혀 있는 양질의 글을 많이 접해야 하며, 일반적으로 신문 기사나 사설 등이 독해력 향상에 도움을 준다. 이러한 글을 접하면서 글의 논리 구조를 파악해 보는 습관을 기르면 짧은 시간 안에 장문의 지문 구성을 이해할 수 있게 되고, 문제를 푸는 시간을 줄일 수 있다.

┌─ 학습 포인트 ┤
- 다양한 분야의 지문이 제시되므로 평소에 여러 분야의 도서나 신문의 기사 등을 읽어둔다.
- 문장 나열하기의 경우 문장과 문장을 연결하는 접속어의 쓰임에 대해 정확히 알고 있어야 문제를 풀 수 있고, 문장 속에 나타나는 지시어는 해당 문장의 앞에 어떤 내용이 오는지에 대한 힌트가 되므로 이에 집중한다.
- 빈칸추론의 경우 지문을 처음부터 끝까지 다 읽기보다는 빈칸의 앞뒤 문장만으로 그 사이에 들어갈 내용을 유추하는 연습을 해야 한다. 선택지를 읽으며 빈칸에 들어갈 답을 고른 후 해설과 비교하면서 왜 틀렸는지 파악하고 놓친 부분을 반드시 체크하는 습관을 들인다.
- 사실적 독해의 경우 무작정 제시문을 읽고 문제를 풀기보다는, 문제와 선택지를 먼저 읽고 지문에서 찾아야 할 내용이 무엇인지를 먼저 파악한 후 글을 읽는다.

02 자료해석

제시된 자료의 구성을 우선적으로 살펴 핵심을 숙지한 상태에서 문제를 읽고, 그에 해당하는 근거를 찾아 해결해가는 순서대로 연습을 한다. 막무가내로 문제 먼저 읽고 수치를 찾고자 한다면 단순한 자료해석 문제로는 성과가 있을지 몰라도, 혼합된 자료나 흔히 보기 힘든 그래프 등으로 구성된 문제는 쉽게 풀기 어렵다.

┤ 학습 포인트 ├

- 자료의 내용을 확인하기 전에 자료의 제목과 범주, 단위를 우선적으로 확인하여 어떠한 자료를 담고 있는지 파악한 이후 구하고자 하는 자료를 확인하는 것이 시간을 단축할 수 있다.
- 다양한 형태의 자료를 접해보기 위해서는 문제를 많이 풀어보는 것도 중요하지만, 통계청과 같은 인터넷 사이트를 통해 표, 도식, 차트 등의 여러 가지 자료를 접하여 자료별로 구성이 어떻게 되어 있는지를 숙지해 놓는 것도 좋은 방법이 될 수 있다.

01 논리구조

논리구조에서는 주로 단락과 문장 간의 관계나 글 전체의 논리적 구조를 정확히 파악했는지를 묻는다. 글의 순서를 바르게 나열하는 유형이 출제되고 있다. 제시문의 전체적인 흐름을 바탕으로 각 문단의 특징, 단락 간의 역할 등을 논리적으로 구조화할 수 있는 능력을 길러야 한다.

1. 문장과 문장 간의 관계

① 상세화 관계 : 주지 → 구체적 설명(비교, 대조, 유추, 분류, 분석, 인용, 예시, 비유, 부연, 상술 등)
② 문제(제기)와 해결 관계 : 한 문장이 문제를 제기하고, 다른 문장이 그 해결책을 제시하는 관계(과제 제시 → 해결 방안, 문제 제기 → 해답 제시)
③ 선후 관계 : 한 문장이 먼저 발생한 내용을 담고, 다음 문장이 나중에 발생한 내용을 담고 있는 관계
④ 원인과 결과 관계 : 한 문장이 원인이 되고, 다른 문장이 그 결과가 되는 관계(원인 제시 → 결과 제시, 결과 제시 → 원인 제시)
⑤ 주장과 근거 관계 : 한 문장이 필자가 말하고자 하는 바(주지)가 되고, 다른 문장이 그 문장의 증거(근거)가 되는 관계(주장 제시 → 근거 제시, 의견 제안 → 의견 설명)
⑥ 전제와 결론 관계 : 앞 문장에서 조건이나 가정을 제시하고, 뒤 문장에서 이에 따른 결론을 제시하는 관계

2. 문장의 연결 방식

① 순접 : 원인과 결과, 부연 설명 등의 문장 연결에 쓰임
   예 그래서, 그리고, 그러므로 등
② 역접 : 앞글의 내용을 전면적 또는 부분적으로 부정
   예 그러나, 그렇지만, 그래도, 하지만 등
③ 대등·병렬 : 앞뒤 문장의 대비와 반복에 의한 접속
   예 및, 혹은, 또는, 이에 반하여 등
④ 보충·첨가 : 앞글의 내용을 보다 강조하거나 부족한 부분을 보충하기 위해 다른 말을 덧붙이는 문맥
   예 단, 곧, 즉, 더욱이, 게다가, 왜냐하면 등
⑤ 화제 전환 : 앞글과는 다른 새로운 내용을 이야기하기 위한 문맥
⑥ 비유·예시 : 앞글에 대해 비유적으로 다시 말하거나 구체적인 예를 보임
   예 예를 들면, 예컨대, 마치 등

3. 원리 접근법

앞뒤 문장의 중심 의미 파악	→	앞뒤 문장의 중심 내용이 어떤 관계인지 파악	→	문장 간의 접속어, 지시어의 의미와 기능	→	문장의 의미와 관계성 파악
각 문장의 의미를 어떤 관계로 연결해서 글을 전개하는지 파악해야 한다.		지문 안의 모든 문장은 서로 논리적 관계성이 있다.		접속어와 지시어를 음미하는 것은 독해의 길잡이 역할을 한다.		문단의 중심 내용을 알기 위한 기본 분석 과정이다.

02 논리적 이해

1. 전제의 추론

전제의 추론은 원칙적으로 주어진 내용의 이면에 내포되어 있는 이미 옳다고 인정된 사실을 유추하는 유형이다.
① 먼저 주장이 무엇인지 명확하게 파악해야 한다.
② 주장이 성립하기 위해서 논리적으로 필요한 요건이 무엇인지 생각해 본다.
③ 선택지 중 주장과 논리적으로 인과 관계를 형성할 수 있는 조건을 찾아낸다.

2. 결론의 추론

주어진 내용을 명확히 이해한 다음, 이를 근거로 이끌어 낼 수 있는 올바른 결론이나 관련 사항을 논리적인 관점에서 찾는 문제 유형이다. 이와 같은 문제는 평상시 비판적이고 논리적인 관점으로 글을 읽는 연습을 충분히 해두어야 유리하다고 볼 수 있다.

3. 주제의 추론

주제와 관련된 추론 문제는 적성검사에서 자주 출제되는 유형으로서, 글의 표제, 부제, 주제, 주장, 의도를 파악하는 형태의 문제와 같은 유형이다. 이러한 유형의 문제는 주제를 글의 첫 문단이나 마지막 문단을 통해서 찾을 수 있으며, 그렇지 않더라도 문단의 병렬·대등 관계를 파악하면 쉽게 찾을 수 있다. 여러 문단에서 공통된 주제를 추론할 때는 각각의 제시문을 먼저 요약한 뒤, 핵심 키워드를 찾은 다음 이를 토대로 주제문을 가려내어 하나의 주제를 유추하면 된다. 따라서 평소에 제시문을 읽고, 핵심 키워드를 찾아 문장을 구성하는 연습을 많이 해두어야 한다. 또한 겉으로 드러난 주제나 정보를 찾는 데 그치지 않고 글 속에 숨겨진 의도나 정보를 찾기 위해 꼼꼼히 관찰하는 태도가 필요하다.

(1) 꺾은선(절선)그래프

① 시간적 추이(시계열 변화)를 표시하는 데 적합하다.

예 연도별 매출액 추이 변화 등

② 경과·비교·분포를 비롯하여 상관관계 등을 나타낼 때 사용한다.

〈중학교 장학금, 학비감면 수혜현황〉

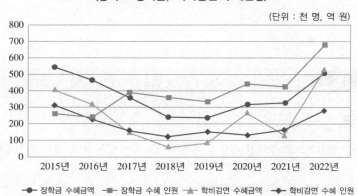

(2) 막대그래프

① 비교하고자 하는 수량을 막대 길이로 표시하고, 그 길이를 비교하여 각 수량 간의 대소 관계를 나타내는 데 적합하다.

예 영업소별 매출액, 성적별 인원분포 등

② 가장 간단한 형태로 내역·비교·경과·도수 등을 표시하는 용도로 사용한다.

〈연도별 암 발생 추이〉

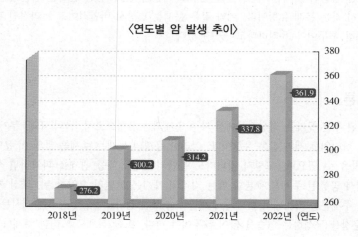

(3) 원그래프

① 내역이나 내용의 구성비를 분할하여 나타내는 데 적합하다.
    예 제품별 매출액 구성비 등
② 원그래프를 정교하게 작성할 때는 수치를 각도로 환산해야 한다.

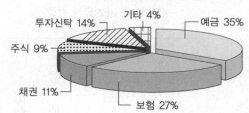

〈C국의 가계 금융자산 구성비〉

투자신탁 14% 기타 4% 예금 35%
주식 9%
채권 11%
보험 27%

(4) 점그래프

① 지역분포를 비롯하여 도시, 지방, 기업, 상품 등의 평가나 위치, 성격을 표시하는 데 적합하다.
    예 광고비율과 이익률의 관계 등
② 종축과 횡축에 두 요소를 두고, 보고자 하는 것이 어떤 위치에 있는가를 알고자 할 때 사용한다.

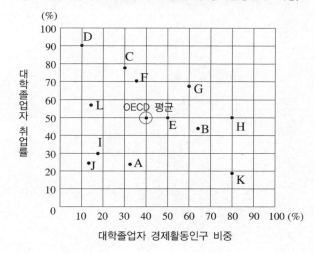

〈OECD 국가의 대학졸업자 취업률 및 경제활동인구 비중〉

(5) 층별그래프

① 합계와 각 부분의 크기를 백분율로 나타내고 시간적 변화를 보는 데 적합하다.

② 합계와 각 부분의 크기를 실수로 나타내고 시간적 변화를 보는 데 적합하다.

　예 상품별 매출액 추이 등

③ 선의 움직임보다는 선과 선 사이의 크기로써 데이터 변화를 나타내는 그래프이다.

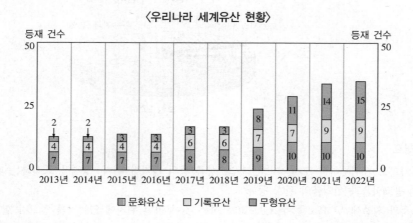

〈우리나라 세계유산 현황〉

(6) 레이더 차트(거미줄그래프)

① 다양한 요소를 비교할 때, 경과를 나타내는 데 적합하다.
   예 매출액의 계절변동 등

② 비교하는 수량을 직경 또는 반경으로 나누어 원의 중심에서의 거리에 따라 각 수량의 관계를 나타내는 그래프이다.

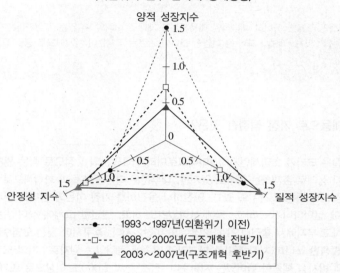

〈외환위기 전후 한국의 경제상황〉

| 유형분석 |

- 제시문의 전체적인 주제뿐 아니라 세부적인 내용까지도 제대로 이해할 수 있는지 평가하는 유형이다.
- 경제·경영·철학·역사·예술·과학 등 다양한 분야와 관련된 제시문이 제시되므로 평소 폭넓은 독서를 하는 것이 도움이 된다.

다음 제시문의 내용으로 가장 적절한 것은?

> 방사성 오염 물질은 크기가 초미세먼지(2.5마이크로미터)의 1만분의 1 정도로 작은 원자들이다. 제논-125처럼 독립된 원자 상태로 존재하는 경우도 있지만, 대부분은 다른 원소들과 화학적으로 결합한 분자 상태로 존재한다. 전기적으로 중성인 경우도 있고, 양전하나 음전하를 가진 이온의 상태로 존재하기도 한다. 기체 상태로 공기 중에 날아다니기도 하고, 물에 녹아있기도 하고, 단단한 고체에 섞여있는 경우도 있다.
>
> 후쿠시마 원전 사고 부지에서 흘러나오는 '오염수'도 마찬가지다. 후쿠시마 원전 오염수는 2011년 3월 동일본 대지진으로 발생한 쓰나미(지진해일)로 파괴되어 땅속에 묻혀있는 원자로 3기의 노심(연료봉)에서 녹아나온 200여 종의 방사성 핵종이 들어있는 지하수다. 당초 섭씨 1,000도 이상으로 뜨거웠던 노심은 시간이 지나면서 천천히 차갑게 식어있는 상태가 되었다. 사고 직후에는 하루 470t씩 흘러나오던 오염수도 이제는 하루 140t으로 줄어들었다. 단단한 합금 상태의 노심에서 녹아나오는 방사성 핵종의 양도 시간이 지나면서 점점 줄어들고 있다. 현재 후쿠시마 사고 현장의 탱크에는 125만t의 오염수가 수거되어 있다.
>
> 일본은 처리수를 충분히 희석시켜서 삼중수소의 농도가 방류 허용기준보다 훨씬 낮은 리터당 1,500베크렐로 저감시킬 계획이다. 125만t의 오염수를 400배로 희석시켜서 5억t으로 묽힌 후에 30년에 걸쳐서 느린 속도로 방류하겠다는 것이다. 파괴된 노심을 완전히 제거하는 2051년까지 흘러나오는 오염수도 같은 방법으로 정화·희석시켜서 방류한다는 것이 일본의 계획이다.
>
> 희석을 시키더라도 시간이 지나면 방사성 오염물질이 다시 모여들 수 있다는 주장은 엔트로피 증가의 법칙을 무시한 억지다. 물에 떨어뜨린 잉크는 시간이 지나면 균일하게 묽어진다. 묽어진 잉크는 아무리 시간이 지나도 다시 모여들어서 진해지지 않는다. 태평양으로 방류한 삼중수소도 마찬가지다. 시간이 지나면 태평양 전체로 퍼져버리게 된다. 태평양 전체에 퍼져버린 삼중수소가 방출하는 모든 방사선에 노출되는 일은 현실적으로 불가능하다.

① 방사성 오염 물질은 초미세먼지와 비슷한 크기이다.

② 방사성 오염 물질은 보통 독립된 원자 상태로 존재한다.

③ 방사성 물질이 이온 상태로 존재하는 경우는 거의 없다.

④ 오염수를 희석시켜 방류하면 일정 시간 후 다시 오염 물질이 모여들 걱정을 하지 않아도 된다.

정답 ④

오염수를 희석을 시키더라도 시간이 지나면 오염 물질이 다시 모여들 수 있다는 것은 엔트로피 증가의 법칙을 무시한 주장이다.

오답분석

① 초미세먼지(2.5마이크로미터)의 1만분의 1 정도의 크기이다.
② 방사성 오염 물질은 독립된 원자 상태로 존재하기도 하나, 대부분은 다른 원소들과 화학적으로 결합한 분자 상태로 존재한다.
③ 전기적으로 중성인 경우도 있고, 양전하나 음전하를 가진 이온의 상태로 존재하기도 한다.

30초 컷 풀이 Tip

제시문의 내용과 일치하는 것 또는 일치하지 않는 것을 고르는 문제의 경우 제시문을 읽기 전에 문제와 선택지를 먼저 읽어보는 것이 좋다. 이를 통해 제시문 속에서 찾아내야 할 정보가 무엇인지를 먼저 인지한 후 제시문을 읽어야 문제 푸는 시간을 단축할 수 있다.

※ 다음 중 제시문의 내용으로 적절하지 않은 것을 고르시오. [1~3]

01

> 세슘은 알칼리 금속에 속하는 화학 원소로 무르고 밝은 금색이며 실온에서 액체 상태로 존재하는 세 가지 금속 중 하나이다. 세슘은 공기 중에서도 쉽게 산화하며 가루 세슘 또한 자연발화를 하는 데다 물과 폭발적으로 반응하기 때문에 소방법에서는 위험물로 지정하고 있다. 나트륨이나 칼륨은 물에 넣으면 불꽃을 내며 타는데, 세슘의 경우에는 물에 넣었을 때 발생하는 반응열과 수소 기체가 만나 더욱 큰 폭발을 일으킨다. 세슘에는 약 30종의 동위원소가 있는데, 이 중 세슘 – 133만이 안정된 형태이며 나머지는 모두 자연적으로 붕괴한다. 세슘 – 137은 감마선을 만드는데, 1987년에 이 물질에 손을 댄 4명이 죽고 200명 이상이 피폭당한 고이아니아 방사능 유출사고가 있었다.

① 세슘은 실온에서 액체로 존재하는 세 가지 금속 중 하나이다.
② 액체 상태의 세슘은 위험물에서 제외하고 있다.
③ 세슘은 물에 넣었을 때 큰 폭발을 일으킨다.
④ 세슘 – 137을 부주의하게 다룰 경우 생명이 위독할 수 있다.

`Easy`

02

> 우리 민족은 고유한 주거문화로 바닥 난방 기술인 구들을 발전시켜 왔는데, 구들은 우리 민족에 다양한 영향을 주었다. 우선 오랜 구들 생활은 우리 민족의 인체에 적지 않은 변화를 초래하였다. 태어나면서부터 따뜻한 구들에 누워 자는 것이 습관이 된 우리 아이들은 사지의 활동량이 적어 발육이 늦어졌다. 구들에서 자란 우리 아이들은 다른 어떤 민족의 아이들보다 따뜻한 곳에서 안정감을 느꼈으며, 우리 민족은 아이들에게 따뜻함을 만들어주기 위해 여러 가지를 고안하여 발전시켰다.
> 구들은 농경을 주업으로 하는 우리 민족의 생산도구의 제작과 사용에 많은 영향을 주었다. 구들에 앉아 오랫동안 활동하는 습관은 하반신보다 상반신의 작업량을 증가시켰고 상반신의 움직임이 상대적으로 정교하게 되었다. 구들 생활에 익숙해진 우리 민족은 방 안에서의 작업뿐만 아니라 농사를 비롯한 야외의 많은 작업에서도 앉아서 하는 습관을 갖게 되었는데 이는 큰 농기구를 이용하여 서서 작업을 하는 서양과는 완전히 다른 방식이었다.

① 구들의 영향으로 우리 민족은 앉아서 하는 작업방식이 일반화되었다.
② 구들은 실내뿐 아니라 실외활동에도 영향을 끼쳤다.
③ 우리 민족은 하반신 활동보다 상반신 활동이 많은 대신 상반신 작업이 정교한 특징이 있다.
④ 구들은 아이들의 체온을 높여 발육을 방해한다.

블록체인이 무엇일까. 일반적으로 블록체인은 '분산화된 거래장부' 방식의 시스템으로 거래 정보를 개인 간 거래(P2P) 네트워크에 분산해 장부에 기록하고 참가자가 그 장부를 공동관리 함으로써 중앙집중형 거래 기록보관 방식보다 보안성이 높은 시스템이라고 정의한다. 보통 사람들은 모든 사용자가 동일한 장부를 보유하고 거래가 일어나면 한쪽에서 고친 내용이 네트워크를 타고 전체에 전파된다는 사실까지는 쉽게 이해하지만, 왜 이런 분산원장 방식이 중앙집중형 관리 방식보다 안전한지까지는 쉽사리 납득하지 못하고 있다. 이는 블록체인에 대한 중요한 특성 한 가지를 간과했기 때문인데, 이것이 바로 합의(Consensus) 알고리즘이다. 블록체인 네트워크에서 '합의'는 모든 네트워크 참여자가 같은 결과값을 결정해 나아가는 과정을 뜻한다. 블록체인은 탈중앙화된, 즉 분산된 원장을 지니고 있는 개개인이 운영해나가는 시스템으로 개인들이 보유하고 있는 장부에 대한 절대 일치성(Conformity)이 매우 중요하며, 이를 위해 블록체인은 작업증명(Proof of Work)이라는 합의 알고리즘을 사용한다.

작업증명은 컴퓨터의 계산 능력을 활용하여 거래 장부(블록)를 생성하기 위한 특정 숫자 값을 산출하고 이를 네트워크에 참여한 사람에게 전파함으로써 장부를 확정한다. 여기서 특정 숫자 값을 산출하는 행위를 채굴이라 하고 이 숫자 값을 가장 먼저 찾아내서 전파한 노드 참가자에게 비트코인과 같은 보상이 주어진다. 네트워크 참여자들은 장부를 확정하기 위한 특정 숫자 값을 찾아내려는 목적으로 지속적으로 경쟁하며, 한 명의 채굴자가 해답을 산출하여 블록을 생성 전파하면 타 채굴자는 해당 블록에 대한 채굴을 멈추고 전파된 블록을 연결하는 작업을 수행한다. 그렇다면 동시에 여러 블록들이 완성되어 전파되고 있다면 어떤 일이 발생할까?

예를 들어 내가 100번 블록까지 연결된 체인을 가지고 있고, 101번째 블록을 채굴하고 있던 도중 이웃으로부터 101번(a)이라는 블록을 받아 채택한 후 102번째 블록을 채굴하고 있었다. 그런데 타 참가자로부터 101번(b)이라는 블록으로부터 생성된 102번째 블록이 완성되어 전파되었다. 이런 경우, 나는 102번째 블록과 103번째 블록을 한꺼번에 채굴하여 전파하지 않는 이상 101번(a)을 포기하고 101번(b)과 102번째 블록을 채택, 103번째 블록을 채굴하는 것이 가장 합리적이다.

블록체인의 일치성은 이처럼 개별 참여자가 자기의 이익을 최대로 얻기 위해 더 긴 블록체인으로 갈아타게 되면서 유지되는 것이다. 마치 선거를 하듯 노드 투표를 통해 과반수의 지지를 받은 블록체인이 살아남아 승자가 되는 방식으로 블록체인 네트워크 참여자들은 장부의 일치성을 유지시켜 나간다. 이 점 때문에 블록체인 네트워크에서 이미 기록이 완료된 장부를 조작하려면, 과반수 이상의 참여자가 가지고 있는 장부를 동시에 조작해야 하는데 실질적으로 이는 거의 불가능에 가까워 "분산원장 방식이 중앙 집중형 방식보다 보안에 강하다."라는 주장이 도출되는 것이다.

① 작업증명에서 특정 숫자 값을 먼저 찾아내서 전파할 경우 보상이 주어진다.
② 블록체인의 일치성은 개별 참여자가 더 긴 블록체인으로 갈아타게 되면서 유지된다.
③ 거래장부 기록 방식은 분산원장 방식이 중앙집중형 관리 방식보다 안전하다.
④ 타인으로부터 특정 블록이 완성되어 전파된 경우, 특정 블록에 대해 경쟁하는 것이 합리적이다.

02 주제 · 제목 찾기

| 유형분석 |

- 제시문의 중심 내용을 정확히 판단할 수 있는지 평가하는 유형이다.
- 제시문의 전체 내용을 포괄할 수 있는 제목이나 주제를 골라야 한다.
- 제시문의 일부 내용의 주제를 가리키는 보기가 오답으로 섞여있을 수도 있으므로 주의하도록 한다.

다음 제시문의 제목으로 가장 적절한 것은?

사전적 정의에 의하면 재즈는 20세기 초반 미국 뉴올리언스의 흑인 문화 속에서 발아한 후 미국을 대표하는 음악 스타일이자 문화가 된 음악 장르이다. 서아프리카의 흑인 민속음악이 18세기 후반과 19세기 초반의 대중적이고 가벼운 유럽의 클래식 음악과 만나서 탄생한 것이 재즈다. 그러나 이 정도의 정의로 재즈의 전모를 밝히기에는 역부족이다. 이미 재즈가 미국을 넘어 전 세계에서 즐겨 연주되고 있으며 그 기법 역시 트레이드 마크였던 스윙(Swing)에서 많이 벗어났기 때문이다.

한편 재즈 역사가들은 재즈를 음악을 넘어선 하나의 이상이라고 이야기한다. 그 이상이란 삶 속에서 우러나온 경험과 감정을 담고자 하는 인간의 열정적인 마음이다. 여기에서 영감을 얻은 재즈 작곡가나 연주자는 즉자적으로 곡을 작곡하고 연주해 왔으며, 그러한 그들의 의지가 바로 다사다난한 인생을 관통하여 재즈에 담겨 있다. 초기의 재즈가 미국 흑인들의 한과 고통을 담아낸 흔적이자 역사 그 자체인 점이 이를 증명한다. 억압된 자유를 되찾으려는 그들의 저항 의식은 아름답게 정제된 기존의 클래식 음악의 틀 안에서는 온전하게 표출될 수 없었다. 불규칙적으로 전개되는 과감한 불협화음, 줄곧 어긋나는 듯한 리듬, 정제되지 않은 멜로디, 이들의 총합으로 유발되는 긴장감과 카타르시스……. 당시 재즈 사운드는 충격 그 자체였다. 그렇지만 현 시점에서 이러한 기법과 형식을 담은 장르는 넘쳐날 정도로 많아졌고, 클래식 역시 아방가르드(Avantgarde)라는 새로운 영역을 개척한 지 오래이다. 그러므로 앞에서 언급한 스타일과 이를 가능하게 했던 이상은 더 이상 재즈만의 전유물이라 할 수 없다.

켄 번스(Ken Burns)의 영화 '재즈(Jazz)'에서 윈튼 마살리스(Wynton Marsalis)는 "재즈의 진정한 힘은 사람들이 모여서 즉흥적인 예술을 만들고 자신들의 예술적 주장을 타협해 나가는 것에서 나온다. 이러한 과정 자체가 곧 재즈라는 예술 행위이다."라고 말한다. 그렇다면 우리의 일상은 곧 재즈 연주와 견줄 수 있다. 출생과 동시에 우리는 다른 사람들과 관계를 맺으며 살아간다. 물론 자신과 타인은 호불호나 삶의 가치관이 제각각일 수밖에 없다. 따라서 자신과 타인의 차이가 옳고 그름의 차원이 아닌 '다름'이라는 것을 알아가는 것, 그리고 그러한 차이를 인정하고 그 속에서 서로 이해하고 배려하려는 노력이 필요하다. 이렇듯 자신과 다른 사람과 함께 '공통의 행복'이라는 것을 만들어 간다면 우리 역시 바로 '재즈'라는 위대한 예술을 구현하고 있는 것이다.

① 재즈의 기원과 본질   ② 재즈와 클래식의 차이

③ 재즈의 장르적 우월성   ④ 재즈와 인생의 유사성과 차이점

정답　①

제시문은 재즈가 어떻게 생겨났고 재즈가 어떠한 것들을 표현해내는 음악인지에 대해 설명하고 있으므로 제목으로는 ①이 가장 적절하다.

30초 컷 풀이 Tip

제시문의 중심이 되는 내용은 주로 글의 맨 앞이나 맨 뒤에 위치한다. 따라서 제시문의 맨 첫 문단과 마지막 문단을 먼저 확인해보고 필요한 경우 그 문단을 보충해주는 부분을 읽어가면서 주제를 파악해 나간다.

01   다음 제시문의 중심 내용으로 가장 적절한 것은?

> 통계는 다양한 분야에서 사용되며 막강한 위력을 발휘하고 있다. 그러나 모든 도구나 방법이 그렇듯이, 통계 수치에도 함정이 있다. 함정에 빠지지 않으려면 통계 수치의 의미를 정확히 이해하고, 도구와 방법을 올바르게 사용해야 한다. 친구 5명이 만나서 이야기를 나누다가 연봉이 화제가 되었다. 2천만 원이 4명, 7천만 원이 1명이었는데, 평균을 내면 3천만 원이다. 이 숫자에 대해 4명은 "나는 봉급이 왜 이렇게 적을까?"하며 한숨을 내쉬었다. 그러나 이 평균값 3천만 원이 5명의 집단을 대표하는 데에 아무 문제가 없을까? 물론 계산 과정에는 하자가 없지만, 평균을 집단의 대푯값으로 사용하는 데에 어떤 한계가 있을 수 있는지 깊이 생각해 보지 않는다면, 우리는 잘못된 생각에 빠질 수도 있다. 평균은 극단적으로 아웃라이어(비정상적인 수치)에 민감하다. 집단 내에 아웃라이어가 하나만 있어도 평균이 크게 바뀐다는 것이다. 위의 예에서 1명의 연봉이 7천만 원이 아니라 100억 원이었다고 하자. 그러면 평균은 20억 원이 넘게 된다.
>
> 나머지 4명은 자신의 연봉이 평균치의 100분의 1밖에 안 된다며 슬퍼해야 할까? 연봉 100억 원인 사람이 아웃라이어이듯이 처음의 예에서 연봉 7천만 원인 사람도 아웃라이어인 것이다. 두드러진 아웃라이어가 있는 경우에는 평균보다는 최빈값이나 중앙값이 대푯값으로서 더 나을 수 있다.

① 평균은 집단을 대표하는 수치로서는 매우 부적당하다.
② 통계는 숫자 놀음에 불과하므로 통계 수치에 일희일비할 필요가 없다.
③ 평균보다는 최빈값이나 중앙값을 대푯값으로 사용해야 한다.
④ 통계 수치의 의미와 한계를 정확히 인식하고 사용할 필요가 있다.

02 다음 제시문의 주제로 가장 적절한 것은?

유전학자들의 최종 목표는 결함이 있는 유전자를 정상적인 유전자로 대체하는 것이다. 이렇게 가장 기본적인 세포 내 차원에서 유전병을 치료하는 것을 '유전자 치료'라 일컫는다. 유전자 치료를 하기 위해서는 이상이 있는 유전자를 찾아야 한다. 이를 위해 과학자들은 DNA의 특성을 이용한다. DNA는 두 가닥이 나선형으로 꼬여 있는 이중 나선 구조로 이루어진 분자이다. 그런데 이 두 가닥에 늘어서 있는 염기들은 임의적으로 배열되어 있는 것이 아니다. 즉, 한쪽에 늘어선 염기에 따라 다른 쪽 가닥에 늘어선 염기들의 배열이 결정되는 것이다. 즉 한쪽에 A염기가 존재하면 거기에 연결되는 반대쪽에는 반드시 T염기가, 그리고 C염기에 대응해서는 반드시 G염기가 존재하게 된다. 염기들이 짝을 지을 때 나타나는 이러한 선택적 특성을 이용하여 유전병을 일으키는 유전자를 찾아낼 수 있다. 유전자를 찾기 위해 사용하는 첫 번째 도구는 DNA 한 가닥 중 극히 일부이다. '프로브(Probe)'라 불리는 이 DNA 조각은 염색체상의 위치가 알려져 있는 이십여 개의 염기들로 이루어진다. 한 가닥으로 이루어져 있는 특성으로 인해, 프로브는 자신의 염기 배열에 대응하는 다른 쪽 가닥의 DNA 부분에 가서 결합할 것이다. 대응하는 두 가닥의 DNA가 이렇게 결합하는 것을 '교잡'이라고 일컫는다. 조사 대상인 염색체로부터 추출한 많은 한 가닥의 염색체 조각들과 프로브를 섞어 놓았을 때, 프로브는 신비스러울 정도로 자신의 짝을 정확하게 찾아 교잡한다. 두 번째 도구는 '겔 전기영동'이라는 방법이다. 생물을 구성하고 있는 단백질·핵산 등 많은 분자들은 전하를 띠고 있어서 전기장 속에서 각 분자마다 독특하게 이동을 한다. 이러한 성질을 이용해 생물을 구성하고 있는 물질의 분자량, 각 물질의 전하량이나 형태의 차이를 이용하여 물질을 분리하는 것이 전기영동법이다. 이를 활용하여 DNA를 분리하려면 우선 DNA 조각들을 전기장에서 이동시키고, 이것을 젤라틴 판을 통과하게 함으로써 분리하면 된다.

이러한 조사 도구들을 갖추고서, 유전학자들은 유전병을 일으키는 유전자를 추적하는 데 나섰다. 유전학자들은 먼저 겔 전기영동법으로 유전병을 일으키는 유전자로 의심되는 부분과 동일한 부분에 존재하는 프로브를 건강한 사람에게서 떼어내었다. 그리고 건강한 사람에게서 떼어낸 프로브에 방사성이나 형광성을 띠게 하였다. 그 후에 유전병 환자들에게서 채취한 DNA 조각들과 함께 교잡 실험을 반복하였다. 유전병과 관련된 유전 정보가 담긴 부분의 염기 서열이 정상인과 다르므로 이 부분은 프로브와 교잡하지 않는다는 점을 이용하는 것이다. 교잡이 일어난 후 프로브가 위치하는 곳은 X선 필름을 통해 쉽게 찾아낼 수 있고, 이로써 DNA의 특정 조각은 염색체상에서 프로브와 같은 위치에 존재한다는 것을 알 수 있다.

언뜻 보기에는 대단한 진보를 이룬 것 같지 않지만, 유전자 치료는 최근 들어 공상 과학을 방불케 하는 첨단 의료 기술의 대표적인 주자로 부각되고 있다. DNA 연구 결과로 인해 우리는 지금까지 절망적이라고 여겨 온 질병들을 치료할 수 있다는 희망을 갖게 되었다.

① 유전자 추적의 도구와 방법
② 유전자의 종류와 기능
③ 유전자 치료의 의의와 한계
④ 유전자 치료의 상업적 가치

Easy

03

사회보장제도는 사회구성원에게 생활의 위험이 발생했을 때 사회적으로 보호하는 대응체계를 가리키는 포괄적 용어로 크게 사회보험, 공공부조, 사회서비스가 있다. 예를 들면 실직자들이 구직활동을 포기하고 다시 노숙자가 되지 않도록 지원하는 것 등이 있다.

사회보험은 보험의 기전을 이용하여 일반주민들을 질병, 상해, 폐질, 실업, 분만 등으로 인한 생활의 위협으로부터 보호하기 위하여 국가가 법에 의하여 보험가입을 의무화하는 제도로 개인적 필요에 따라 가입하는 민간보험과 차이가 있다.

공공부조는 극빈자, 불구자, 실업자 또는 저소득계층과 같이 스스로 생계를 영위할 수 없는 계층의 생활을 그들이 자립할 수 있을 때까지 국가가 재정기금으로 보호하여 주는 일종의 구빈제도이다.

사회서비스는 복지사회를 건설할 목적으로 법률이 정하는 바에 의하여 특정인에게 사회보장 급여를 국가 재정부담으로 실시하는 제도로 군경, 전상자, 배우자 사후, 고아, 지적 장애아 등과 같은 특별한 사유가 있는 자나 노령자 등이 해당된다.

① 사회보험제도와 민간보험제도의 차이
② 사회보장제도의 의의
③ 우리나라의 사회보장제도
④ 사회보장제도의 대상자

04

일반적으로 소비자들은 합리적인 경제 행위를 추구하기 때문에 최소 비용으로 최대 효과를 얻으려 한다는 것이 소비의 기본 원칙이다. 그들은 '보이지 않는 손'이라고 일컬어지는 시장 원리 아래에서 생산자와 만난다. 그러나 이러한 일차적 의미의 합리적 소비가 언제나 유효한 것은 아니다. 생산보다는 소비가 화두가 된 소비 자본주의 시대에 소비는 단순히 필요한 재화 그리고 경제학적으로 유리한 재화를 구매하는 행위에 머물지 않는다. 최대 효과 자체에 정서적이고 사회 심리학적인 요인이 개입하면서, 이제 소비는 개인이 세계와 만나는 다분히 심리적인 방법이 되어버린 것이다. 곧 인간의 기본적인 생존 욕구를 충족시켜 주는 합리적 소비 수준에 머물지 않고, 자신을 표현하는 상징적 행위가 된 것이다. 이처럼 오늘날의 소비문화는 물질적 소비 차원이 아닌 심리적 소비 형태를 띠게 된다.

소비 자본주의의 화두는 과소비가 아니라 '과시 소비'로 넘어간 것이다. 과시 소비의 중심에는 신분의 논리가 있다. 신분의 논리는 유용성의 논리, 나아가 시장의 논리로 설명되지 않는 것들을 설명해 준다. 혈통으로 이어지던 폐쇄적 계층 사회는 소비 행위에 대해 계급에 근거한 제한을 부여했다. 먼 옛날 부족 사회에서 수장들만이 걸칠 수 있었던 장신구에서부터, 제아무리 권문세가의 정승이라도 아흔아홉 칸을 넘을 수 없던 집이 좋은 예이다. 권력을 가진 자는 힘을 통해 자기의 취향을 주위 사람들과 분리시킴으로써 경외감을 강요하고, 그렇게 자기 취향을 과시함으로써 잠재적 경쟁자들을 통제한 것이다.

가시적 신분 제도가 사라진 현대 사회에서도 이러한 신분의 논리는 여전히 유효하다. 이제 개인은 소비를 통해 자신의 물질적 부를 표현함으로써 신분을 과시하려 한다.

① '보이지 않는 손'에 의한 합리적 소비의 필요성
② 소득을 고려하지 않은 무분별한 과소비의 폐해
③ 계층별 소비 규제의 필요성
④ 소비가 곧 신분이 되는 과시 소비의 원리

| 유형분석 |

- 제시문에 드러나지 않은 부분을 추론하여 답을 도출해야 하는 유형이다.
- 제시문의 '주장'에 대한 반박을 찾는 경우, '근거'에 대한 반박을 찾지 않도록 주의해야 한다.
- 자신의 주관적인 판단보다는 제시문의 세부적 내용에 대한 이해를 기반으로 문제를 풀어야 한다.

다음 제시문을 읽고 추론할 수 있는 내용으로 가장 적절한 것은?

많은 미술가들은 대중 매체를 조작이나 선전의 혐의가 있는 것으로 불신하며, 대중문화를 천박한 것으로 간주한다. 그들은 여러 가지 방식으로 자신들의 생각을 표현해 왔다. 대중 매체에 대한 부정적 태도는 소위 '근본주의 회화'에서도 찾을 수 있다. 이 경향의 미술가들은 회화 예술만의 특성, 즉 '회화의 근본'을 찾아내려고 고심했다. 그들은 자신의 목표를 극단으로 추구한 나머지 결국 회화에서 대상의 이미지를 제거해 버렸다. 그것이 이미지들로 가득 차 있는 사진, 영화, 텔레비전 같은 대중 매체를 부정하는 길이라고 생각했기 때문이다. 사물의 이미지와 세상의 여러 모습들이 사라져 버린 회화에서는 전통적인 의미에서의 주제나 내용을 발견할 수 없었다. 대신 그림을 그리는 과정과 방식이 중요해졌고, 그 자체가 회화의 주제가 되어 버렸다. 이것은 대중 매체라는 위압적인 경쟁자에 맞서 회화가 택한 절박한 시도였다. 그 결과 회화는 대중 매체와 구별되는 자신을 찾았지만, 남은 것은 회화의 빈곤을 보여 주는 텅 빈 캔버스뿐이었다.

회화의 내용을 포기하지 않으면서도 대중 매체를 성공적으로 비판한 경우는 없었을까? '팝 아트'는 대중문화의 산물들을 적극적으로 이용하면서 그 속에서 대중 매체에 대한 비판을 수행하고 있다는 점에서 흥미롭다. 이는 특히 영국의 초기 팝 아트에서 두드러진다. 그들은 대중문화의 이미지를 차용하여 그것을 맥락이 다른 이미지 속에 재배치함으로써 생겨나는 새로운 의미에 주목하였다. 이를 통해 그들은 비판적 의도를 표출했는데, 대중문화에 대한 비판도 같은 방식으로 이루어졌다. 이후 미국의 팝 아트는 대중문화에 대한 부정도 긍정도 아닌 애매한 태도나 낙관주의를 보여주기도 하지만, 거기에도 비판적 반응으로 해석될 수 있는 작품들이 있다. 리히텐슈타인이 대중문화의 하나인 만화의 양식을 본떠 제작한 「꽈광!」과 같은 작품이 그 예이다.

리히텐슈타인은 색이나 묘사 방법 같은 형식적인 요소들 때문에 만화에 관심을 갖게 되었다. 만화가 세계를 '어떻게' 재현하는지에 주목한 것이다. 예를 들어 만화가 전쟁을 다룰 경우, 전쟁의 공포와 고통은 밝고 경쾌한 만화의 양식으로 인해 드러나지 않게 된다. 「꽈광!」에서 리히텐슈타인은 만화에서 흔히 보는 공중전 장면을 4미터가 넘는 크기로 확대하여 과장하고, 색도 더욱 장식적으로 사용함으로써 만화의 재현 방식 자체를 주제로 삼았다. 이 점에서 「꽈광!」은 추상화처럼 형식에 주목하기를 요구하는 그림이다. 그러나 내용도 역시 작품의 감상에 중요한 요소로 관여한다. 관람객들이 「꽈광!」의 폭력적인 내용과 명랑한 묘사 방법 간의 모순이 섬뜩한 것임을 알아차릴 때 비로소 작가의 비판적인 의도가 성취되기 때문이다.

① 근본주의 회화는 대중 매체에 대한 비판을 이미지의 재배치를 통해 구현하였다.

② 영국의 초기 팝 아트는 대상의 이미지가 사라진 추상을 다루고 있다.

③ 미국의 팝 아트는 대중 매체를 긍정한다는 점에서 영국의 초기 팝 아트와 차이가 있다.

④ 근본주의 회화와 「꽈광!」은 표현 방식이 주제가 된다는 점에서 공통점이 있다.

정답 ④

첫 번째 문단 여덟 번째 문장에 따르면 근본주의 회화는 그림을 그리는 과정과 방식이 중요해지면서 그 자체가 회화의 주제가 되었으며, 마지막 문단 네 번째 문장에 따르면 「꽈광!」은 만화의 재현 방식 자체를 주제로 삼았다. 따라서 근본주의 회화와 「꽈광!」은 표현 방식이 주제가 된다는 점에서 공통점이 있다고 할 수 있다.

오답분석

① 대중 매체에 대한 비판을 이미지의 재배치를 통해 구현한 것은 영국의 초기 팝 아트이다.

② 대상의 이미지가 사라진 추상을 다룬 것은 근본주의 회화이다.

③ 두 번째 문단의 내용에 따르면, 미국의 팝 아트는 대중문화에 대한 부정도 긍정도 아닌 애매한 태도나 낙관주의를 보여주기도 한다.

01 다음 제시문을 읽고 추론할 수 있는 내용으로 가장 적절한 것은?

> 최근 환경에 대한 관심이 증가하면서 상표에도 '에코, 녹색' 등 '친환경'을 표방하는 상표 출원이 꾸준히 증가하는 것으로 나타났다. 특허청에 따르면, 친환경 관련 상표 출원은 최근 10여 년간 연평균 1,200여 건이 출원돼 꾸준한 관심을 받아온 것으로 나타났다. 친환경 관련 상표는 제품의 '친환경'을 나타내는 대표적인 문구인 '친환경, 에코, ECO, 녹색, 그린, 생태' 등의 문자를 포함하고 있는 상표이며 출원건수는 상품류를 기준으로 한다. 즉, 단류 출원은 1건, 2개류에 출원된 경우 2건으로 계산한다.
>
> 작년 한 해 친환경 상표가 가장 많이 출원된 제품은 화장품(79건)이었으며, 그다음으로 세제(50건), 치약(48건), 샴푸(47건) 순으로 조사됐다. 특히, 출원건수 상위 10개 제품 중 7개가 일상생활에서 흔히 사용하는 미용, 위생 등 피부와 관련된 상품인 것으로 나타나 깨끗하고 순수한 환경에 대한 관심이 친환경제품으로 확대되고 있는 것으로 분석됐다.
>
> 2007년부터 2017년까지의 친환경 관련 상표의 출원실적을 보면, 영문자 'ECO'가 4,820건으로 가장 많이 사용되어 기업이나 개인은 제품의 친환경을 나타내는 상표 문구로 'ECO'를 가장 선호하는 것으로 드러났다. 다음으로는 '그린'이 3,862건, 한글 '에코'가 3,156건 사용됐고 '초록', '친환경', '녹색', '생태'가 각각 766건, 687건, 536건, 184건으로 그 뒤를 이었다. 특히, '저탄소·녹색성장'이 국가 주요 정책으로 추진되던 2010년에는 '녹색'을 사용한 상표 출원이 매우 증가한 것으로 나타났고, 친환경·유기농 먹거리 등에 대한 수요가 늘어나면서 2015년에는 '초록'이 포함된 상표 출원이 상대적으로 증가한 것으로 조사됐다.
>
> 최근 환경과 건강에 대한 관심이 증가하면서 이러한 '친환경' 관련 상표를 출원하여 등록받는 것이 소비자들의 안전한 구매를 촉진하는 길이 될 수 있다.

① 환경과 건강에 대한 관심이 증가하지만 '친환경'을 강조하는 상표 출원의 증가세가 주춤할 것으로 전망된다.

② 국가 주요 정책이나 환경에 대한 관심이 상표 출원에 많은 영향을 미친다.

③ 친환경 상표가 가장 많이 출원된 제품인 화장품의 경우 대부분 안전하다고 믿고 사용해도 된다.

④ 영문 'ECO'와 한글 '에코'의 의미가 동일하므로 한글 '에코'의 상표 문구 출원이 높아져 영문 'ECO'를 역전할 가능성이 높다.

02 다음 제시문을 읽고 추론할 수 있는 내용으로 적절하지 않은 것은?

> 사회 구성원들이 경제적 이익을 추구하는 과정에서 불법 행위를 감행하기 쉬운 상황일수록 이를 억제하는 데에는 금전적 제재 수단이 효과적이다.
>
> 현행법상 불법 행위에 대한 금전적 제재 수단에는 민사적 수단인 손해 배상, 형사적 수단인 벌금, 행정적 수단인 과징금이 있으며, 이들은 각각 피해자의 구제, 가해자의 징벌, 법 위반 상태의 시정을 목적으로 한다. 예를 들어 기업들이 담합하여 제품 가격을 인상했다가 적발된 경우, 그 기업들은 피해자에게 손해 배상 소송을 제기당하거나 법원으로부터 벌금형을 선고받을 수 있고 행정 기관으로부터 과징금도 부과받을 수 있다. 이처럼 하나의 불법 행위에 대해 세 가지 금전적 제재가 내려질 수 있지만 제재의 목적이 서로 다르므로 중복 제재는 아니라는 것이 법원의 판단이다.
>
> 그런데 우리나라에서는 기업의 불법 행위에 대해 손해 배상 소송이 제기되거나 벌금이 부과되는 사례는 드물어서, 과징금 등 행정적 제재 수단이 억제 기능을 수행하는 경우가 많다. 이런 상황에서는 과징금 등 행정적 제재의 강도를 높임으로써 불법 행위의 억제력을 끌어올릴 수 있다. 그러나 적발 가능성이 매우 낮은 불법 행위의 경우에는 과징금을 올리는 방법만으로는 억제력을 유지하는 데 한계가 있다. 또한 피해자에게 귀속되는 손해 배상금과는 달리 벌금과 과징금은 국가에 귀속되므로 과징금을 올려도 피해자에게는 직접적인 도움이 되지 못한다.

① 금전적 제재수단은 불법 행위를 억제하기 위해서 사용된다.
② 과징금은 가해자를 징벌하기 위해 부과된다.
③ 기업의 불법 행위에 대해 벌금과 과징금 모두 부과 가능하다.
④ 우리나라에서 주로 사용하는 방법은 행정적 제재이다.

제2차 세계대전이 끝나고 나서 미국과 소련 및 그 동맹국들 사이에서 공공연하게 전개된 제한적 대결 상태를 냉전이라고 한다. 냉전의 기원에 관한 논의는 냉전이 시작된 직후부터 최근까지 계속 진행되었다. 이는 단순히 냉전의 발발 시기와 이유에 대한 논의만이 아니라, 그 책임 소재를 묻는 것이기도 하다. 그 연구의 결과를 편의상 세 가지로 나누어 볼 수 있다.

가장 먼저 나타난 전통주의는 냉전을 유발한 근본적 책임이 소련의 팽창주의에 있다고 보았다. 소련은 세계를 공산화하기 위한 계획을 수립했고, 이 계획을 실행하기 위해 특히 동유럽 지역을 시작으로 적극적인 팽창 정책을 수행하였다. 그리고 미국이 자유 민주주의 세계를 지켜야 한다는 도덕적 책임감에 기초하여 그에 대한 봉쇄 정책을 추구하는 와중에 냉전이 발생했다고 본다. 그리고 미국의 봉쇄 정책이 성공적으로 수행된 결과 냉전이 종식되었다는 것이 이들의 입장이다.

여기에 비판을 가한 수정주의는 기본적으로 냉전의 책임이 미국 쪽에 있고, 미국의 정책은 경제적 동기에서 비롯했다고 주장했다. 즉, 미국은 전후 세계를 자신들이 주도해 나가야 한다고 생각했고, 전쟁 중에 급증한 생산력을 유지할 수 있는 시장을 얻기 위해 세계를 개방 경제 체제로 만들고자 했다. 그러므로 미국 정책 수립의 기저에 깔린 것은 이념이 아니라는 것이다. 무엇보다 소련은 미국에 비해 국력이 미약했으므로 적극적 팽창 정책을 수행할 능력이 없었다는 것이 수정주의의 기본적 입장이었다. 오히려 미국이 유럽에서 공격적인 정책을 수행했고, 소련은 이에 대응했다는 것이다.

보기

탈수정주의는 냉전의 책임을 일방적으로 어느 한쪽에 부과해서는 안 된다고 보았다. 즉, 냉전은 양국이 추진한 정책의 '상호 작용'에 의해 발생했다는 것이다. 또 경제를 중심으로만 냉전을 보아서는 안 되며 안보 문제 등도 같이 고려하여 파악해야 한다고 보았다. 소련의 목적은 주로 안보 면에서 제한적으로 추구되었는데, 미국은 소련의 행동에 과잉 반응했고, 이것이 상황을 악화시켰다는 것이다. 이로 인해 냉전 책임론은 크게 후퇴하고 구체적인 정책 형성에 대한 연구가 부각되었다.

① 탈수정주의는 전통주의와 마찬가지로 냉전의 책임을 소련에게 부여하고 있다.
② 탈수정주의는 수정주의와 마찬가지로 냉전의 책임을 미국에게 부여하고 있다.
③ 탈수정주의와 달리 전통주의는 미국의 봉쇄 정책으로 인해 냉전이 발생했다고 본다.
④ 수정주의와 탈수정주의 모두 냉전을 파악하는 데 있어 경제적인 측면을 고려한다.

Easy

04 다음 제시문의 필자가 '아재 개그'에 대해 가지고 있는 견해로 옳지 않은 것은?

아재 개그는 '아재'가 하는 개그입니다. 아재의 의미가 '아저씨의 낮춤말' 정도로 해석이 되니, 나이가 좀 있는 남자가 실없는 농담, 웃긴 이야기를 하는 것이라 할 수 있습니다. 일본에서는 비슷한 상황에서 '오야지 개그'라는 표현을 합니다. 오야지가 아버지라는 의미이니까 '아버지의 농담'이라는 뜻입니다. 나이 든 남자의 농담은 국경을 초월해서 어색한 것 같습니다.

아재 개그를 보면 하는 사람은 무지 웃긴데 듣는 사람의 반응은 제각각입니다. 보통은 헛웃음을 웃는 경우가 많고, 얼굴 표정이 잠시 굳어 있는 경우도 있습니다. 어이가 없다는 반응이지요. 하지만 대부분의 경우는 어떤 모습으로든 서로 웃게 됩니다. 싱겁다는 반응도 나옵니다. 그래서일까요? 아재 개그는 여러 번 생각하면 웃긴 경우도 많습니다. 어이없다고 이야기해 놓고서는 다른 사람에게 전달하는 경우도 있습니다. 누가 이렇게 어이없는 아재 개그를 했다고 말입니다. 뜻밖에도 아재 개그는 이렇게 파급력도 있습니다.

아재 개그의 주요 소재는 말장난입니다. 한자로 이야기할 때는 언어유희(言語遊戲)라고도 합니다. 비슷한 발음의 단어를 이용해서 웃기는 거죠. 동음이의어는 오래 전부터 개그의 소재가 되었습니다. '친구가 군대에서 전역했어요.'라는 아들의 이야기를 듣고, '점심은 안 했냐?'라고 반응하면 아재 개그가 됩니다. 처음에는 무슨 이야기인지 몰라 어리둥절하다가 표정이 잠시 굳는 거죠.

예측이 되는 말장난은 아재 개그에도 속하지 못합니다. 그렇게 말할 줄 알았다는 게 아재 개그에서는 가장 치명적인 반응입니다. 청자의 허점을 찌르는 빠른 말장난이 핵심입니다. 어이없지만 웃어줄 만한 개그여야 합니다. 그런 의미에서라면 아재 개그는 언어 감각이 좋아야 할 수 있습니다. 타고난 거라고도 할 수 있습니다. 아재 개그에 천재적인 사람도 있습니다. 그런 사람은 예능계로 나가거나 글을 써야 할 겁니다.

물론 아재 개그는 노력도 필요합니다. 아재 개그를 하는 사람에게 물어보면 생각나는 아재 개그를 다 말하는 게 아닙니다. 고민 끝에 열 개 중 몇 개만 입 밖으로 내 놓는 겁니다. 너무 많이 아재 개그를 하면 사람들의 반응이 차갑습니다. 아재 개그계에서 퇴출될 수도 있습니다. 아재들의 피나는 노력이 아재 개그를 오래 가게 합니다. 치고 빠질 줄도 알아야 합니다.

① 아재 개그는 실없는 농담이나 어느 정도의 파급력도 가지고 있다.
② 아재 개그 중에서는 몇 번 생각해야 웃긴 것들이 있다.
③ 아재 개그를 너무 많이 하는 것은 오히려 분위기를 굳게 만들 수 있다.
④ 아재 개그를 잘하기 위해서는 노력이 중요하지, 타고나는 능력이 중요하지는 않다.

| 유형분석 |

- 제시문의 흐름과 내용을 잘 파악할 수 있는지를 평가하는 유형이다.
- 주어진 선택지와 빈칸의 앞뒤 문장을 읽으며 각각 어떤 내용이 들어갈지 유추해 본다.

다음 빈칸에 들어갈 내용으로 가장 적절한 것은?

오존 구멍을 비롯해 성층권의 오존이 파괴되면 어떤 문제가 생길까. 지표면에서 오존은 강력한 산화물질로 호흡기를 자극하는 대기 오염물질로 분류되지만, 성층권에서는 자외선을 막아주기 때문에 두 얼굴을 가진 물질로 불리기도 한다. 오존층은 강렬한 태양 자외선을 막아주는 역할을 하는데, 오존층이 얇아지면 자외선이 지구 표면까지 도달하게 된다.

사람의 경우 자외선에 노출되면 백내장과 피부암 등에 걸릴 위험이 커진다. 강한 자외선이 각막을 손상시키고 세포 DNA에 이상을 일으키기 때문이다. DNA 염기 중 티민(Thymine, T) 두 개가 나란히 있는 경우 자외선에 의해 티민 두 개가 한데 붙어버리는 이상이 발생하고, 세포 분열 때 DNA가 복제되면서 다른 염기가 들어가고, 이것이 암으로 이어질 수 있다.

지난 2월 『사이언스』는 극지방 성층권의 오존 구멍은 줄었지만, 많은 인구가 거주하는 중위도 지방에서는 오히려 오존층이 얇아졌다고 지적했다. 중위도 성층권에서도 상층부는 오존층이 회복되고 있지만, 저층부는 얇아졌다는 것이다. 오존층이 얇아지면 더 많은 자외선이 지구 표면에 도달하여 사람들 사이에서 피부암이나 백내장 발생 위험이 커지게 된다. 즉, _____

① 극지방 성층권의 오존 구멍을 줄이는 데 정부는 더 많은 노력을 기울여야 한다.
② 인구가 많이 거주하는 지역일수록 오존층의 파괴가 더욱 심하게 나타난다는 것이다.
③ 극지방의 파괴된 오존층으로 인해 사람들이 더 많은 자외선에 노출되고, 세포 DNA에 이상이 발생한다.
④ 극지방의 오존 구멍보다 중위도 저층부에서 얇아진 오존층이 더 큰 피해를 가져올 수도 있는 셈이다.

제시문에서는 오존층 파괴 시 나타나는 문제점에 대해 설명하고 있으며, 빈칸의 앞 문단에서는 극지방 성층권의 오존 구멍은 줄었지만, 많은 인구가 거주하는 중위도 저층부에서는 오히려 오존층이 얇아졌다고 언급하고 있다. 따라서 많은 인구가 거주하는 중위도 저층부에서의 오존층 파괴는 극지방의 오존 구멍보다 더 큰 피해를 가져올 것이라는 ④가 빈칸에 들어갈 내용으로 가장 적절하다.

오답분석

① 극지방 성층권의 오존 구멍보다 중위도 지방의 오존층이 얇아지는 것이 더욱 큰 문제이다.
② 제시문에서 오존층을 파괴하는 원인은 찾아볼 수 없으며, 인구가 많이 거주하는 지역일수록 오존층의 파괴에 따른 피해가 크다는 것이다.
③ 극지방이 아닌 중위도 지방에서의 얇아진 오존층이 사람들을 더 많은 자외선에 노출시키며, 오히려 극지방의 오존 구멍은 줄어들었다.

30초 컷 풀이 Tip

제시문을 모두 읽고 풀기에는 시간이 부족하다. 따라서 빈칸의 전후 문장만을 통해 내용을 파악할 수 있어야 한다. 주어진 문장을 각각 빈칸에 넣었을 때 그 흐름이 어색하지 않은지 살펴보는 것도 좋은 방법이다.

※ 다음 제시문의 빈칸에 들어갈 내용으로 가장 적절한 것을 고르시오. [1~4]

Hard

01

> 민주주의의 목적은 다수가 폭군이나 소수의 자의적인 권력행사를 통제하는 데 있다. 민주주의의 이상은 모든 자의적인 권력을 억제하는 것으로 이해되었는데 이것이 오늘날에는 자의적 권력을 정당화하기 위한 장치로 변화되었다. 이렇게 변화된 민주주의는 민주주의 그 자체를 목적으로 만들려는 이념이다. 이것은 법의 원천과 국가권력의 원천이 주권자 다수의 의지에 있기 때문에 국민의 참여와 표결 절차를 통하여 다수가 결정한 법과 정부의 활동이라면 그 자체로 정당성을 갖는다는 것이다. 즉, 유권자 다수가 원하는 것이면 무엇이든 실현할 수 있다는 말이다.
>
> 이런 민주주의는 '무제한적 민주주의'이다. 어떤 제약도 없는 민주주의라는 의미이다. 이런 민주주의는 자유주의와 부합할 수가 없다. 그것은 다수의 독재이고 이런 점에서 전체주의와 유사하다. 폭군의 권력이든, 다수의 권력이든, 군주의 권력이든, 위험한 것은 권력 행사의 무제한성이다. 중요한 것은 이러한 권력을 제한하는 일이다.
>
> 민주주의 그 자체를 수단이 아니라 목적으로 여기고 다수의 의지를 중시한다면, 그것은 다수의 독재를 초래하고, 그것은 전체주의만큼이나 위험하다. 민주주의 존재 그 자체가 언제나 개인의 자유에 대한 전망을 밝게 해준다는 보장은 없다. 개인의 자유와 권리를 보장하지 못하는 민주주의는 본래의 민주주의가 아니다. 본래의 민주주의는 _____

① 다수의 의견을 수렴하여 이를 그대로 정책에 반영해야 한다.
② 서로 다른 목적의 충돌로 인한 사회적 불안을 해소할 수 있어야 한다.
③ 다수 의견보다는 소수 의견을 채택하면서 진정한 자유주의의 실현에 기여해야 한다.
④ 민주적 절차 준수에 그치는 것이 아니라 과도한 권력을 실질적으로 견제할 수 있어야 한다.

02

최근 경제・시사분야에서 빈번하게 등장하는 단어 중에서 탄소배출권(CER; Certified Emission Reduction)에 대한 개념을 이해하기 위해서는 먼저 교토메커니즘(Kyoto Mechanism)과 탄소배출권거래제(Emission Trading)를 알아둘 필요가 있다.

교토메커니즘은 지구 온난화의 규제 및 방지를 위한 국제 협약인 기후변화협약의 수정안인 교토 의정서에서, 온실가스를 보다 효과적이고 경제적으로 줄이기 위해 도입한 세 유연성체제인 '공동이행제도', '청정개발체제', '탄소배출권거래제'를 묶어 부르는 것이다.

이 중 탄소배출권거래제는 교토의정서 6대 온실가스인 이산화탄소, 메테인, 아산화질소, 과불화탄소, 수소불화탄소, 육불화황의 배출량을 줄여야 하는 감축의무국가가 의무감축량을 초과 달성하였을 경우에 그 초과분을 다른 국가와 거래할 수 있는 제도로, ＿＿＿＿＿＿＿＿＿＿＿＿

결국 탄소배출권이란 현금화가 가능한 일종의 자산이자 가시적인 자연보호성과인 셈이며, 이에 따라 많은 국가 및 기업에서 탄소배출을 줄임과 동시에 탄소감축활동을 통해 탄소배출권을 획득하기 위해 동분서주하고 있다. 특히 기업들은 탄소배출권을 확보하는 주요 수단인 청정개발체제 사업을 확대하는 추세인데, 청정개발체제 사업은 개발도상국에 기술과 자본을 투자해 탄소배출량을 줄였을 경우에 이를 탄소배출량 감축목표달성에 활용할 수 있도록 한 제도이다.

① 다른 국가를 도왔을 때 그로 인해 줄어든 탄소배출량을 감축목표량에 더할 수 있는 것이 특징이다.
② 교토메커니즘의 세 유연성체제 중에서도 가장 핵심이 되는 제도라고 할 수 있다.
③ 6대 온실가스 중에서도 특히 이산화탄소를 줄이기 위해 만들어진 제도이다.
④ 의무감축량을 준수하지 못한 경우에도 다른 국가로부터 감축량을 구입할 수 있는 것이 특징이다.

미세먼지와 황사는 여러모로 비슷하면서도 뚜렷한 차이점을 지니고 있다. 삼국사기에도 기록되어 있는 황사는 중국 내륙 내몽골 사막에 강풍이 불면서 날아오는 모래와 흙먼지를 일컫는데, 장단점이 존재했던 과거와 달리 중국 공업지대를 지난 황사에 미세먼지와 중금속 물질이 더해지며 심각한 환경문제로 대두되었다. 이와 달리 미세먼지는 일반적으로는 대기오염물질이 공기 중에 반응하여 형성된 황산염이나 질산염 등 이온 성분, 석탄·석유 등에서 발생한 탄소화합물과 검댕, 흙먼지 등 금속화합물의 유해성분으로 구성된다.

미세먼지의 경우 통념적으로는 먼지를 미세먼지와 초미세먼지로 구분하고 있지만, 대기환경과 환경보전을 목적으로 하는 환경정책기본법에서는 미세먼지를 PM(Particulate Matter)이라는 단위로 구분한다. 즉, 미세먼지(PM_{10})의 경우 입자의 크기가 $10\mu m$ 이하인 먼지이고, 미세먼지($PM_{2.5}$)는 입자의 크기가 $2.5\mu m$ 이하인 먼지로 정의하고 있다. 이에 비해 황사는 통념적으로는 입자 크기로 구분하지 않으나 주로 지름 $20\mu m$ 이하의 모래로 구분하고 있다. 때문에 _____
_____

① 황사 문제를 해결하기 위해서는 근본적으로 황사의 발생 자체를 억제할 필요가 있다.

② 황사와 미세먼지의 차이를 입자의 크기만으로 구분 짓긴 어렵다.

③ 미세먼지의 역할 또한 분명히 존재함을 기억해야 할 것이다.

④ 황사와 미세먼지의 근본적인 구별법은 그 역할에서 찾아야 할 것이다.

04

오늘날 인류가 왼손보다 오른손을 선호하는 경향은 어디서 비롯되었을까? 오른손을 귀하게 여기고 왼손을 천대하는 현상은 어쩌면 산업화 이전 사회에서 배변 후 사용할 휴지가 없었다는 사실과 관련이 있을 법하다. 맨손으로 배변 뒤처리를 하는 것은 불쾌할 뿐더러 병균을 옮길 위험을 수반하는 일이었다. 이런 위험성을 낮추는 간단한 방법은 음식을 먹거나 인사할 때 다른 손을 사용하는 것이었다. 기술 발달 이전의 사회는 대개 왼손을 배변 뒤처리에, 오른손을 먹고 인사하는 일에 사용했다. 나는 이런 배경이 인간 사회에 널리 나타나는 '오른쪽'에 대한 긍정과 '왼쪽'에 대한 반감을 어느 정도 설명해 줄 수 있으리라고 생각했다. 그러나 이 설명은 왜 애초에 오른손이 먹는 일에, 그리고 왼손이 배변 처리에 사용되었는지 설명해주지 못한다. _____ 따라서 근본적인 설명은 다른 곳에서 찾아야 할 것 같다.

한쪽 손을 주로 쓰는 경향은 뇌의 좌우반구의 기능 분화와 관련되어 있는 것으로 보인다. 보고된 증거에 따르면, 왼손잡이는 읽기와 쓰기, 개념적·논리적 사고 같은 좌반구 기능에서 오른손잡이보다 상대적으로 미약한 대신 상상력, 패턴 인식, 창의력 등 전형적인 우반구 기능에서는 상대적으로 기민한 경우가 많다.

나는 이성 대 직관의 힘겨루기, 뇌의 두 반구 사이의 힘겨루기가 오른손과 왼손의 힘겨루기로 표면화된 것이 아닐까 생각한다. 즉, 오른손이 원래 왼손보다 더 능숙했기 때문이 아니라 뇌의 좌반구가 인간의 행동을 지배하는 권력을 갖게 되었기 때문에 오른손 선호에 이르렀다는 생각이다.

① 동서양을 막론하고 왼손잡이 사회는 확인된 바 없기 때문이다.
② 기능적으로 왼손이 오른손보다 섬세하기 때문이다.
③ 모든 사람들이 오른쪽을 선호하는 것이 아니기 때문이다.
④ 양손의 기능을 분담시키지 않는 사람이 존재할 수도 있기 때문이다.

05 나열하기

| 유형분석 |

- 문장 또는 문단의 논리적 관계를 파악하여 올바르게 나열할 수 있는지를 평가하는 유형이다.
- 문단 또는 문단 순서 나열에서 가장 중요한 것은 지시어와 접속어이므로, 접속어의 쓰임에 대해 정확히 알고 있어야 하고 지시어가 가리키는 것이 무엇인지 잘 파악해야 한다.

다음 제시된 문단을 논리적 순서대로 나열한 것은?

(가) '빅뱅 이전에 아무 일도 없었다.'는 말을 달리 해석하는 방법도 있다. 그것은 바로 빅뱅 이전에는 시간도 없었다고 해석하는 것이다. 그 경우 '빅뱅 이전'이라는 개념 자체가 성립하지 않으므로 그 이전에 아무 일도 없었던 것은 당연하다. 그렇게 해석한다면 빅뱅이 일어난 이유도 설명할 수 있게 된다. 즉, 빅뱅은 '0년'을 나타내는 것이다. 시간의 시작은 빅뱅의 시작으로 정의되기 때문에 우주가 그 이전이든 이후이든 왜 탄생했느냐고 묻는 것은 이치에 닿지 않는다.

(나) 단지 지금 설명할 수 없다는 뜻이 아니라 설명 자체가 있을 수 없다는 뜻이다. 어떻게 설명이 가능하겠는가? 수도관이 터진 이유는 그전에 닥쳐온 추위로 설명할 수 있다. 공룡이 멸종한 이유는 그 전에 지구와 운석이 충돌했을 가능성으로 설명하면 된다. 바꿔 말해서, 우리는 한 사건을 설명하기 위해 그 사건 이전에 일어났던 사건에서 원인을 찾는다. 그러나 빅뱅의 경우에는 그 이전에 아무것도 없었으므로 어떠한 설명도 찾을 수 없는 것이다.

(다) 그런데 이런 식으로 사고하려면, 아무 일도 일어나지 않고 시간만 존재하는 것을 상상할 수 있어야 한다. 그것은 곧 시간을 일종의 그릇처럼 상상하고 그 그릇 안에 담긴 것과 무관하게 여긴다는 뜻이다. 시간을 이렇게 본다면 변화는 일어날 수 없다. 여기서 변화는 시간의 경과가 아니라 사물의 변화를 가리킨다. 이런 전제하에서 우리가 마주하는 문제는 이것이다. 어떤 변화가 생겨나기도 전에 영겁의 시간이 있었다면, 왜 우주가 탄생하게 되었는지를 설명할 수 없다.

(라) 우주론자들에 따르면 우주는 빅뱅으로부터 시작되었다고 한다. 빅뱅이란 엄청난 에너지를 가진 아주 작은 우주가 폭발하듯 갑자기 생겨난 사건을 말한다. 그게 사실이라면 빅뱅 이전에는 무엇이 있었느냐는 질문이 나오는 게 당연하다. 아마 아무것도 없었을 것이다. 하지만 빅뱅 이전에 아무것도 없었다는 말은 무슨 뜻일까? 영겁의 시간 동안 단지 진공이었다는 뜻이다. 움직이는 것도, 변화하는 것도 없었다는 것이다.

① (가) – (나) – (다) – (라) 　　② (가) – (다) – (나) – (라)
③ (라) – (가) – (나) – (다) 　　④ (라) – (다) – (나) – (가)

정답 ④

제시문은 빅뱅 이전의 우주에 대한 가설을 제시하며, 이러한 가설에 내재된 개념의 오류와 해석을 순차대로 설명하고 있다. 따라서 (라) 빅뱅 이전에 존재한 '무언가'에 대한 상상 – (다) 빅뱅 이전에 존재하는 영겁의 시간을 상상함으로써 발생하는 문제 지적 – (나) 빅뱅 이전의 시간으로 인해 우주 탄생 원인을 설명할 수 없는 이유 – (가) 빅뱅 이전이라는 개념에 대한 다른 방식의 해석 순으로 나열하는 것이 적절하다.

30초 컷 풀이 Tip

우선 각 문장에 자리한 지시어와 접속어를 살펴본다. 문두에 접속어가 오거나 문장 중간에 지시어가 나오는 경우 글의 첫 번째 문장이 될 수 없다. 따라서 이러한 문장들을 하나씩 소거해 나가다 보면 첫 문장이 될 수 있는 것을 찾을 수 있을 것이다. 또한, 선택지를 참고하여 문장의 순서를 생각해 보는 것도 시간을 단축하는 좋은 방법이 될 수 있다.

※ 다음 글을 논리적 순서대로 바르게 나열한 것을 고르시오. [1~4]

01

> (가) 근대에 접어들어 모든 사물이 생명력을 갖지 않는 일종의 기계라는 견해가 강조되면서, 아리스토텔레스의 목적론은 비과학적이라는 이유로 많은 비판에 직면한다.
>
> (나) 대표적인 근대 사상가인 갈릴레이는 목적론적 설명이 과학적 설명으로 사용될 수 없다고 주장했고, 베이컨은 목적에 대한 탐구가 과학에 무익하다고 평가했으며, 스피노자는 목적론이 자연에 대한 이해를 왜곡한다고 비판했다.
>
> (다) 일부 현대 학자들은 근대 사상가들이 당시 과학에 기초한 기계론적 모형이 더 설득력이 있다는 일종의 교조적 믿음에 의존했을 뿐, 아리스토텔레스의 목적론을 거부할 충분한 근거를 제시하지 못했다고 비판한다.
>
> (라) 이들의 비판은 목적론이 인간 이외의 자연물도 이성을 갖는 것으로 의인화한다는 것이다. 그러나 이런 비판과는 달리 아리스토텔레스는 자연물을 생물과 무생물로, 생물을 식물·동물·인간으로 나누고, 인간만이 이성을 지닌다고 생각했다.

① (가) - (나) - (라) - (다) ② (가) - (라) - (나) - (다)
③ (나) - (다) - (라) - (가) ④ (나) - (라) - (다) - (가)

Easy

02

> (가) 창은 소리꾼이 가락에 맞추어 부르는 노랫소리이며, 아니리는 창을 하는 중간마다 소리꾼이 가락을 붙이지 않고 이야기하듯 엮어나가는 사설을 일컫는다.
>
> (나) 고수는 북으로 장단을 맞추어 줄 뿐만 아니라 '얼쑤', '좋구나'와 같은 추임새를 넣어 흥을 돋우는 중요한 역할을 한다.
>
> (다) '창', '아니리', '발림'은 흔히 판소리의 3요소로 불린다.
>
> (라) 그리고 발림은 소리의 극적인 전개를 돕기 위하여 소리꾼이 몸짓이나 손짓으로 하는 동작을 의미한다.
>
> (마) 또한 판소리 공연에는 소리꾼뿐만 아니라 북을 치는 사람인 고수가 있어야 한다.

① (가) - (다) - (나) - (라) - (마) ② (나) - (다) - (라) - (가) - (마)
③ (다) - (가) - (라) - (마) - (나) ④ (라) - (다) - (가) - (마) - (나)

03

(가) 역사드라마는 역사적 인물이나 사건 혹은 역사적 시간이나 공간에 대한 작가의 단일한 재해석 또는 상상이 아니라 현재를 살아가는 시청자에 의해 능동적으로 해석되고 상상된다.

(나) 이는 곧 과거의 시공간을 배경으로 한 TV 역사드라마가 현재를 지향하고 있음을 의미한다.

(다) 그래서 역사적 시간과 공간적 배경 속에 놓여 있는 등장인물과 지금 현재를 살아가는 시청자들이 대화를 나누기도 하고, 시청자들이 역사드라마를 주제로 삼아 사회적 담론의 장을 열기도 한다.

(라) 역사드라마는 이처럼 다중적으로 수용된다는 점에서 과거와 현재의 대화라는 역사의 속성을 견지한다.

① (가) – (다) – (나) – (라)   ② (가) – (라) – (나) – (다)
③ (라) – (가) – (나) – (다)   ④ (라) – (다) – (나) – (가)

04

(가) 19세기 초 헤겔은 시민사회라는 용어를 국가와 구분하여 정교하게 정의하였다. 그가 활동하던 시기에 유럽의 후진국인 프러시아에는 미성숙한 산업 자본주의로 인해 심각한 빈부 격차나 계급 갈등 등의 사회 문제를 해결해야 하는 시대적 과제가 있었다.

(나) 따라서 그는 시민사회가 개인들의 사익을 추구하며 살아가는 생활 영역이자 그 욕구를 사회적 의존 관계 속에서 추구하게 하는 공동체 윤리성의 영역이어야 한다고 생각했다. 특히 시민사회 내에서 사익 조정과 공익 실현에 기여하는 직업 단체와 복지 및 치안 문제를 해결하는 복지 행정 조직의 역할을 설정하여 시민사회를 이상적인 국가로 이끌고자 하였다.

(다) 하지만 이러한 시민사회 내에서도 빈곤과 계급 갈등은 근원적으로 해결될 수 없었다. 결국 그는 국가를 사회 문제 해결과 공적 질서 확립의 최종 주체로 설정하고, 시민사회가 국가에 협력해야 한다고 생각했다.

(라) 헤겔은 공리주의가 사익의 극대화를 통해 국부(國富)를 증대해 줄 수 있으나, 그것이 시민사회 내에서 개인들의 무한한 사익 추구가 일으키는 빈부 격차나 계급 갈등 등의 사회문제를 해결할 수는 없다고 보았다.

① (가) – (나) – (라) – (다)   ② (가) – (라) – (나) – (다)
③ (나) – (다) – (가) – (라)   ④ (나) – (다) – (라) – (가)

| 유형분석 |

- 제시된 도표를 분석하여 각 선택지의 정답 유무를 판단할 수 있는지를 평가하는 유형이다.
- 다양한 형태의 도표가 제시되며, 증감률·비율·추세 등을 확인하는 문제가 주로 출제된다.
- 표나 그래프를 통해 계산하지 않고 눈으로 확인할 수 있는 내용(증감 추이)이 있는지 확인한다.
- 경영·경제·산업 등 최신 이슈를 다룬 자료가 많이 제시된다.

다음은 2015년부터 2021년까지 우리나라의 암 사망자 수를 나타낸 자료이다. 자료를 해석한 것으로 옳지 않은 것은?(단, 소수점 둘째 자리에서 반올림한다)

〈우리나라 암 사망자 수〉

(단위 : 명)

구분	2015년	2016년	2017년	2018년	2019년	2020년	2021년
전체	72,046	71,579	73,759	75,334	76,611	76,855	78,194
위암	10,032	9,719	9,342	9,180	8,917	8,526	8,264
폐암	15,623	15,867	16,654	17,177	17,440	17,399	17,963
간암	11,205	10,946	11,335	11,405	11,566	11,311	11,001
대장암	7,701	7,721	8,198	8,270	8,397	8,380	8,432
유방암	1,868	2,018	2,013	2,244	2,271	2,354	2,472
자궁암	1,272	1,294	1,219	1,232	1,300	1,374	1,300
기타 암	24,345	24,014	24,998	25,826	26,720	27,511	28,762

① 위암 사망자는 매년 모든 암 중에서 10% 이상의 비율을 보여주고 있다.
② 기타 암을 제외하고 2015년 대비 2021년 암 사망자 수의 증감률이 가장 높은 것은 유방암이다.
③ 폐암 사망자는 기타 암을 제외하고 매년 가장 높은 암 사망자 수 비율을 보이고 있다.
④ 대장암 사망자 수는 매년 자궁암 사망자 수보다 6배 이상 많다.

정답 ④

2016년의 경우 1,294×6=7,764>7,721로 대장암 사망자 수가 자궁암 사망자 수의 6배보다 적다.

오답분석

① 위암 사망자는 모든 암에 있어 매년 10% 이상(2015년 13.9%, 2016년 13.6%, 2017년 12.7%, 2018년 12.2%, 2019년 11.6%, 2020년 11.1%, 2021년 10.6%)의 비율을 보여주고 있다.

② 기타 암을 제외하고 2015년 대비 2021년 암 사망자 수가 증가한 암은 폐암, 대장암, 유방암, 자궁암이다.

• 폐암의 증감률 : $\dfrac{17,963-15,623}{15,623}\times100 ≒ 15\%$

• 대장암의 증감률 : $\dfrac{8,432-7,701}{7,701}\times100 ≒ 9.5\%$

• 유방암의 증감률 : $\dfrac{2,472-1,868}{1,868}\times100 ≒ 32.3\%$

• 자궁암의 증감률 : $\dfrac{1,300-1,272}{1,272}\times100 ≒ 2.2\%$

따라서 2015년 대비 2021년 암 사망자 수가 가장 크게 증가한 것은 유방암이다.

③ 매년 발생한 암 사망자 수 중에 폐암 사망자 수가 가장 많으므로 폐암 사망자 수가 매년 가장 높은 비율을 보이고 있음을 추론할 수 있다.

30초 컷 풀이 Tip

제시되는 정보의 양이 많기 때문에 질문을 읽은 후 바로 자료 분석에 들어가는 것보다는 선택지를 먼저 읽고 필요한 정보만 추출하여 답을 찾는 것이 풀이시간을 단축할 수 있다. 또한 계산이 필요 없거나 복잡하게 생각하지 않아도 되는 선택지를 먼저 해결한다.

01   N소비자단체는 현재 판매 중인 가습기의 표시지 정보와 실제 성능을 비교하기 위해 8개의 제품을
      시험하였고, 시험 결과를 다음과 같이 발표하였다. 이에 대한 내용으로 적절한 것은?

<가습기 성능 시험 결과>

모델	제조사	구분	가습기 성능					
			미생물 오염도	가습능력	적용 바닥면적 (아파트)	적용 바닥면적 (주택)	소비전력	소음
			CFU/m²	mL/h	m²	m²	W	dB(A)
A가습기	W사	표시지	14	262	15.5	14.3	5.2	26.0
		시험 결과	16	252	17.6	13.4	6.9	29.9
B가습기	L사	표시지	11	223	12.3	11.1	31.5	35.2
		시험 결과	12	212	14.7	11.2	33.2	36.6
C가습기	C사	표시지	19	546	34.9	26.3	10.5	31.5
		시험 결과	22	501	35.5	26.5	11.2	32.4
D가습기	W사	표시지	9	219	17.2	12.3	42.3	30.7
		시험 결과	8	236	16.5	12.5	44.5	31.0
E가습기	C사	표시지	9	276	15.8	11.6	38.5	31.8
		시험 결과	11	255	17.8	13.5	40.9	32.0
F가습기	C사	표시지	3	165	8.6	6.8	7.2	40.2
		시험 결과	5	129	8.8	6.9	7.4	40.8
G가습기	W사	표시지	4	223	14.9	11.4	41.3	31.5
		시험 결과	6	245	17.1	13.0	42.5	33.5
H가습기	L사	표시지	6	649	41.6	34.6	31.5	39.8
		시험 결과	4	637	45.2	33.7	30.6	41.6

① 시험 결과에 따르면 C사의 모든 가습기 소음은 W사의 모든 가습기의 소음보다 더 크다.

② L사의 모든 가습기는 표시지 정보와 시험 결과 모두 아파트 적용 바닥면적이 주택 적용 바닥면적
   보다 넓다.

③ 표시지 정보에 따른 모든 가습기의 가습능력은 실제보다 과대 표시되었다.

④ W사의 모든 가습기는 시험 결과, 표시지 정보보다 미생물 오염도가 더 심한 것으로 나타났다.

02 다음은 N대학교 학생 2,500명을 대상으로 조사한 인터넷 쇼핑 이용 현황 자료이다. 이에 대한 설명으로 옳지 않은 것은?(단, 매년 조사 인원수는 동일하다)

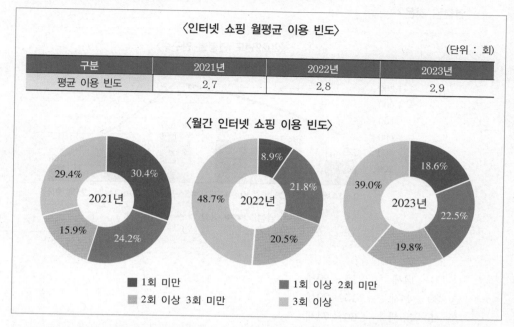

〈인터넷 쇼핑 월평균 이용 빈도〉

(단위 : 회)

구분	2021년	2022년	2023년
평균 이용 빈도	2.7	2.8	2.9

〈월간 인터넷 쇼핑 이용 빈도〉

2021년: 30.4%, 24.2%, 15.9%, 29.4%
2022년: 8.9%, 21.8%, 20.5%, 48.7%
2023년: 18.6%, 22.5%, 19.8%, 39.0%

■ 1회 미만 ■ 1회 이상 2회 미만
■ 2회 이상 3회 미만 ■ 3회 이상

① 2022년 월간 인터넷 쇼핑을 3회 이상 이용했다고 응답한 사람은 1,210명 이상이다.

② 3년간의 인터넷 쇼핑 이용 빈도수를 누적했을 때, 두 번째로 많이 응답한 인터넷 쇼핑 이용 빈도수는 1회 미만이다.

③ 2023년 월간 인터넷 쇼핑을 2회 이상 3회 미만 이용했다고 응답한 사람은 2022년 1회 미만으로 이용했다고 응답한 사람보다 2배 이상 많다.

④ 1회 이상 2회 미만 쇼핑했다고 응답한 사람은 2022년 대비 2023년에 3% 이상 증가했다.

03 다음은 N국의 2022년도 연령별 인구수 현황을 나타낸 자료이다. 다음 자료를 볼 때, 각 연령대를 기준으로 남성 인구가 40% 이하인 연령대 ㉠과 여성 인구가 50%를 초과한 연령대 ㉡이 바르게 연결된 것은?

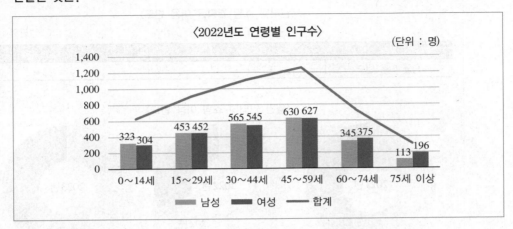

	㉠	㉡
①	0 ~ 14세	15 ~ 29세
②	30 ~ 44세	15 ~ 29세
③	45 ~ 59세	60 ~ 74세
④	75세 이상	60 ~ 74세

04 다음은 연령별 인구에 대한 자료이다. 자료에 대한 해석으로 옳지 않은 것은?

〈연령별 인구〉

(단위 : 천 명, %)

구분		2000년	2010년	2011년	2020년	2030년	2040년	2050년
인구수	0 ~ 14세	9,911	7,907	7,643	6,118	5,525	4,777	3,763
	15 ~ 64세	33,702	35,611	35,808	35,506	31,299	26,525	22,424
	65세 이상	3,395	5,357	5,537	7,701	11,811	15,041	16,156
구성비	0 ~ 14세	21.1	16.2	15.6	12.4	11.4	10.3	8.9
	15~64세	71.7	72.9	73.1	72	64.4	57.2	53
	65세 이상	7.2	11	11.3	15.6	24.3	32.5	38.2
	합계	100	100	100	100	100	100	100

① 저출산으로 인해, 14세 이하의 인구는 점점 감소하고 있다.

② 15 ~ 64세 인구는 2000년 이후 계속 감소하고 있다.

③ 65세 이상 인구의 구성비는 2000년과 비교했을 때, 2050년에는 5배 이상이다.

④ 자료상에서 65세 이상 인구의 구성비가 14세 이하 인구의 구성비보다 높아지는 시기는 2020년이다.

07 자료계산

| 유형분석 |

- 제시된 자료를 해석하고 문제에서 묻는 값을 계산할 수 있는지 평가하는 유형이다.
- 증가율이나 감소율 등의 정보를 구할 수 있는지 확인하는 문제가 주로 출제된다.
- 증감률을 구하는 공식을 숙지한 뒤 빠르고 정확하게 계산하는 연습을 해야 한다.

다음 자료는 N문화재 발굴단에서 실시한 연도별 발굴 작업 현황이다. 비용이 가장 많이 든 연도와 그 비용을 바르게 연결한 것은?

〈발굴 작업 현황〉

(단위 : 건)

구분	2021년	2022년	2023년
정비 발굴	21	23	19
순수 발굴	10	4	12
수중 발굴	13	18	7

※ 발굴 작업 1건당 비용은 정비 발굴은 12만 원, 순수 발굴은 3만 원, 수중 발굴은 20만 원임

① 2021년, 542만 원
② 2021년, 642만 원
③ 2022년, 648만 원
④ 2023년, 652만 원

정답 ③

연도별로 발굴 작업 비용을 계산하면 다음과 같다.
- 2021년 : $(21 \times 120,000) + (10 \times 30,000) + (13 \times 200,000) = 5,420,000$원
- 2022년 : $(23 \times 120,000) + (4 \times 30,000) + (18 \times 200,000) = 6,480,000$원
- 2023년 : $(19 \times 120,000) + (12 \times 30,000) + (7 \times 200,000) = 4,040,000$원
따라서 발굴 작업 비용이 가장 많이 든 해는 2022년이며, 비용은 648만 원이다.

30초 컷 풀이 Tip

제시되는 자료의 양이 많지만 문제를 푸는 데 반드시 필요한 정보는 적은 경우가 많으므로 질문을 빠르게 이해하고, 필요한 정보를 먼저 체크하면 풀이 시간을 줄일 수 있다.

01 다음은 2020 ~ 2023년 N국가채권 현황에 대한 자료이다. 이에 대한 〈보기〉의 설명 중 옳은 것을 모두 고르면?

〈N국가채권 현황〉

(단위 : 조 원)

채권종류별	2020년		2021년		2022년		2023년	
	국가채권	연체채권	국가채권	연체채권	국가채권	연체채권	국가채권	연체채권
합계	238	27	268	31	298	36	317	39
조세채권	26	18	30	22	34	25	38	29
경상 이전수입	8	7	8	7	9	8	10	8
융자회수금	126	–	129	–	132	–	142	–
예금 및 예탁금	73	–	97	–	118	–	123	–
기타	5	2	4	2	5	3	4	2

보기

ㄱ. 2020년 총연체채권은 2022년 총연체채권의 80% 이상이다.

ㄴ. 국가채권 중 조세채권의 전년 대비 증가율은 2021년이 2023년보다 높다.

ㄷ. 융자회수금의 국가채권과 연체채권의 총합이 가장 높은 해에는 경상 이전수입의 국가채권과 연체채권의 총합도 가장 높다.

ㄹ. 2020년 대비 2023년 경상 이전수입 중 국가채권의 증가율은 경상 이전수입 중 연체채권의 증가율보다 낮다.

① ㄱ, ㄴ
② ㄱ, ㄷ
③ ㄴ, ㄷ
④ ㄷ, ㄹ

02 다음은 소나무재선충병 발생지역에 대한 표이다. 이를 참고할 때, 고사한 소나무 수가 가장 많이 발생한 지역은?

〈소나무재선충병 발생지역별 소나무 수〉

(단위 : 천 그루)

발생지역	소나무 수
거제	1,590
경주	2,981
제주	1,201
청도	279
포항	2,312

〈소나무재선충병 발생지역별 감염률 및 고사율〉

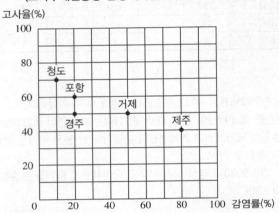

- $[감염률(\%)] = \dfrac{(발생지역의 \ 감염된 \ 소나무 \ 수)}{(발생지역의 \ 소나무 \ 수)} \times 100$

- $[고사율(\%)] = \dfrac{(발생지역의 \ 고사한 \ 소나무 \ 수)}{(발생지역의 \ 감염된 \ 소나무 \ 수)} \times 100$

① 거제　　　　　　　　② 경주
③ 제주　　　　　　　　④ 청도

03 다음은 폐기물협회에서 제공하는 전국 폐기물 발생 현황 자료이다. 빈칸 (ㄱ), (ㄴ)의 값으로 옳은 것은?(단, 소수점 둘째 자리에서 반올림한다)

〈전국 폐기물 발생 현황〉

(단위 : 톤 / 일, %)

구분		2018년	2019년	2020년	2021년	2022년	2023년
총계	발생량	359,296	357,861	365,154	373,312	382,009	382,081
	증감률	6.6	−0.4	2.0	2.2	2.3	0.02
의료 폐기물	발생량	52,072	50,906	49,159	48,934	48,990	48,728
	증감률	3.4	−2.2	−3.4	(ㄱ)	0.1	−0.5
사업장 배출시설계 폐기물	발생량	130,777	123,604	137,875	137,961	146,390	149,815
	증감률	13.9	(ㄴ)	11.5	0.1	6.1	2.3
건설 폐기물	발생량	176,447	183,351	178,120	186,417	186,629	183,538
	증감률	2.6	3.9	−2.9	4.7	0.1	−1.7

	(ㄱ)	(ㄴ)
①	−0.5	−5.5
②	−0.5	−4.5
③	−0.6	−5.5
④	−0.6	−4.5

CHAPTER 06
응용수리력

합격 CHEAT KEY

응용수리력은 주로 수의 관계(약수와 배수, 소수, 합성수, 인수분해, 최대공약수·최소공배수 등)를 이용하는 기초적인 계산 문제, 방정식과 부등식을 수립(날짜·요일·시간, 시간·거리·속도, 나이·수량, 원가·정가, 일·일률, 농도, 비율 등)하여 미지수를 계산하는 응용계산 문제, 경우의 수와 확률을 구하는 문제 등이 출제되며 10분 내에 20문제를 해결해야 한다.

01 방정식

수의 관계에 대해 알고 그것을 응용하여 계산할 수 있는지 그리고 미지수를 구하기 위해 필요한 계산식을 세울 수 있는지를 평가하는 유형이다. 난이도가 쉽지만 상대적으로 시간이 부족한 엔씨소프트 적성검사에서는 제한된 시간에 정확히 계산할 수 있는 능력이 변별력이 되므로 특히 중요한 영역이라고 할 수 있다.

┤ 학습 포인트 ├
• 문제풀이 시간 확보가 관건이므로 이 유형에서 점수를 확보하기 위해서는 다양한 문제를 최대한 많이 풀어보는 수밖에 없다.
• 고등학교 시절을 생각하며 오답노트를 만드는 것도 좋은 방법이 될 수 있다.

02 경우의 수 · 확률

주로 순열(P)과 조합(C)을 이용해 푸는 경우의 수에 관한 문제와 주사위·동전 등과 관련된 확률을 구하는 문제가 출제된다. 최근에는 경우의 수 문제와 확률 문제의 비중이 점점 커지고 있고 난이도가 높아지고 있기 때문에 다양한 유형의 문제를 접해보는 것이 좋다.

┤ 학습 포인트 ├
- 경우의 수의 합의 법칙과 곱의 법칙 등에 관해 명확히 숙지해야 한다.
- 문제에서 제시된 조건의 순서대로 경우의 수를 구하면 실수하거나 헷갈릴 위험이 적다.

---

01 방정식

1. 수의 관계

(1) 약수와 배수

a가 b로 나누어떨어질 때, a는 b의 배수, b는 a의 약수

(2) 소수

1과 자기 자신만을 약수로 갖는 수, 즉 약수의 개수가 2개인 수

(3) 합성수

1과 자신 이외의 수를 약수로 갖는 수, 즉 소수가 아닌 수 또는 약수의 개수가 3개 이상인 수

(4) 최대공약수

2개 이상의 자연수의 공통된 약수 중에서 가장 큰 수

(5) 최소공배수

2개 이상의 자연수의 공통된 배수 중에서 가장 작은 수

(6) 서로소

1 이외에 공약수를 갖지 않는 두 자연수, 즉 최대공약수가 1인 두 자연수

(7) 소인수분해

주어진 합성수를 소수의 거듭제곱의 형태로 나타내는 것

(8) 약수의 개수

자연수 $N = a^m \times b^n$에 대하여, N의 약수의 개수는 $(m+1) \times (n+1)$개

(9) 최대공약수와 최소공배수의 관계

두 자연수 A, B에 대하여, 최소공배수와 최대공약수를 각각 L, G라고 하면 $A \times B = L \times G$가 성립한다.

2. 방정식의 활용

(1) 날짜 · 요일 · 시계

① 날짜 · 요일

㉠ 1일=24시간=1,440분=86,400초

㉡ 날짜 · 요일 관련 문제는 대부분 나머지를 이용해 계산한다.

② 시계

㉠ 시침이 1시간 동안 이동하는 각도 : 30°

㉡ 시침이 1분 동안 이동하는 각도 : 0.5°

㉢ 분침이 1분 동안 이동하는 각도 : 6°

(2) 시간 · 속력 · 거리

① $(\text{시간})=\dfrac{(\text{거리})}{(\text{속력})}$

② $(\text{속력})=\dfrac{(\text{거리})}{(\text{시간})}$

㉠ 흐르는 물에서 배를 타는 경우

• (하류로 내려갈 때의 속력)=(배 자체의 속력)+(물의 속력)

• (상류로 올라갈 때의 속력)=(배 자체의 속력)−(물의 속력)

③ (거리)=(속력)×(시간)

㉠ 기차가 터널을 통과하거나 다리를 지나가는 경우

• (기차가 움직인 거리)=(기차의 길이)+(터널 또는 다리의 길이)

㉡ 두 사람이 반대 방향 또는 같은 방향으로 움직이는 경우

• (두 사람 사이의 거리)=(두 사람이 움직인 거리의 합 또는 차)

(3) 나이 · 인원 · 개수

구하고자 하는 것을 미지수로 놓고 식을 세운다. 동물의 경우 다리의 개수에 유의해야 한다.

(4) 원가 · 정가

① (정가)=(원가)+(이익), (이익)=(정가)−(원가)

② a원에서 $b\%$ 할인한 가격$=a\times\left(1-\dfrac{b}{100}\right)$원

(5) 일률 · 톱니바퀴

① 일률

전체 일의 양을 1로 놓고, 시간 동안 한 일의 양을 미지수로 놓고 식을 세운다.

• $(\text{일률})=\dfrac{(\text{작업량})}{(\text{작업기간})}$

• $(\text{작업기간})=\dfrac{(\text{작업량})}{(\text{일률})}$

• (작업량)=(일률)×(작업기간)

② 톱니바퀴

(톱니 수)×(회전수)=(총 맞물린 톱니 수)

즉, A, B 두 톱니에 대하여, (A의 톱니 수)×(A의 회전수)=(B의 톱니 수)×(B의 회전수)가 성립한다.

(6) 농도

① $(농도)=\dfrac{(용질의\ 양)}{(용액의\ 양)}$

② $(용질의\ 양)=\dfrac{(농도)}{100}×(용액의\ 양)$

(7) 수 I

① 연속하는 세 자연수 : $x-1$, x, $x+1$

② 연속하는 세 짝수(홀수) : $x-2$, x, $x+2$

(8) 수 II

① 십의 자릿수가 x, 일의 자릿수가 y인 두 자리 자연수 : $10x+y$

　이 수에 대해, 십의 자리와 일의 자리를 바꾼 수 : $10y+x$

② 백의 자릿수가 x, 십의 자릿수가 y, 일의 자릿수가 z인 세 자리 자연수 : $100x+10y+z$

(9) 증가・감소에 관한 문제

① x가 $a\%$ 증가 : $\left(1+\dfrac{a}{100}\right)x$

② y가 $b\%$ 감소 : $\left(1-\dfrac{b}{100}\right)y$

3. 경우의 수・확률

(1) 경우의 수

① 경우의 수 : 어떤 사건이 일어날 수 있는 모든 가짓수

② 합의 법칙

　㉠ 두 사건 A, B가 동시에 일어나지 않을 때, A가 일어나는 경우의 수를 m, B가 일어나는 경우의
　　수를 n이라고 하면, 사건 A 또는 B가 일어나는 경우의 수는 $m+n$이다.

　㉡ '또는', '~이거나'라는 말이 나오면 합의 법칙을 사용한다.

③ 곱의 법칙

　㉠ A가 일어나는 경우의 수를 m, B가 일어나는 경우의 수를 n이라고 하면, 사건A와 B가 동시에
　　일어나는 경우의 수는 $m×n$이다.

　㉡ '그리고', '동시에'라는 말이 나오면 곱의 법칙을 사용한다.

④ 여러 가지 경우의 수

　ㄱ 동전 n개를 던졌을 때, 경우의 수 : 2^n

　ㄴ 주사위 m개를 던졌을 때, 경우의 수 : 6^m

　ㄷ 동전 n개와 주사위 m개를 던졌을 때, 경우의 수 : $2^n \times 6^m$

　ㄹ n명을 한 줄로 세우는 경우의 수 : $n! = n \times (n-1) \times (n-2) \times \cdots \times 2 \times 1$

　ㅁ n명 중, m명을 뽑아 한 줄로 세우는 경우의 수 : $_n\mathrm{P}_m = n \times (n-1) \times \cdots \times (n-m+1)$

　ㅂ n명을 한 줄로 세울 때, m명을 이웃하여 세우는 경우의 수 : $(n-m+1)! \times m!$

　ㅅ 0이 아닌 서로 다른 한 자리 숫자가 적힌 n장의 카드에서, m장을 뽑아 만들 수 있는 m자리 정수의 개수 : $_n\mathrm{P}_m$

　ㅇ 0을 포함한 서로 다른 한 자리 숫자가 적힌 n장의 카드에서, m장을 뽑아 만들 수 있는 m자리 정수의 개수 : $(n-1) \times {}_{n-1}\mathrm{P}_{m-1}$

　ㅈ n명 중, 자격이 다른 m명을 뽑는 경우의 수 : $_n\mathrm{P}_m$

　ㅊ n명 중, 자격이 같은 m명을 뽑는 경우의 수 : $_n\mathrm{C}_m = \dfrac{_n\mathrm{P}_m}{m!}$

　ㅋ 원형 모양의 탁자에 n명을 앉히는 경우의 수 : $(n-1)!$

⑤ **최단거리 문제** : A에서 B 사이에 P가 주어져 있다면, A와 P의 최단거리, B와 P의 최단거리를 각각 구하여 곱한다.

(2) 확률

① (사건 A가 일어날 확률) $= \dfrac{(\text{사건 A가 일어나는 경우의 수})}{(\text{모든 경우의 수})}$

② 여사건의 확률

　ㄱ 사건 A가 일어날 확률이 p일 때, 사건 A가 일어나지 않을 확률은 $(1-p)$이다.

　ㄴ '적어도'라는 말이 나오면 주로 사용한다.

③ 확률의 계산

　ㄱ 확률의 덧셈

　　두 사건 A, B가 동시에 일어나지 않을 때, A가 일어날 확률을 p, B가 일어날 확률을 q라고 하면, 사건 A 또는 B가 일어날 확률은 $p+q$이다.

　ㄴ 확률의 곱셈

　　A가 일어날 확률을 p, B가 일어날 확률을 q라고 하면, 사건 A와 B가 동시에 일어날 확률은 $p \times q$ 이다.

④ 여러 가지 확률

　ㄱ 연속하여 뽑을 때, 꺼낸 것을 다시 넣고 뽑는 경우 : 처음과 나중의 모든 경우의 수는 같다.

　ㄴ 연속하여 뽑을 때, 꺼낸 것을 다시 넣지 않고 뽑는 경우 : 나중의 모든 경우의 수는 처음의 모든 경우의 수보다 1만큼 작다.

　ㄷ (도형에서의 확률) $= \dfrac{(\text{해당하는 부분의 넓이})}{(\text{전체 넓이})}$

| 유형분석 |

- (거리)=(속력)×(시간) 공식을 활용한 문제이다.

  $(속력)=\dfrac{(거리)}{(시간)}$, $(시간)=\dfrac{(거리)}{(속력)}$

- 기차와 터널의 길이, 물과 같이 속력이 있는 장소 등 추가적인 거리나 속력, 시간에 관한 조건과 결합하여 난도 높은 문제로 출제된다.

한나는 집에서 학교까지 자전거를 타고 등교하는 데 50분이 걸린다. 학교에서 수업을 마친 후에는 버스를 타고 학원으로 이동하는 데 15분이 소요된다. 자전거의 평균 속력은 6km/h, 버스는 40km/h라고 할 때 한나가 집에서 학교를 거쳐 학원까지 이동한 총거리는?

① 5km

② 8km

③ 10km

④ 15km

정답 ④

문제에서 제시된 시간의 단위는 '분'이고, 속력의 단위는 'km/h'이므로 주의해야 한다.

$(거리)=(속력)\times(시간) \rightarrow 6\times\dfrac{50}{60}+40\times\dfrac{15}{60} \rightarrow 5+10=15$

따라서 총이동거리는 15km이다.

30초 컷 풀이 Tip

1. 미지수를 정할 때에는 문제에서 묻는 것을 정확하게 파악해야 한다.
2. 속력과 시간의 단위를 처음에 정리하여 계산하면 계산 실수 없이 풀이할 수 있다.
   - 1시간=60분=3,600초
   - 1km=1,000m=100,000cm

01 A지역에서 B지역까지 80km/h의 속력으로 가서 120km/h의 속력으로 되돌아온다. 갈 때의 시간 보다 올 때의 시간이 30분 덜 걸린다면, A지역과 B지역 사이의 거리는?

① 90km

② 100km

③ 110km

④ 120km

02 둘레가 6km인 공원에서 나래는 자전거를 타기로 했고, 진혁이는 걷기로 했다. 같은 방향으로 돌면 1시간 30분 후에 다시 만나고, 서로 반대 방향으로 돌면 1시간 후에 만난다. 나래의 속도는?(단, 나래의 속력이 더 빠르다)

① 4.5km/h

② 5km/h

③ 5.5km/h

④ 6km/h

03 운송업체에서 택배 기사로 일하고 있는 N씨는 5곳에 배달을 할 때, 첫 배송지에서 마지막 배송지까지 총 1시간 20분이 걸린다. 이와 같은 속도로 12곳에 배달을 하려고 할 때, 첫 배송지에서 출발해서 마지막 배송지까지 택배를 마치는 데까지 걸리는 시간은?(단, 배송지에서 머무는 시간은 고려하지 않는다)

① 3시간 12분

② 3시간 25분

③ 3시간 36분

④ 3시간 40분

| 유형분석 |

- (농도)$=\dfrac{(용질의\ 양)}{(용액의\ 양)}\times100$ 공식을 활용한 문제이다.
- (소금물의 양)=(물의 양)+(소금의 양)이라는 것에 유의하고, 더해지거나 없어진 것을 미지수로 두고 풀이한다.

8%의 소금물 400g에서 한 컵의 소금물을 퍼내고 그 양만큼 물을 부은 다음 다시 2%의 소금물을 넣었더니 6%의 소금물 520g이 되었다. 퍼낸 소금물의 양은?

① 10g
② 20g
③ 30g
④ 40g

정답 ④

퍼낸 소금물의 양을 xg, 2% 소금물의 양을 yg이라고 하자.

$400-x+x+y=520 \rightarrow y=120$

$\dfrac{8}{100}(400-x)+\dfrac{2}{100}\times120=\dfrac{6}{100}\times520$

$\rightarrow 3{,}200-8x+240=3{,}120$

$\rightarrow 8x=320$

$\therefore x=40$

따라서 퍼낸 소금물의 양은 40g이다.

30초 컷 풀이 Tip

간소화
숫자의 크기를 최대한 간소화해야 한다. 특히, 농도의 경우 분수와 정수가 같이 제시되고, 최근에는 비율을 활용한 문제가 많이 출제되고 있으므로 통분이나 약분을 통해 수를 간소화시켜 계산 실수를 줄일 수 있도록 한다.

주의사항
항상 미지수를 구해서 그 값을 계산하여 풀이해야 하는 것은 아니다. 문제에서 원하는 값은 정확한 미지수를 구하지 않아도 풀이과정에서 답이 제시되는 경우가 있으므로 문제에서 묻는 것을 명확히 해야 한다.

섞은 소금물 풀이 방법
1. 정보 정리
   주어진 정보를 각 소금물 단위로 정리한다. 각 소금물에서 2가지 정보가 주어졌다면 계산으로 나머지 정보를 찾는다.
2. 미지수 설정
   각 소금물에서 2가지 이상의 정보가 없다면 그중 1가지 정보를 미지수로 설정한다. 나머지 모르는 정보도 앞서 설정한 미지수로 표현해놓는다.
3. 식 세우기
   섞기 전과 섞은 후의 소금의 양, 소금물의 양을 이용하여 식을 세운다.

01 8%의 식염수 300g이 있다. 이 식염수에서 몇 g의 물을 증발시키면 12%의 식염수가 되겠는가?

① 75g   ② 100g

③ 125g   ④ 150g

Easy

02 N씨는 25% 농도의 코코아 700mL를 즐겨 마신다. N씨가 마시는 코코아에 들어간 코코아 분말의 양은?(단, 1mL＝1g이다)

① 170g   ② 175g

③ 180g   ④ 185g

Hard

03 농도가 15%인 소금물을 5% 증발시킨 후 농도가 30%인 소금물 200g을 섞어서 농도가 20%인 소금물을 만들었다. 증발 전 농도가 15%인 소금물의 양은?

① 350g   ② 400g

③ 450g   ④ 500g

03 일률

| 유형분석 |

- 전체 일의 양을 1로 두고 풀이하는 유형이다.
- 분이나 초 단위 계산이 가장 어려운 유형으로 출제되고 있다.
- $(일률)=\dfrac{(작업량)}{(작업기간)}$, $(작업기간)=\dfrac{(작업량)}{(일률)}$, $(작업량)=(일률)\times(작업기간)$

밭을 가는 데 A가 혼자하면 12일, B가 혼자하면 10일이 걸린다고 한다. 일주일 안으로 밭을 다 갈기 위해 둘이 같이 며칠을 일하다가 B가 아파 나머지는 A가 혼자 했더니 딱 일주일 만에 밭을 다 갈았다. 둘이 같이 일한 날은 며칠인가?(단, 조금이라도 일을 한 경우, 그날은 일을 한 것으로 간주한다)

① 2일
② 3일
③ 4일
④ 5일

정답 ④

전체 일의 양을 1이라고 하면 A가 하루에 할 수 있는 일의 양은 $\dfrac{1}{12}$이고, B가 하루에 할 수 있는 일의 양은 $\dfrac{1}{10}$이다.

둘이 같이 일한 날을 x일라고 하면 다음 식이 성립한다.

$\left(\dfrac{1}{12}+\dfrac{1}{10}\right)\times x+\dfrac{1}{12}\times(7-x)=1$

→ $11x+5(7-x)=60$

∴ $x=\dfrac{25}{6}=4\dfrac{1}{6}$

따라서 둘이 같이 일한 날은 5일이다.

30초 컷 풀이 Tip

1. 전체의 값을 모르는 상태에서 비율을 묻는 문제의 경우 전체를 1이라고 하면 쉽게 풀이할 수 있다.

   [예] S가 1개의 빵을 만드는 데 3시간이 걸린다. 1개의 빵을 만드는 일의 양을 1이라고 하면 S는 한 시간에 $\dfrac{1}{3}$만큼의 빵을 만든다.

2. 난이도가 있는 일의 양 문제를 접근할 때 전체 일의 양을 막대 그림으로 표현하면서 풀이하면 한눈에 파악할 수 있다.

   [예]

$\dfrac{1}{2}$ 수행됨	A기계로 4시간 동안 작업	A, B 두 기계를 모두 동원해 작업

Easy

01 부품공장에서 분당 100개의 나사를 생산하는 A기계와 분당 150개의 나사를 생산하는 B기계가 있다. 두 기계가 총 15,000개의 나사를 동시에 생산하는 데 걸리는 시간은?

① 1시간   ② 2시간

③ 3시간   ④ 4시간

02 N빌딩 시설관리팀에서 건물 화단 보수를 위해 두 팀으로 나누었다. 한 팀은 작업 하나를 마치는 데 15분이 걸리지만 작업을 마치면 도구 교체를 위해 5분이 걸리고 다른 한 팀은 작업 하나를 마치는 데 30분이 걸리지만 한 작업을 마치면 도구 교체 없이 바로 다른 작업을 시작한다고 한다. 오후 1시부터 두 팀이 쉬지 않고 작업한다고 할 때, 두 팀이 세 번째로 동시에 작업을 시작하는 시각은?

① 오후 3시 30분   ② 오후 4시

③ 오후 4시 30분   ④ 오후 5시

Hard

03 화물 운송 트럭 A ~ C는 하루 2회 운행하며 192톤을 옮겨야 한다. A트럭만 운행하였을 때 12일이 걸렸고, A트럭과 B트럭을 동시에 운행하였을 때 8일이 걸렸으며, B트럭과 C트럭을 동시에 운행하였을 때 16일이 걸렸다. 이때 C트럭의 적재량은?

① 1톤   ② 2톤

③ 3톤   ④ 4톤

| 유형분석 |

- 원가, 정가, 할인가, 판매가 등의 개념을 명확히 한다.

  (정가)=(원가)+(이익)

  (이익)=(정가)−(원가)

  a원에서 $b\%$ 할인한 가격 $=a\times\left(1-\dfrac{b}{100}\right)$원

- 난이도가 어려운 편은 아니지만 비율을 활용한 계산 문제이기 때문에 실수하기 쉽다.
- 최근에는 경우의 수와 결합하여 출제되기도 했다.

종욱이는 25,000원짜리 피자 두 판과 8,000원짜리 샐러드 세 개를 주문했다. 통신사 멤버십 혜택으로 피자는 15%, 샐러드는 25%를 할인받을 수 있고, 이벤트로 통신사 멤버십 혜택을 적용한 금액의 10%를 추가 할인받았다고 한다. 종욱이가 할인받은 금액은?

① 12,150원

② 13,500원

③ 18,600원

④ 19,550원

정답 ④

할인받기 전 종욱이가 지불할 금액은 $25,000\times2+8,000\times3=74,000$원이다.

통신사 할인과 이벤트 할인을 적용한 금액은 $(25,000\times2\times0.85+8,000\times3\times0.75)\times0.9=54,450$원이다.

따라서 종욱이가 할인받은 금액은 $74,000-54,450=19,550$원이다.

30초 컷 풀이 Tip

전체 금액을 구하는 것이 아니라 할인된 금액을 구하면 수의 크기도 작아지고, 풀이 과정을 단축시킬 수 있다.

예를 들어 위의 문제에서 피자는 15%, 샐러드는 25%를 할인받았으므로 할인받은 금액은 각각 7,500원, 6,000원이다.

할인받은 금액의 합을 원래 지불했어야 하는 금액에서 빼면 60,500원이고, 이의 10%는 6,050원이므로 종욱이가 할인받은 총금액은 $7,500+6,000+6,050=19,550$원이다.

01 김대리의 작년 총소득은 4,000만 원, 소득 공제 금액은 2,000만 원, 세율은 30%였다. 올해는 작년과 비교해 총소득 20%p, 소득 공제 금액은 40%p, 세율은 10%p 증가하였다. 작년과 올해의 세액의 차이는?

① 50만 원   ② 100만 원

③ 150만 원   ④ 200만 원

02 철수는 친구들을 초대하여 생일 파티를 열기로 했다. 10,000원짜리 피자와 7,000원짜리 치킨 그리고 5,000원짜리 햄버거를 주문하려고 하며 피자와 치킨, 햄버거의 총개수는 10개이다. 각 음식마다 적어도 1개 이상 주문해야 하고 피자는 치킨의 2배 개수를 주문할 때, 총주문 금액이 가장 큰 경우와 가장 적은 경우의 금액 차이는?

① 6,000원   ② 8,000원

③ 12,000원   ④ 24,000원

`Easy`

03 세희네 가족의 올해의 여름휴가 비용은 작년 대비 교통비는 15%, 숙박비는 24% 증가하여 전체 휴가 비용이 20% 증가하였다. 작년 전체 휴가 비용이 36만 원일 때, 올해 숙박비는?(단, 전체 휴가비는 교통비와 숙박비의 합이다)

① 160,000원   ② 184,000원

③ 200,000원   ④ 248,000원

| 유형분석 |

- 순열(P)과 조합(C)을 활용한 문제이다.

$$_n P_m = n \times (n-1) \times \cdots \times (n-m+1)$$

$$_n C_m = \frac{_n P_m}{m!} = \frac{n \times (n-1) \times \cdots \times (n-m+1)}{m!}$$

- 벤다이어그램을 활용한 문제가 출제되기도 한다.

제품 A는 1개에 600원, 제품 B는 1개에 1,000원이다. N사원이 거스름돈을 전혀 남기지 않고 12,000원으로 A와 B를 살 수 있는 경우의 수는?(단, A만 모두 사거나 B만 모두 사는 것도 가능하다)

① 4가지   ② 5가지

③ 6가지   ④ 7가지

정답 ②

구입한 제품 A의 수를 a개, 제품 B의 개수를 b개라고 하자(a, b≥0).

600a+1,000b=12,000

→ 3a+5b=60

a와 b를 (a, b)의 순서쌍으로 나타내면 다음과 같다.

(0, 12), (15, 3), (10, 6), (5, 9), (20, 0)

따라서 경우의 수는 총 5가지이다.

30초 컷 풀이 Tip

확률과 경우의 수 문제는 빠르게 계산할 수 있는 방법을 생각해야 한다. 특히 '이상'과 같은 표현이 사용됐다면 전체(1)에서 나머지를 빼는 방법이 편리하다.

01 은경이는 태국 여행에서 A ~ D 네 종류의 손수건을 총 9장 구매했으며, 그중 B손수건은 3장, 나머지는 각각 같은 개수를 구매했다. 기념품으로 친구 3명에게 종류가 다른 손수건을 3장씩 나눠줬을 때, 가능한 경우의 수는?

① 5가지   ② 6가지

③ 7가지   ④ 8가지

PART 1

Hard

02 N유치원에 다니는 남자아이 2명과 여자아이 3명에게 고무공을 나누어 주려고 한다. 고무공은 빨간색 5개, 노란색 5개가 있으며 빨간색 공은 남자아이들에게 적어도 1개씩 나누어 주고, 노란색 공은 여자아이들에게 적어도 1개 이상의 같은 개수를 나누어 주기로 하였다. 이때 나누어 줄 수 있는 경우의 수는?

① 90가지   ② 95가지

③ 100가지   ④ 105가지

Easy

03 어느 대학교 동아리에서 테니스 경기를 토너먼트 방식으로 진행하려고 한다. 총 16명의 참가자들이 참여했을 때, 최종 우승자가 나올 때까지 진행되는 경기의 수는?(단, 동점자는 없다)

① 12번   ② 13번

③ 14번   ④ 15번

06 확률

| 유형분석 |

- 순열(P)과 조합(C)을 활용한 문제이다.
- 조건부 확률 문제가 출제되기도 한다.

남자 2명, 여자 3명 중 2명의 대표를 선출한다고 한다. 이때, 선출된 대표가 모두 여자일 확률은?

① 60% ② 50%

③ 40% ④ 30%

정답 ④

전체 5명에서 2명을 뽑는 방법은 $_5C_2 = \dfrac{5 \times 4}{2 \times 1} = 10$가지이고, 여자 3명 중에서 2명이 뽑힐 경우는 $_3C_2 = \dfrac{3 \times 2}{2 \times 1} = 3$가지이다.

따라서 대표가 모두 여자가 뽑힐 확률은 $\dfrac{3}{10} \times 100 = 30\%$이다.

30초 컷 풀이 Tip

여사건의 확률
㉠ 사건 A가 일어날 확률이 p일 때, 사건 A가 일어나지 않을 확률은 $(1-p)$이다.
㉡ '적어도'라는 말이 나오면 주로 사용한다.

확률의 덧셈
두 사건 A, B가 동시에 일어나지 않을 때, A가 일어날 확률을 p, B가 일어날 확률을 q라고 하면, 사건 A 또는 B가 일어날 확률은 $p+q$이다.

확률의 곱셈
A가 일어날 확률을 p, B가 일어날 확률을 q라고 하면, 사건 A와 B가 동시에 일어날 확률은 $p \times q$이다.

Hard

01 4명의 야구선수가 안타를 칠 확률이 각각 $\frac{1}{6}$, $\frac{1}{8}$, $\frac{1}{4}$, $\frac{1}{5}$ 이라고 한다. 4명 중 3명 이상이 안타를 칠 확률은?

① $\frac{1}{48}$

② $\frac{1}{36}$

③ $\frac{1}{24}$

④ $\frac{1}{19}$

02 같은 회사에 다니는 A사원과 B사원이 건물 맨 꼭대기인 9층에서 엘리베이터를 함께 탔다. 두 사원이 서로 다른 층에 내릴 확률은?(단, 두 사원 모두 지하에서는 내리지 않는다)

① $\frac{5}{27}$

② $\frac{8}{27}$

③ $\frac{2}{3}$

④ $\frac{8}{9}$

03 어느 학교의 학생은 A과목과 B과목 중 한 과목만을 선택하여 수업을 받는다고 한다. A과목과 B과목을 선택한 학생의 비율이 각각 전체의 40%, 60%이고, A과목을 선택한 학생 중 여학생은 30%, B과목을 선택한 학생 중 여학생은 40%라고 하자. 이 학교의 3학년 학생 중에서 임의로 뽑은 학생이 여학생일 때, 그 학생이 B과목을 선택한 학생일 확률은?

① $\frac{1}{3}$

② $\frac{2}{3}$

③ $\frac{1}{4}$

④ $\frac{3}{4}$

CHAPTER 07
수추리력

수추리력은 일정한 규칙에 따라 나열된 수를 보고 규칙을 찾아 빈칸에 들어가는 수를 찾아내는 유형이다. 기본적인 등차, 등비, 계차수열과 관련하여 이를 응용한 문제와 건너뛰기 수열(홀수 항, 짝수 항에 규칙이 따로 적용되는 수열)이 많이 출제되는 편이며, 군수열이 출제되기도 한다. 또한 나열되는 수는 자연수뿐만 아니라 분수, 소수, 정수 등 다양하게 제시된다. 수가 변화하는 규칙을 빠르게 파악하는 것이 관건이므로, 많은 문제를 풀어보며 유형을 익히는 것이 중요하다. 총 20문제를 8분 내에 해결해야 한다.

수열

대부분의 기업 적성검사에서 흔히 볼 수 있는 수열추리 유형이다. 나열된 수열을 보고 규칙을 찾아서 빈 칸에 들어갈 알맞은 숫자를 고르는 유형으로, 간단해 보이지만 실제 수험생들의 후기를 보면 가장 어려운 영역이라고 말한다. 기본적인 수열뿐 아니라 복잡한 형태의 종잡을 수 없는 규칙도 나오는데다가 제한시간도 매우 짧기 때문이다.

┌─┤ 학습 포인트 ├──┐
│ • 눈으로만 규칙을 찾고자 할 경우 변화된 값을 모두 외우기 어려우므로 나열된 수의 변화된 값을 적어두면 규칙 │
│   을 발견하기 용이하다. │
│ • 규칙이 발견되지 않는 경우에는 홀수 항과 짝수 항을 분리해서 파악하거나 군수열을 생각해본다. │
└──┘

1. 수추리

(1) 등차수열 : 앞의 항에 일정한 수를 더해 이루어지는 수열

(2) 등비수열 : 앞의 항에 일정한 수를 곱해 이루어지는 수열

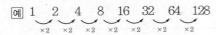

(3) 계차수열 : 수열의 인접하는 두 항의 차로 이루어진 수열

(4) 피보나치 수열 : 앞의 두 항의 합이 그 다음 항의 수가 되는 수열

예 1 1 $\underset{1+1}{2}$ $\underset{1+2}{3}$ $\underset{2+3}{5}$ $\underset{3+5}{8}$ $\underset{5+8}{13}$ $\underset{8+13}{21}$

(5) 건너뛰기 수열

• 두 개 이상의 수열이 일정한 간격을 두고 번갈아가며 나타나는 수열

예 1 1 3 7 5 13 7 19

    • 홀수 항 : 1 3 5 7
              +2 +2 +2

    • 짝수 항 : 1 7 13 19
              +6 +6 +6

• 두 개 이상의 규칙이 일정한 간격을 두고 번갈아가며 적용되는 수열

예 0 1 3 4 12 13 39 40
      +1 ×3 +1 ×3 +1 ×3 +1

(6) 군수열 : 일정한 규칙성으로 몇 항씩 묶어 나눈 수열

예 • 1 1 2 1 2 3 1 2 3 4

⇒ <u>1</u> <u>1 2</u> <u>1 2 3</u> <u>1 2 3 4</u>

• 1 3 4 6 5 11 2 6 8 9 3 12

⇒ <u>1 3 4</u> <u>6 5 11</u> <u>2 6 8</u> <u>9 3 12</u>
　　1+3=4　　6+5=11　　2+6=8　　9+3=12

• 1 3 3 2 4 8 5 6 30 7 2 14

⇒ <u>1 3 3</u> <u>2 4 8</u> <u>5 6 30</u> <u>7 2 14</u>
　　1×3=3　　2×4=8　　5×6=30　　7×2=14

| 유형분석 |

- 나열된 수를 분석하여 그 안의 규칙을 찾고 적용할 수 있는지를 평가하는 유형이다.
- 규칙에 분수나 소수가 나오면 어려운 문제인 것처럼 보이지만 오히려 규칙은 단순한 경우가 많다.

※ 다음은 일정한 규칙으로 나열한 수열이다. 빈칸에 들어갈 알맞은 수를 고르시오. [1~2]

01

266	250	( )	251	264	252	263

① 210

② 234

③ 265

④ 275

02

2	−1	10	−20	−3	−16	−336	−63	36	34	( )	144

① 67

② 78

③ 112

④ 136

01

정답 ③

앞의 항에 -16, $+15$, -14, $+13$, -12 …를 더하는 수열이다

따라서 (　)=250+15=265이다.

02

정답 ④

$\underline{A\ B\ C\ D} \rightarrow A \times C = B \times D$

따라서 (　)=34×144÷36=136이다.

30초 컷 풀이 Tip

일반적인 방법으로 규칙이 보이지 않는다면 홀수 항과 짝수 항을 분리해서 파악하거나, 군수열을 의심하고 n개의 항을 묶어 생각한다.

※ 일정한 규칙으로 수를 나열할 때, 빈칸에 들어갈 알맞은 숫자를 고르시오. **[1~6]**

Easy

01

1	6	−4	( )	−9	16

① 5　　　　　　　　　　　　② 9

③ 11　　　　　　　　　　　　④ 13

02

2	−4	8	−16	32	−64	128	( )

① − 192　　　　　　　　　　② 192

③ − 256　　　　　　　　　　④ 256

03

31	71	27	64	( )	57	19	50

① 9　　　　　　　　　　　　② 23

③ 41　　　　　　　　　　　　④ 63

04

5 1 2   3 9 4   8 ( ) 6

① 2   ② 7
③ 10   ④ 11

05

3 7 16   −1 3 −8   ( ) −4 3

① 5   ② 7
③ 0   ④ −2

06

6 3 45   10 ( ) 60   8 4 60

① 2   ② 3
③ 4   ④ 5

CHAPTER 08
창의력

창의력은 남들과 차별화된 아이디어를 주어진 시간 안에 얼마만큼 도출해내는지 평가하는 영역이다.

창의력

제시되는 그림의 용도나 상황을 보고 짧은 시간 안에 자신의 생각 40가지를 쓰는 유형이다. 글 또는 그림은 간단하게 주어지지만 그에 대해 40가지를 쓰는 것은 결코 쉽지 않다. 객관적인 답안이 존재하지 않기 때문에, 얼마나 많은, 남들과 차별화된 아이디어를 빠른 시간 안에 도출해 낼 수 있는지가 중요한데, 실제로 이 파트에 관한 후기를 찾아보면 40가지를 모두 쓰는 사람이 많지 않다.

┤ 학습 포인트 ├

• 임의의 특징을 가진 사물에 고정관념을 갖지 않고 다양한 생각을 표출해 내는 연습을 할 필요가 있다.
• 답이 따로 제시되지 않는 영역이기 때문에 어떠한 생각이든지 답이 될 수 있다.

| 유형분석 |

• 주어진 그림을 보고 다양한 생각을 할 수 있는지 평가하는 유형이다.

주어진 그림의 용도를 40가지 쓰시오.

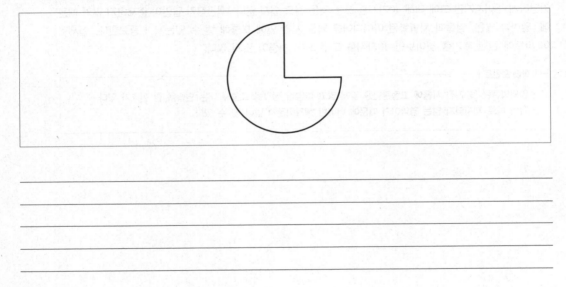

※ 다음 주어진 그림의 용도를 40가지 쓰시오. [1~3]

01

02

02 상황에 대한 생각 쓰기

| 유형분석 |

- 주어진 상황을 보고 다양한 판단을 할 수 있는지 평가하는 유형이다.

다음 질문에 대한 자신의 생각을 40가지 쓰시오.

세상의 모든 돈(화폐)이 사라진다면 무슨 일이 일어나겠는가?

※ 다음 질문에 대한 자신의 생각을 40가지 쓰시오. [1~4]

01

해 없이 밤만 지속된다면 어떻게 되겠는가?

02

맑은 날 우산을 쓰고 가는 남자가 있다. 우산을 쓴 이유가 무엇일까?

03

사람이 손을 대지 않고 물건을 움직일 수 있다면 무슨 일이 일어날까?

04

사람이 물 위를 걸을 수 있다면 무슨 일이 일어날 것인가?

PART 2

최종점검 모의고사

엔씨소프트 적성검사	
도서 동형 온라인 실전연습 서비스	APSP-00000-A7C2D

엔씨소프트 적성검사		
영역	문항 수	제한시간
지각정확력	30문항	6분
언어유추력	20문항	5분
언어추리력	20문항	7분
공간지각력	20문항	7분
판단력	20문항	12분
응용수리력	20문항	10분
수추리력	20문항	8분
창의력	1문항	6분

🕐 응시시간 : 61분   📋 문항 수 : 151문항   정답 및 해설 p.020

01	지각정확력

※ 다음 제시된 문자와 같은 것의 개수를 구하시오. [1~15]

01

↔

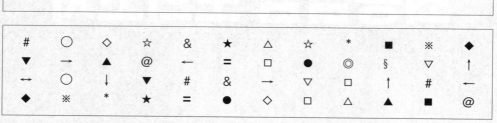

① 1개   ② 2개
③ 3개   ④ 4개
⑤ 5개

Easy
02

Ч

Ч	Ш	Щ	Ц	У	Л	П	Щ	Л	У	Щ	Ш
Ш	Щ	П	П	Ш	У	П	Л	Ш	Ш	У	У
Л	У	Ш	Щ	Л	Л	Ш	У	Щ	Л	Щ	Л
Щ	Ш	Л	П	Щ	П	У	Щ	У	Ш	Л	Ш

① 1개   ② 2개
③ 3개   ④ 4개
⑤ 5개

03

	セ										

ゼ	テ	ネ	デ	ケ	ス	ケ	ス	ネ	ス	テ	ゼ
デ	ズ	セ	ゲ	ス	ゼ	ゲ	テ	デ	ゼ	ゲ	ネ
セ	テ	ネ	ケ	テ	ケ	テ	ズ	セ	ケ	デ	セ
ゲ	ネ	ゲ	ゼ	デ	ズ	ケ	ゼ	デ	ス	ス	セ

① 4개   ② 5개
③ 6개   ④ 7개
⑤ 8개

04

	vii										

vii	III	ii	IX	vii	ix	iv	VII	v	xii	XI	i
iv	v	VI	iii	xi	x	v	ii	vii	xi	iii	XII
III	vii	xi	xii	iv	VI	VI	XII	ix	VI	v	vii
ii	XII	XI	VII	v	iii	vii	IX	i	IX	iv	xii

① 2개   ② 3개
③ 4개   ④ 5개
⑤ 6개

05

	輻										

置	値	致	致	輻	恥	稚	熾	峙	輻	侈	緻
馳	痴	幟	溜	梔	緇	癡	嘻	痔	治	稗	輻
輻	癡	雉	馳	幟	痔	値	致	緇	稚	緻	峙
痴	致	梔	輻	稗	置	溜	恥	侈	嘻	熾	輻

① 1개   ② 2개
③ 3개   ④ 5개
⑤ 6개

Easy

06

r

n	m	j	d	u	n	o	l	b	d	e	s
r	a	l	p	q	x	z	w	i	v	a	b
c	u	v	e	k	j	t	f	h	r	x	m
b	y	g	z	t	n	e	k	d	s	j	p

① 1개　　② 2개
③ 3개　　④ 4개
⑤ 5개

Hard

07

磨

馬	買	每	昧	枚	磨	美	米	眉	楣	摩	武
貿	茂	汝	蕪	无	刐	物	網	忘	萬	閔	磨
珉	抹	母	冒	无	磨	魔	密	娩	万	痲	悶	們
茉	埋	梶	渼	某	牡	罔	莽	孟	盲	萌

① 2개　　② 3개
③ 4개　　④ 5개
⑤ 6개

08

⑱

⑲	⑧	⑰	⑯	⑲	⑧	⑧	⑧	⑰	⑱	⑱	⑯
⑰	⑱	⑱	⑩	⑱	⑲	⑰	⑰	⑱	⑲	⑱	⑱
⑯	⑩	⑲	⑰	⑯	⑱	⑩	⑲	⑯	⑧	⑯	⑲
⑱	⑰	⑧	⑱	⑩	⑩	⑯	⑩	⑧	⑰	⑱	⑱

① 3개　　② 4개
③ 5개　　④ 6개
⑤ 7개

£

F	T	B	£	£	B	¢	F	T	¢	T	F
¢	N	£	¢	B	F	N	T	F	£	N	B
T	F	F	¢	N	N	£	B	B	¢	F	¢
£	N	B	N	£	£	¢	N	£	£	B	T

① 3개 ② 4개
③ 5개 ④ 6개
⑤ 7개

10

569

560	572	578	591	502	589	587	593	521	569	523	507
569	562	520	571	530	572	512	588	572	553	597	569
572	569	589	515	566	596	522	555	569	500	543	568
529	560	542	569	558	587	517	524	584	516	534	569

① 3개 ② 5개
③ 7개 ④ 8개
⑤ 9개

갠

갠	앤	벤	덴	뺀	깬	넨	넨	엔	핸	펜	탠
쟨	센	멘	맨	캔	쟨	쎈	렌	갠	샌	현	진
편	겐	샌	변	앤	넨	쩬	헨	쨘	갠	앤	쨰
탠	먼	옌	갠	쩬	멘	샌	전	펜	텐	랜	갠

① 2개 ② 3개
③ 5개 ④ 6개
⑤ 7개

12

					0.27						

0.41	0.24	0.12	0.21	0.73	0.53	0.42	0.56	0.91	0.98	0.13	0.55
0.27	0.37	0.93	0.01	0.06	0.93	0.33	0.67	0.18	0.29	0.97	0.88
0.75	0.58	0.67	0.28	0.04	0.27	0.12	0.38	0.29	0.27	0.35	0.58
0.08	0.12	0.11	0.79	0.23	0.19	0.89	0.99	0.24	0.27	0.18	0.42

① 1개   ② 2개

③ 4개   ④ 5개

⑤ 6개

13

					ち						

あ	な	へ	や	ん	じ	ゆ	む	め	の	よ	ち
ち	た	が	り	さ	ゐ	き	て	す	ち	ら	な
づ	ば	ま	ち	ひ	う	ぷ	れ	お	る	づ	え
ち	よ	か	わ	ぐ	い	ぜ	ち	ば	み	あ	ぬ

① 2개   ② 3개

③ 5개   ④ 6개

⑤ 7개

14

soul

sprit	sole	sin	shape	sou	sound	soup	sour	soul	south	soul	saul
sour	soup	sin	saul	soul	soup	son	sole	sprit	seoul	soup	son
seoul	sound	soul	houl	boul	bawl	soul	sole	son	soup	sour	sour
sun	sunny	star	start	styx	stur	spam	super	show	sour	salt	sand

① 1개   ② 2개
③ 3개   ④ 4개
⑤ 5개

Easy

15

♣

♣	☆	♥	♡	★	♣	☆	♥	♤	♥	☆	♡
★	♡	♧	♣	♤	★	♤	■	■	★	♣	☆
♤	☆	♥	★	■	♡	♣	♧	♤	♡	♧	♤
☆	★	♤	♡	☆	♤	♥	☆	♡	♥	♤	★

① 1개   ② 3개
③ 4개   ④ 5개
⑤ 7개

PART 2

Hard

16

8.03	9.12	4.12	7.23	2.76	4.28	1.48	7.43	3.79	2.47	3.78	3.22
2.46	0.35	2.85	2.45	2.28	2.84	3.53	5.32	8.93	3.77	6.82	5.38
4.28	2.85	3.79	2.46	9.12	2.45	3.22	7.23	2.84	3.53	1.48	5.32
0.35	4.12	2.28	3.78	5.38	8.03	6.82	8.93	3.77	2.76	2.47	7.43

① 4.12
③ 5.87
⑤ 8.93

② 5.38
④ 2.46

17

① ◨
③ ▣
⑤ ▢

② ◪
④ ◆

18

① Ω
③ ◐
⑤ ★

② ◈
④ ◎

19

가도	가나	가고	가라	가주	가치	가마	가호	가정	가세	가리	가수
가이	가용	가진	가누	가루	가추	가하	가준	가무	가서	가로	가인
가시	가창	가회	가니	가우	가양	가신	가오	가노	가산	가포	가조
가다	가부	가타	가요	가중	가미	가소	가두	가뇨	가연	가지	가빈

① 가지　　　　　　　　　② 가나
③ 가루　　　　　　　　　④ 가사
⑤ 가주

20

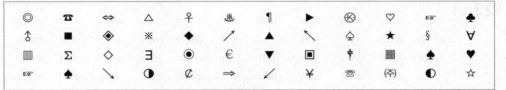

① ☎　　　　　　　　　② ☞
③ ◐　　　　　　　　　④ ♤
⑤ ◑

21

1217	3091	1013	1932	4489	0518	2240	5019	3213	5843	0917	1824
1001	4265	1009	1203	1012	1545	1430	3018	2359	6532	6932	1220
5017	0518	1235	3018	4407	8742	5641	1532	1013	2355	5326	1920
5019	2345	1235	5836	3210	1220	7843	4132	5332	0227	1029	5329

① 0519　　　　　　　　　② 1217
③ 0227　　　　　　　　　④ 0917
⑤ 1009

22

家	價	可	羅	裸	螺	多	茶	喇	馬	庥	社
事	思	亞	自	兒	車	者	次	借	加	他	波
河	打	字	韓	産	塞	水	需	難	志	只	足
存	培	伯	卡	絢	刻	釜	負	愷	价	芷	裳

① 思   ② 泊
③ 塞   ④ 培
⑤ 裳

23

easy	echo	eddy	eight	elate	elect	effect	early	elder	erst	elicit	ego
elute	each	ept	edit	ethic	eel	eagle	edit	eject	end	enow	elf
epris	epic	eco	eat	elfin	elite	egypt	elint	edict	elm	enfin	egg
edu	elide	east	edge	earn	era	effort	emic	eye	else	elvan	ear

① each   ② edit
③ entry   ④ epris
⑤ enfin

24

take	talk	touch	time	tip	tilt	turn	then	think	ten	turtle	tube
tor	travel	tate	tear	top	torch	tort	taste	task	tidy	test	topic
tiny	target	true	tab	tell	twins	trap	tall	ton	tint	trip	tent
tomb	tight	tune	tire	tone	toy	tag	toxic	try	tax	taw	title

① then   ② tune
③ taste   ④ travel
⑤ team

25

① ♬♩ ② ♩♪
③ ♬♪ ④ ♪♪
⑤ ♩♩

26

① ɐ ② ɑ
③ ɒ ④ ɓ
⑤ ɔ

27

① $ ② ¢
③ ₦ ④ ¥
⑤ ₩

28

Ⓕ	Ⓖ	Ⓒ	Ⓕ	Ⓓ	Ⓜ	Ⓔ	Ⓙ	Ⓖ	Ⓔ	Ⓗ	Ⓓ
Ⓠ	Ⓘ	Ⓓ	Ⓔ	Ⓐ	Ⓕ	Ⓒ	Ⓨ	Ⓜ	Ⓛ	Ⓘ	Ⓕ
Ⓓ	Ⓒ	Ⓐ	Ⓖ	Ⓛ	Ⓘ	Ⓖ	Ⓐ	Ⓕ	Ⓐ	Ⓜ	Ⓒ
Ⓐ	Ⓔ	Ⓙ	Ⓚ	Ⓜ	Ⓔ	Ⓛ	Ⓘ	Ⓓ	Ⓙ	Ⓒ	Ⓙ

① Ⓑ   ② Ⓚ

③ Ⓨ   ④ Ⓗ

⑤ Ⓠ

Hard

29

츳	춤	칣	춥	츱	칮	츯	참	축	칤	춤	축
칣	춗	췗	춰	칮	칣	춰	췗	춗	칮	칣	춤
축	칣	축	츗	칣	쳶	칣	칣	춤	츱	춰	칣
췿	츱	칮	춤	춗	춤	췗	춗	츗	칣	춤	춢

① 춢   ② 칣

③ 참   ④ 쳶

⑤ 칮

30

Ⓑ	Ⓓ	Ⓔ	Ⓗ	Ⓖ	Ⓜ	Ⓓ	Ⓡ	Ⓚ	Ⓓ	Ⓖ	Ⓕ
Ⓕ	Ⓖ	Ⓠ	Ⓕ	Ⓑ	Ⓠ	Ⓨ	Ⓗ	Ⓡ	Ⓕ	Ⓩ	Ⓗ
Ⓓ	Ⓚ	Ⓕ	Ⓓ	Ⓡ	Ⓝ	Ⓖ	Ⓠ	Ⓓ	Ⓜ	Ⓚ	Ⓓ
Ⓙ	Ⓗ	Ⓜ	Ⓖ	Ⓚ	Ⓨ	Ⓕ	Ⓑ	Ⓡ	Ⓖ	Ⓗ	Ⓑ

① Ⓔ   ② Ⓩ

③ Ⓦ   ④ Ⓝ

⑤ Ⓙ

※ 다음 제시된 단어의 대응 관계로 볼 때, 빈칸에 들어가기에 알맞은 것을 고르시오. [1~15]

01

능동 : 수동 = ( ) : 자유

① 자진　　　　　　　　② 범죄
③ 속박　　　　　　　　④ 권리
⑤ 자립

02

포유류 : 고래 = ( ) : 기타

① 음악　　　　　　　　② 연주
③ 악기　　　　　　　　④ 첼로
⑤ 공연

03

사실 : 허구 = 유명 : ( )

① 인기　　　　　　　　② 가수
③ 진실　　　　　　　　④ 무명
⑤ 공인

Easy
04

수평 : 수직 = ( ) : 기립

① 경례　　　　　　　　② 박수
③ 기상　　　　　　　　④ 좌석
⑤ 착석

05

( ) : 뿌리 = 연필 : 연필심

① 줄기   ② 토양
③ 공기   ④ 나무
⑤ 가지

Hard
06

거드름 : 거만 = 삭임 : ( )

① 신체   ② 등산
③ 소화   ④ 소통
⑤ 검진

07

고집 : 집념 = ( ) : 가을

① 겨울   ② 낙엽
③ 계절   ④ 추계
⑤ 동지

Easy
08

설탕 : 사탕 = 목화 : ( )

① 솜   ② 나무
③ 비단   ④ 곤충
⑤ 꽃

09

후세 : 왕년 = 부족 : ( )

① 조상   ② 종족
③ 결핍   ④ 십분
⑤ 일반

Easy

10

말다 : 그만두다 = 야물다 : ( )

① 가물다   ② 머금다
③ 해치다   ④ 익다
⑤ 성기다

11

구리 : 전선 = ( ) : 마요네즈

① 식빵   ② 계란
③ 우유   ④ 케첩
⑤ 카레

12

브라만 : 수드라 = 진골 : ( )

① 전문의   ② 계급
③ 상사   ④ 6두품
⑤ 박사

13

곰살맞다 : 퉁명스럽다 = 방자하다 : (   )

① 방정맞다   ② 무례하다

③ 정중하다   ④ 얄궂다

⑤ 굼뜨다

14

책 : 독후감 = 일상 : (   )

① 대본   ② 일기

③ 시   ④ 편지

⑤ 기행문

15

일연 : 삼국유사 = (   ) : 봄봄

① 김시습   ② 김진명

③ 이광수   ④ 황순원

⑤ 김유정

※ 다음 제시된 단어의 대응 관계로 볼 때, 빈칸 A, B에 들어가기에 알맞은 것을 고르시오. [16~20]

16

(A) : 풍문 = 격언 : (B)

〈A〉 ① 신문 　② 사실 　③ 유언비어 　④ 사진 　⑤ 수다
〈B〉 ① 속담 　② 대사 　③ 화제 　④ 이동 　⑤ 동화

17

(A) : 조제 = (B) : 진료

〈A〉 ① 직공 　② 약사 　③ 공장 　④ 병원 　⑤ 약국
〈B〉 ① 재직 　② 선박 　③ 조종 　④ 의사 　⑤ 교육

Easy
18

우월 : (A) = (B) : 대항

〈A〉 ① 열등 　② 항거 　③ 상대 　④ 견제 　⑤ 감금
〈B〉 ① 반항 　② 굴복 　③ 대립 　④ 상반 　⑤ 결정

19

(A) : 훗훗하다 = 꼬리별 : (B)

〈A〉　① 헛헛하다　　② 진듯하다　　③ 비웃다　　④ 훈훈하다　　⑤ 미소짓다
〈B〉　① 혜성　　② 목성　　③ 토성　　④ 수성　　⑤ 금성

20

(A) : 청결 = 운동 : (B)

〈A〉　① 휴식　　② 잠　　③ 목욕　　④ 식사　　⑤ 영화
〈B〉　① 필수　　② 등산　　③ 건강　　④ 경기　　⑤ 달리기

※ 다음 제시문을 읽고 각 문제가 항상 참이면 ①, 거짓이면 ②, 알 수 없으면 ③을 고르시오. **[1~3]**

> • 5명의 사람과 XS, S, M, L, XL, XXL 사이즈의 옷이 있다.
> • 옷 사이즈가 겹치는 사람은 없다.
> • 진영이는 M 사이즈를 입는다.
> • 재희는 지수보다 큰 옷을 입는다.
> • 수영이는 지영이보다 큰 옷을 입는다.

01   지수가 지영이보다 큰 옷을 입는다면 수영이는 지수보다 작은 옷을 입는다.

① 참   ② 거짓   ③ 알 수 없음

02   지수가 지영이보다 큰 옷을 입는다면 지영이는 진영이보다 작은 옷을 입는다.

① 참   ② 거짓   ③ 알 수 없음

Hard

03   지수가 XS 사이즈의 옷을 입고 지영이가 재희보다 큰 옷을 입는다면 재희는 진영이보다 작은 옷을 입는다.

① 참   ② 거짓   ③ 알 수 없음

※ 다음 제시문을 읽고 각 문제가 항상 참이면 ①, 거짓이면 ②, 알 수 없으면 ③을 고르시오. [4~5]

- 철수와 영희는 남매이다.
- 철수에게는 누나가 한 명 있다.
- 영희는 맏딸이다.
- 철수는 막내가 아니다.

Easy

04 영희는 남동생이 있다.

① 참 ② 거짓 ③ 알 수 없음

05 영희의 동생은 한 명이다.

① 참 ② 거짓 ③ 알 수 없음

※ 다음 제시문을 읽고 각 문제가 항상 참이면 ①, 거짓이면 ②, 알 수 없으면 ③을 고르시오. [6~8]

- A~D 네 명의 사람과 귤, 사과, 수박, 딸기, 토마토가 있다.
- 네 명이 서로 겹치지 않게 한 가지씩 먹었다.
- A는 딸기를 먹었다.
- B는 귤을 먹지 않았다.
- C는 수박과 토마토 중 하나를 먹었다.

06 B가 수박과 토마토 중 하나를 먹었다면 D는 귤을 먹었을 것이다.

① 참   ② 거짓   ③ 알 수 없음

07 B가 사과를 먹었다면 D가 먹은 과일은 수박이다.

① 참   ② 거짓   ③ 알 수 없음

`Hard`

08 C가 토마토를 먹었다면 B가 사과를 먹었을 가능성과 D가 사과를 먹었을 가능성은 같다.

① 참   ② 거짓   ③ 알 수 없음

※ 다음 제시문을 읽고 각 문제가 항상 참이면 ①, 거짓이면 ②, 알 수 없으면 ③을 고르시오. [9~11]

- 어느 커피숍의 오전 판매량은 아메리카노 1잔, 카페라테 2잔, 카푸치노 2잔, 카페모카 1잔이고, 손님은 A ~ D 총 4명이었다.
- 모든 손님은 1잔 이상의 커피를 마셨다.
- A는 카푸치노를 마셨다.
- B와 C 중 1명은 카푸치노를 마셨다.
- B는 아메리카노를 마셨다.

Easy

09 B가 카페모카를 마셨다면 D는 카페라테를 마셨을 것이다.

① 참　　　　　　　② 거짓　　　　　　　③ 알 수 없음

10 커피를 가장 적게 마신 손님은 D이다.

① 참　　　　　　　② 거짓　　　　　　　③ 알 수 없음

11 주어진 조건에서 한 손님이 마실 수 있는 커피의 최대량은 2잔이다.

① 참　　　　　　　② 거짓　　　　　　　③ 알 수 없음

- A~E 5명이 사과 맛 사탕 2개, 레몬 맛 사탕 2개, 딸기 맛 사탕 2개를 나누어 먹으려고 한다.
- 사탕은 한 사람당 한 개씩만 먹는다.
- A는 사과 맛 사탕을 먹는다.
- C는 딸기 맛 사탕을 먹지 않는다.
- B와 E는 같은 맛 사탕을 먹는다.

12 C가 레몬 맛 사탕을 먹으면 D는 사과 맛 사탕을 먹는다.

① 참 ② 거짓 ③ 알 수 없음

Hard

13 B는 딸기 맛 사탕을 먹을 확률이 가장 높다.

① 참 ② 거짓 ③ 알 수 없음

14 사과 맛 사탕은 항상 2개 다 먹는다.

① 참 ② 거짓 ③ 알 수 없음

- A ~ E 5명이 지역축제 대기표를 받았다.
- A는 B보다 앞선 번호이다.
- B는 E보다 앞선 번호이다.
- C와 D는 이웃한 번호이고, C가 D보다 앞선 번호이다.

Easy

15 A가 세 번째 순서일 때, D가 첫 번째 순서이다.

① 참   ② 거짓   ③ 알 수 없음

16 E가 세 번째 순서일 때, D는 마지막 순서이다.

① 참   ② 거짓   ③ 알 수 없음

17 E는 다섯 번째 순서일 확률이 가장 높다.

① 참   ② 거짓   ③ 알 수 없음

※ 다음 제시문을 읽고 각 문제가 항상 참이면 ①, 거짓이면 ②, 알 수 없으면 ③을 고르시오. [18~20]

- A~D 네 사람이 컴퓨터 활용능력시험에 응시했다.
- 1, 2, 3급에 각각 1명, 2명, 1명이 합격했다.
- A와 B는 다른 급수에 합격했다.
- A와 C는 다른 급수에 합격했다.
- D는 세 사람과 다른 급수에 합격했다.

Easy

18 B는 1급에 합격했다.

① 참 ② 거짓 ③ 알 수 없음

19 A는 3급에 합격했다.

① 참 ② 거짓 ③ 알 수 없음

20 C는 2급에 합격했다.

① 참 ② 거짓 ③ 알 수 없음

※ 다음 제시된 전개도를 접었을 때 나타나는 입체도형으로 알맞은 것을 고르시오. [1~20]

Easy
01

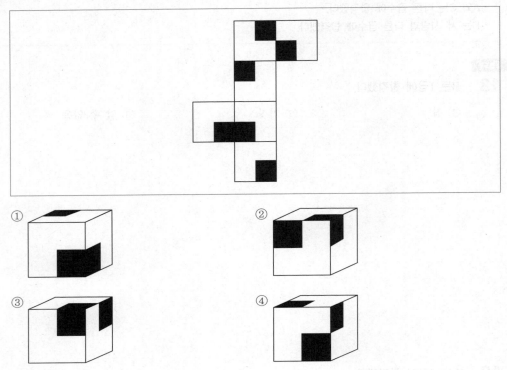

02

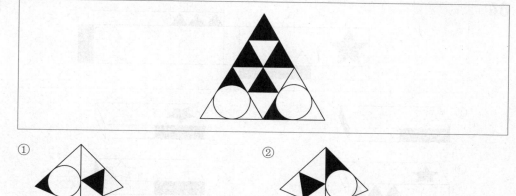

①

②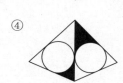

③

④

03

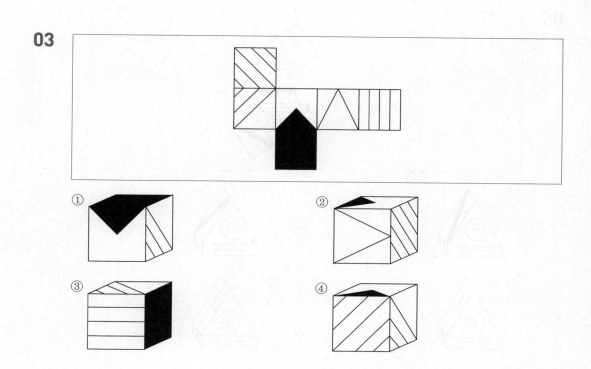

04

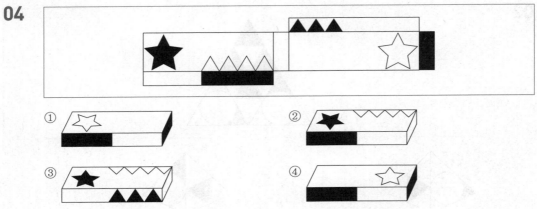

05

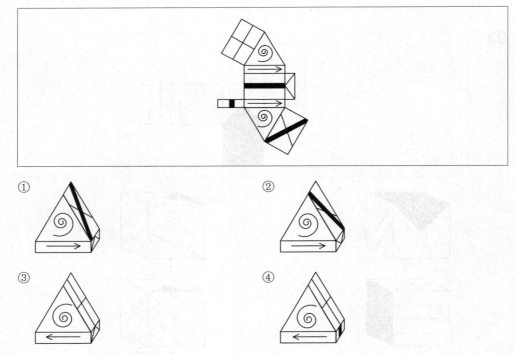

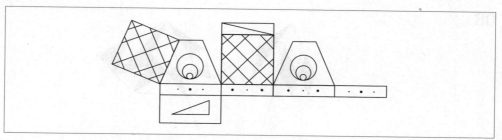

①

②

③

④

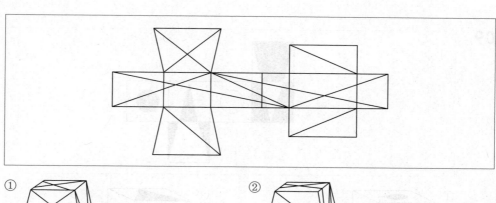

①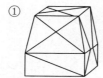

②

③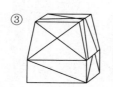

④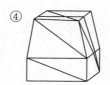

08

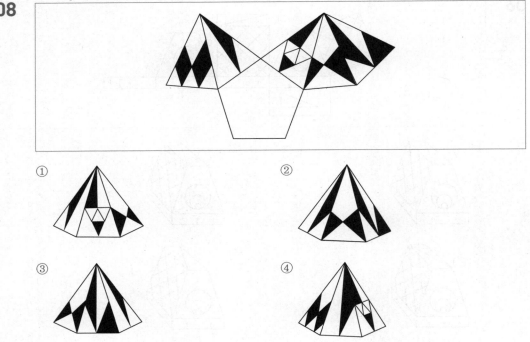

09

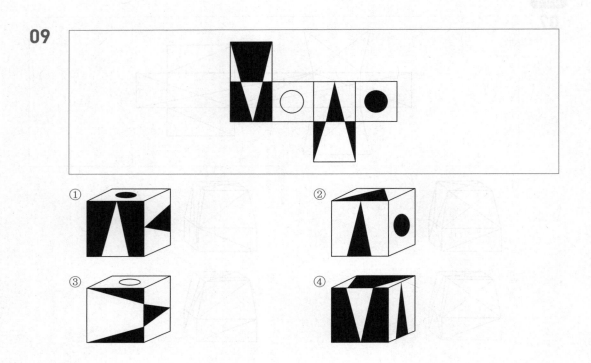

10

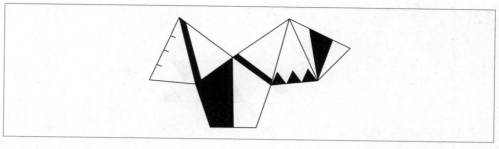

①

②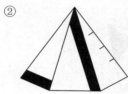

③

④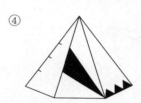

11

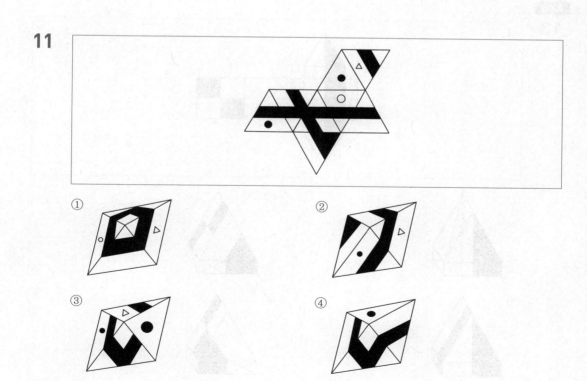

12

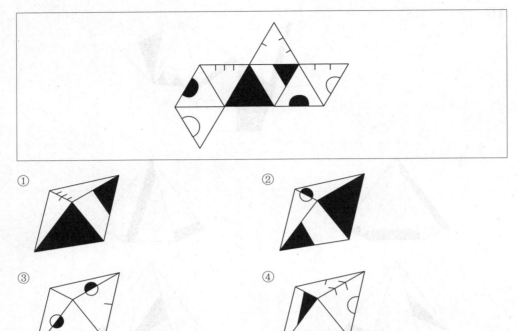

Easy

13

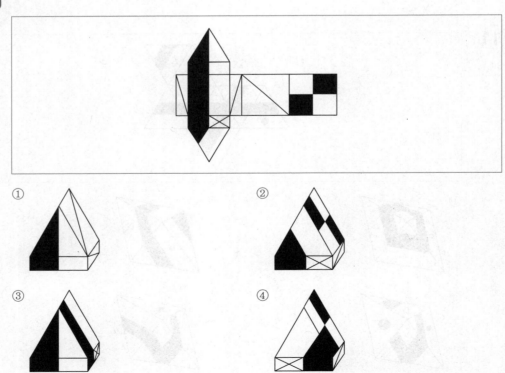

14

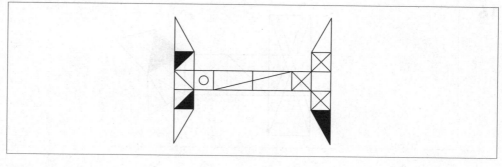

① 　　　　②

③ 　　　　④

15

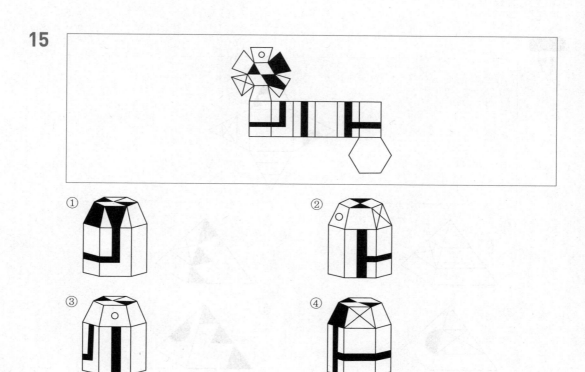

16

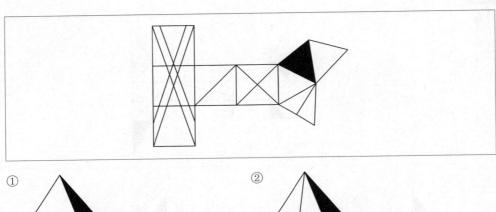

① ②

③ ④

17

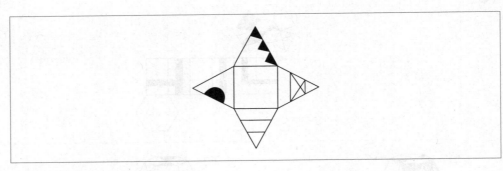

①
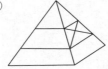

②

③
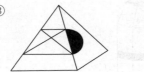

④

18

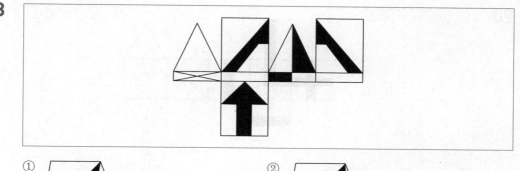

①

②

③

④

19

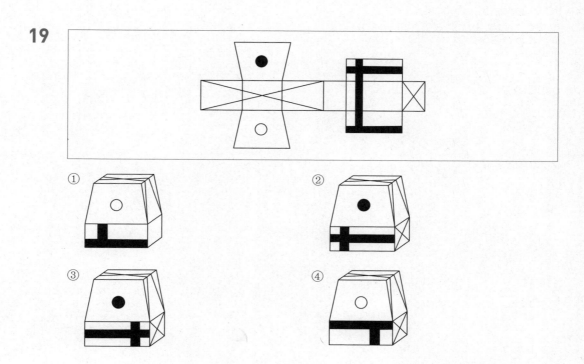

20

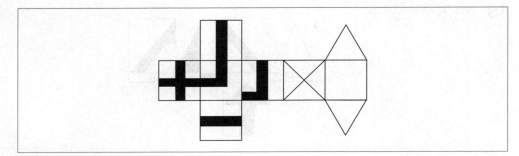

①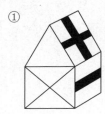

②

③

④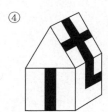

※ 다음 글을 논리적 순서대로 바르게 나열한 것을 고르시오. [1~3]

01

> (가) 본성 대 양육 논쟁은 앞으로 치열하게 전개될 소지가 많다. 하지만 유전과 환경이 인간의 행동에 어느 정도 영향을 미치는가를 따지는 일은 멀리서 들려오는 북소리가 북에 의한 것인지, 아니면 연주자에 의한 것인지를 분석하는 것처럼 부질없는 것인지 모른다. 본성과 양육 모두 인간 행동에 필수적인 요인이므로.
>
> (나) 20세기 들어 공산주의와 나치주의의 출현으로 본성 대 양육 논쟁이 극단으로 치달았다. 공산주의의 사회 개조론은 양육을, 나치즘의 생물학적 결정론은 본성을 옹호하는 이데올로기이기 때문이다. 히틀러의 유대인 대량 학살에 충격을 받은 과학자들은 환경 결정론에 손을 들어 줄 수밖에 없었다. 본성과 양육 논쟁에서 양육 쪽이 일방적인 승리를 거두게 된 것이다.
>
> (다) 이러한 추세는 1958년 미국 언어학자 노엄 촘스키에 의해 극적으로 반전되기 시작했다. 촘스키가 치켜든 선천론의 깃발은 진화 심리학자들이 승계했다. 진화 심리학은 사람의 마음을 생물학적 적응의 산물로 간주한다. 1992년 심리학자인 레다 코스미데스와 인류학자인 존 투비 부부가 함께 저술한 『적응하는 마음』이 출간된 것을 계기로 진화 심리학은 하나의 독립된 연구 분야가 됐다. 말하자면 윌리엄 제임스의 본능에 대한 개념이 1세기 만에 새 모습으로 부활한 셈이다.
>
> (라) 더욱이 1990년부터 인간 게놈 프로젝트가 시작됨에 따라 본성과 양육 논쟁에서 저울추가 본성 쪽으로 기울면서 생물학적 결정론이 더욱 강화되었다. 그러나 2001년 유전자 수가 예상보다 적은 3만여 개로 밝혀지면서 본성보다는 양육이 중요하다는 목소리가 커지기 시작했다. 이를 계기로 본성 대 양육 논쟁이 재연되기에 이르렀다.

① (가) – (나) – (다) – (라)　　　　② (가) – (나) – (라) – (다)
③ (나) – (다) – (가) – (라)　　　　④ (나) – (다) – (라) – (가)

02

(가) 인간이 타고난 그대로의 자연스러운 본능이 성품이며, 인간이 후천적인 노력을 통하여 만들어 놓은 것이 인위이다.

(나) 따라서 인간의 성품은 악하나, 인위로 인해 선하게 된다.

(다) 즉, 배고프면 먹고 싶고 피곤하면 쉬고 싶은 것이 성품이라면, 배고파도 어른에게 양보하고 피곤해도 어른을 대신해 일하는 것은 인위이다.

(라) 그러므로 자연스러운 본능을 따르게 되면 반드시 다투고 빼앗는 결과를 초래하게 되지만, 스승의 교화를 받아 예의 법도를 따르게 되면 질서가 유지된다.

① (가) – (나) – (라) – (다) 　　② (가) – (다) – (나) – (라)

③ (가) – (다) – (라) – (나) 　　④ (가) – (라) – (다) – (나)

03

(가) 또 그는 현대 건축 이론 중 하나인 '도미노 이론'을 만들었는데, 도미노란 집을 뜻하는 라틴어 '도무스(Domus)'와 혁신을 뜻하는 '이노베이션(Innovation)'을 결합한 단어다.

(나) 그는 이 이론의 원칙을 통해 인간이 효율적으로 살 수 있는 집을 꾸준히 연구해왔으며, 그가 제안한 건축방식 중 필로티와 옥상정원 등이 최근 우리나라 주택에 많이 쓰이고 있다.

(다) 최소한의 철근 콘크리트 기둥들이 모서리를 지지하고 평면의 한쪽에서 각 층으로 갈 수 있게 계단을 만든 개방적 구조가 이 이론의 핵심이다. 건물을 돌이나 벽돌을 쌓아 올리는 조적식 공법으로만 지었던 당시에 이와 같은 구조는 많은 이들에게 적지 않은 충격을 주었다.

(라) 스위스 출신의 프랑스 건축가 르 꼬르뷔지에(Le Corbusier)는 근대주택의 기본형을 추구했다는 점에서 현대 건축의 거장으로 불린다. 그는 현대 건축에서의 집의 개념을 '거주 공간'에서 '더 많은 사람이 효율적으로 살 수 있는 공간'으로 바꿨다.

① (가) – (라) – (다) – (나) 　　② (나) – (다) – (라) – (가)

③ (다) – (가) – (라) – (나) 　　④ (라) – (가) – (다) – (나)

Easy

04

> 우리는 혈연, 지연, 학연 등에 의거한 생활양식 내지 행위원리를 연고주의라 한다. 특히 이에 대해 지극히 부정적인 의미를 부여하며 대부분의 한국병이 연고주의와 직·간접적인 어떤 관련을 갖는 것으로 진단한다. 그러나 여기서 주목할 만한 한 가지 사실은 연고주의가 그 자체로서는 반드시 역기능적인 어떤 것으로 치부될 이유가 없다는 점이다.
> 연고주의는 그 자체로서 비판받아야 할 것이라기보다는 나름의 고유한 가치를 갖는 사회적 자산이다. 이미 공동체적 요인이 청산·해체되어 버리고, 공동체에 대한 기억마저 사라진 선진사회의 사람들은 오히려 삭막하고 황량한 사회생활의 긴장으로부터 해방되기 위해 새로운 형태의 공동체를 모색·시도하고 있다. 그에 비하면 우리의 연고주의는 인간적 온기를 지닌 것으로 그 나름의 가치 있는 삶의 원리가 아닐 수 없다.

① 연고주의는 그 자체로서 고유한 가치를 갖는 사회적 자산이다.
② 연고주의가 반드시 역기능적인 면을 가지는 것은 아니다.
③ 연고주의는 인간적 온기를 느끼게 하는 삶의 활력소이다.
④ 오늘날 연고주의에 대해 부정적 의미를 부여하기 쉽다.

05

> 우리 민족은 처마 끝의 곡선, 버선발의 곡선 등 직선보다는 곡선을 좋아했고, 그러한 곡선의 문화가 곳곳에 배어있다. 이것은 민요의 경우도 마찬가지이다. 서양 음악에서는 '도'가 한 박이면 한 박, 두 박이면 두 박, 길든 짧든 같은 음이 곧게 지속되는데 우리 음악은 '시김새'에 의해 음을 곧게 내지 않고 흔들어 낸다. 시김새는 어떤 음높이의 주변에서 맴돌며 가락에 멋을 더하는 역할을 하는 장식음이다. 시김새란 '삭다'라는 말에서 나왔다. 그렇기 때문에 시김새라는 단어가 김치 담그는 과정에서 생겨났다고 볼 수 있다. 김치를 담글 때 무나 배추를 소금에 절여 숨을 죽이고 갖은 양념을 해서 일정 기간 숙성시켜 맛을 내듯, 시김새 역시 음악가가 손과 마음으로 삭여냈을 때 맛이 드는 것과 비슷하기 때문이다. 더욱이 같은 재료를 썼는데도 집집마다 김치 맛이 다르고, 지방에 따라 양념을 고르는 법이 달라 다른 맛을 내듯 시김새는 음악 표현의 질감을 달리하는 핵심 요소이다.

① 민요에서 볼 수 있는 우리 민족의 곡선 문화
② 시김새에 의한 민요의 특징
③ 시김새의 정의와 어원
④ 시김새와 김치의 공통점

06 다음 제시된 개요를 수정·보완하기 위한 방안으로 적절하지 않은 것은?

주제문 : ㉠ 학교 급식 문제의 해법은?

Ⅰ. 서론 : 학교 급식에 대한 문제 제기
 – 급식 재료에 수입 농산물의 비중이 크다.

Ⅱ. 본론
  1. 수입 농산물 사용의 문제점
    가. ㉡ 유전자 조작 농산물의 안전성에 대한 우려
    나. 미래 우리 국민의 입맛과 농업 구조에 미칠 영향
  2. 문제 발생의 원인
    가. ㉢ 비용에 대한 부담으로 저렴한 수입 농산물 구매
    나. 급식 재료의 중요성에 대한 사회적 인식 부족
  3. 문제 해결의 방안
    가. 급식 재료에 우리 농산물 사용 확대
    나. ㉣ 학생들에 대한 올바른 식습관 교육
    다. 급식 운영에 대한 국가적 지원 확대
    라. 급식 재료의 중요성에 대한 사회적 인식 제고

Ⅲ. 결론 : 수입 농산물 사용 자제 촉구

---

① ㉠ : 주제가 분명히 드러나도록 '학교 급식 재료에 우리 농산물 사용을 늘리자.'로 수정한다.

② ㉡ : 범주가 다르므로 '수입 농산물'로 교체한다.

③ ㉢ : 논지 전개상 어색하므로 '본론 1'의 하위 항목으로 옮긴다.

④ ㉣ : 논지와 무관한 내용의 항목이므로 삭제한다.

※ 다음 글의 빈칸에 들어갈 내용으로 가장 적절한 것을 고르시오. [7~8]

07

미학은 자연, 인생, 예술에 담긴 아름다움의 현상이나 가치 그리고 체험 따위를 연구하는 학문으로, 미적 현상이 지닌 본질이나 법칙성을 명백히 밝히는 학문이다. 본래 미학은 플라톤에서 비롯되었지만, 오늘날처럼 미학이 독립된 학문으로 불린 것은 18세기 중엽 독일의 알렉산더 고틀리프 바움가르텐(Alexander Gottlieb Baumgarten)의 저서 『미학』에서 시작된다. 바움가르텐은 '미(美)'란 감성적 인식의 완전한 것으로, 감성적 인식의 학문은 미의 학문이라고 생각했다. 여기서 근대 미학의 방향이 개척되었다.

미학에 대한 연구는 심리학·사회학·철학 등 다양한 각도에서 시도할 수 있다. 또한 미적 사실을 어떻게 보느냐에 따라서 미학의 성향도 달라지며, ＿＿＿＿＿＿＿＿＿＿＿＿＿＿＿＿ 예컨대 고전 미학은 영원히 변하지 않는 초감각적 존재로서의 미의 이념을 추구하고, 근대 미학은 감성적 인식 때문에 포착된 현상으로서 미적인 것을 대상으로 한다. 여기서 미적인 것은 우리들의 인식에 비치는 아름다움을 말한다.

미학을 연구하는 사람들은 이러한 미적 의식 및 예술의 관계를 해명하는 것을 주된 과제로 삼는다. 그들에게 '아름다움'을 성립시키는 주관적 원리는 가장 중요한 것으로, 미학은 우리에게 즐거움과 기쁨을 안겨주며, 인생을 충실하고 행복하게 해준다. 더 나아가 오늘날에는 이러한 미적 현상의 해명에 사회학적 방법을 적용하려는 '사회학적 미학'이나 분석 철학의 언어 분석 방법을 미학에 적용하려고 하는 '분석미학' 등 다채로운 연구 분야가 개척되고 있다.

① 최근에는 미학의 새로운 분야를 개척하고 있다.
② 추구하는 이념과 대상도 시대에 따라 다르다.
③ 따라서 미학은 이분법적인 원리로 적용할 수 없다.
④ 다른 학문과 달리 미학의 경계는 모호하다.

어느 시대든 사람들은 원인이 무엇인지 알고 있다고 믿었다. 사람들은 그런 앎을 어디서 얻는가? 원인을 안다고 믿는 사람들의 믿음은 어디서 생기는 것일까?

새로운 것, 체험되지 않은 것, 낯선 것은 원인이 될 수 없다. 알려지지 않은 것에서는 위험, 불안정, 걱정, 공포감이 뒤따르기 때문이다. 우리 마음의 불안한 상태를 없애고자 한다면, 우리는 알려지지 않은 것을 알려진 것으로 환원해야 한다. 이러한 환원은 우리 마음을 편하게 해주고 안심시키며 만족을 느끼게 한다. 이 때문에 우리는 이미 알려진 것, 체험된 것, 기억에 각인된 것을 원인으로 설정하게 된다. '왜?'라는 물음의 답으로 나온 것은 그것이 진짜 원인이기 때문에 우리에게 떠오른 것이 아니다. 그것이 우리에게 떠오른 것은 그것이 우리를 안정시켜주고 성가신 것을 없애주며 무겁고 불편한 마음을 가볍게 해주기 때문이다. 따라서 원인을 찾으려는 우리의 본능은 위험, 불안정, 걱정, 공포감 등에 의해 촉발되고 자극받는다.

우리는 '설명이 없는 것보다 설명이 있는 것이 언제나 더 낫다.'고 믿는다. 우리는 특별한 유형의 원인만을 써서 설명을 만들어 낸다. _____ 그래서 특정 유형의 설명만이 점점 더 우세해지고, 그러한 설명들이 하나의 체계로 모아져 결국 그런 설명이 우리의 사고방식을 지배하게 된다. 기업인은 즉시 이윤을 생각하고, 기독교인은 즉시 원죄를 생각한다.

① 이것은 우리의 호기심과 모험심을 자극한다.
② 이것은 인과관계에 대한 우리의 지식을 확장시킨다.
③ 이것은 우리가 왜 불안한 심리 상태에 있는지를 설명해 준다.
④ 이것은 낯설고 체험하지 않았다는 느낌을 가장 빠르고 쉽게 제거해 버린다.

09 다음 중 〈보기〉의 문단이 들어갈 위치로 가장 적절한 곳은?

(가) 휴대폰은 어린이들이 자신의 속마음을 고백하기도 하고, 그들이 하는 말을 들어주기도 하며, 또 자신의 호주머니나 입속에다 쑤셔 넣기도 하는 곰돌이 인형과 유사하다. 다른 점이 있다면, 곰돌이 인형은 휴대폰과는 달리 말하는 사람에게 주의 깊게 귀를 기울여 준다는 것이다.

(나) 휴대폰이 제기하는 핵심 문제는 바로 이러한 모순 가운데 있다. 곰돌이 인형과 달리 휴대폰을 통해 듣는 목소리는 우리가 듣기를 바라는 것과는 다른 대답을 자주 한다. 그것은 특히 우리가 대화 상대자와 다른 시간과 다른 장소 그리고 다른 정신상태에 처해 있기 때문이다.

(다) 그리 오래 전 일도 아니지만, 우리가 시·공간적으로 떨어져 있는 상대와 대화를 나누고 싶을 때 할 수 있는 일이란 기껏해야 독백을 하거나 글쓰기에 호소하는 것밖에 없었다. 하지만 글을 써본 사람이라면 펜을 가지고 구어(口語)적 사고를 진행시킨다는 것이 얼마나 어려운 일인지 잘 안다.

(라) 반면, 우리가 머릿속에 떠오르는 말들에 따라 그때그때 우리가 취하는 어조와 몸짓들은 얼마나 다양한가! 휴대폰으로 말미암아 우리는 혼자 말하는 행복을 되찾게 되었다. 더 이상 독백의 기쁨을 만끽하기 위해서 혼자 숨어들 필요가 없는 것이다.

어린이에게 자신이 보호받고 있다는 느낌을 주기 위해 발명된 곰돌이 인형을 어린이는 가장 좋은 대화 상대자로 이용한다. 마찬가지로 통신 수단으로 발명된 휴대폰은 고독 속에서 우리를 안도시키는 절대적 수단이 될 것이다.

> **보기**
>
> 곰돌이 인형에게 이야기하는 어린이가 곰돌이 인형이 자기 말을 듣고 있다고 믿는 이유는 곰돌이 인형이 결코 대답하는 법이 없기 때문이다. 만일 곰돌이 인형이 대답을 한다면 그것은 어린이가 자신의 마음속에서 듣는 말일 것이다.

① (가) 문단의 뒤　　　　　　② (나) 문단의 뒤

③ (다) 문단의 뒤　　　　　　④ (라) 문단의 뒤

10

물가 상승률은 일반적으로 가격 수준의 상승 속도를 나타내며 소비자 물가지수(CPI)와 같은 지표를 사용하여 측정된다. 물가 상승률이 높아지면 소비재와 서비스의 가격이 상승하고, 돈의 구매력이 감소한다. 이는 소비자들이 더 많은 돈을 지출하여 물가 상승에 따른 가격 상승을 감수해야 함을 의미한다.

물가 상승률은 경제에 다양한 영향을 미친다. 먼저 소비자들의 구매력이 저하되므로 가계소득의 실질 가치가 줄어든다. 이는 소비 지출의 감소와 경기 둔화를 초래할 수 있다. 또한 물가 상승률은 기업의 의사결정에도 영향을 준다. 높은 물가 상승률은 이자율의 상승과 함께 대출 조건을 악화시키므로 기업은 생산 비용 상승과 이로 인한 이윤 감소에 직면하게 되는 것이다.

정부와 중앙은행은 물가 상승률을 통제하기 위해 다양한 금융 정책을 사용하며, 그에는 대표적으로 세금 조정, 통화량 조절, 금리 조정 등이 있다. 물가 상승률은 경제 활동에 큰 영향을 주는 중요한 요소이므로 정부, 기업, 투자자 및 개인은 이를 주의 깊게 모니터링하고 경제 전망을 평가하는 데 활용해야 한다. 또한 소비자의 구매력과 경기 상황에 직·간접적인 영향을 주므로 경제 주체들은 물가 상승률의 변동에 대응하기 위하여 적절한 전략을 수립해야 한다.

① 지나친 물가 상승은 소비 심리를 위축시킨다.
② 정부와 중앙은행이 실행하는 금융 정책의 목적은 물가 안정성을 유지하는 것이다.
③ 중앙은행의 금리 조정으로 지나친 물가 상승을 진정시킬 수 있다.
④ 소비재와 서비스의 가격이 상승하므로 기업의 입장에서는 물가 상승률이 커질수록 이득이다.

11

최근 민간부문에 이어 공공부문의 인사관리 분야에 '역량(Competency)'의 개념이 핵심 주제로 등장하고 있다. 역량이라는 개념은 1973년 사회심리학자인 맥클레랜드에 의하여 '전통적 학업 적성 검사 혹은 성취도 검사의 문제점 지적'이라는 연구에서 본격적으로 논의된 이후 다양하게 정의되어 왔으나, 여기서 역량의 개념은 직무에서 탁월한 성과를 나타내는 고성과자(High Performer)에게서 일관되게 관찰되는 행동적 특성을 의미한다. 즉, 지식, 기술, 태도 등 내적 특성들이 상호작용하여 높은 성과로 이어지는 행동적 특성을 말한다. 따라서 역량은 관찰과 측정할 수 있는 구체적인 행위의 관점에서 설명된다. 조직이 필요로 하는 역량 모델이 개발된다면 이는 채용이나 선발, 경력 관리, 평가와 보상, 교육훈련 등 다양한 인사관리 분야에 적용될 수 있다.

① 역량의 개념 정의는 역사적으로 다양하였다.
② 역량은 개인의 내재적 특성을 포함하는 개념이다.
③ 역량은 직무에서 높은 성과로 이어지는 행동적 특성을 말한다.
④ 역량 모델은 공공부문보다 민간부문에서 더욱 효과적으로 작용한다.

12 다음 글의 흐름상 적절하지 않은 문장은?

17세기에서 20세기 초에 이르는 시간 동안 모더니티에 대한 학문이 어느 정도 완결된 양상을 보이게 되었다. (가) 서양, 백인, 남성, 이성(과학, 기술, 의학), 기독교는 중심부에, 유색인종, 흑인, 광기, 아동, 여성 등은 주변부에 위치하는 도식을 생각해보면 이 시기에 확립된 모더니티의 기초에 대해 대략적으로 파악할 수 있을 것이다. (나) 일단 중심부를 체계화시키고 공고히 한 후, 모더니티는 점점 주변에 관심을 기울이면서 그것을 포괄해간다. (다) 유색인종, 광기, 아동 등 수많은 주변부의 지식을 포함하더라도 결국은 지극히 중심부의 시각(서양인의 시각)으로 다양한 학문을 연구하였다. (라) 유색인종을 연구하는 '인류학'이나 광기를 다루는 '정신의학' 등이 주변부의 시각에서 연구한 예로 볼 수 있다. 이런 맥락에서 모더니티를 타자에 대한 지식, 타자를 발견하는 지식으로 부를 수도 있겠다.

① (가) ② (나)
③ (다) ④ (라)

Hard

13 다음 글을 읽고 추론할 수 있는 내용으로 적절하지 않은 것은?

1994년 미국의 한 과학자는 흥미로운 실험 결과를 발표하였다. 정상 유전자를 가진 쥐에게 콜레라 독소를 주입하자 심한 설사로 죽었다. 그러나 낭포성 섬유증 유전자를 한 개 가진 쥐에게 독소를 주입하자 설사 증상은 보였지만 그 정도는 반감했다. 그리고 낭포성 섬유증 유전자를 두 개 가진 쥐는 독소를 주입해도 전혀 증상을 보이지 않았다.

낭포성 섬유증 유전자를 가진 사람은 장과 폐로부터 염소 이온을 밖으로 퍼내는 작용을 정상적으로 하지 못한다. 그 과학자는 이에 따라 1800년대 유럽을 강타했던 콜레라의 대유행에서 살아남은 사람은 낭포성 섬유증 유전자를 가졌을 것이라고 추측하였다. 반면 콜레라 독소는 장에서 염소 이온을 비롯한 염분을 과다하게 분비하게 하고, 이로 인해 물을 과다하게 배출시켜 설사를 일으킨다.

① 장과 폐에서 염소 이온을 밖으로 퍼내는 작용을 하지 못하면 생명이 위험하다.
② 콜레라 독소는 장으로부터 염소 이온을 비롯한 염분을 과다하게 분비하게 한다.
③ 염소 이온을 과다하게 분비하게 하면 설사를 일으킨다.
④ 낭포성 섬유증 유전자는 콜레라 독소가 과도한 설사를 일으키는 것을 방지한다.

14 다음 글의 중심 내용으로 가장 적절한 것은?

> 화이트(H. White)는 19세기의 역사 관련 저작들에서 역사가 어떤 방식으로 서술되어 있는지를 연구했다. 그는 특히 '이야기식 서술'에 주목했는데, 이것은 역사적 사건의 경과 과정이 의미를 지닐 수 있도록 서술하는 양식이다. 그는 역사적 서술의 타당성이 문학적 장르 내지는 예술적인 문체에 의해 결정된다고 보았다. 이러한 주장에 따르면 역사적 서술의 타당성은 결코 논증에 의해 결정되지 않는다. 왜냐하면 논증은 지나간 사태에 대한 모사로서의 역사적 진술의 '옳고 그름'을 사태 자체에 놓여 있는 기준에 의거해서 따지기 때문이다.
>
> 이야기식 서술을 통해 사건들은 서로 관련되면서 무정형적 역사의 흐름으로부터 벗어난다. 이를 통해 역사의 흐름은 발단 – 중간 – 결말로 인위적으로 구분되어 인식 가능한 전개 과정의 형태로 제시된다. 문학 이론적으로 이야기하자면, 사건 경과에 부여되는 질서는 '구성(Plot)'이며 이야기식 서술을 만드는 방식은 '구성화(Emplotment)'이다. 이러한 방식을 통해 사건은 원래 가지고 있지 않던 발단 – 중간 – 결말이라는 성격을 부여받는다. 또 사건들은 일종의 전형에 따라 정돈되는데, 이러한 전형은 역사가의 문화적인 환경에 의해 미리 규정되어 있거나 경우에 따라서는 로맨스·희극·비극·풍자극과 같은 문학적 양식에 기초하고 있다.
>
> 따라서 이야기식 서술은 역사적 사건의 경과 과정에 특정한 문학적 형식을 부여할 뿐만 아니라 의미도 함께 부여한다. 우리는 이야기식 서술을 통해서야 비로소 이러한 역사적 사건의 경과 과정을 인식할 수 있게 된다는 말이다. 사건들 사이에서 만들어지는 관계는 사건들 자체에 내재하는 것이 아니다. 그것은 사건에 대해 사고하는 역사가의 머릿속에만 존재한다.

① 역사의 의미는 절대적인 것이 아니라 현재 시점에서 새롭게 규정되는 것이다.
② 역사가가 속한 문화적인 환경은 역사와 문학의 기술 내용과 방식을 규정한다.
③ 이야기식 역사 서술이란 사건들 사이에 내재하는 인과적 연관을 찾아내는 작업이다.
④ 이야기식 역사 서술은 문학적 서술 방식을 원용하여 역사적 사건의 경과 과정에 의미를 부여한다.

15 다음 글의 마지막 문단에서 경고하는 바와 가장 부합하는 것은?

> 영화는 신화를 만든다. 혹은 벗기기도 한다. 그러나 그 벗겨진 생살 위에 다시 또 다른 신화가 입혀진다. 결국 영화는 기존의 신화를 벗기고, 다른 신화를 덧씌우고, 다시 벗기고, 입히는 과정을 되풀이하고 있는 것이다. 여기 사랑에 관한 영화가 한 편 있다고 가정하자. 이 영화는 사랑에 대한 고전명제를 되풀이하고 있다. 대중매체가 우리에게 선사한 낭만적 사랑의 환상을 매혹적으로 그려내고 있는 것이다. 그렇다면 이 영화는 사랑의 신화를 복제하고 고착시킨다는 점에서 대중매체의 신화 만들기에 동참한 것이다. 한편 낭만적 사랑을 허구라고 외치면서 사랑의 부재 혹은 소통 자체의 부재를 지속적으로 환기시키는 영화도 있다. 이런 영화는 신화를 벗기는 영화라고 할 수 있을 것이다. 특히 이런 종류의 영화는 특유의 실험 정신을 발동시켜 더욱 강력한 방식으로 영화적 코드들을 활용하여 관객에게 호소한다. 관객들은 이 영화에 전염되고 영화의 주술에 빠져서 영화의 전언을 믿게 된다. 신화가 태어나는 것이다. 많은 관객은 영화의 신화를 읽어내지 못한다. 영화란 단지 즐기기 위한 현대 과학기술이 만든 유흥거리에 불과할 뿐이라고 말한다.
>
> 그러나 여기에는 무시무시한 함정이 있다. 영화를 단순 오락물로 취급할 때 우리도 모르는 사이에 영화의 전언을 진실로 믿어버리게 된다. 특히 스크린은 환상적인 거울과도 같아서 관객을 환영에 몰아넣고, 관객이 영화의 매력적인 캐릭터에 열심히 동일시하고 있을 때, 게릴라 전술로 관객의 정신에 강력한 바이러스를 주입한다.

① 다큐멘터리 영화 「워낭소리」를 본 관객들이 영화의 주인공이 사는 집을 관광 삼아 무리 지어 찾아가는 바람에 주인공 할아버지의 건강이 급속하게 악화되었다.

② 초등학생 달수는 일본 애니메이션 「원령공주」를 본 후 일본 애니메이션만 찾아보므로, 앞으로 우리 전통문화의 가치를 존중하지 않을 것이다.

③ 거리의 여인이 부자의 사랑을 받게 되는 내용을 담은 영화 「귀여운 여인」은 여성 관객들로 하여금 사랑이 현실 문제를 해결해 줄 것이란 환상에 빠지게 한다.

④ 영화 「괴물」은 한편으로는 생태계의 파괴가 우리에게 주는 악영향을 우회적으로 말하면서, 다른 한편으로는 반미의식을 고취시키게 해서, 현실의 당면 과제를 혼동하게 한다.

16 다음 중 '빌렌도르프의 비너스'에 대한 설명으로 가장 적절한 것은?

> 1909년 오스트리아 다뉴브 강가의 빌렌도르프 근교에서 철도 공사를 하던 중 구석기 유물이 출토되었다. 이 중 눈여겨볼 만한 것이 '빌렌도르프의 비너스'라 불리는 여성 모습의 석상이다. 대략 기원전 2만 년의 작품으로 추정되나 구체적인 제작연대나 용도 등에 대해 알려진 바가 거의 없다. 높이 11.1cm의 이 작은 석상은 굵은 허리와 둥근 엉덩이에 커다란 유방을 늘어뜨리는 등 여성 신체가 과장되게 묘사되어 있다. 가슴 위에 올려놓은 팔은 눈에 띄지 않을 만큼 작으며, 땋은 머리에 가려 얼굴이 보이지 않는다. 출산, 다산의 상징으로 주술적 숭배의 대상이 되었던 것이라는 의견이 지배적이다. 태고의 이상적인 여성을 나타내는 것이라고 보는 의견이나, 선사시대 유럽의 풍요와 안녕의 상징이었다고 보는 의견도 있다.

① 팔은 떨어져 나가고 없다.
② 빌렌도르프라는 사람에 의해 발견되었다.
③ 부족장의 부인을 모델로 만들어졌다.
④ 구석기 시대의 유물이다.

17 다음은 가구원수별 평균 실내온도에 따른 일평균 에어컨 가동시간에 대한 자료이다. 이에 대한 설명으로 적절한 것은?

〈가구원수별 평균 실내온도에 따른 일평균 에어컨 가동시간〉

(단위 : 시간)

평균 실내온도 / 가구원수		26℃ 미만	26℃ 이상 28℃ 미만	28℃ 이상 30℃ 미만	30℃ 이상
1인 가구		1	3	4	6
2인 가구	자녀 있음	3	9	15	30
	자녀 없음	1	3	10	20
3인 가구		4	10	17	20
4인 가구		4	10	18	25
5인 가구		4	12	19	23
6인 가구 이상		5	11	20	22

① 1인 가구의 경우, 일평균 에어컨 가동시간은 평균 실내온도가 30℃ 이상일 때 26℃ 미만일 때의 5배 이하이다.

② 2인 가구는 자녀의 유무에 따라 평균 실내온도에 따른 일평균 에어컨 가동시간이 2배 이상 차이 난다.

③ 4인 가구의 경우, 일평균 에어컨 가동시간이 평균 실내온도가 28℃ 이상 30℃ 미만일 때 20시간을 초과한다.

④ 3인 가구의 경우, 일평균 에어컨 가동시간은 평균 실내온도가 26℃ 이상 28℃ 미만일 때 30℃ 이상일 때의 절반이다.

다음은 만 3세부터 초등학교 취학 전까지 유아를 교육하는 방법에 대한 자료이다. 이를 바탕으로 작성한 그래프로 옳지 않은 것은?(단, 교육방법에 중복은 없다)

〈유치원 유아 수 현황〉

(단위 : 명, %)

구분	합계		만 3세		만 4세		만 5세 이상	
	유아 수	비율	유아 수	비율	유아 수	비율	유아 수	비율
합계	704,138	100.0	174,907	24.8	253,076	35.9	276,155	39.2
국립	258	100.0	49	19.0	88	34.1	121	46.9
공립	170,091	100.0	27,813	16.4	57,532	33.8	84,746	49.8
사립	533,789	100.0	147,045	27.5	195,456	36.6	191,288	35.8

※ 모든 비율은 소수점 둘째 자리에서 반올림함
※ 비율의 합은 ±0.1 오차가 있을 수 있음

〈어린이집 유아 수 현황〉

(단위 : 명, %)

구분	합계	만 3세	만 4세	만 5세 이상
합계	605,231	263,652	180,255	161,324
비율	100.0	43.6	29.8	26.7
국·공립	108,032	39,560	35,265	33,207
사회복지법인	59,423	23,824	17,897	17,702
법인·단체 등	29,210	10,766	8,993	9,451
민간	374,720	173,991	107,757	92,972
가정	3,410	2,356	630	424
부모협동	2,527	1,017	768	742
직장	27,909	12,138	8,945	6,826

〈가정양육 유아 수 현황〉

(단위 : 명, %)

구분	합계		만 3세		만 4세		만 5세 이상	
	유아 수	비율	유아 수	비율	유아 수	비율	유아 수	비율
유아 수	146,762	100.0	47,840	32.6	34,711	23.7	64,211	43.8

① 국립, 공립, 사립 유치원에서 교육받는 유아의 비율

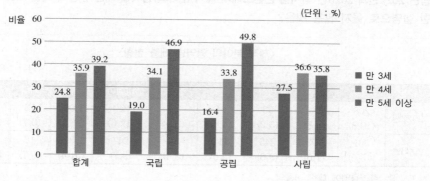

② 어린이집 중 나이별 국·공립, 사회복지법인, 법인·단체 등의 교육기관 원생 수 현황

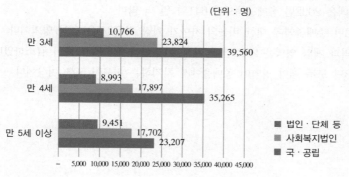

③ 교육기관별 유아 수의 비율

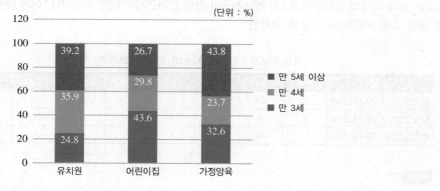

④ 민간 어린이집 유아 나이별 현황

19 다음은 2022년과 2023년 디지털 콘텐츠에서 제작 분야의 영역별 매출 현황에 대한 자료이다. 이에 대한 설명으로 옳지 않은 것은?

〈제작 분야의 영역별 매출 현황〉

(단위 : 억 원, %)

구분	정보	출판	영상	음악	캐릭터	애니메이션	게임	기타	합계
2022년	208 (10.8)	130 (6.8)	98 (5.2)	91 (4.8)	54 (2.9)	240 (12.6)	1,069 (56.1)	13 (0.7)	1,907 (100.0)
2023년	331 (13.0)	193 (7.6)	245 (9.6)	117 (4.6)	86 (3.4)	247 (9.7)	1,309 (51.4)	16 (0.7)	2,548 (100.0)

※ ( )는 총매출액에 대한 비율임

① 2023년 총매출액은 2022년 총매출액보다 641억 원 더 많다.
② 2022년과 2023년 총매출액에 대한 비율의 차이가 가장 작은 것은 음악 영역이다.
③ 애니메이션 영역과 게임 영역은 2022년에 비해 2023년에 매출액 비율이 감소하였다.
④ 2022년과 2023년 모두 게임 영역이 총매출에서 차지하는 비율이 50% 이상이다.

20 다음은 세계 각국의 경제성장과 1차 에너지소비 간의 인과관계에 대한 자료이다. 이에 대한 설명으로 옳은 것을 〈보기〉에서 모두 고르면?

〈경제성장과 1차 에너지소비 간의 인과관계〉

구분	한국	일본	영국	미국	캐나다	프랑스	이탈리아	독일
경제성장 → 에너지소비	O	O	×	×	O	O	×	×
경제성장 ← 에너지소비	×	×	×	×	×	×	×	×
경제성장 ↔ 에너지소비	×	×	×	×	×	×	×	×

보기

ㄱ. 미국, 영국, 독일 및 이탈리아에서는 경제성장과 1차 에너지소비 사이에는 아무런 인과관계가 존재하지 않음이 발견되었다.
ㄴ. 캐나다, 프랑스, 일본에서는 에너지소비절약 정책이 경제구조를 왜곡시키지 않고 추진할 수 있는 유용한 정책임을 알 수 있다.
ㄷ. 한국에서는 범국민 차원에서 '에너지소비절감 10%' 정책이 추진되고 있는데, 이는 경제성장에 장애를 유발할 가능성이 있음을 알 수 있다.
ㄹ. 모든 G7 국가에서는 경제성장과 1차 에너지소비 간의 관계가 상호독립적임을 알 수 있다.

① ㄱ, ㄴ
② ㄱ, ㄷ
③ ㄴ, ㄹ
④ ㄷ, ㄹ

Hard

01 유진이네 반 학생 50명이 4문제로 된 수학시험을 보았다. 1, 2번 문제를 각 3점, 3, 4번 문제를 각 2점으로 채점하니 평균이 7.2점이었고, 2번 문제를 2점, 3번 문제를 3점으로 배점을 바꾸어서 채점하니 평균이 6.8점이었다. 또한 각 문제의 배점을 문제 번호와 같이 하여 채점하니 평균이 6점이었다. 1번 문제를 맞힌 학생이 48명일 때, 2, 3, 4번 문제를 맞힌 학생 수의 총합은?

① 82명   ② 84명
③ 86명   ④ 88명

02 어떤 공원의 트랙 모양의 산책로를 걷는데 민주는 시작 지점에서 분속 40m의 속력으로 걷고, 같은 지점에서 세희는 분속 45m의 속력으로 서로 반대 방향으로 걷고 있다. 출발한 지 40분 후에 둘이 두 번째로 마주치게 된다고 할 때, 산책로의 길이는?

① 1,320m   ② 1,400m
③ 1,550m   ④ 1,700m

03 한 공장에서는 A, B기계 2대를 운용하고 있다. 이 공장의 전체 작업을 수행할 때 A기계로는 12시간이 걸리며, B기계로는 18시간이 걸린다. 이미 절반의 작업이 수행된 상태에서 A기계로 4시간 동안 작업하다가 이후로는 A, B기계를 모두 동원해 작업을 수행했다고 할 때 A, B 두 기계를 모두 동원해 작업을 수행하는 데 소요된 시간은?

① 1시간   ② 1시간 12분
③ 1시간 20분   ④ 1시간 30분

04 효인이가 속한 부서는 단합대회로 등산을 하러 가기로 하였다. A산 등산 코스를 알아보기 위해 산악 관련 책자를 살펴보니 입구에서 각 지점까지의 거리가 다음과 같았다. 오를 때 시속 3km, 내려올 때 시속 4km로 이동한다고 할 때, 2 ~ 3시간 사이에 왕복할 수 있는 코스를 모두 고르면?

〈A산 등산 코스별 거리〉

(단위 : km)

구분	P지점	Q지점	R지점
거리	3.2	4.1	5.0

① P지점　　　　　　　　　　　　② Q지점
③ P, Q지점　　　　　　　　　　　④ Q, R지점

Easy

05 학생회장을 포함한 학생 4명과 A ~ H교수 8명 중 위원회를 창설하기 위한 대표 5명을 뽑으려고 한다. 학생회장과 A교수가 동시에 위원회 대표가 될 수 없을 때, 위원회를 구성할 수 있는 경우의 수는?(단, 교수와 학생의 구성 비율은 고려하지 않는다)

① 602가지　　　　　　　　　　　② 648가지
③ 658가지　　　　　　　　　　　④ 672가지

06 민사원과 안사원이 함께 보고 자료를 만들고 있다. 민사원은 30장의 보고 자료를 만드는 데 2시간, 안사원은 50장을 만드는 데 3시간이 걸린다. 둘이 함께 일을 하면 평소보다 10% 느리게 자료를 만들게 된다. 이들이 자료 120장을 만드는 데 걸리는 시간은?

① $\dfrac{79}{19}$ 시간　　　　　　　　② $\dfrac{80}{19}$ 시간

③ $\dfrac{81}{20}$ 시간　　　　　　　　④ $\dfrac{82}{21}$ 시간

07 정환이와 민주가 둘레의 길이가 12km인 원 모양의 트랙 위에서 인라인 스케이트를 타고 있다. 같은 지점에서 출발하여 서로 같은 방향으로 돌면 3시간 후에 만나고, 서로 반대 방향으로 돌면 45분 후에 만난다고 할 때, 정환이의 속력은?(단, 정환이의 속력이 민주의 속력보다 빠르다)

① 4km/h
② 6km/h
③ 8km/h
④ 10km/h

08 한 학교의 올해 남학생과 여학생 수는 작년에 비해 남학생은 8% 증가, 여학생은 10% 감소했다. 작년의 전체 학생 수는 820명이고, 올해는 작년에 비해 10명이 감소하였다고 할 때, 작년의 여학생 수는?

① 400명
② 410명
③ 420명
④ 430명

Easy
09 A ~ G의 7명의 사람이 일렬로 설 때, A와 G는 서로 맨 끝에 서고, C, D, E는 서로 이웃하여 서는 경우의 수는?

① 24가지
② 36가지
③ 48가지
④ 72가지

10 길이가 400m인 다리를 완전히 지나는 데 20초가 걸리는 여객열차가 있다. 이 열차가 초속 16m의 속력으로 달리는 60m 길이의 화물열차와 서로 마주보고 달려서 완전히 지나치는 데 4초가 걸린다고 한다. 여객열차의 길이는?

① 95m

② 100m

③ 105m

④ 110m

Easy

11 강아지와 닭이 총 20마리가 있는데 다리 수를 더해보니 총 46개였다. 이때 강아지의 수는?

① 3마리

② 4마리

③ 5마리

④ 6마리

Hard

12 원가가 2,000원인 아이스크림에 $a\%$의 이익을 더해서 정가를 정했다. 그러나 아이스크림이 팔리지 않아서 $a\%$의 절반만큼을 할인율로 정해 할인 판매하였더니 개당 이익이 240원이었다. 이때 a의 값으로 가능한 것은?

① 30

② 32

③ 36

④ 40

13 물탱크에 A, B수도관으로 물을 채우는 데 각각 128분, 64분이 걸린다. B수도관으로 32분 동안 물을 채운 후 두 수도관을 모두 열어서 나머지를 채웠다. 두 수도관을 동시에 사용하여 물을 채운 시간은?

① 16분

② $\dfrac{64}{3}$ 분

③ 24분

④ $\dfrac{74}{3}$ 분

14 야당과 여당만 있는 N국가의 국회에서 의장을 뽑으려고 한다. 인원수만 고려했을 때 전체 당원 중 여당이 뽑힐 확률은 $\dfrac{2}{3}$, 여자가 뽑힐 확률은 $\dfrac{3}{10}$ 이고, 여당에서 뽑혔을 때 남자일 확률이 $\dfrac{3}{4}$ 이라고 한다. 남자가 의장으로 뽑혔을 때, 의장이 야당일 확률은?

① $\dfrac{1}{3}$

② $\dfrac{2}{7}$

③ $\dfrac{1}{2}$

④ $\dfrac{7}{12}$

15 N사원은 퇴근하면서 딸기를 사기 위해 마트에 들렀다. 마침 마트에서 싱싱한 딸기를 팔고 있어 근처에 사시는 부모님 것까지 사기로 하였다. 딸기는 한 박스에 7,600원이었으며, 3박스 묶음으로 구매 시 한 박스당 5% 할인해주고, 6박스 묶음 구매 시 두 박스만 30% 할인을 해준다. N사원이 딸기 6박스 묶음으로 하나 구입한다고 할 때, 3박스 묶음 두 개 구입가격과 금액 차이는?

① 2,280원 덜 낸다.

② 2,280원 더 낸다.

③ 2,490원 덜 낸다.

④ 2,490원 더 낸다.

16 N중학교 학생 10명의 혈액형을 조사하였더니 A형, B형, O형인 학생이 각각 2명, 3명, 5명이었다. 이 10명의 학생 중에서 임의로 2명을 뽑을 때, 혈액형이 서로 다를 경우의 수는?

① 19가지　　　　　　　　　　　② 23가지

③ 27가지　　　　　　　　　　　④ 31가지

17 N사는 대표 화장품인 C제품의 병 디자인을 새로 만들어 홍보하려 한다. 새로 만든 화장품 병은 1.8L 용량의 병에 80%를 채울 예정이며, 예전의 화장품 병은 2.0L 용량의 병에 75%를 채워 판매하였다. 예전 2.0L용량의 병에 48병을 채울 수 있는 양을 새로운 병에 넣으려고 할 때, 필요한 1.8L 용량의 병의 개수는?

① 50병　　　　　　　　　　　② 52병

③ 54병　　　　　　　　　　　④ 56병

18 N씨는 보리차를 끓이기 위해 주전자에 물을 담으려고 한다. 개수대의 수돗물은 1초에 34mL가 나오며, 주전자의 용량은 1.7L이다. 주전자의 $\frac{1}{5}$ 을 덜 채운다고 할 때, 물을 담는 데 걸리는 시간은?

① 10초　　　　　　　　　　　② 20초

③ 30초　　　　　　　　　　　④ 40초

19 N사에서는 컴퓨터 모니터를 생산한다. 지난달에 주문받아 생산한 모니터의 불량률은 10%였고, 모니터 한 대당 원가 17만 원에 판매하였다. 이번 달도 저번 달과 같은 주문량을 받고 생산을 하였지만, 불량률이 15%로 올랐다고 한다. 불량률이 10%일 때와 매출액을 같게 하기 위해 모니터 원가로 책정해야 하는 금액은?(단, 주문받아 생산한 제품의 불량품은 매출액에서 제외한다)

① 18만 원   ② 19만 원

③ 20만 원   ④ 21만 원

20 A는 곰 인형 100개를 만드는 데 4시간, B는 25개를 만드는 데 10시간이 걸린다. 이들이 함께 일을 하면 각각 원래 능력보다 20% 효율이 떨어진다. 이들이 함께 곰 인형 132개를 만드는 데 걸리는 시간은?

① 5시간   ② 6시간

③ 7시간   ④ 8시간

※ 일정한 규칙으로 수를 나열할 때, 빈칸에 들어갈 알맞은 숫자를 고르시오. [1~20]

`Easy`

01

| | | 5 | 35 | 24 | 168 | 157 | 1,099 | ( ) | 7,616 |

① 355   ② 492
③ 1,088   ④ 1,190

02

| | | | 88 | 132 | 176 | 264 | 352 | 528 | ( ) |

① 649   ② 704
③ 715   ④ 722

03

| | | | 1 | 2 | 3 | 5 | 8 | 13 | ( ) |

① 15   ② 17
③ 19   ④ 21

04

| | | 5 | 9 | 21 | 57 | 165 | 489 | ( ) |

① 1,355   ② 1,402
③ 1,438   ④ 1,461

05

| −2 | −18 | −16.3 | −146.7 | −145 | ( ) |

① −1,305 ② −1,194
③ −694   ④ −572

06

| 0 | 3 | 8 | ( ) | 24 | 35 | 48 |

① 12 ② 13
③ 14 ④ 15

07

| 24 | 189 | 34 | 63 | 44 | ( ) | 54 | 7 |

① 6   ② 11
③ 16 ④ 21

08

| 6.3 | 5.6 | 7.2 | 6.5 | ( ) | 7.4 | 9 | 8.3 |

① 8.0 ② 8.1
③ 8.2 ④ 8.3

09

| | | 2 | 3 | 7 | 16 | 32 | 57 | ( ) | |

① 88　　　　　　　　　　　　　② 90

③ 93　　　　　　　　　　　　　④ 95

Hard

10

| | −3 | −1 | −5 | 3 | −13 | ( ) | |

① 12　　　　　　　　　　　　　② −15

③ 19　　　　　　　　　　　　　④ −21

11

| | 3 | 4 | 0 | 16 | −5 | 36 | −12 | ( ) | |

① 36　　　　　　　　　　　　　② 64

③ 72　　　　　　　　　　　　　④ 121

12

| | ( ) | 125 | 3 | 25 | −9 | 5 | 27 | 1 | |

① −3　　　　　　　　　　　　　② −1

③ 5　　　　　　　　　　　　　④ 17

13

| −7 | 3 | −2 | 4 | ( ) | 8 | 8 | 15 |

① 3

② −5

③ 9

④ −12

14

22 4 6   19 7 3   8 ( ) 2

① 5

② 7

③ 9

④ 10

Hard

15

| 4 | −1 | 8 | 16 | −256 | ( ) |

① 8,192

② −8,192

③ 4,096

④ −4,096

16

| 3 | −4 | 10 | −18 | 38 | −74 | 150 | ( ) |

① −298

② −300

③ −302

④ −304

17

$$\frac{7}{11} \quad \frac{2}{22} \quad -\frac{4}{44} \quad -\frac{11}{77} \quad -\frac{19}{121} \quad (\quad)$$

① $-\dfrac{20}{150}$　　　　　　　② $-\dfrac{26}{176}$

③ $-\dfrac{22}{154}$　　　　　　　④ $-\dfrac{28}{176}$

18

$$\underline{11 \quad 21 \quad 10} \quad \underline{10 \quad 36 \quad 8} \quad \underline{8 \quad (\quad) \quad 5}$$

① 12　　　　　　　② 13
③ 36　　　　　　　④ 39

19

$$\underline{\frac{1}{2} \quad 2 \quad \frac{3}{2} \quad 2} \quad \underline{4 \quad 5 \quad \frac{7}{2} \quad (\quad)} \quad \underline{6 \quad 7 \quad 2 \quad 9} \quad \underline{4 \quad \frac{1}{2} \quad \frac{1}{4} \quad 8}$$

① 4　　　　　　　② 6
③ 8　　　　　　　④ 10

20

$$\underline{2 \quad 5 \quad 7} \quad \underline{3 \quad 6 \quad 9} \quad \underline{4 \quad 7 \quad (\quad)}$$

① 13　　　　　　　② 28
③ 11　　　　　　　④ 24

※ 창의력은 정답 및 해설이 제공되지 않습니다.

01 다음 주어진 그림의 용도를 40가지 쓰시오.

지식에 대한 투자가 가장 이윤이 많이 남는 법이다.

− 벤자민 프랭클린 −

PART 3

면접

CHAPTER 01
면접 유형 및 실전 대책

01 면접 주요사항

면접의 사전적 정의는 면접관이 지원자를 직접 만나보고 인품(人品)이나 언행(言行) 따위를 시험하는 일로, 흔히 필기시험 후에 최종적으로 심사하는 방법이다.

최근 주요 기업의 인사담당자들을 대상으로 채용 시 면접이 차지하는 비중을 설문조사했을 때, 50 ~ 80% 이상이라고 답한 사람이 전체 응답자의 80%를 넘었다. 이와 대조적으로 지원자들을 대상으로 취업 시험에서 면접을 준비하는 기간을 물었을 때, 대부분의 응답자가 2 ~ 3일 정도라고 대답했다.

지원자가 일정 수준의 스펙을 갖추기 위해 자격증 시험과 토익을 치르고 이력서와 자기소개서까지 쓰다 보면 면접까지 챙길 여유가 없는 것이 사실이다. 그리고 서류전형과 인적성검사를 통과해야만 면접을 볼 수 있기 때문에 자연스럽게 면접은 취업시험 과정에서 그 비중이 작아질 수밖에 없다. 하지만 아이러니하게도 실제 채용 과정에서 면접이 차지하는 비중은 절대적이라고 해도 과언이 아니다.

기업들은 채용 과정에서 토론 면접, 인성 면접, 프레젠테이션 면접, 역량 면접 등의 다양한 면접을 실시한다. 1차 커트라인이라고 할 수 있는 서류전형을 통과한 지원자들의 스펙이나 능력은 서로 엇비슷하다고 판단되기 때문에 서류상 보이는 자격증이나 토익 성적보다는 지원자의 인성을 파악하기 위해 면접을 더욱 강화하는 것이다. 일부 기업은 의도적으로 압박 면접을 실시하기도 한다. 지원자가 당황할 수 있는 질문을 던져서 그것에 대한 지원자의 반응을 살펴보는 것이다.

면접은 다르게 생각한다면 '나는 누구인가'에 대한 물음에 해답을 줄 수 있는 가장 현실적이고 미래적인 경험이 될 수 있다. 취업난 속에서 자격증을 취득하고 토익 성적을 올리기 위해 앞만 보고 달려온 지원자들은 자신에 대해서 고민하고 탐구할 수 있는 시간을 평소 쉽게 가질 수 없었을 것이다. 자신을 잘 알고 있어야 자신에 대해서 자신감 있게 말할 수 있다. 대체로 사람들은 자신에게 관대한 편이기 때문에 자신에 대해서 어떤 기대와 환상을 가지고 있는 경우가 많다. 하지만 면접은 제삼자에 의해 개인의 능력을 객관적으로 평가받는 시험이다. 어떤 지원자들은 다른 사람에게 자신을 표현하는 것을 어려워한다. 평소에 잘 사용하지 않는 용어를 내뱉으면서 거창하게 자신을 포장하는 지원자도 많다. 면접에서 가장 기본은 자기 자신을 면접관에게 알기 쉽게 표현하는 것이다.

이러한 표현을 바탕으로 자신이 앞으로 하고자 하는 것과 그에 대한 이유를 설명해야 한다. 최근에는 자신감을 향상시키거나 말하는 능력을 높이는 학원도 많기 때문에 얼마든지 자신의 단점을 극복할 수 있다.

1. 자기소개의 기술

자기소개를 시키는 이유는 면접자가 지원자의 자기소개서를 압축해서 듣고, 지원자의 첫인상을 평가할 시간을 가질 수 있기 때문이다. 면접을 위한 워밍업이라고 할 수 있으며, 첫인상을 결정하는 과정이므로 매우 중요한 순간이다.

(1) 정해진 시간에 자기소개를 마쳐야 한다.

쉬워 보이지만 의외로 지원자들이 정해진 시간을 넘기거나 혹은 빨리 끝내서 면접관에게 지적을 받는 경우가 많다. 본인이 면접을 받는 마지막 지원자가 아닌 이상, 정해진 시간을 지키지 않는 것은 수많은 지원자를 상대하기에 바쁜 면접관과 대기 시간에 지친 다른 지원자들에게 불쾌감을 줄 수 있다.

또한 회사에서 시간관념은 절대적인 것이므로 반드시 자기소개 시간을 지켜야 한다. 말하기는 1분에 200자 원고지 2장 분량의 글을 읽는 만큼의 속도가 가장 적당하다. 이를 A4 용지에 10point 글자 크기로 작성하면 반 장 분량이 된다.

(2) 간단하지만 신선한 문구로 자기소개를 시작하자.

요즈음 많은 지원자가 이 방법을 사용하고 있기 때문에 웬만한 소재의 문구가 아니면 면접관의 관심을 받을 수 없다. 이러한 문구는 시대적으로 유행하는 광고 카피를 패러디하는 경우와 격언 등을 인용하는 경우, 그리고 지원한 회사의 CI나 경영이념, 인재상 등을 사용하는 경우 등이 있다. 지원자는 이러한 여러 문구 중에 자신의 첫인상을 북돋아 줄 수 있는 것을 선택해서 말해야 한다. 자신의 이름을 문구 속에 적절하게 넣어서 말한다면 좀 더 효과적인 자기소개가 될 것이다.

(3) 무엇을 먼저 말할 것인지 고민하자.

면접관이 많이 던지는 질문 중 하나가 지원동기이다. 그래서 성장기를 바로 건너뛰고, 지원한 회사에 들어오기 위해 대학에서 어떻게 준비했는지를 설명하는 자기소개가 대세이다.

(4) 면접관의 호기심을 자극해 관심을 불러일으킬 수 있게 말하라.

면접관에게 질문을 많이 받는 지원자의 합격률이 반드시 높은 것은 아니지만, 질문을 전혀 안 받는 것보다는 좋은 평가를 기대할 수 있다. 질문을 받기 위해 면접관의 호기심을 자극할 수 있는 가장 좋은 방법은 대학생활을 이야기하면서 자신의 장기를 잠깐 넣는 것이다.

지원한 분야와 관련된 수상 경력이나 프로젝트 등을 말하는 것도 좋다. 이는 지원자의 업무 능력과 직접 연결되는 것이므로 효과적인 자기 홍보가 될 수 있다. 일부 지원자들은 자신만의 특별한 경험을 이야기하는데, 이때는 그 경험이 보편적으로 사람들의 공감대를 얻을 수 있는 것인지 다시 생각해봐야 한다.

(5) 마지막 고개를 넘기가 가장 힘들다.

첫 단추도 중요하지만, 마지막 단추도 중요하다. 하지만 왠지 격식을 따지는 인사말은 지나가는 인사말 같고, 다르게 하자니 예의에 어긋나는 것 같은 기분이 든다. 이때는 처음에 했던 자신만의 문구를 다시 한 번 말하는 것도 좋은 방법이다. 자연스러운 끝맺음이 될 수 있도록 적절한 연습이 필요하다.

2. 1분 자기소개 시 주의사항

(1) 자기소개서와 자기소개가 똑같다면 감점일까?

아무리 자기소개서를 외워서 말한다 해도 자기소개가 자기소개서와 완전히 똑같을 수는 없다. 자기소개서의 분량이 더 많고 회사마다 요구하는 필수 항목들이 있기 때문에 굳이 고민할 필요는 없다. 오히려 자기소개서의 내용을 잘 정리한 자기소개가 더 좋은 결과를 만들 수 있다. 하지만 자기소개서와 상반된 내용을 말하는 것은 적절하지 않다. 지원자의 신뢰성이 떨어진다는 것은 곧 불합격을 의미하기 때문이다.

(2) 말하는 자세를 바르게 익혀라.

지원자가 자기소개를 하는 동안 면접관은 지원자의 동작 하나하나를 관찰한다. 그렇기 때문에 바른 자세가 중요하다는 것은 우리가 익히 알고 있다. 하지만 문제는 무의식적으로 나오는 습관 때문에 자세가 흐트러져 나쁜 인상을 줄 수 있다는 것이다. 이러한 습관을 고칠 수 있는 가장 좋은 방법은 캠코더 등으로 자신의 모습을 담는 것이다. 거울을 사용할 경우에는 시선이 자꾸 자기 눈과 마주치기 때문에 집중하기 힘들다. 하지만 촬영된 동영상은 제삼자의 입장에서 자신을 볼 수 있기 때문에 많은 도움이 된다.

(3) 정확한 발음과 억양으로 자신 있게 말하라.

지원자의 모양새가 아무리 뛰어나도, 목소리가 작고 발음이 부정확하면 큰 감점을 받는다. 이러한 모습은 지원자의 좋은 점에까지 악영향을 끼칠 수 있다. 직장을 흔히 사회생활의 시작이라고 말하는 시대적 정서에서 사람들과 의사소통을 하는 데 문제가 있다고 판단되는 지원자는 부적절한 인재로 평가될 수밖에 없다.

3. 대화법

전문가들이 말하는 대화법의 핵심은 '상대방을 배려하면서 이야기하라.'는 것이다. 대화는 나와 다른 사람의 소통이다. 내용에 대한 공감이나 이해가 없다면 대화는 더 진전되지 않는다.

『카네기 인간관계론』이라는 베스트셀러의 작가인 철학자 카네기가 말하는 최상의 대화법은 자신의 경험을 토대로 이야기하는 것이다. 즉, 살아오면서 직접 겪은 경험이 상대방의 관심을 끌 수 있는 가장 좋은 이야깃거리인 것이다. 특히, 어떤 일을 이루기 위해 노력하는 과정에서 겪은 실패나 희망에 대해 진솔하게 얘기한다면 상대방은 어느새 당신의 편에 서서 그 이야기에 동조할 것이다.

독일의 사업가이자, 동기부여 트레이너인 위르겐 힐러의 연설법 중 가장 유명한 것은 '시즐(Sizzle)'을 잡는 것이다. 시즐이란, 새우튀김이나 돈가스가 기름에서 지글지글 튀겨질 때 나는 소리이다. 즉, 자신의 말을 듣고 시즐처럼 반응하는 상대방의 감정에 적절하게 대응하라는 것이다.

말을 시작한 지 10 ~ 15초 안에 상대방의 '시즐'을 알아차려야 한다. 자신의 이야기에 대한 상대방의 첫 반응에 따라 말하기 전략도 달라져야 한다. 첫 이야기의 반응이 미지근하다면 가능한 한 그 이야기를 빨리 마무리하고 새로운 이야깃거리를 생각해내야 한다. 길지 않은 면접 시간 내에 몇 번 오지 않는 대답의 기회를 살리기 위해서 보다 전략적이고 냉철해야 하는 것이다.

4. 차림새

(1) 구두

면접에 어떤 옷을 입어야 할지를 며칠 동안 고민하면서 정작 구두는 면접 보는 날 현관을 나서면서 즉흥적으로 신고 가는 지원자들이 많다. 특히, 남자 지원자들이 이러한 실수를 많이 한다. 구두를 보면 그 사람의 됨됨이를 알 수 있다고 한다. 면접관 역시 이러한 것을 놓치지 않기 때문에 지원자는 자신의 구두에 더욱 신경을 써야 한다. 스타일의 마무리는 발끝에서 이루어지는 것이다. 아무리 멋진 옷을 입고 있어도 구두가 어울리지 않는다면 전체 스타일이 흐트러지기 때문이다.

정장용 구두는 디자인이 깔끔하고, 에나멜 가공처리를 하여 광택이 도는 페이턴트 가죽 소재 제품이 무난하다. 검정 계열 구두는 회색과 감색 정장에, 브라운 계열의 구두는 베이지나 갈색 정장에 어울린다. 참고로 구두는 오전에 사는 것보다 발이 충분히 부은 상태인 저녁에 사는 것이 좋다. 마지막으로 당연한 일이지만 반드시 면접을 보는 전날 구두 뒤축이 닳지는 않았는지 확인하고 구두에 광을 내 둔다.

(2) 양말

양말은 정장과 구두의 색상을 비교해서 골라야 한다. 특히 검정이나 감색의 진한 색상의 바지에 흰 양말을 신는 것은 시대에 뒤처지는 일이다. 일반적으로 양말의 색깔은 바지의 색깔과 같아야 한다. 또한 양말의 길이도 신경 써야 한다. 남성의 경우에 의자에 바르게 앉거나 다리를 꼬아서 앉을 때 다리털이 보여서는 안 된다. 반드시 긴 정장 양말을 신어야 한다.

(3) 정장

지원자는 평소에 정장을 입을 기회가 많지 않기 때문에 면접을 볼 때 본인 스스로도 옷을 어색하게 느끼는 경우가 많다. 옷을 불편하게 느끼기 때문에 자세마저 불안정한 지원자도 볼 수 있다. 그러므로 면접 전에 정장을 입고 생활해 보는 것도 나쁘지는 않다.

일반적으로 면접을 볼 때는 상대방에게 신뢰감을 줄 수 있는 남색 계열의 옷이나 어떤 계절이든 무난하고 깔끔해 보이는 회색 계열의 정장을 많이 입는다. 정장은 유행에 따라서 재킷의 디자인이나 버튼의 개수가 바뀌기 때문에 특히 남성 지원자의 경우, 너무 오래된 옷을 입어서 아버지 옷을 빌려 입고 나온 듯한 인상을 주어서는 안 된다.

(4) 헤어스타일과 메이크업

헤어스타일에 자신이 없다면 미용실에 다녀오는 것도 좋은 방법이다. 지나치게 화려한 메이크업이 아니라면 보다 준비된 지원자처럼 보일 수 있다.

5. 첫인상

취업을 위해 성형수술을 받는 사람들에 대한 이야기는 더 이상 뉴스거리가 되지 않는다. 그만큼 많은 사람이 좁은 취업문을 뚫기 위해 이미지 향상에 신경을 쓰고 있다. 이는 면접관에게 좋은 첫인상을 주기 위한 것으로, 지원서에 올리는 증명사진을 이미지 프로그램을 통해 수정하는 이른바 '사이버 성형'이 유행하는 것과 같은 맥락이다. 실제로 외모가 채용 과정에서 영향을 끼치는가에 대한 설문조사에서도 60% 이상의 인사담당자들이 그렇다고 답변했다.

하지만 외모와 첫인상을 절대적인 관계로 이해하는 것은 잘못된 판단이다. 외모가 첫인상에서 많은 부분을 차지하지만, 외모 외에 다른 결점이 발견된다면 그로 인해 장점들이 가려질 수도 있다. 이러한 현상은 아래에서 다시 논하겠다.

첫인상은 말 그대로 한 번밖에 기회가 주어지지 않으며 몇 초 안에 결정된다. 첫인상을 결정짓는 요소 중 시각적인 요소가 80% 이상을 차지한다. 첫눈에 들어오는 생김새나 복장, 표정 등에 의해서 결정되는 것이다. 면접을 시작할 때 자기소개를 시키는 것도 지원자별로 첫인상을 평가하기 위해서이다. 첫인상이 중요한 이유는 만약 첫인상이 부정적으로 인지될 경우, 지원자의 다른 좋은 면까지 거부당하기 때문이다. 이러한 현상을 심리학에서는 초두효과(Primacy Effect)라고 한다.

한 번 형성된 첫인상은 여간해서 바꾸기 힘들다. 이는 첫인상이 나중에 들어오는 정보까지 영향을 주기 때문이다. 첫인상의 정보가 나중에 들어오는 정보 처리의 지침이 되는 것을 심리학에서는 맥락효과(Context Effect)라고 한다. 따라서 평소에 첫인상을 좋게 만들기 위한 노력을 꾸준히 해야만 하는 것이다.

좋은 첫인상이 반드시 외모에만 집중되는 것은 아니다. 오히려 깔끔한 옷차림과 부드러운 표정 그리고 말과 행동 등에 의해 전반적인 이미지가 만들어진다. 누구나 이러한 것 중에 한두 가지 단점을 가지고 있다. 요즈음은 이미지 컨설팅을 통해서 자신의 단점들을 보완하는 지원자도 있다. 특히, 표정이 밝지 않은 지원자는 평소 웃는 연습을 의식적으로 하여 면접을 받는 동안 계속해서 여유 있는 표정을 짓는 것이 중요하다. 성공한 사람들은 인상이 좋다는 것을 명심하자.

02 면접의 유형 및 실전 대책

1. 면접의 유형

과거 천편일률적인 일대일 면접과 달리 면접에는 다양한 유형이 도입되어 현재는 "면접은 이렇게 보는 것이다."라고 말할 수 있는 정해진 유형이 없어졌다. 따라서 면접별로 어느 정도 유형을 파악하면 사전에 대비가 가능하다. 면접의 기본인 단독 면접부터, 다대일 면접, 집단 면접의 유형과 그 대책에 대해 알아보자.

(1) 단독 면접

단독 면접이란 응시자와 면접관이 1대1로 마주하는 형식을 말한다. 면접 위원 한 사람과 응시자 한 사람이 마주 앉아 자유로운 화제를 가지고 질의응답을 되풀이하는 방식이다. 이 방식은 면접의 가장 기본적인 방법으로 소요시간은 10 ~ 20분 정도가 일반적이다.

① 장점

필기시험 등으로 판단할 수 없는 성품이나 능력을 알아내는 데 가장 적합하다고 평가받아 온 면접방식으로 응시자 한 사람 한 사람에 대해 여러 면에서 비교적 폭넓게 파악할 수 있다. 응시자의 입장에서는 한 사람의 면접관만을 대하는 것이므로 상대방에게 집중할 수 있으며, 긴장감도 다른 면접방식에 비해서는 적은 편이다.

② 단점

면접관의 주관이 강하게 작용해 객관성을 저해할 소지가 있으며, 면접 평가표를 활용한다 하더라도 일면적인 평가에 그칠 가능성을 배제할 수 없다. 또한 시간이 많이 소요되는 것도 단점이다.

(2) 다대일 면접

다대일 면접은 일반적으로 가장 많이 사용되는 면접방법으로 보통 2~5명의 면접관이 1명의 응시자에게 질문하는 형태의 면접방법이다. 면접관이 여러 명이므로 다각도에서 질문을 하여 응시자에 대한 정보를 많이 알아낼 수 있다는 점 때문에 선호하는 면접방법이다.

하지만 응시자의 입장에서는 질문도 면접관에 따라 각양각색이고 동료 응시자가 없으므로 숨 돌릴 틈도 없게 느껴진다. 또한 관찰하는 눈도 많아서 조그만 실수라도 지나치는 법이 없기 때문에 정신적 압박과 긴장감이 높은 면접방법이다. 따라서 응시자는 긴장을 풀고 한 시험관이 묻더라도 면접관 전원을 향해 대답한다는 느낌으로 또박또박 대답하는 자세가 필요하다.

① 장점

면접관이 집중적인 질문과 다양한 관찰을 통해 응시자가 과연 조직에 필요한 인물인가를 완벽히 검증할 수 있다.

② 단점

면접 시간이 보통 10~30분 정도로 좀 긴 편이고 응시자에게 지나친 긴장감을 조성하는 면접방법이다.

(3) 다대다 면접

다대다 면접은 다수의 면접관이 여러 명의 응시자를 한꺼번에 평가하는 방식으로 짧은 시간에 능률적으로 면접을 진행할 수 있다. 각 응시자에 대한 질문내용, 질문횟수, 시간배분이 똑같지는 않으며, 모두에게 같은 질문이 주어지기도 하고, 각각 다른 질문을 받기도 한다.

또한 어떤 응시자가 한 대답에 대한 의견을 묻는 등 그때그때의 분위기나 면접관의 의향에 따라 변수가 많다. 집단 면접은 응시자의 입장에서는 개별 면접에 비해 긴장감은 다소 덜한 반면에 다른 응시자들과의 비교가 확실하게 나타나므로 응시자는 몸가짐이나 표현력·논리성 등이 결여되지 않도록 자신의 생각이나 의견을 솔직하게 발표하여 집단 속에 묻히거나 밀려나지 않도록 주의해야 한다.

① 장점

다대다 면접의 장점은 면접관이 응시자 한 사람에 대한 관찰시간이 상대적으로 길고, 비교 평가가 가능하기 때문에 결과적으로 평가의 객관성과 신뢰성을 높일 수 있다는 점이며, 응시자는 동료들과 함께 면접을 받기 때문에 긴장감이 다소 덜하다는 것을 들 수 있다. 또한 동료가 답변하는 것을 들으며, 자신의 답변 방식이나 자세를 조정할 수 있다는 것도 큰 이점이다.

② 단점

응답하는 순서에 따라 응시자마다 유리하고 불리한 점이 있고, 면접 위원의 입장에서는 각각의 개인 적인 문제를 깊게 다루기가 곤란하다는 것이 단점이다.

다대다 면접 준비 Point

너무 자기 과시를 하지 않는 것이 좋다. 대답은 자신이 말하고 싶은 내용을 간단명료하게 말해야 한다. 내용 이 없는 발언을 한다거나 대답을 질질 끄는 태도는 좋지 않다. 또 말하는 중에 내용이 주제에서 벗어나거나 자기중심적으로만 말하는 것도 피해야 한다. 집단 면접에 대비하기 위해서는 평소에 설득력을 지닌 자신의 논리력을 계발하는 데 힘써야 하며, 다른 사람 앞에서 자신의 의견을 조리 있게 개진할 수 있는 발표력을 갖추는 데에도 많은 노력을 기울여야 한다.
• 실력에는 큰 차이가 없다는 것을 기억하라.
• 동료 응시자들과 서로 협조하라.
• 답변하지 않을 때의 자세가 중요하다.
• 개성 표현은 좋지만 튀는 것은 위험하다.

(4) 집단 토론식 면접

집단 토론식 면접은 집단 면접과 형태는 유사하지만 질의응답이 아니라 응시자들끼리의 토론이 중심이 되는 면접방법으로 최근 들어 급증세를 보이고 있다. 이는 공통의 주제에 대해 다양한 견해들이 개진되고 결론을 도출하는 과정, 즉 토론을 통해 응시자의 다양한 면에 대한 평가가 가능하다는 집단 토론식 면접의 장점이 널리 확산된 데 따른 것으로 보인다. 사실 집단 토론식 면접을 활용하면 주제와 관련된 지식 정도와 이해력, 판단력, 설득력, 협동성은 물론 리더십, 조직 적응력, 적극성과 대인관계 능력 등을 쉽게 파악할 수 있다.

토론식 면접에서는 자신의 의견을 명확히 제시하면서도 상대방의 의견을 경청하는 토론의 기본자세가 필수적이며, 지나친 경쟁심이나 자기 과시욕은 접어두는 것이 좋다. 또한 집단 토론의 목적이 결론을 도출해 나가는 과정에 있다는 것을 감안하여 무리하게 자신의 주장을 관철시키기보다 오히려 토론의 질을 높이는 데 기여하는 것이 좋은 인상을 줄 수 있다는 점을 알아야 한다. 취업 희망자들은 토론식 면접이 급속도로 확산되는 추세임을 감안해 특히 철저한 준비를 해야 한다. 평소에 신문의 사설이나 매스컴 등의 토론 프로그램을 주의 깊게 보면서 논리 전개방식을 비롯한 토론 과정을 익히도록 하고, 친구들과 함께 간단한 주제를 놓고 토론을 진행해 볼 필요가 있다. 또한 사회·시사문제에 대해 자기 나름대로의 관점을 정립해두는 것도 꼭 필요하다.

(5) PT 면접

PT 면접, 즉 프레젠테이션 면접은 최근 들어 집단 토론 면접과 더불어 그 활용도가 점차 커지고 있다. PT 면접은 기업마다 특성이 다르고 인재상이 다른 만큼 인성 면접만으로는 알 수 없는 지원자의 문제해결 능력, 전문성, 창의성, 기본 실무능력, 논리성 등을 관찰하는 데 중점을 두는 면접으로, 지원자 간의 변별력이 높아 대부분의 기업에서 적용하고 있으며, 확산되는 추세이다.

면접 시간은 기업별로 차이가 있지만, 전문지식, 시사성 관련 주제를 제시한 다음, 보통 20 ~ 50분 정도 준비하여 5분가량 발표할 시간을 준다. 면접관과 지원자의 단순한 질의응답식이 아닌, 주제에 대해 일정 시간 동안 지원자의 발언과 발표하는 모습 등을 관찰하게 된다. 정확한 답이나 지식보다는 논리적 사고와 의사표현력이 더 중시되기 때문에 자신의 생각을 어떻게 설명하느냐가 매우 중요하다.

PT 면접에서 같은 주제라도 직무별로 평가요소가 달리 나타난다. 예를 들어, 영업직은 설득력과 의사소통 능력에 중점을 둘 수 있겠고, 관리직은 신뢰성과 창의성 등을 더 중요하게 평가한다.

PT 면접 준비 Point

• 면접관의 관심과 주의를 집중시키고, 발표 태도에 유의한다.
• 모의 면접이나 거울 면접으로 미리 점검한다.
• PT 내용은 세 가지 정도로 정리해서 말한다.
• PT 내용에는 자신의 생각이 담겨 있어야 한다.
• PT 중간에 자문자답 방식을 활용한다.
• 평소 지원하는 업계의 동향이나 직무에 대한 전문지식을 쌓아둔다.
• 부적절한 용어 사용이나 무리한 주장 등은 하지 않는다.

---

(6) 합숙 면접

합숙 면접은 대체로 1박 2일이나 2박 3일 동안 해당 기업의 연수원이나 수련원 등에서 이루어지는 면접으로, 평가 항목으로는 PT 면접, 토론 면접, 인성 면접 등을 기본으로 새벽등산, 레크리에이션, 게임 등 다양한 형태로 진행된다. 경쟁자들과 함께 생활하고 협동해야 하는 만큼 스트레스도 많이 받는 경우가 허다하다.

모든 지원자를 하루 동안 평가하게 되므로 지원자 1명을 평가하는 데 걸리는 시간은 짧게는 5분에서 길게는 1시간 이상 정도인데, 이 시간으로는 지원자를 제대로 평가하기에는 한계가 있다. 합숙 면접은 24시간 이상을 지원자와 면접관이 함께 생활하면서 다양한 프로그램을 통해 지원자의 역량을 폭넓게 평가할 수 있기 때문에 기업에서는 합숙 면접을 선호한다. 대체로 은행, 증권 등 금융권에서 합숙 면접을 통해 지원자의 의도되고 꾸며진 모습 외에 창의력, 의사소통 능력, 협동심, 책임감, 리더십 등 다양한 모습을 평가하였지만, 최근에는 기업에서도 많이 실시되고 있다.

합숙 면접에서 좋은 점수를 얻기 위해서는 무엇보다 팀워크를 중시하는 모습을 보여야 한다. 합숙 면접은 일반 면접과는 달리 개인보다는 그룹별로 과제가 주어지고 해결해야 하므로 조원 또는 동료와 얼마나 잘 어울리느냐가 중요한 평가기준이 된다. 장시간에 걸쳐 평가하기 때문에 힘든 부분도 있지만, 지원자들이 지쳐 있거나 당황하고 있는 사이에도 면접관들은 지원자들의 조직 적응력, 적극성, 사회성, 친화력 등을 꼼꼼하게 체크하기 때문에 잠시도 긴장을 늦춰서는 안 된다.

2. 면접의 실전 대책

(1) 면접 대비사항

① 지원 회사에 대한 사전지식을 충분히 준비한다.

필기시험에서 합격 또는 서류전형에서의 합격통지가 온 후 면접시험 날짜가 정해지는 것이 보통이다. 이때 수험자는 면접시험을 대비해 사전에 자기가 지원한 계열사 또는 부서에 대해 폭넓은 지식을 준비할 필요가 있다.

② 충분한 수면을 취한다.

충분한 수면으로 안정감을 유지하고 첫 출발의 상쾌한 마음가짐을 갖는다.

③ 얼굴을 생기 있게 한다.

첫인상은 면접에 있어서 가장 결정적인 당락요인이다. 면접관에게 좋은 인상을 줄 수 있도록 화장하는 것도 필요하다. 면접관들이 가장 좋아하는 인상은 얼굴에 생기가 있고 눈동자가 살아 있는 사람, 즉 기가 살아 있는 사람이다.

④ 아침에 인터넷 뉴스를 읽고 간다.

그날의 뉴스가 질문 대상에 오를 수가 있다. 특히 경제면, 정치면, 문화면 등을 유의해서 볼 필요가 있다.

(2) 면접 시 옷차림

면접에서 옷차림은 간결하고 단정한 느낌을 주는 것이 가장 중요하다. 색상과 디자인 면에서 지나치게 화려한 색상이나, 노출이 심한 디자인은 자칫 면접관의 눈살을 찌푸리게 할 수 있다. 단정한 차림을 유지하면서 자신만의 독특한 멋을 연출하는 것, 지원하는 회사의 분위기를 파악했다는 센스를 보여주는 것 또한 코디네이션의 포인트이다.

(3) 면접 요령

① 첫인상을 중요시한다.

상대에게 인상을 좋게 주지 않으면 어떠한 얘기를 해도 이쪽의 기분이 충분히 전달되지 않을 수 있다. 예를 들어, '저 친구는 표정이 없고 무엇을 생각하고 있는지 전혀 알 길이 없다.'처럼 생각되면 최악의 상태이다. 우선 청결한 복장, 바른 자세로 침착하게 들어가야 한다. 건강하고 신선한 이미지를 주어야 하기 때문이다.

② 좋은 표정을 짓는다.

얘기를 할 때의 표정은 중요한 사항의 하나다. 거울 앞에서 웃는 연습을 해본다. 웃는 얼굴은 상대를 편안하게 하고, 특히 면접 등 긴박한 분위기에서는 천금의 값이 있다 할 것이다. 그렇다고 하여 항상 웃고만 있어서는 안 된다. 자기의 할 얘기를 진정으로 전하고 싶을 때는 진지한 얼굴로 상대의 눈을 바라보며 얘기한다. 면접을 볼 때 눈을 감고 있으면 마이너스 이미지를 주게 된다.

③ 결론부터 이야기한다.

자기의 의사나 생각을 상대에게 정확하게 전달하기 위해서 먼저 무엇을 말하고자 하는가를 명확히 결정해 두어야 한다. 대답을 할 경우에는 결론을 먼저 이야기하고 나서 그에 따른 설명과 이유를 덧붙이면 논지(論旨)가 명확해지고 이야기가 깔끔하게 정리된다.

한 가지 사실을 이야기하거나 설명하는 데는 3분이면 충분하다. 복잡한 이야기라도 어느 정도의 길이로 요약해서 이야기하면 상대도 이해하기 쉽고 자기도 정리할 수 있다. 긴 이야기는 오히려 상대를 불쾌하게 할 수가 있다.

④ 질문의 요지를 파악한다.

면접 때의 이야기는 간결성만으로는 부족하다. 상대의 질문이나 이야기에 대해 적절하고 필요한 대답을 하지 않으면 대화는 끊어지고 자기의 생각도 제대로 표현하지 못하여 면접자로 하여금 수험생의 인품이나 사고방식 등을 명확히 파악할 수 없게 한다. 무엇을 묻고 있는지, 무슨 이야기를 하고 있는지 그 요점을 정확히 알아내야 한다.

면접에서 고득점을 받을 수 있는 성공요령

1. 자기 자신을 겸허하게 판단하라.
2. 지원한 회사에 대해 100% 이해하라.
3. 실전과 같은 연습으로 감각을 익히라.
4. 단답형 답변보다는 구체적으로 이야기를 풀어나가라.
5. 거짓말을 하지 말라.
6. 면접하는 동안 대화의 흐름을 유지하라.
7. 친밀감과 신뢰를 구축하라.
8. 상대방의 말을 성실하게 들으라.
9. 근로조건에 대한 이야기를 풀어나갈 준비를 하라.
10. 끝까지 긴장을 풀지 말라.

엔씨소프트 실제 면접

1. 엔씨소프트 면접 기출

(1) 1차 면접(실무 면접)

실무 면접은 일대다(지원자 1명 실무진 3~4명) 또는 다대다로 진행되며, 개인이력과 자기소개서 질문, 기술 및 인성 질문에 답변하는 형태로 진행된다.

(2) 2차 면접(임원 면접)

임원 면접은 일대다(지원자 1명 임원진 면접관 3~4명)로 개인이력과 자기소개서 질문 및 인성 질문에 답변하는 형태로 진행된다.

(3) 면접 기출 문제

- 자기소개를 해보시오.
- 당사 지원동기에 대해 말해 보시오.
- 해당 직무를 선택한 이유에 대해 말해 보시오.
- 지원 직무에서 어떤 일을 하는지 아는가?
- 자신의 전공에 대해 소개해 보시오.
- 전공이 지원 직무와 맞지 않은데 지원한 이유는 무엇인가?
- 희망치 않은 분야에 배치된다면?
- 본인의 장/단점을 말해 보시오.
- 본인의 특기를 말해 보시오.
- 엉뚱한 일을 해본 경험이 있는가?
- 지금 자신의 소지품 중 가장 소중한 것 3개를 말해 보시오.
- 자신을 삼국지 인물과 비교한다면 누구인가?
- 평소 영어 공부는 어떻게 하는가?
- 인턴 경험을 소개해 보시오.
- 프로젝트 경험을 소개해 보시오.
- 프로젝트 수행 시 힘들었던 점을 말해 보시오.
- 어려움을 겪고, 이를 극복해낸 경험을 말해 보시오.
- 감명 깊었던 게임에 대해 말해 보시오.

- 당사 게임을 해본 적이 있는가?
- 게임 산업 규제에 대한 본인의 견해를 말해 보시오.
- 가장 훌륭한 게임은 무엇인지 말해 보시오.
- 온라인 게임과 콘솔 게임의 차이에 대해 말해 보시오.
- MMORPG를 정의해 보시오.
- 자신이 게임을 기획한다면 어떤 게임을 기획하고 싶은가?
- 자신의 블로그, 카페 활동에 대해 말해 보시오.
- 게임을 싫어하는 사람이 게임을 하게 하려면 어떻게 해야 하는가?
- 자신의 의견을 설득시켜야 하는데 상대방이 완고하다면 어떻게 할 것인가?
- 나를 다른 사람들에게 소개하기 위한 목적으로 데이터 분석을 한다면 어떻게 할 것인가?
- 수익화를 추구하면 유저로부터 부정적 리액션이 나올 수밖에 없는데, 그런 부분은 어떻게 대응하고 있고, NCSOFT에서 일하게 된다면 어떻게 대응할 예정인지 설명해 보시오.
- 메타버스에 대해 어떻게 생각하는지 말해 보시오.
- 메타버스의 사업적 전망이 어떤지 말해 보시오.
- NCSOFT에서 진행하고 있는 사업의 장/단점을 말해 보시오.
- NCSOFT에서 진행하고 있는 사업의 강화할 부분을 말해 보시오.
- NCSOFT에서 진행하고 있는 사업의 보완할 부분을 말해 보시오.
- 현재 NCSOFT가 진행하고 있는 사업의 한계점에 대해 말해 보시오.
- 사업 담당자로서 NCSOFT에서 해보고 싶은 아이디어를 제시해 보시오.
- 당사 업종의 시장현황이나 트렌드를 말해 보시오.
- 엔터테인먼트 산업 구조에 대해 어떻게 생각하는지 말해 보시오.
- 직장 경력을 소개해 보시오.
- 이직 혹은 퇴직 사유에 대해 말해 보시오.
- 왜 현재 회사가 아니고 꼭 NCSOFT여야 하는지 말해 보시오.
- 업무 성과를 낸 경험에 대해 설명해 보시오.
- 업무 스타일에 대해 설명해 보시오.
- 업무에 있어 언제 성취감을 느끼는지 설명해 보시오.
- 본인이 어떤 점이 부족하고, 어떤 점을 더 배워야 한다고 생각하는지 말해 보시오.
- 상사에게 어떤 피드백을 받는 편인지 말해 보시오.
- 현재 담당하고 있는 사업의 한계점에 대해 말해 보시오.
- 현재 담당하고 있는 사업을 어떻게 극복할 수 있는지 말해 보시오.
- 현재 소속되어 있는 회사와 별다르지 않게 NCSOFT에서도 똑같은 어려움이 있을 텐데 어떻게 대응할 예정인지 말해 보시오.
- 현재 하고 있는 업무들과 무관한 경력들도 있는데, 그 경험들에 대해 간략하게 설명해 보시오.
- NCSOFT는 규모가 크고 인원이 많기 때문에 업무가 세분화 혹은 분업화되어 있다. 이런 환경 속에서 잘 적응할 수 있는지, 어떻게 적응할 것인지 말해 보시오.
- NCSOFT에게 궁금한 점은?

"오늘 당신의 노력은 아름다운 꽃의 물이 될 것입니다."

그러나, 이 꽃을 볼 때 사람들은 이 꽃의 아름다움과 향기만을 사랑하고 칭찬하였지, 이 꽃을 그렇게 아름답게 어여쁘게 만들어 주는 병 속의 물은 조금도 생각지 않는 것이 보통입니다.

만일 이 꽃병 속에 들어 있는 물을 죄다 쏟아 버리고 빈 병에다 이 꽃을 꽂아 보십시오.

아무리 아름답고 어여쁜 꽃이기로서니 단 한 송이의 꽃을 피울 수 있으며, 단 한 번이라도 꽃 향기를 날릴 수 있겠습니까?

우리는 여기서 아무리 본바탕이 좋고 아름다운 꽃이라도 보이지 않는 물의 숨은 힘이 없으면 도저히 그 빛과 향기를 자랑할 수 없는 것을 알았습니다.

– 방정환의 「우리 뒤에 숨은 힘」 중 –

교육은 우리 자신의 무지를 점차 발견해 가는 과정이다.

- 월 듀란트 -

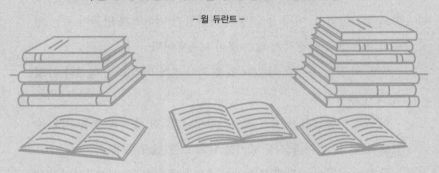

앞선 정보 제공! 도서 업데이트

언제, 왜 업데이트될까?

도서의 학습 효율을 높이기 위해 자료를 추가로 제공할 때!
공기업 · 대기업 필기시험에 변동사항 발생 시 정보 공유를 위해!
공기업 · 대기업 채용 및 시험 관련 중요 이슈가 생겼을 때!

01 시대에듀 도서
www.sdedu.co.kr/book
홈페이지 접속

02 상단 카테고리
「도서업데이트」
클릭

03 해당
기업명으로
검색

참고자료, 시험 개정사항 등 정보 제공으로 학습효율을 높여 드립니다.

시대에듀
대기업 인적성검사 시리즈

신뢰와 책임의 마음으로 수험생 여러분에게 다가갑니다.

대기업 인적성 "기본서" 시리즈

대기업 취업 기초부터 합격까지! 취업의 문을 여는
Master Key!

S

2025
최신판

판매량
1위
YES24 엔씨소프트
부문

엔씨
소프트

적성검사

정답 및 해설

최신기출유형＋모의고사 3회
＋무료엔씨소프트특강

편저 | SDC(Sidae Data Center)

유형분석 및 모의고사로
최종합격까지
한 권으로
마무리!

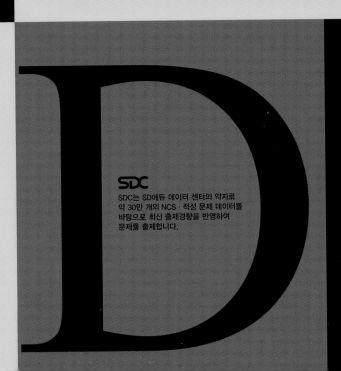

SDC
SDC는 SD에듀 데이터 센터의 약자로
약 30만 개의 NCS · 적성 문제 데이터풀
바탕으로 최신 출제경향을 반영하여
문제를 출제합니다.

시대에듀

PART 1

적성검사

끝까지 책임진다! SD에듀!

QR코드를 통해 도서 출간 이후 발견된 오류나 개정법령, 변경된 시험 정보, 최신기출문제, 도서 업데이트 자료 등이 있는지 확인해 보세요! **시대에듀 합격 스마트 앱**을 통해서도 알려 드리고 있으니 구글 플레이나 앱 스토어에서 다운받아 사용하세요. 또한, 파본 도서인 경우에는 구입하신 곳에서 교환해 드립니다.

01

정답 ②

TI	TL	II	FL	RI	QL	DI	JL	CI	TL	TI	AI
SL	ZI	VL	OT	UL	GI	TT	XL	WI	YL	RL	JL
AI	QI	AT	EI	BL	ZT	XI	QT	PL	KI	AL	TY
XT	QL	ZI	UY	SI	CT	BI	DL	TI	GL	IL	LT

02

정답 ④

㉠	㉡	㉢	㉣	㉤	㉥	㉦	㉧	㉨	㉩	㉪	㉠
㉤	㉦	㉮	㉯	㉰	㉱	㉲	㉠	㉳	㉴	㉵	㉶
㉷	㉸	㉹	㉺	Ⓐ	Ⓑ	Ⓒ	Ⓓ	Ⓔ	Ⓕ	㉠	Ⓗ
Ⓙ	Ⓚ	Ⓛ	Ⓜ	Ⓝ	Ⓞ	㉠	Ⓟ	Ⓠ	Ⓡ	Ⓢ	Ⓣ

03

정답 ③

610	587	331	356	408	631	602	90	635	301	201	101
220	730	196	589	600	589	306	102	37	580	669	89
58	796	589	633	580	710	635	663	578	598	895	598
310	566	899	588	769	586	486	789	987	169	323	115

01

정답 ③

33	8357	546	3	64	84	647	473	345	7634	45	65
4	8	4367	458	964	56	8	34	6	36	382	5436
634	45	743	563	365	765	325	3	45	437	456	53
257	7554	57	2	7	4	226	323	879	9845	6	7

02

정답 ⑤

◁	◀	▷	▶	♤	♠	♡	♥	♧	♣	☉	◈
■	◑	◐	▨	▤	▥	□	▧	▦	▩	♨	☎
☎	✆	☞	¶	†	‡	↕	↗	↙	↖	↘	♭
♩	♪	♫	㉿	㈜	№	㏇	™	a.m.	p.m.	TEL	€

03

정답 ①

변화	포탄	고향	원산	목포	가방	반증	무상	무념	문학	방학	밥상
벽지	벽화	사랑	순화	소이	딸기	사망	변혁	변절	수학	교정	기업
니트	종류	평화	출구	예광	변심	반항	소화	파기	무형	역사	문화
탄산	맥주	고난	탈출	예방	사또	화랑	담배	낙지	선박	출항	장갑

01

정답 ③

제시된 단어는 전체와 부분의 관계이다.
'촉'은 '화살'을 구성하는 일부이고, '씨'는 '포도'를 구성하는 일부이다.

02

정답 ④

제시된 단어는 상하 관계이다.
'고유어'는 '한국어'의 하위어이고, '신문'은 '매체'의 하위어이다.

03

정답 ④

'엔진'은 '자동차'에 동력을 공급하고, '배터리'는 '휴대전화'에 동력을 공급한다.

04

정답 ④, ④

제시된 단어는 도구와 용도의 관계이다.
'피아노'는 곡을 '연주하는' 데 쓰이고, '연필'은 글씨를 '쓰는' 데 쓰인다.

05

정답 ⑤, ②

제시된 단어는 유의 관계이다.
'40세'의 유의어는 '불혹(不惑)'이고, '60세'의 유의어는 '이순'이다.

06

정답 ②, ⑤

'감독'은 '영화'를 만들고, '건축가'는 '건물'을 만든다.

출제유형분석 01　실전예제

01

정답　①

제시된 두 번째 조건에 의해 A와 D는 1층과 6층에 배정될 수밖에 없다. 이때, A는 B보다 아래층에 있으므로 A는 1층이다.

02

정답　①

제시된 조건에 따르면 A는 1층, D는 6층이고 C가 4층이라면, B는 C보다 아래층이고 D는 E와 인접할 수 없으므로 5층에 입주할 수 있는 것은 F뿐이다.

03

정답　③

제시된 조건에 따르면 A가 1층, F가 5층, D가 6층이고 B는 C보다 아래층이다. 따라서 C는 3층일 수도, 4층일 수도 있다.

04

정답　③

수달이 낚시를 좋아한다는 것이 물을 좋아하는지에 대한 판단 근거가 될 수 없으므로 알 수 없다.

05

정답　③

'어떤 고양이'를 p, '참치를 좋아함'을 q, '낚시를 좋아함'을 r, '모든 너구리'를 s, '모든 수달'을 t라고 할 때, 조건을 정리하면 $p \rightarrow q \rightarrow r \rightarrow \sim s$, $t \rightarrow r$이다. 따라서 어떤 고양이는 낚시를 좋아하지만 모든 고양이가 낚시를 좋아하는지는 알 수 없다.

06

정답　①

$q \rightarrow r \rightarrow \sim s$가 성립하므로 참치를 좋아하면 너구리가 아니다.

공간지각력

01
정답 ③

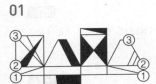

02
정답 ③

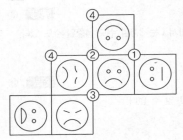 

03
정답 ①

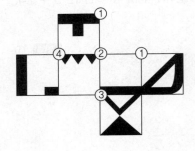 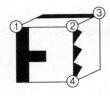

05 판단력

출제유형분석 01   실전예제

01

정답   ②

세슘은 공기 중에서도 쉽게 산화하며 가루 세슘 또한 자연발화를 한다. 특히 물과 만나면 물에 넣었을 때 발생하는 반응열이 수소 기체와 만나 더욱 큰 폭발을 일으킨다. 하지만 제시문에서 액체 상태의 세슘을 위험물에서 제외한다는 내용이 제시되어 있지 않다. 따라서 ②가 제시문의 내용으로 적절하지 않다.

02

정답   ④

아이들이 따뜻한 구들에 누워 자는 것이 습관이 되어 사지의 활동량이 적어 발육이 늦어진 것이지, 체온을 높였기 때문에 발육이 늦어진 것은 아니다.

오답분석

①·③ 두 번째 문단 두 번째 문장에서 확인할 수 있다.
② 두 번째 문단 세 번째 문장을 통해 알 수 있다.

03

정답   ④

세 번째 문단을 볼 때 타인으로부터 특정 블록이 완성되어 전파된 경우, 채굴 중이었던 특정 블록을 포기하고 타인의 블록을 채택한 후 다음 순서의 블록을 채굴하는 것이 가장 합리적이다.

오답분석

① 특정 숫자 값을 산출하는 행위를 채굴이라 하고 이 숫자 값을 가장 먼저 찾아내서 전파한 노드 참가자에게 비트코인과 같은 보상이 주어진다.
② 블록체인의 일치성은 이처럼 개별 참여자가 자기의 이익을 최대로 얻기 위해 더 긴 블록체인으로 갈아타게 되면서 유지되는 것이다.
③ 네트워크에 분산해 장부에 기록하고 참가자가 그 장부를 공동관리하는 분산원장 방식이 중앙집중형 거래 기록보관 방식보다 보안성이 높다.

01

정답 ④

제시문은 통계 수치의 의미를 정확하게 이해하고 도구와 방법을 올바르게 사용해야 하며, 특히 아웃라이어의 경우를 생각해야 한다고 주장하고 있다.

[오답분석]

①·② 집단을 대표하는 수치로서의 '평균' 자체가 숫자 놀음과 같이 부적당하다고는 언급하지 않았다.

③ 아웃라이어가 있는 경우에는 평균보다는 최빈값이나 중앙값이 대푯값으로 더 적당하다.

02

정답 ①

제시문은 유전자 치료를 위해 프로브와 겔 전기영동법을 통해 비정상적인 유전자를 찾아내는 방법을 설명하고 있다.

03

정답 ②

제시문은 사회보장제도가 무엇인지 정의하고 있으므로 제목으로는 사회보장제도의 의의가 가장 적절하다.

[오답분석]

① 두 번째 문단에서만 사회보험과 민간보험의 차이점을 언급하고 있다.

③ 우리나라만의 사회보장에 대한 설명은 아니다.

④ 대상자를 언급하고는 있지만 제시문의 전체적인 제목으로는 적절하지 않다.

04

정답 ④

제시문에서는 현대 사회의 소비 패턴이 '보이지 않는 손' 아래의 합리적 소비에서 벗어나 과시 소비가 중심이 되었으며, 그 이면에는 소비를 통해 자신의 물질적 부를 표현함으로써 신분을 과시하려는 욕구가 있다고 설명하고 있다.

01

정답 ②

제시문을 통해서 국가 주요 정책이나 환경에 대한 관심이 상표 출원에 많은 영향을 미치고 있음을 알 수 있다.

[오답분석]

① 환경과 건강에 대한 관심이 증가하면서 앞으로도 친환경 관련 상표 출원은 증가할 것으로 유추할 수 있다.

③ 친환경 상표가 가장 많이 출원된 제품이 화장품인 것은 맞지만 그 안전성에 대해서는 언급하고 있지 않기 때문에 유추하기 어렵다.

④ 2007년부터 2017년까지 영문자 ECO가 상표 출원실적이 가장 높았으며 그다음은 그린, 에코 순이다. 제시문의 내용만으로는 유추하기 어렵다.

02

제시문에 따르면 가해자의 징벌을 위해 부과되는 것은 벌금이다.

오답분석

① 불법 행위를 감행하기 쉬운 상황일수록 이를 억제하는 데에는 금전적 제재 수단이 효과적이다.
③ 벌금은 형사적 제재이고 과징금은 행정적 제재이다. 두 제재는 서로 목적이 다르므로 한 가지 행위에 대해 동시 적용이 가능하다.
④ 우리나라에서는 기업의 불법 행위에 대해 손해 배상 소송이 제기되거나 벌금이 부과되는 경우는 드물며, 과징금 등 행정적 제재 수단이 억제 기능을 수행하는 경우가 많다.

03

제시문에 따르면 수정주의는 미국의 경제적 동기에 의해 냉전이 발생했다고 보며, 탈수정주의 역시 경제와 더불어 안보 문제를 고려해서 파악해야 한다고 주장한다.

오답분석

①·② 탈수정주의는 책임이 양쪽 모두에게 있다고 보는 입장이다.
③ 전통주의는 소련의 팽창 정책을 냉전의 원인으로 본다.

04

제시문에 따르면 아재 개그를 잘하기 위해서는 타고나는 언어 감각이 좋아야 한다고 말하고 있다.

오답분석

① 아재 개그는 청자가 결국 다른 곳에 가서 그것을 전달한다는 점에서 어느 정도의 파급력을 가진 것으로 볼 수 있다.
② 아재 개그는 여러 번 생각하면 웃긴 경우도 많다고 하였다.
③ 너무 많이 아재 개그를 하면 사람들의 반응이 차가울 수 있다고 하였다.

출제유형분석 04 | 실전예제

01

제시문은 집단을 중심으로 절차의 정당성을 근거로 한 과도한 권력, 즉 무제한적 민주주의에 대한 비판적인 글이다. 또한 민주주의에 의해 훼손될 수 있는 자유와 권리의 옹호라는 주제에 도달해야 한다. 따라서 이를 언급한 ④가 빈칸에 들어갈 내용으로 적절하다.

02

탄소배출권거래제는 의무감축량을 초과 달성했을 경우 초과분을 거래할 수 있는 제도이다. 따라서 온실가스의 초과 달성분을 구입 혹은 매매할 수 있음을 추측할 수 있으며, 빈칸 이후 문단에서도 탄소배출권을 일종의 현금화가 가능한 자산으로 언급함으로써 이러한 추측을 돕고 있다. 그러므로 빈칸에 들어갈 내용으로 ④가 가장 적절하다.

오답분석

① 청정개발체제에 대한 설명이다.
② 제시문에는 탄소배출권거래제가 가장 핵심적인 유연성체제라고는 언급되어 있지 않다.
③ 제시문에서 탄소배출권거래제가 6대 온실가스 중 이산화탄소를 줄이는 것을 특히 중요시한다는 내용은 확인할 수 없다.

03

미세먼지의 경우 최소 $10\mu m$ 이하의 먼지로 정의되고 있지만, 황사의 경우 주로 지름 $20\mu m$ 이하의 모래로 구분하되 통념적으로는 입자 크기로 구분하지 않는다. 따라서 $10\mu m$ 이하의 황사의 경우 크기만으로 미세먼지와 구분 짓기는 어렵다.

[오답분석]
① 제시문을 통해서 알 수 없는 내용이다.
③ 미세먼지의 역할에 대한 설명을 찾을 수 없다.
④ 제시문에서 설명하는 황사와 미세먼지의 근본적인 구별법은 구성성분의 차이이다.

04

빈칸 앞 내용은 왼손보다 오른손을 선호하는 이유에 대한 가설을 제시하고, 이러한 가설이 근본적인 설명을 하지 못한다고 말한다. 그러면서 빈칸 뒷부분에서 글쓴이는 왼손이 아닌 '오른손만을 선호'하는 이유에 대한 자신의 생각을 드러내고 있다. 즉, 앞의 가설대로 단순한 기능 분담이라면 먹는 일에 왼손을 사용하는 사회도 존재해야 하는데, 그렇지 않기 때문에 반박하고 있음을 추론해볼 수 있으므로 빈칸에는 사람들이 오른손만 선호하고 왼손을 선호하지 않는다는 주장이 나타나야 한다. 따라서 빈칸에 들어갈 내용으로는 ①이 가장 적절하다.

출제유형분석 05 | 실전예제

01

제시문은 아리스토텔레스의 목적론에 대한 논쟁에 대한 설명이다. 따라서 (가) 근대에 등장한 아리스토텔레스의 목적론에 대한 비판 – (나) 근대 사상가들의 구체적인 비판 – (라) 근대 사상가들의 비판에 대한 반박 – (다) 근대 사상가들의 비판에 대한 현대 학자들의 비판 순서로 나열하는 것이 적절하다.

02

제시문은 판소리의 3요소와 함께 고수에 대해 설명하고 있다. 따라서 (다) 판소리의 3요소 – (가) 창, 아니리에 대한 설명 – (라) 발림에 대한 설명 – (마) 판소리를 하려면 고수도 필요함 – (나) 고수의 중요한 역할 순서로 나열하는 것이 적절하다.

03

제시문은 과거의 시공간을 배경으로 현재를 지향하는 역사드라마가 지닌 역사의 속성과 특성에 대하여 설명하고 있다. 따라서 (가) 시청자에 의해 능동적으로 해석되고 상상되는 역사드라마 – (라) 과거와 현재의 대화라는 속성을 견지하고 있는 역사드라마 – (나) 과거의 시공간을 배경으로 현재를 지향하는 TV 역사드라마 – (다) 시공간적 제약을 넘어 사회적 담론의 장을 여는 TV 역사드라마의 순서로 나열하는 것이 적절하다.

04

제시문은 헤겔이 생각한 시민사회의 한계점과 문제 해결 방안에 대하여 설명하고 있다. 따라서 (가) 헤겔이 활동하던 19세기 초 프로이센의 시대적 과제 – (라) 공리주의를 통해 해결할 수 없는 사회문제 – (나) 문제를 해결하기 위해 헤겔이 제시한 시민사회에 대한 정의 – (다) 빈곤과 계급 갈등을 근원적으로 해결하기 위한 시민사회의 역할의 순서로 나열하는 것이 적절하다.

01

L사의 가습기 B와 H의 경우 모두 표시지 정보와 시험 결과에서 아파트 적용 바닥면적이 주택 적용 바닥면적보다 넓다.

오답분석

① W사의 G가습기 소음은 33.5dB(A)로, C사의 C가습기와 E가습기보다 소음이 더 크다.
③ D가습기와 G가습기의 실제 가습능력은 표시지 정보보다 더 나음을 알 수 있다.
④ W사의 D가습기는 시험 결과, 표시지 정보보다 미생물 오염도가 덜함을 알 수 있다.

02

매년 조사대상의 수는 동일하게 2,500명이므로 비율의 누적 값으로만 판단한다. 3년간의 월간 인터넷 쇼핑 이용 누적 비율을 구하면 다음과 같다.
• 1회 미만 : 30.4+8.9+18.6=57.9%
• 1회 이상 2회 미만 : 24.2+21.8+22.5=68.5%
• 2회 이상 3회 미만 : 15.9+20.5+19.8=56.2%
• 3회 이상 : 29.4+48.7+39.0=117.1%
따라서 두 번째로 많이 응답한 인터넷 쇼핑 이용 빈도수는 1회 이상 2회 미만이다.

오답분석

① 2022년 월간 인터넷 쇼핑을 3회 이상 이용했다고 응답한 사람은 2,500×0.487=1,217.5명이다.
③ 매년 조사 대상이 2,500명씩 동일하므로 비율만 비교한다. 2023년 월간 인터넷 쇼핑을 2회 이상 3회 미만 이용했다고 응답한 비율은 19.8%이고, 2022년 1회 미만으로 이용했다고 응답한 비율은 8.9%이다. 따라서 8.9×2=17.8<19.8이므로 2배 이상 많다.
④ 1회 이상 2회 미만 쇼핑했다고 응답한 사람의 2022년 비율은 21.8%이고, 2023년은 22.5%이다. 따라서 $\frac{22.5-21.8}{21.8} \times 100 ≒$ 3.2%이므로 3% 이상 증가했다.

03

각 연령대를 기준으로 남성과 여성의 인구비율을 계산해 표로 정리하면 다음과 같다.

구분	남성	여성
0 ~ 14세	$\frac{323}{627} \times 100 ≒ 51.5\%$	$\frac{304}{627} \times 100 ≒ 48.5\%$
15 ~ 29세	$\frac{453}{905} \times 100 ≒ 50.1\%$	$\frac{452}{905} \times 100 ≒ 49.9\%$
30 ~ 44세	$\frac{565}{1,110} \times 100 ≒ 50.9\%$	$\frac{545}{1,110} \times 100 ≒ 49.1\%$
45 ~ 59세	$\frac{630}{1,257} \times 100 ≒ 50.1\%$	$\frac{627}{1,257} \times 100 ≒ 49.9\%$
60 ~ 74세	$\frac{345}{720} \times 100 ≒ 47.9\%$	$\frac{375}{720} \times 100 ≒ 52.1\%$
75세 이상	$\frac{113}{309} \times 100 ≒ 36.6\%$	$\frac{196}{309} \times 100 ≒ 63.4\%$

남성 인구가 40% 이하인 연령대는 75세 이상(36.6%)이며, 여성 인구가 50%를 초과한 연령대는 60 ~ 74세(52.1%)와 75세 이상(63.4%)이다. 따라서 ㉠은 75세 이상, ㉡은 60 ~ 74세가 적절하다.

04

정답 ②

15 ~ 64세 인구는 2011년까지 증가하였다가 이후 감소 추세를 보이고 있다.

출제유형분석 07 | 실전예제

01

정답 ③

ㄴ. 국가채권 중 조세채권의 전년 대비 증가율은 2021년에 $\frac{30-26}{26}\times100 ≒ 15.4\%$, 2023년에 $\frac{38-34}{34}\times100 ≒ 11.8\%$이다.

ㄷ. 융자회수금의 국가채권과 연체채권의 총합이 가장 높은 해는 2023년(142조 원)이며, 경상 이전수입의 국가채권과 연체채권의 총합이 가장 높은 해도 2023년 (18조 원)이므로 옳은 설명이다.

오답분석

ㄱ. 2020년 총연체채권은 27조 원으로 2022년 총연체채권의 80%인 36×0.8=28.8조 원보다 작다.

ㄹ. 2020년 대비 2023년 경상 이전수입 중 국가채권의 증가율은 $\frac{10-8}{8}\times100=25\%$이며, 경상 이전수입 중 연체채권의 증가율은 $\frac{8-7}{7}\times100 ≒ 14.3\%$로 국가채권 증가율이 더 높다.

02

정답 ①

(고사한 소나무 수)=(감염률)×(고사율)×(발생지역의 소나무 수)

- 거제 : 0.5×0.5×1,590=397.5
- 경주 : 0.2×0.5×2,981=298.1
- 제주 : 0.8×0.4×1,201=384.32
- 청도 : 0.1×0.7×279=19.53
- 포항 : 0.2×0.6×2,312=277.44

직접 계산하지 않아도 경주, 제주, 청도, 포항은 곱하는 수가 거제보다 작기 때문에 결괏값이 작다.

따라서 고사한 소나무 수가 가장 많이 발생한 지역은 거제이다.

03

정답 ①

(ㄱ)은 2020년 대비 2021년 의료 폐기물의 증감률로 $\frac{48,934-49,159}{49,159}\times100 ≒ -0.5\%$이고,

(ㄴ)은 2018년 대비 2019년 사업장 배출시설계 폐기물의 증감률로 $\frac{123,604-130,777}{130,777}\times100 ≒ -5.5\%$이다.

출제유형분석 01 **실전예제**

01

정답 ④

A지역과 B지역 사이의 거리를 $x$km라 하면 갈 때의 시간보다 올 때의 시간이 30분 덜 걸리므로 다음과 같은 방정식이 성립한다.

$$\frac{x}{80} = \frac{x}{120} + \frac{1}{2}$$

$\rightarrow 3x = 2x + 120$

$\therefore x = 120$

따라서 A지역과 B지역 사이의 거리는 120km이다.

02

정답 ②

나래가 자전거를 탈 때의 속력을 $x$km/h, 진혁이가 걷는 속력을 $y$km/h라고 하자.

$1.5(x-y) = 6 \cdots \bigcirc$

$x + y = 6 \cdots \bigcirc$

㉠과 ㉡을 연립하면 $x=5$, $y=1$이다.

따라서 나래의 속력은 5km/h이다.

03

정답 ④

5곳의 배송지에 배달할 때, 첫 배송지와 마지막 배송지 사이에는 4번의 이동이 있다. 총 80분(=1시간 20분)이 걸렸으므로 1번 이동 시에 평균적으로 20분이 걸린다.

따라서 12곳에 배달을 하려면 11번의 이동을 해야 하므로 20×11=220분=3시간 40분이 걸릴 것이다.

출제유형분석 02 **실전예제**

01

정답 ②

증발시키는 물의 양을 xg이라고 하자.

증발시키기 전과 후의 소금의 양은 같으므로 다음과 같은 방정식이 성립한다.

$$\frac{8}{100} \times 300 = \frac{12}{100}(300-x)$$

$\rightarrow 2,400 = 12(300-x)$

$\rightarrow 12x = 1,200$

$\therefore x = 100$

따라서 12% 식염수가 되기 위해서 증발시키는 물의 양은 100g이다.

02

정답 ②

용질이 녹아있는 용액의 농도는 다음과 같이 구한다.

$$(농도)=\frac{(용질의\ 양)}{(용액의\ 양)}\times100$$

농도는 25%이고, 코코아 분말이 녹아있는 코코아용액은 700mL이므로, 코코아 분말의 양은 700×0.25=175mL이다.
따라서 코코아 분말은 175g이 들어있다.

03

정답 ④

증발하기 전 농도가 15%인 소금물의 양을 xg이라고 하자.
이 소금물의 소금의 양은 $0.15x$g이고, 5% 증발했으므로 증발한 후의 소금물의 양은 $0.95x$g이다.
또한, 농도가 30%인 소금물의 소금의 양은 200×0.3=60g이다.

$$\frac{0.15x+60}{0.95x+200}=0.2 \rightarrow 0.15x+60=0.2(0.95x+200)$$
$$\rightarrow 0.15x+60=0.19x+40 \rightarrow 0.04x=20$$
$$\therefore x=500$$

따라서 증발 전 농도가 15%인 소금물의 양은 500g이다.

출제유형분석 03 　실전예제

01

정답 ①

각 기계의 생산량을 보면 A기계는 100개/분이고, B기계는 150개/분이다.
총 나사 수 15,000=(100개/분)×(걸린 시간)+(150개/분)×걸린 시간이다.
따라서 총 15,000개의 나사를 두 기계가 동시에 생산하는 데 걸리는 시간은 1시간이다.

02

정답 ②

한 팀이 15분 작업 후 도구 교체에 걸리는 시간이 5분이므로 작업을 새로 시작하는 데 걸리는 시간은 20분이다.
다른 한 팀은 30분 작업 후 바로 다른 작업을 시작하므로 작업을 새로 시작하는 데 걸리는 시간은 30분이다.
따라서 두 팀은 60분마다 작업을 동시에 시작하므로 오후 1시에 작업을 시작해서 세 번째로 동시에 작업을 시작하는 시각은 3시간 후인 오후 4시이다.

03

정답 ②

A트럭의 적재량을 a톤이라 하자. 하루에 두 번, 즉 $2a$톤씩 12일 동안 192톤을 옮기므로 A는 $2a\times12=192$가 성립한다.

따라서 A트럭의 적재량은 $a=\dfrac{192}{24}=8$톤이다. A트럭과 B트럭이 동시에 운행했을 때는 8일이 걸렸으므로 A트럭이 옮긴 양은

$8\times2\times8=128$톤이며, B트럭은 8일 동안 192−128=64톤을 옮기므로 B트럭의 적재량은 $\dfrac{64}{2\times8}=4$톤이다.

B트럭과 C트럭을 같이 운행했을 때 16일 걸렸다면 B트럭이 16일 동안 옮긴 양은 16×2×4=128톤이며, C트럭은 64톤을 같은 기간 동안 옮겼다.

따라서 C트럭의 적재량은 $\dfrac{64}{2\times16}=2$톤이다.

01

김대리가 작년에 낸 세금은 $(4,000-2,000)\times0.3=600$만 원이다. 올해의 총소득은 20% 증가한 $4,000\times1.2=4,800$만 원이고, 소득 공제 금액은 40% 증가한 $2,000\times1.4=2,800$만 원이다.

따라서 올해의 세액은 작년 세율보다 10%p 증가한 40%를 적용하면 $(4,800-2,800)\times0.4=800$만 원이므로 작년보다 $800-600$ $=200$만 원을 더 지불하게 된다.

02

주문한 피자, 치킨, 햄버거 개수를 각각 x, y, z개라고 하자(x, y, $z\geq1$).

$x+y+z=10\cdots\bigcirc$

또한 주문한 치킨 개수의 2배만큼 피자를 주문했으므로

$x=2y\cdots\bigcirc$

㉠과 ㉡을 연립하면 $3y+z=10$이고, 이를 만족하는 경우는 $(y,\ z)=(1,\ 7),\ (2,\ 4),\ (3,\ 1)$이고, $x=2,\ 4,\ 6$이다.

x, y, z 각각의 총금액을 계산해 표로 정리하면 다음과 같다.

피자	치킨	햄버거	총금액
2개	1개	7개	$(10,000\times2)+(7,000\times1)+(5,000\times7)=62,000$원
4개	2개	4개	$(10,000\times4)+(7,000\times2)+(5,000\times4)=74,000$원
6개	3개	1개	$(10,000\times6)+(7,000\times3)+(5,000\times1)=86,000$원

따라서 가장 큰 주문 금액과 적은 금액의 차이는 $86,000-62,000=24,000$원이다.

03

작년 교통비를 x원, 숙박비를 y원이라 하자.

$1.15x+1.24y=1.2(x+y)\cdots\bigcirc$

$x+y=36\cdots\bigcirc$

㉠과 ㉡을 연립하면 $x=16$, $y=20$이다.

따라서 $20\times1.24=24.8$이므로 올해 숙박비는 248,000원이다.

01

총 9장의 손수건을 구매했으므로 B손수건 3장을 제외한 나머지 A, C, D손수건은 각각 $\dfrac{9-3}{3}=2$장씩 구매하였다.

먼저 3명의 친구들에게 서로 다른 손수건 3장씩 나눠 줘야 하므로 B손수건을 1장씩 나눠준다.
나머지 A, C, D손수건을 서로 다른 손수건으로 2장씩 나누면 (A, C), (A, D), (C, D)로 묶을 수 있다.
이 세 묶음을 3명에게 나눠주는 방법은 $3!=3\times2=6$가지가 나온다.
따라서 친구 3명에게 종류가 다른 손수건 3장씩 나눠주는 경우의 수는 6가지이다.

02

중복조합(서로 다른 n개 중 r개를 선택하되 중복을 허용하고 순서를 고려하지 않는 조합, $_n\mathrm{H}_r={}_{(n+r-1)}\mathrm{C}_r$)을 이용하여 구한다.
빨간색 공의 경우 남자아이 2명에게 1개씩 나누어 주고, 나머지 3개를 5명의 아이들에게 나누어 주는 경우의 수는 $_5\mathrm{H}_3={}_{(5+3-1)}\mathrm{C}_3$
$={}_7\mathrm{C}_3=\dfrac{7\times6\times5}{3\times2}=35$가지이다.
노란색 공의 경우 여자아이 3명에게 1개 이상 같은 개수를 나눠 주는 방법은 하나로 1개씩밖에 주지 못하기 때문에 공은 2개가 남는다.
남은 노란색 공은 남자아이에게만 나눠주므로 2명에게 2개의 공을 나눠주는 경우의 수는 $_2\mathrm{H}_2={}_{(2+2-1)}\mathrm{C}_2={}_3\mathrm{C}_2=3$가지이다.
따라서 유치원생들에게 공을 나눠줄 수 있는 경우의 수는 총 $35\times3=105$가지이다.

03

토너먼트 경기는 대진표에 따라 한 번 진 사람은 탈락하고, 이긴 사람이 올라가서 우승자를 정하는 방식이다.
16명이 경기를 하면 처음에는 8번의 경기가 이루어지고, 다음은 4번, 2번, 1번의 경기가 차례로 진행된다.
따라서 총 $8+4+2+1=15$번의 경기가 진행된다.

01

ⅰ) 3명이 안타를 칠 확률

$$\left(\frac{5}{6}\times\frac{1}{8}\times\frac{1}{4}\times\frac{1}{5}\right)+\left(\frac{1}{6}\times\frac{7}{8}\times\frac{1}{4}\times\frac{1}{5}\right)+\left(\frac{1}{6}\times\frac{1}{8}\times\frac{3}{4}\times\frac{1}{5}\right)+\left(\frac{1}{6}\times\frac{1}{8}\times\frac{1}{4}\times\frac{4}{5}\right)=\frac{(5+7+3+4)}{960}=\frac{19}{960}$$

ⅱ) 4명이 안타를 칠 확률

$$\frac{1}{6}\times\frac{1}{8}\times\frac{1}{4}\times\frac{1}{5}=\frac{1}{960}$$

$$\therefore \frac{19}{960}+\frac{1}{960}=\frac{20}{960}=\frac{1}{48}$$

따라서 4명 중 3명이 안타를 칠 확률은 $\frac{1}{48}$ 이다.

02

ⅰ) 두 사원이 1~9층에 내리는 경우의 수 : 9×9=81가지
ⅱ) A가 1~9층에 내리는 경우의 수 : 9가지
B는 A가 내리지 않은 층에서 내려야 하므로 B가 내리는 경우의 수는 8가지이다.

따라서 두 사원이 서로 다른 층에 내릴 확률은 $\frac{9\times8}{81}=\frac{8}{9}$ 이다.

03

A과목과 B과목을 선택한 학생의 비율이 각각 전체의 40%, 60%이고, A과목을 선택한 학생 중 여학생은 30%, B과목을 선택한 학생 중 여학생은 40%이므로 다음과 같은 식이 성립한다.
ⅰ) A과목을 선택한 여학생의 비율 : 0.4×0.3=0.12
ⅱ) B과목을 선택한 여학생의 비율 : 0.6×0.4=0.24

따라서 구하고자 하는 확률은 $\frac{0.24}{0.12+0.24}=\frac{2}{3}$ 이다.

출제유형분석 01 │ 실전예제

01

정답 ③

앞의 항에 $+5$, -10, $+15$, -20, …을 하는 수열이다.
따라서 ( )$=(-4)+15=11$이다.

02

정답 ③

(앞의 항)$\times(-2)=$(다음 항)
따라서 ( )$=128\times(-2)=-256$이다.

03

정답 ②

홀수 항은 -4, 짝수 항은 -7을 하는 수열이다.
따라서 ( )$=27-4=23$이다.

04

정답 ③

$\underline{A\,B\,C} \rightarrow (A+B)\div3=C$
따라서 ( )$=6\times3-8=10$이다.

05

정답 ④

$\underline{A\,B\,C} \rightarrow (A\times B)-5=C$
따라서 ( )$=(3+5)\div(-4)=-2$이다.

06

정답 ①

$\underline{A\,B\,C} \rightarrow (A+B)\times5=C$
따라서 ( )$=60\div5-10=2$이다.

PART 2

최종점검 모의고사

01 지각정확력

01	02	03	04	05	06	07	08	09	10	11	12	13	14	15	16	17	18	19	20
①	①	①	⑤	⑤	②	②	③	⑤	③	①	③	④	⑤	②	③	①	③	④	②

21	22	23	24	25	26	27	28	29	30										
①	②	③	⑤	①	④	⑤	①	②	③										

01 — 정답 ①

#	○	◇	☆	&	★	△	☆	*	■	※	◆
▼	→	▲	@	←	=	□	●	◎	§	▽	↑
↔	○	↓	▼	#	&	→	▽	□	↑	#	←
◆	※	*	★	=	●	◇	□	△	▲	■	@

02 — 정답 ①

Ч	Ш	Щ	Ц	У	Л	П	Щ	Л	У	Щ	Ш
Ш	Щ	П	П	Ш	У	П	Л	Ш	Ш	У	У
Л	У	Ш	Щ	Л	Л	Ш	У	Щ	Л	Щ	Л
Щ	Ш	Л	П	Щ	П	У	Щ	У	Ш	Л	Ш

03 — 정답 ①

ゼ	テ	ネ	デ	ケ	ス	ケ	ス	ス	テ	ゼ	
デ	ズ	セ	ゲ	ス	ゼ	ゲ	テ	デ	ゼ	ゲ	ゲ
セ	テ	ネ	ケ	テ	ケ	テ	ズ	セ	ケ	デ	ネ
ゲ	ネ	ゲ	ゼ	デ	ズ	ケ	ゼ	デ	ス	デ	セ

04

vii	III	ii	IX	vii	ix	iv	VII	v	xii	XI	i
iv	v	VI	iii	xi	x	v	ii	vii	xi	iii	XII
III	vii	xi	xii	iv	VI	VI	XII	ix	VI	v	vii
ii	XII	XI	VII	v	iii	vii	IX	i	IX	iv	xii

05

정답 ⑤

置	値	致	致	輜	恥	稚	熾	峙	輜	侈	緻
馳	痴	幟	淄	梔	緇	癡	嗤	痔	治	稗	輜
輜	凝	雉	馳	幟	痔	値	致	緇	稚	緻	峙
痴	致	梔	輜	稗	置	淄	恥	侈	嗤	熾	輜

06

정답 ②

n	m	j	d	u	n	o	l	b	d	e	s
r	a	l	p	q	x	z	w	i	v	a	b
c	u	v	e	k	j	t	f	h	r	x	m
b	y	g	z	t	n	e	k	d	s	j	p

07

정답 ②

馬	買	每	昧	枚	磨	美	米	眉	楣	摩	武
貿	茂	汶	蕉	无	刎	物	網	忘	萬	閔	磨
珉	抹	母	冒	磨	魔	密	娩	万	痳	閱	們
茉	埋	梶	渼	某	牡	罔	莽	痲	孟	盲	萌

08

정답 ③

⑲	⑧	⑰	⑯	⑲	⑧	⑧	⑧	⑰	⑱	⑱	⑯
⑰	⑱	⑱	⑩	⑱	⑲	⑰	⑰	⑱	⑲	⑱	⑱
⑯	⑩	⑲	⑰	⑯	⑱	⑩	⑲	⑯	⑧	⑯	⑲
⑱	⑰	⑧	⑱	⑩	⑩	⑯	⑩	⑧	⑰	⑱	⑱

PART 2 최종점검 모의고사 • 21

09

정답 ⑤

F	₮	B	£	£	B	₡	F	₮	₡	₮	F
₡	₦	£	₡	B	F	₦	₮	F	£	₦	B
₮	F	F	₡	₦	₦	£	B	₦	₡	₦F	₡
£	₦	B	₦	£	£	₡	₦	£	£	B	₮

10

정답 ③

560	572	578	591	502	589	587	593	521	569	523	507
569	562	520	571	530	572	512	588	572	553	597	569
572	569	589	515	566	596	522	555	569	500	543	568
529	560	542	569	558	587	517	524	584	516	534	569

11

정답 ①

갠	앤	벤	덴	뺀	깬	넨	넨	엔	핸	펜	탠
쟨	셴	멘	맨	캔	쟨	쎈	렌	갠	섄	현	진
편	겐	샌	먠	변	앤	쩬	헨	쨘	갠	앤	쨘
탠	먼	옌	갠	쩬	멘	샌	전	펜	텐	랜	갠

12

정답 ③

0.41	0.24	0.12	0.21	0.73	0.53	0.42	0.56	0.91	0.98	0.13	0.55
0.27	0.37	0.93	0.01	0.06	0.93	0.33	0.67	0.18	0.29	0.97	0.88
0.75	0.58	0.67	0.28	0.04	0.27	0.12	0.38	0.29	0.27	0.35	0.58
0.08	0.12	0.11	0.79	0.23	0.19	0.89	0.99	0.24	0.27	0.18	0.42

13

정답 ④

あ	な	へ	や	ん	じ	ゆ	む	め	の	よ	ち
ち	た	が	り	さ	ゐ	き	て	す	ち	ら	な
づ	ば	ま	ち	ひ	う	ぷ	れ	お	る	づ	え
ち	よ	か	わ	ぐ	い	ぜ	ち	ぱ	み	あ	ぬ

14 정답 ⑤

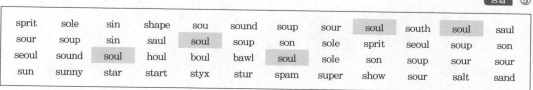

sprit	sole	sin	shape	sou	sound	soup	sour	soul	south	soul	saul
sour	soup	sin	saul	soul	soup	son	sole	sprit	seoul	soup	son
seoul	sound	soul	houl	boul	bawl	soul	sole	son	soup	sour	sour
sun	sunny	star	start	styx	stur	spam	super	show	sour	salt	sand

15 정답 ②

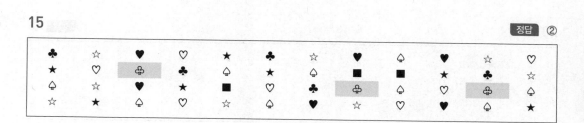

16 정답 ③

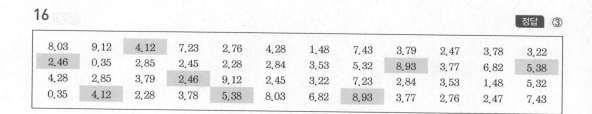

8.03	9.12	4.12	7.23	2.76	4.28	1.48	7.43	3.79	2.47	3.78	3.22
2.46	0.35	2.85	2.45	2.28	2.84	3.53	5.32	8.93	3.77	6.82	5.38
4.28	2.85	3.79	2.46	9.12	2.45	3.22	7.23	2.84	3.53	1.48	5.32
0.35	4.12	2.28	3.78	5.38	8.03	6.82	8.93	3.77	2.76	2.47	7.43

17 정답 ①

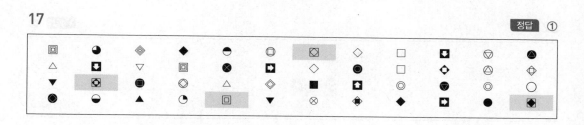

18 정답 ③

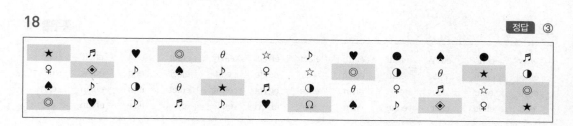

정답 ④

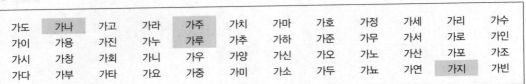

가도	가나	가고	가라	가주	가치	가마	가호	가정	가세	가리	가수
가이	가용	가진	가누	가루	가추	가하	가준	가무	가서	가로	가인
가시	가창	가회	가니	가우	가양	가신	가오	가노	가산	가포	가조
가다	가부	가타	가요	가중	가미	가소	가두	가뇨	가연	가지	가빈

20

정답 ②

◎	☎	⇔	△	♀	♨	¶	▶	㉿	♡	☞	♣
♂	■	◈	※	◆	↗	▲	↖	♤	★	§	∀
⦀	Σ	◇	Ⱶ	⊙	€	▼	▣	‡	▦	♠	♥
☞	♠	↘	◑	¢	⇒	↙	¥	☏	㈜	◐	☆

21

정답 ①

1217	3091	1013	1932	4489	0518	2240	5019	3213	5843	0917	1824
1001	4265	1009	1203	1012	1545	1430	3018	2359	6532	6932	1220
5017	0518	1235	3018	4407	8742	5641	1532	1013	2355	5326	1920
5019	2345	1235	5836	3210	1220	7843	4132	5332	0227	1029	5329

22

정답 ②

家	價	可	羅	裸	螺	多	茶	喇	馬	麻	社
事	思	亞	自	兒	車	者	次	借	加	他	波
河	打	字	韓	産	塞	水	需	難	志	只	足
存	培	伯	卡	絢	刻	釜	負	愷	价	芷	裳

23

정답 ③

easy	echo	eddy	eight	elate	elect	effect	early	elder	erst	elicit	ego
elute	each	ept	edit	ethic	eel	eagle	edit	eject	end	enow	elf
epris	epic	eco	eat	elfin	elite	egypt	elint	edict	elm	enfin	egg
edu	elide	east	edge	earn	era	effort	emic	eye	else	elvan	ear

24

정답 ⑤

take	talk	touch	time	tip	tilt	turn	**then**	think	ten	turtle	tube
tor	**travel**	tate	tear	top	torch	tort	**taste**	task	tidy	test	topic
tiny	target	TRUE	tab	tell	twins	trap	tall	ton	tint	trip	tent
tomb	tight	**tune**	tire	tone	toy	tag	toxic	try	tax	taw	title

25

정답 ①

♪♬ ♩♬ ♪♩ ♩♬ ♩♬ **♬♪** ♬♬ ♩♬ ♪♬ ♪♩ ♪♬ ♪♬
♬♬ ♪♬ ♬♬ ♪♬ ♩♭ ♪♩ ♪♬ ♪♩ ♪♬ ♬♬ ♩♭ ♩♬
♪♪ ♩♭ ♩♬ ♪♬ **♩♩** ♩♬ ♪♬ ♬♬ ♩♭ ♩♭ ♪♬ ♪♩
♬♬ **♩♪** ♪♩ ♬♬ ♩♭ ♬♬ ♪♩ ♪♬ ♩♬ ♪♩ ♬♬ ♪♬

26

정답 ④

ɕ	ə	ʃ	ə	ʃ	ɕ	ɦ	ɕ	ɯ	ə	ɡ	**ɒ**
ə	ɦ	**ɐ**	ɯ	ə	ɡ	ɯ	ə	ɕ	ɡ	ə	ɡ
ɡ	ə	ʃ	ɕ	ɦ	ɕ	ə	ʃ	ɦ	ə	ɯ	ɕ
ɔ	ɯ	ɦ	ɡ	ə	ʃ	**ɑ**	ʃ	ə	ɯ	ɕ	ɦ

27

정답 ⑤

₿	w	₿	s	Σ	**¥**	Σ	₿	℃	£	₽	c
℃	₣	N	₠	℃	£	**$**	₣	₽	Y	Σ	£
₽	Σ	₽	£	**¢**	W	₣	**₦**	Σ	₥	℃	Σ
£	n	₣	C	₿	₽	y	Σ	S	₣	₿	℃

28

정답 ①

Ⓕ	Ⓖ	Ⓒ	Ⓕ	Ⓓ	Ⓜ	Ⓔ	Ⓙ	Ⓖ	Ⓔ	**Ⓗ**	Ⓓ
Ⓠ	Ⓘ	Ⓓ	Ⓔ	Ⓐ	Ⓕ	Ⓒ	**Ⓨ**	Ⓜ	Ⓛ	Ⓘ	Ⓕ
Ⓓ	Ⓒ	Ⓐ	**Ⓖ**	Ⓛ	Ⓘ	Ⓖ	Ⓐ	Ⓕ	Ⓐ	Ⓜ	Ⓒ
Ⓐ	Ⓔ	Ⓙ	**Ⓚ**	Ⓜ	Ⓔ	Ⓛ	Ⓘ	Ⓓ	Ⓙ	Ⓒ	Ⓙ

29

츳	춞	췰	춞	춨	칮	춝	**참**	춖	칢	춞	춖
칢	춣	췜	춲	칮	칤	춲	췞	춣	칮	칢	춞
춖	칢	춖	춨	칢	**췞**	칤	칤	춞	춨	춲	칢
춲	춨	칮	춞	춣	춨	췞	춣	춨	칢	춨	**춣**

30

Ⓑ	Ⓓ	Ⓔ	Ⓗ	Ⓖ	Ⓜ	Ⓓ	Ⓡ	Ⓚ	Ⓓ	Ⓖ	Ⓕ
Ⓕ	Ⓖ	Ⓠ	Ⓕ	Ⓑ	Ⓠ	Ⓨ	Ⓗ	Ⓡ	Ⓕ	Ⓩ	Ⓗ
Ⓓ	Ⓚ	Ⓕ	Ⓓ	Ⓡ	Ⓝ	Ⓕ	Ⓠ	Ⓓ	Ⓜ	Ⓚ	Ⓓ
Ⓙ	Ⓗ	Ⓜ	Ⓖ	Ⓚ	Ⓨ	Ⓕ	Ⓑ	Ⓡ	Ⓖ	Ⓗ	Ⓑ

01	02	03	04	05	06	07	08	09	10	11	12	13	14	15	16	17	18	19	20
③	③	④	⑤	④	③	④	①	④	④	②	④	③	②	⑤	③①	②④	①②	④①	③③

01
정답 ③

제시된 단어는 반의 관계이다.
'능동'의 반의어는 '수동'이고, '자유'의 반의어는 '속박'이다.

02
정답 ③

제시된 단어는 상하 관계이다.
'고래'는 '포유류'에 포함되고, '기타'는 '악기'에 포함된다.

03
정답 ④

제시된 단어는 반의 관계이다.
'사실'의 반의어는 '허구'이고, '유명'의 반의어는 '무명'이다.

04
정답 ⑤

제시된 단어는 반의 관계이다.
'수평'의 반의어는 '수직'이고, '기립'의 반의어는 '착석'이다.

05
정답 ④

제시된 단어는 전체와 부분 관계이다.
'뿌리'는 '나무'의 부분이고, '연필심'은 '연필'의 부분이다.

06
정답 ③

제시된 단어는 유의 관계이다.
'거드름'의 유의어는 '거만'이고, '삭임'의 유의어는 '소화'이다.

07
정답 ④

제시된 단어는 유의 관계이다.
'고집'은 '집념'의 유의어이고, '가을'은 '추계'의 유의어이다.

08
정답 ①

제시된 단어는 재료와 결과물의 관계이다.
'설탕'으로 '사탕'을 만들고, '목화'로 '솜'을 만든다.

09

정답 ④

제시된 단어는 반의 관계이다.
'후세'의 반의어는 '왕년'이고, '부족'의 반의어는 '십분'이다.

10

정답 ④

제시된 단어는 유의 관계이다.
'말다'의 유의어는 '그만두다'이고, '야물다'의 유의어는 '익다'이다.

11

정답 ②

제시된 단어는 재료와 가공품의 관계이다.
'구리'는 '전선'의 재료이고, '계란'은 '마요네즈'의 재료이다.

12

정답 ④

'브라만'과 '수드라'는 인도의 카스트제도에서 계급을 나타내는 말이고, '진골'과 '6두품'은 신라의 골품제도에서 계급을 나타내는 말이다.

13

정답 ③

제시된 단어는 반의 관계이다.
'곰살맞다'의 반의어는 '퉁명스럽다'이고, '방자하다'의 반의어는 '정중하다'이다.

14

정답 ②

'책'을 읽고 쓰는 글은 '독후감'이고, '일상'을 기록하는 글은 '일기'이다.

15

정답 ⑤

제시된 단어는 작가와 작품 관계이다.
'일연'은 '삼국유사'의 작가이고, '김유정'은 '봄봄'의 작가이다.

16

정답 ③, ①

제시된 단어는 유의 관계이다.
'풍문'의 유의어는 '유언비어'이고, '격언'의 유의어는 '속담'이다.

17

정답 ②, ④

제시된 단어는 직업과 하는 일의 관계이다.
'약사'는 '조제'를 하고, '의사'는 '진료'를 한다.

18

제시된 단어는 반의 관계이다.
'우월'의 반의어는 '열등'이고, '대항'의 반의어는 '굴복'이다.

정답 ①, ②

19

제시된 단어는 유의 관계이다.
'훗훗하다'의 유의어는 '훈훈하다'이고, '꼬리별'의 유의어는 '혜성'이다.

정답 ④, ①

20

제시된 단어는 인과 관계이다.
'목욕'을 하면 '청결'해지고, '운동'을 하면 '건강'해진다.

정답 ③, ③

01	02	03	04	05	06	07	08	09	10	11	12	13	14	15	16	17	18	19	20
③	①	③	①	②	③	③	②	①	③	②	③	①	②	②	①	①	②	③	①

01
정답 ③

제시문을 정리하면 지수<재희, 지영<수영이므로 수영이와 지수 중 누가 더 큰 옷을 입는지는 주어진 조건만으로는 알 수 없다.

02
정답 ①

지수가 지영이보다 큰 옷을 입는다면 재희, 지수, 수영이는 S, L, XL, XXL 중 하나의 옷을 입을 것이고, 지영이는 XS, S 중 하나의 옷을 입으므로 진영이보다 작은 옷을 입는 것이 맞다.

03
정답 ③

조건에 따르면 재희<지영<수영인데, 재희가 S 사이즈의 옷을 입을 수도 있지만 재희가 L 사이즈의 옷을 입고 지영이가 XL, 수영이가 XXL 사이즈의 옷을 입을 수도 있으므로 재희가 진영이보다 작은 옷을 입는지는 정확히 알 수 없다.

04
정답 ①

철수의 누나가 영희이므로, 영희는 남동생이 있다.

05
정답 ②

철수와 영희는 남매이고 영희는 맏딸이며, 철수는 막내가 아니므로 영희의 동생은 최소 2명이다.

06
정답 ③

제시문을 정리하면 다음과 같다.

구분	귤	사과	수박	딸기	토마토
A	×	×	×	○	×
B	×			×	
C	×	×		×	
D				×	

B가 수박과 토마토 중 하나를 먹었다면 D에게 남은 선택지는 귤과 사과이므로, 둘 중 어느 것을 먹었을지는 정확히 알 수 없다.

07
정답 ③

D가 귤이나 토마토를 먹었을 가능성도 있으므로 D가 먹은 과일은 정확히 알 수 없다.

08

정답 ②

C가 토마토를 먹었다면 B가 선택할 수 있는 것은 사과와 수박 2개이고, D가 선택할 수 있는 것은 귤, 사과, 수박 3개이므로 B가 사과를 먹었을 확률이 더 크다고 할 수 있다.

09

정답 ①

제시문에 따르면 카푸치노 2잔과 아메리카노 1잔은 이미 선택되었으므로 손님 B가 카페모카를 마셨다면 손님 D가 선택할 수 있는 메뉴는 카페라테밖에 없다.

10

정답 ③

제시문에 따르면 카푸치노 2잔과 아메리카노 1잔은 이미 선택되었으므로 D가 선택할 수 있는 것은 카페라테 2잔과 카페모카 1잔이다. D가 이 중에서 1잔을 마셨을 수도 있지만 2잔이나 3잔을 마셨을 수도 있으므로 주어진 조건으로는 커피를 가장 적게 마신 손님을 정확히 알 수 없다.

11

정답 ②

커피는 6잔이고, 손님은 4명이다. 주어진 조건 안에서도 손님 3명이 각각 1잔을 마시고 손님 1명이 커피 3잔을 마실 수 있으므로 한 손님이 마실 수 있는 커피의 최대량은 3잔이다.

12

정답 ③

제시문 중 C가 레몬 맛 사탕을 먹는 경우는 다음과 같다.

구분	A	B	C	D	E
경우 1	사과	딸기	레몬	레몬	딸기
경우 2	사과	딸기	레몬	사과	딸기

C가 레몬 맛 사탕을 먹는 경우에 D는 사과 맛이나 레몬 맛 사탕을 먹는다. 따라서 사과 맛 사탕을 먹는지 아닌지 알 수 없다.

13

정답 ①

제시문을 정리하면 다음과 같다.

구분	A	B	C	D	E
경우 1	사과	딸기	레몬	레몬	딸기
경우 2	사과	딸기	레몬	사과	딸기
경우 3	사과	딸기	사과	레몬	딸기
경우 4	사과	레몬	사과	딸기	레몬

총 4가지 경우 중 B가 딸기 맛 사탕을 먹는 경우는 3가지이므로 확률이 가장 높다.

14

정답 ②

13번 해설을 참고하면, 경우 1에서 사과 맛 사탕을 한 개만 먹는다. 따라서 거짓이다.

15

제시문을 정리하면 다음과 같다.

구분	첫 번째	두 번째	세 번째	네 번째	다섯 번째
경우 1	A	B	E	C	D
경우 2	A	B	C	D	E
경우 3	A	C	D	B	E
경우 4	C	D	A	B	E

경우 4에서 A가 세 번째 순서일 때, D는 두 번째 순서이다. 따라서 거짓이다.

16

15번의 해설을 참고하면, E가 세 번째 순서인 경우는 A − B − E − C − D의 순서가 된다. 따라서 E가 세 번째 순서일 때, D는 마지막 순서이다.

17

15번 해설을 참고하면, 총 4가지 경우 중 E가 다섯 번째 순서일 경우는 3가지이므로 확률이 가장 높다.

18

D는 다른 세 사람과 서로 다른 급수이므로 1급이거나 3급이다. A는 B, C와 서로 다른 급수이므로, D가 1급인 경우 A는 3급이고, D가 3급인 경우 A는 1급이어야 한다. 따라서 B, C는 2급이다.

19

18번 해설을 참고하면, A는 1급일 수도 있고 3급일 수도 있다.

20

18번 해설을 참고하면, C는 2급이다.

01	02	03	04	05	06	07	08	09	10	11	12	13	14	15	16	17	18	19	20
②	③	③	④	④	③	②	④	③	①	②	④	①	②	②	①	②	④	②	③

01   정답 ②

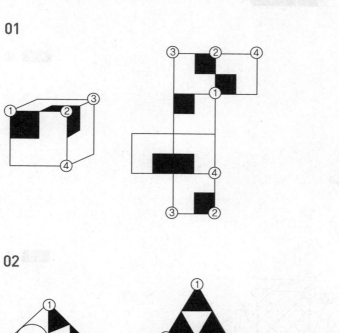

02   정답 ③

03   정답 ③

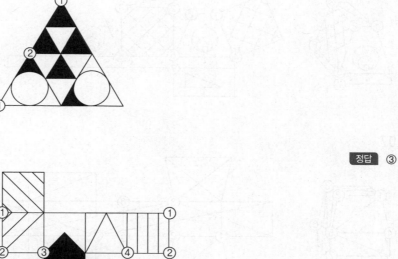

04

정답 ④

05

정답 ④

06

정답 ③

07

정답 ②

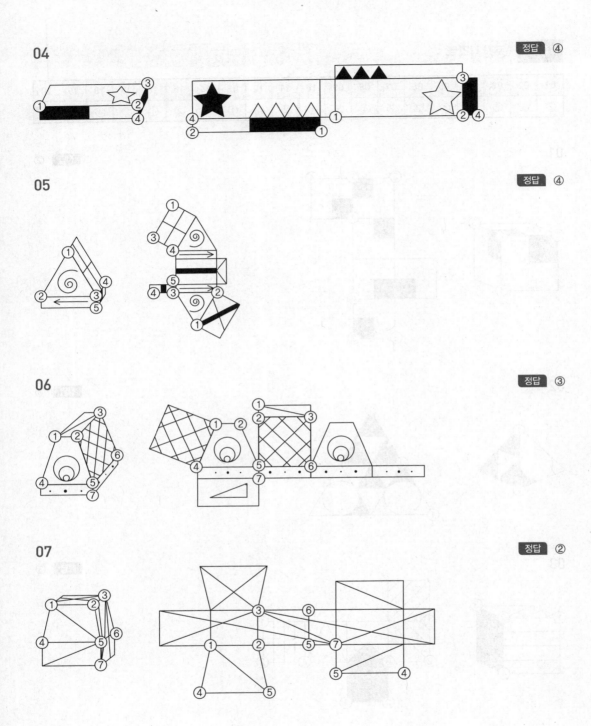

08

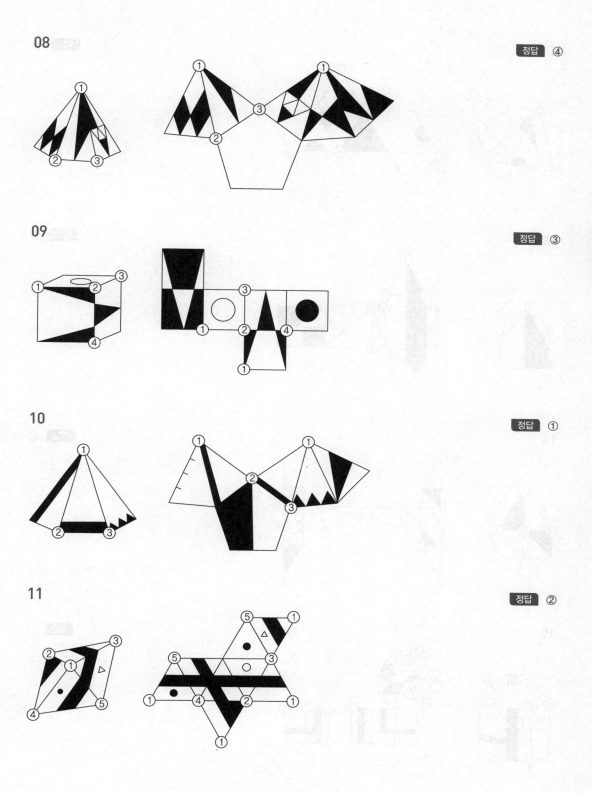

09

10

11

12

13

14

15

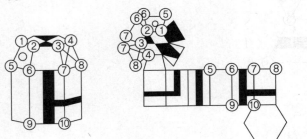

16

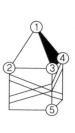 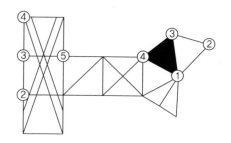

17

PART 2

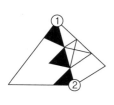 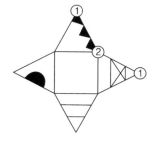

18

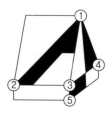 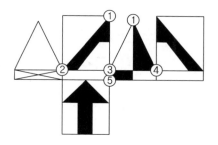

19

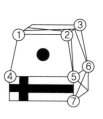 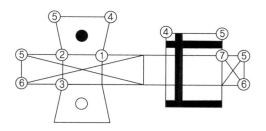

20

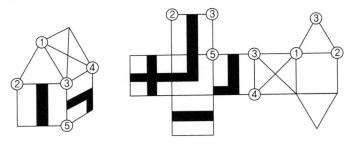

01	02	03	04	05	06	07	08	09	10	11	12	13	14	15	16	17	18	19	20
④	③	④	①	③	③	②	④	①	④	④	④	①	④	③	④	④	②	②	①

01

정답 ④

'본성 대 양육 논쟁'이라는 화제를 제기하는 (나) 문단이 첫 번째에 배치되어야 하며, (다) 문단의 '이러한 추세'가 가리키는 것이 (나) 문단에서 언급한 '양육 쪽이 일방적인 승리를 거두게 된 것'이므로, (나) – (다) 순으로 이어지는 것이 자연스럽다. 또한 (라) 문단의 첫 번째 문장, '더욱이'는 앞 내용과 연결되는 내용을 덧붙여 앞뒤 문장을 이어주는 말이므로 (다)의 뒤에 이어져야 하며, 본성과 양육 논쟁의 가열을 전망하면서 본성과 양육 모두 인간 행동에 필수적인 요인임을 밝히고 있는 (가) 문단의 순으로 나열되어야 한다.

02

정답 ③

제시문은 성품과 인위를 정의하고 이것에 대한 구체적인 예를 통해 인간의 원래 성품과 선하게 되는 원리를 설명하는 글이다. 따라서 (가) 성품과 인위의 정의 – (다) 성품과 인위의 예 – (라) 성품과 인위의 결과 – (나) 이를 통해 알 수 있는 인간의 성질 순으로 나열되어야 한다.

03

정답 ④

제시문은 현대 건축가 르 꼬르뷔지에의 업적에 대해 설명하고 있다. 먼저, 현대 건축의 거장으로 불리는 르 꼬르뷔지에를 소개하는 (라) 문단이 나오고, 그 뒤로 르 꼬르뷔지에가 만든 도미노 이론의 정의를 설명하는 (가) 문단이 와야 한다. 다음으로 도미노 이론을 설명하는 (다) 문단이 나오고, 마지막으로 도미노 이론의 연구와 적용되고 있는 다양한 건물을 설명하는 (나) 문단이 오는 것이 적절하다.

04

정답 ①

첫 번째 문단이 도입부라 볼 수 있고, 두 번째 문단의 첫 문장이 제시문의 주제문이다. 이어서 선진사회와의 비교로 연고주의의 장점을 강화하고 있다.

05

정답 ③

제시문은 민요의 시김새가 무엇인지 설명하고 있다. 또한 시김새가 '삭다'라는 말에서 나온 단어라고 서술하고 있다. 따라서 제시문의 주제는 '시김새의 정의와 어원'이다.

06

정답 ③

Ⅱ. 본론-2-가의 '비용에 대한 부담으로 저렴한 수입 농산물 구매'는 학교 급식에서 수입 농산물을 재료로 많이 사용하는 이유와 관련되는 항목이다. 따라서 ③과 같이 ⓒ을 Ⅱ. 본론-1의 '수입 농산물 사용의 문제점'의 하위항목으로 옮기는 것은 적절하지 않다.

07

정답 ②

빈칸 뒤에서는 고전 미학과 근대 미학이 각각 추구하는 이념과 대상에 대해 예를 들어 설명하고 있다. 따라서 빈칸에 들어갈 문장으로 미학이 추구하는 이념과 대상도 '시대에 따라 다름'을 언급하는 ②가 가장 적절하다.

08

정답 ④

알려지지 않은 것에서는 위험 불안정, 걱정, 공포감이 뒤따라 나오기 때문에 우리 마음의 불안한 상태를 없애고자 한다면, 알려지지 않은 것을 알려진 것으로 바꿔야 한다. 이러한 환원은 우리의 마음을 편하게 해주고 만족하게 한다. 이 때문에 우리는 이미 알려진 것, 체험된 것, 기억에 각인된 것을 원인으로 설정하게 되고, 낯설고 체험하지 않았다는 느낌을 빠르게 제거해 버림으로써 특정 유형의 설명만이 남아 우리의 사고방식을 지배하게 만든다. 따라서 빈칸에 들어갈 문장으로 '이것은 낯설고 체험하지 않았다는 느낌을 가장 빠르고 쉽게 제거해 버린다.'가 가장 적절하다.

09

정답 ①

(가) 문단의 마지막 문장에서 곰돌이 인형이 말하는 사람에게 주의를 기울여준다고 했으므로 그 다음 내용은 그 이유를 설명하는 보기가 적절하다.

10

정답 ④

두 번째 문단에 따르면 높은 물가 상승률은 이자율의 상승과 함께 대출 조건을 악화시키므로 기업은 생산 비용 상승과 이로 인한 이윤 감소에 직면하게 된다.

오답분석
① 높은 물가는 가계의 실질 소비력을 약화시키므로 소비 심리를 위축시켜 경기 둔화를 초래할 수 있다.
②·③ 세금 조정, 통화량 조절, 금리 조정 등 여러 금융 정책의 목적은 물가 상승률을 통제하여 안정성을 확보하는 것이다.

11

정답 ④

민간부문에서 역량 모델의 도입에 대한 논의가 먼저 이루어진 것으로 짐작할 수는 있지만, 이것이 민간부문에서 더욱 효과적으로 작용한다는 것을 의미한다고 보기는 어렵다.

12

정답 ④

제시문은 현대성의 지식을 타자를 발견하는 지식으로 보고 있다. 제시문에서 모더니티에 대한 학문은 주변부의 시각을 포함할지라도 중심은 서양인의 시각(중심부의 시각)이다. 따라서 주변부의 시각으로 연구했다는 (라) 문장은 글의 흐름상 적절하지 않다.

13

정답 ①

낭포성 섬유증 유전자를 가진 사람이 장과 폐에서 염소 이온을 밖으로 퍼내는 작용을 정상적으로 하지 못한다고는 했으나, 그 덕분에 콜레라에서 살아남았으므로, 생명이 위험했다고 보기는 어렵다.

14

정답 ④

제시문에서는 역사적 사건의 경과 과정이 의미를 지닐 수 있도록 서술하는 양식을 이야기식 서술이라 하는데, 이에 따르면 역사적 서술의 타당성은 결코 논증에 의해 결정되지 않으며 사건은 원래 가지고 있지 않던 발단 – 중간 – 결말이라는 성격을 부여받는다고 하였다. 이를 통해 역사적 사건의 경과 과정에 특정한 문학적 형식을 부여할 뿐만 아니라 의미도 함께 부여한다는 것을 알 수 있다. 따라서 제시문의 중심 내용으로 가장 적절한 것은 ④이다.

15

정답 ③

제시문은 영화가 만들어내는 신화, 어떤 개념에 대한 명제를 다시 쓰거나 덧씌우는 영화의 역할에 대해 이야기하는 글이다. 하지만 이 신화, 명제는 일반 관객이 인식하기 어려우며, 스크린 속의 캐릭터와 자신을 동일시하는 관객의 무의식 속에 파고들어 진실로 자리 잡는다. 마지막 문단에서 글쓴이는 이 동일시를 통한 무의식적인 수용을 경고하고 있으며, 이 경고와 가장 부합하는 것은 ③의 사례이다. 「귀여운 여인」의 주인공과 자신을 동일시하여 신화(현실을 이겨내는 낭만적 사랑)를 주입당한 여성들을 이야기하고 있기 때문이다.

16

정답 ④

오답분석
① 팔은 눈에 띄지 않을 만큼 작다.
② 빌렌도르프 지역에서 발견되었다.
③ 모델에 대해서는 밝혀진 것이 없다.

17

정답 ④

3인 가구의 경우, 일평균 에어컨 가동시간은 평균 실내온도가 26℃ 이상 28℃ 미만일 때 10시간으로, 30℃ 이상일 때 20시간의 $\frac{10}{20} \times 100 = 50\%$이다.

오답분석
① 평균 실내온도가 30℃ 이상일 때 1인 가구의 일평균 에어컨 가동시간은 6시간으로, 26℃ 미만일 때 1시간의 6배이다.
② 평균 실내온도가 26℃ 미만, 26℃ 이상 28℃ 미만일 때는 자녀가 있는 2인 가구의 일평균 에어컨 가동시간은 자녀가 없을 때의 2배 이상이지만, 28℃ 이상 30℃ 미만, 30℃ 이상일 때는 2배 미만이다.
③ 평균 실내온도가 28℃ 이상 30℃ 미만일 때 4인 가구의 일평균 에어컨 가동시간은 18시간이다.

18

정답 ②

만 5세 이상의 국·공립 어린이집에 다니는 유아 수는 33,207명이다.

오답분석
①·③ 제시된 표를 통하여 간단하게 알 수 있다.
④ 민간 어린이집에 다니는 유아 수가 374,720명이므로, 나이별 비율을 구하면 다음과 같다.

• 만 3세 : $\frac{173,991}{374,720} \times 100 = 46\%$

• 만 4세 : $\frac{107,757}{374,720} \times 100 = 29\%$

• 만 5세 이상 : $\frac{92,972}{374,720} \times 100 = 25\%$

19

2022년과 2023년 총매출액에 대한 비율이 같은 기타 영역이 가장 차이가 작다.

[오답분석]
① 2022년 매출액은 1,907억 원이고, 2023년 매출액은 2,548억 원으로, 2023년이 641억 원 더 많다.
③ 애니메이션 영역(12.6 → 9.7)과 게임 영역(56.1 → 51.4)은 모두 2022에 비해 2023년에 매출액 비율이 감소하였다.
④ 게임 영역이 총매출에서 차지하는 비율은 2022년에 56.1%, 2023년에 51.4%로, 모두 50% 이상이다.

20

ㄱ. ○표시는 인과관계가 성립한다는 것을, ×표시는 인과관계가 성립하지 않는다는 것을 의미한다. 따라서 모든 방향에서 ×표시가 되어 있는 미국, 영국, 독일, 이탈리아에서는 경제성장과 1차 에너지소비 사이에 어떤 방향으로도 인과관계가 존재하지 않는다는 것을 알 수 있다.
ㄴ. 캐나다, 프랑스, 일본, 한국의 경우는 경제성장에서 1차 에너지소비로의 일방적인 인과관계가 나타나고 있기 때문에, 에너지소비절약 정책이 경제구조를 왜곡시키지는 않을 것으로 예측할 수 있다.

[오답분석]
ㄷ. ㄴ과 같은 맥락에서 볼 때, 한국에서의 에너지절약 정책은 경제성장에 장애를 유발하지 않고 경제성장이 추진될 수 있다고 할 수 있다.
ㄹ. 표에 있는 국가들은 한국을 제외하고는 모두 G7 국가이다. 따라서 ㄱ과 ㄴ을 참고하면 올바른 진술이 아니다.

01	02	03	04	05	06	07	08	09	10	11	12	13	14	15	16	17	18	19	20
④	④	②	④	④	②	④	③	④	③	①	④	②	②	①	④	①	④	①	②

01

정답 ④

2번, 3번, 4번 문제를 맞힌 학생 수를 각각 a명, b명, c명라 하면 다음과 같은 식이 성립한다.

$3(48+a)+2(b+c)=7.2\times50 \rightarrow 3a+2b+2c=216 \cdots ㉠$

$3(48+b)+2(a+c)=6.8\times50 \rightarrow 2a+3b+2c=196 \cdots ㉡$

$48+2a+3b+4c=6\times50 \rightarrow 2a+3b+4c=252 \cdots ㉢$

$3\times㉠-2\times㉡ : 5a+2c=256 \cdots ㉣$

$㉡-㉢ : -2c=-56 \rightarrow c=28 \cdots ㉤$

㉤을 ㉣에 대입하면

$a+56=256 \rightarrow a=40 \cdots ㉥$

㉤, ㉥을 ㉡에 대입하면

$80+3b+56=196 \rightarrow b=20$

따라서 2번, 3번, 4번 문제를 맞힌 학생 수의 총합은 $40+20+28=88$명이다.

02

정답 ④

40분 동안의 민주와 세희의 이동거리는 다음과 같다.

• 민주의 이동거리 : $40\times40=1,600$m

• 세희의 이동거리 : $45\times40=1,800$m

산책로의 길이를 xm라 하면 40분 후에 두 번째로 마주친 것이라고 하므로 다음과 같은 방정식이 성립한다.

$1,600+1,800=2x$

$\rightarrow 2x=3,400$

$\therefore x=1,700$

따라서 산책로의 길이는 1,700m이다.

03

정답 ②

전체 일의 양을 1이라고 하면, A기계가 한 시간 동안 작업할 수 있는 일의 양은 $\frac{1}{12}$ 이고, B기계가 한 시간 동안 작업할 수 있는 일의 양은 $\frac{1}{18}$ 이다. 이미 절반의 작업이 수행되었으므로 남은 일의 양은 $1-\frac{1}{2}=\frac{1}{2}$ 이다.

이 중 A기계로 4시간 동안 작업을 수행했으므로 A기계와 B기계가 함께 작업해야 하는 일의 양은 $\frac{1}{2}-\left(\frac{1}{12}\times4\right)=\frac{1}{6}$ 이다.

따라서 A, B 두 기계를 모두 동원해 남은 $\frac{1}{6}$ 을 수행하는 데는 $\dfrac{\frac{1}{6}}{\left(\frac{1}{12}+\frac{1}{18}\right)}=\dfrac{\frac{1}{6}}{\frac{5}{36}}=\frac{6}{5}$ 시간, 즉 1시간 12분이 걸린다.

04

정답 ④

어느 지점까지의 거리를 x km라고 하면 왕복하는 데 걸리는 시간은 $\dfrac{x}{3}+\dfrac{x}{4}=\dfrac{7}{12}x$ 시간이다.

2시간에서 3시간 사이에 왕복할 수 있어야 하므로 다음과 같은 부등식이 성립한다.

$$2 \leq \frac{7}{12}x \leq 3 \rightarrow 24 \leq 7x \leq 36 \rightarrow \frac{24}{7} \leq x \leq \frac{36}{7}$$

$$\therefore \ 3.4 \leq x \leq 5.1$$

따라서 2시간에서 3시간 사이에 왕복할 수 있는 코스는 Q지점과 R지점이다.

05

정답 ④

위원회를 구성할 수 있는 경우의 수는 학생회장과 A교수가 동시에 뽑히는 경우의 수를 제외한 것과 같다.

전체 인원 12명 중 5명을 뽑는 경우의 수는 $_{12}\mathrm{C}_5=\dfrac{12\times11\times10\times9\times8}{5\times4\times3\times2\times1}=792$ 가지이고, 학생회장과 A교수가 같이 대표로 뽑힐

경우의 수는 12명 중 이 2명을 체외한 10명에서 3명을 뽑는 경우와 같으므로 $_{10}\mathrm{C}_3=\dfrac{10\times9\times8}{3\times2\times1}=120$ 가지이다.

따라서 위원회를 구성할 수 있는 경우의 수는 $792-120=672$ 가지이다.

06

정답 ②

둘이 함께 만드는 데 걸리는 시간을 x 시간이라고 하자.

1시간 동안 만들 수 있는 보고 자료는 민사원과 안사원 각각 $\dfrac{30}{2}$ 장, $\dfrac{50}{3}$ 장이다.

$$\left(\frac{30}{2}\times0.9+\frac{50}{3}\times0.9\right)\times x=120 \rightarrow \frac{171}{6}x=120$$

$$\therefore \ x=\frac{80}{19}$$

따라서 둘이 자료 120장을 만드는 데 걸리는 시간은 $\dfrac{80}{19}$ 시간이다.

07

정답 ④

정환이의 속력을 x km/h, 민주의 속력을 y km/h라고 하면 다음과 같은 관계가 성립한다.

$$\frac{3}{4}x+\frac{3}{4}y=12 \cdots \text{㉠}$$

$$3x=12+3y \cdots \text{㉡}$$

㉠, ㉡을 연립하면 $x=10$, $y=6$ 이다.

따라서 정환이의 속력은 10km/h이다.

08

정답 ③

작년의 남학생 수와 여학생 수를 각각 a 명, b 명이라 하자.

• 작년의 전체 학생 수 : $a+b=820$ 명 $\cdots$ ㉠
• 올해의 전체 학생 수 : $1.08a+0.9b=810$ 명 $\cdots$ ㉡

㉠과 ㉡을 연립하면 $a=400$, $b=420$ 이다.

따라서 작년의 여학생 수는 420명이다.

09

A, G를 제외한 5명 중 C, D, E가 이웃하여 서는 경우의 수는 $3! \times 3! = 36$가지이고, A와 G는 자리를 바꿀 수 있다.
따라서 구하는 경우의 수는 $3! \times 3! \times 2 = 72$가지이다.

10

정답 ③

여객열차의 길이를 xm라 하자.

$60 + x = \left(\dfrac{400+x}{20} + 16 \right) \times 4 \rightarrow 60 + x = \dfrac{400+x}{5} + 64$

$\rightarrow 300 + 5x = 400 + x + 320$

$\therefore x = 105$

따라서 여객열차의 길이는 105m이다.

11

정답 ①

강아지와 닭의 수를 각각 x마리, $(20-x)$마리라고 하자.
$4x + 2(20-x) = 46 \rightarrow 2x = 6$
$\therefore x = 3$
따라서 강아지의 수는 3마리이다.

12

정답 ④

• 아이스크림의 정가 : $2,000(1 + a\%)$원

• 아이스크림의 할인율 : $\dfrac{a}{2}\%$

• 할인된 아이스크림의 가격 : $2,000(1 + a\%) \times \left(1 - \dfrac{a}{2}\% \right)$원

• 아이스크림 1개당 이익 : $2,000(1 + a\%) \times \left(1 - \dfrac{a}{2}\% \right) - 2,000 = 240$원

$2,000(1 + a\%) \times \left(1 - \dfrac{a}{2}\% \right) - 2,000 = 240$

$\rightarrow 2,000 \left(1 + \dfrac{a}{100} \right) \left(1 - \dfrac{a}{200} \right) - 2,000 = 240$

$\rightarrow a^2 - 100a + 2,400 = 0$

$\rightarrow (a - 40)(a - 60) = 0$

$\therefore a = 40$ 또는 60

따라서 40%나 60%를 할인한 경우에 240원의 이익이 발생한다.

13

정답 ②

1분 동안 A수도관으로 채울 수 있는 물의 양은 $\dfrac{1}{128}$이고, 1분 동안 B수도관으로 채울 수 있는 물의 양은 $\dfrac{1}{64}$이다.

두 수도관을 동시에 사용하여 물을 채운 시간을 x분이라고 하자.

$\dfrac{1}{64} \times 32 + \left(\dfrac{1}{128} + \dfrac{1}{64} \right) x = 1$

$\therefore x = \dfrac{64}{3}$

따라서 두 수도관을 동시에 사용하여 물을 채운 시간은 $\dfrac{64}{3}$분이다.

14

정답 ②

전체 당원을 120명이라고 가정하자.

전체 당원 중 여당이 뽑힐 확률은 $\frac{2}{3}$이므로 여당은 80명이고, 전체 당원 중 여자가 뽑힐 확률은 $\frac{3}{10}$이므로 여자는 총 36명이다.

이를 표로 정리하면 다음과 같다.

(단위 : 명)

구분	야당	여당	합계
남자			84
여자			36
합계	40	80	120

여당에서 뽑혔을 때 남자일 확률이 $\frac{3}{4}$이므로 80명 중 60명이 남자임을 알 수 있다.

(단위 : 명)

구분	야당	여당	합계
남자	24	60	84
여자	16	20	36
합계	40	80	120

따라서 남자가 의장으로 뽑혔을 때, 의장이 야당일 확률은 $\frac{24}{84}=\frac{2}{7}$이다.

15

정답 ①

딸기 6박스 묶음 하나를 구매할 때 가격은 $7,600 \times 4 + 7,600 \times 2 \times 0.7 = 41,040$원이고, 딸기 3박스 묶음 2개 구입가격은 $7,600 \times 6 \times 0.95 = 43,320$원이다.

따라서 6박스 묶음으로 구입하는 것이 $43,320 - 41,040 = 2,280$원 덜 낸다.

16

정답 ④

뽑은 2명의 학생의 혈액형이 서로 다를 경우의 수는 10명의 학생 중에서 임의로 2명을 뽑는 경우의 수에서 뽑힌 2명의 학생의 혈액형이 같을 경우의 수를 뺀 값이다.

• 10명의 학생 중에서 임의로 2명을 뽑는 경우의 수 : $_{10}C_2 = 45$가지
• 뽑힌 2명의 학생의 혈액형이 모두 A형인 경우의 수 : $_2C_2 = 1$가지
• 뽑힌 2명의 학생의 혈액형이 모두 B형인 경우의 수 : $_3C_2 = 3$가지
• 뽑힌 2명의 학생의 혈액형이 모두 O형인 경우의 수 : $_5C_2 = 10$가지

따라서 뽑은 2명의 학생의 혈액형이 다를 경우의 수는 $45 - (1 + 3 + 10) = 31$가지이다.

17

정답 ①

2.0L 용량의 병에 48병을 채울 수 있는 양은 $2 \times 48 \times 0.75 = 72$L이다. 그리고 새로운 1.8L 용량의 병은 한 병에 $1.8 \times 0.8 = 1.44$L를 채울 수 있으므로, 필요한 병의 수는 $\frac{72}{1.44} = 50$병이다.

18

정답 ④

N씨가 필요한 물의 양은 $1.7 \times \dfrac{4}{5} = 1.36$ L이다.

따라서 수돗물은 1초에 34mL가 나오므로 물을 담는데 걸리는 시간은 $\dfrac{1.36 \times 1,000}{34} = 40$초임을 알 수 있다.

19

정답 ①

불량률이 15%일 때 모니터 원가를 x만 원이라고 하자.
불량률이 10% 때와 매출액이 같다면 다음과 같은 식이 성립한다.
(모니터 생산량)$\times 0.85 \times x =$ (모니터 생산량)$\times 0.9 \times 17$

$\therefore x = \dfrac{17 \times 0.9}{0.85} = 18$

따라서 불량률이 15%로 올랐을 때, 모니터 원가는 18만 원으로 해야 불량률이 10%일 때와 매출액이 같아진다.

20

정답 ②

A와 B가 한 시간 동안 만들 수 있는 곰 인형의 수는 각각 $\dfrac{100}{4} = 25$개, $\dfrac{25}{10} = 2.5$개이다.

함께 곰 인형 132개를 만드는 데 걸린 시간을 x시간이라고 하자.
$(25 + 2.5) \times 0.8 \times x = 132$

$\rightarrow 27.5x = 165$

$\therefore x = 6$

따라서 두 사람이 함께 곰 인형을 만드는 데 6시간이 걸린다.

01	02	03	04	05	06	07	08	09	10	11	12	13	14	15	16	17	18	19	20
③	②	④	④	①	④	④	②	③	③	②	②	①	①	①	①	④	④	④	③

01
정답 ③

앞의 항에 ×7, −11이 반복되는 수열이다.
따라서 (　)=1,099−11=1,088이다.

02
정답 ②

앞의 항에 $\times \frac{3}{2}$, $\times \frac{4}{3}$가 반복되는 수열이다.

따라서 (　)$=528 \times \frac{4}{3}=704$이다.

03
정답 ④

앞의 두 항의 합이 다음 항이 되는 피보나치 수열이다.
따라서 (　)=8+13=21이다.

04
정답 ④

앞의 항에 $+4$, $+4 \times 3$, $+4 \times 3^2$, $+4 \times 3^3$, $+4 \times 3^4$, …을 하는 수열이다.
따라서 (　)$=489+4 \times 3^5=1,461$이다.

05
정답 ①

앞의 항에 ×9, +1.7이 반복되는 수열이다.
따라서 (　)=−145×9=−1,305이다.

06
정답 ④

앞의 항에 +3, +5, +7, +9, …을 하는 수열이다.
따라서 (　)=8+7=15이다.

07
정답 ④

홀수 항은 +10, 짝수 항은 ÷3을 하는 수열이다.
따라서 (　)=63÷3=21이다.

08
정답 ②

앞의 항에 −0.7, +1.6이 반복되는 수열이다.
따라서 (　)=6.5+1.6=8.1이다.

09

정답 ③

앞의 항에 $+1^2$, $+2^2$, $+3^2$, $+4^2$, $+5^2$, …을 하는 수열이다.

따라서 (　　)$=57+6^2=93$이다.

10

정답 ③

(앞의 항)$\times2-$(뒤의 항)$=$(다음 항)인 수열이다.

따라서 (　　)$=3\times2-(-13)=19$이다.

11

정답 ②

홀수 항은 -3, -5, -7, …을 하고, 짝수 항은 2^2, 4^2, 6^2, …인 수열이다.

따라서 (　　)$=8^2=64$이다.

12

정답 ②

홀수 항은 $\times(-3)$, 짝수 항은 $\div5$를 하는 수열이다.

따라서 (　　)$=3\div(-3)=-1$이다.

13

정답 ①

홀수 항은 $+5$, 짝수 항은 $+1$, $+4$, $+7$, …을 하는 수열이다.

따라서 (　　)$=(-2)+5=3$이다.

14

정답 ①

나열된 수를 각각 A, B, C라고 하면

$\underline{A\ B\ C} \rightarrow A=B\times C-2$

따라서 (　　)$=(8+2)\div2=5$이다.

15

정답 ①

(앞의 항)$\times$(뒤의 항)$\times(-2)=$(다음 항)인 수열이다.

따라서 (　　)$=16\times(-256)\times(-2)=8,192$이다.

16

정답 ①

(앞의 항)$\times(-2)+2=$(다음 항)인 수열이다.

따라서 (　　)$=150\times(-2)+2=-298$이다.

17

정답 ④

분모는 $+11$, $+22$, $+33$, …, 분자는 -5, -6, -7, …을 하는 수열이다.

따라서 (　　)$=\dfrac{(-19)-9}{121+55}=-\dfrac{28}{176}$이다.

18

정답 ④

나열된 수를 각각 A, B, C라고 하면

$\underline{A\ B\ C} \rightarrow A^2 - C^2 = B$

따라서 (　)$= 8^2 - 5^2 = 39$이다.

19

정답 ④

나열된 수를 각각 A, B, C, D라고 하면

$\underline{A\ B\ C\ D} \rightarrow 2 \times (A + C) = B + D$

따라서 (　)$= 2 \times \left(4 + \dfrac{7}{2}\right) - 5 = 10$이다.

20

정답 ③

나열된 수를 각각 A, B, C라고 하면

$\underline{A\ B\ C} \rightarrow A + B = C$

따라서 (　)$= 4 + 7 = 11$이다.

2025 최신판 시대에듀 엔씨소프트 적성검사
최신기출유형 + 모의고사 3회 + 무료엔씨소프트특강

개정1판1쇄 발행	2025년 05월 20일 (인쇄 2025년 04월 10일)
초 판 발 행	2024년 05월 20일 (인쇄 2024년 04월 19일)
발 행 인	박영일
책 임 편 집	이해욱
편 저	SDC(Sidae Data Center)
편 집 진 행	안희선 · 윤지원
표 지 디 자 인	현수빈
편 집 디 자 인	유가영 · 장성복
발 행 처	(주)시대고시기획
출 판 등 록	제10-1521호
주 소	서울시 마포구 큰우물로 75 [도화동 538 성지 B/D] 9F
전 화	1600-3600
팩 스	02-701-8823
홈 페 이 지	www.sdedu.co.kr

I S B N	979-11-383-9204-4 (13320)
정 가	25,000원